CBAC TGAU

BWYD a MAETH

HELEN BUCKLAND
JACQUI KEEPIN
Golygydd Ymgynghorol: Judy Gardiner

AN HACHETTE UK COMPANY

TGAU Bwyd a Maeth CBAC

Addasiad Cymraeg o *WJEC GCSE Food and Nutrition* a gyhoeddwyd yn 2016 gan Hodder Education, an Hachette UK Company

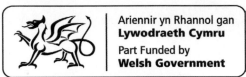

Cyhoeddwyd dan nawdd Cynllun Adnoddau Addysgu a Dysgu CBAC

Mae'r deunydd hwn wedi'i gymeradwyo gan CBAC ac mae'n cynnig cefnogaeth o ansawdd uchel ar gyfer cyflwyno cymwysterau CBAC. Er bod y deunydd wedi bod trwy broses sicrhau ansawdd CBAC, mae'r cyhoeddwyr yn dal yn llwyr gyfrifol am y cynnwys.

Er y gwnaed pob ymdrech i sicrhau bod cyfeiriadau gwefannau yn gywir adeg mynd i'r wasg, nid yw Hodder Education yn gyfrifol am gynnwys unrhyw wefan y cyfeirir ati yn y llyfr hwn. Weithiau mae'n bosibl dod o hyd i dudalen we a adleolwyd trwy deipio cyfeiriad tudalen gartref gwefan yn ffenestr LLAU (*URL*) eich porwr.

Polisi Hachette UK yw defnyddio papurau sy'n gynhyrchion naturiol, adnewyddadwy ac ailgylchadwy o goed a dyfwyd mewn coedwigoedd cynaliadwy. Disgwylir i'r prosesau torri coed a gweithgynhyrchu gydymffurfio â rheoliadau amgylcheddol y wlad y mae'r cynnyrch yn tarddu ohoni.

Archebion: cysylltwch â Bookpoint Ltd, 130 Milton Park, Abingdon, Oxon OX14 4SB. Ffôn: 01235 827720. Ffacs: 01235 400454. Mae'r llinellau ar agor rhwng 9.00 a 17.00 o ddydd Llun i ddydd Sadwrn, gyda gwasanaeth ateb negeseuon 24 awr. Gallwch hefyd archebu trwy ein gwefan: www.hoddereducation.co.uk.

ISBN 978 15104 1710 6

© Helen Buckland a Jacqui Keepin, 2016 (yr argraffiad Saesneg)

Cyhoeddwyd gyntaf yn 2016 gan

Hodder Education,

An Hachette UK Company,

Carmelite House,

50 Victoria Embankment

London EC4Y 0DZ

© CBAC 2017 (yr argraffiad hwn ar gyfer CBAC)

Rhif argraffiad 5 4 3 2 1

Blwyddyn 2020 2019 2018 2017 2016

Cedwir pob hawl. Ac eithrio ar gyfer unrhyw ddefnydd a ganiateir o dan gyfraith hawlfraint y DU, ni ellir atgynhyrchu na throsglwyddo unrhyw ran o'r cyhoeddiad hwn mewn unrhyw ffurf neu drwy unrhyw fodd, yn electronig neu'n fecanyddol, gan gynnwys llungopïo a recordio, neu ei chadw mewn unrhyw system cadw ac adalw gwybodaeth, heb ganiatâd ysgrifenedig gan y cyhoeddwr neu o dan drwydded gan yr Asiantaeth Drwyddedu Hawlfraint Cyfyngedig. Mae rhagor o fanylion am drwyddedau o'r fath (ar gyfer atgynhyrchu reprograffig) ar gael gan yr Asiantaeth Drwyddedu Hawlfraint Cyfyngedig/Copyright Licensing Agency Limited, Saffron House, 6–10 Kirby Street, London EC1N 8TS.

Llun y clawr © Getty Images/iStockphoto/Metkalova/Thinkstock

Darluniau gan Aptara Inc.

Teiposodwyd gan Aptara Inc.

Argraffwyd yn yr Eidal

Mae cofnod catalog ar gyfer y teitl hwn ar gael gan y Llyfrgell Brydeinig.

CYNNWYS

CYDNABYDDIAETHAU

Gwnaed pob ymdrech i gysylltu â deiliaid hawlfraint y deunydd a atgynhyrchwyd yma. Hoffai'r awduron a'r cyhoeddwyr ddiolch i'r canlynol am ganiatâd i atgynhyrchu darluniadau hawlfraint.

t.ix ymyl y ddalen © peteri – Fotolia, **t.x ymyl y ddalen (brig)** © David Pimborough – iStock trwy Thinkstock/Getty Images, **ymyl y ddalen (canol)** © marilyna – iStock trwy Thinkstock/Getty Images, **ymyl y ddalen (canol)** © Nic54 – iStock trwy Thinkstock/Getty Images, **ymyl y ddalen (gwaelod)** © monkeybusinessimages – iStock trwy Thinkstock/Getty Images, **Adran 1** © Mikael Damkier – Fotolia, **Pennod 1** © Elena Schweitzer – Fotolia, **Ffigur 1.1** © 1997 C Squared Studios/Photodisc/Getty Images/Eat, Drink, Dine 48, **Ffigur 1.2** © palomadelosrios – iStockphoto trwy Thinkstock/Getty Images, **Ffigur 1.4** © Imagestate Media (John Foxx)/Animals, Nature & Scenics Vol 30, **Ffigur 1.6** © Ingram Publishing Limited/Ingram Image Library 500 – Food, **Ffigur 1.7** © Stockbyte/Getty Images/Essential Produce SD153, **Ffigur 1.8** © Jacqui Keepin, **Ffigur 1.9** © Photodisc/Getty Images/World Commerce & Travel 5, **Ffigur 1.10** © R A Rayworth/Alamy Stock Photo, **Ffigur 1.11** © Getty Images/iStockphoto/Thinkstock, **Ffigur 1.12** © yellowj – Fotolia, **Ffigur 1.13** © winterstorm – Fotolia, **Ffigur 1.14** © Han van Vonno – Fotolia, **Ffigur 1.16** © Brent Hofacker – Fotolia, **Ffigur 1.17** © vvoe – Fotolia, **Ffigur 1.19** © danimages – Fotolia, **Ffigur 1.21** © FOOD-pictures – Fotolia, **Ffigur 1.22** © dream79 – Fotolia, **Ffigur 1.23** © Stockbyte/Photolibrary Group Ltd/Environmental Issues DV 48, **Ffigur 1.24** © Iain Sarjeant/iStockphoto.com, **Ffigur 1.26** © Igor Dutina – Fotolia, **Ffigur 1.27** © BrandX/Getty Images/Food and Textures CD X025, **Ffigur 1.28** © Elenathewise – Fotolia, **Ffigur 1.29** © BrandX/Getty Images/Food and Textures CD X025, **Ffigur 1.30** © Peter Szekely/Alamy Stock Photo, **Ffigur 1.31** © WavebreakmediaMicro – Fotolia, **Ffigur 1.32** © Grigoriy Lukyanov – Fotolia, **Ffigur 1.33** © giovanni1232 – iStockphoto trwy Thinkstock/Getty Images, **Ffigur 1.34** © Dave King – iStockphoto trwy Thinkstock/Getty Images, **Adran 2** © Imagestate Media (John Foxx)/Food In Focus SS67, **Pennod 2** © Dea/G.Cigolini, **Ffigur 2.1** © Photolibrary.Com, **Ffigur 2.2** © Vikram Raghuvanshi/iStockphoto.com, **Ffigur 2.4** © CharlieAJA – iStock – iStockphoto trwy Thinkstock/Getty Images/Getty Images, **Ffigur 2.6** © kovalchuk – iStockphoto trwy Thinkstock/Getty Images, **Ffigur 2.7** © Sirfuji – iStockphoto trwy Thinkstock/Getty Images, **Ffigur 2.8** © Dušan Zidar – Fotolia, **Ffigur 2.9** © Monkey Business – Fotolia, **Ffigur 2.11** © Jules Frazier/Photodisc/Getty Images/Background Objects V08, **Ffigur 2.13a** © Thomas Francois – iStock – iStockphoto trwy Thinkstock/Getty Images, **Ffigur 2.13b** © Radu Sebastian – iStock – iStockphoto trwy Thinkstock/Getty Images, **Ffigur 2.13c** © ibaki – iStock – iStockphoto trwy Thinkstock/Getty Images, **Ffigur 2.13ch** © Zoonar/P.Malyshev – iStock – iStockphoto trwy Thinkstock/Getty Images, **Ffigur 2.14** © Gail Philpott/Alamy, **Ffigur 2.15** © Biophoto Associates/Science Photo Library, **Ffigur 2.16** © 1997 Siede Preis Photography/Photodisc/Getty Images/ Eat, Drink, Dine 48, **Ffigur 2.17** © winston – Fotolia, **Ffigur 2.18** © matka_Wariatka – Fotolia, **Ffigur 2.19** © Fuse – iStockphoto trwy Thinkstock/Getty Images, **Adran 3** © BrandX/Getty Images/Food and Textures CD X025, **Pennod 3** © Kochergin – Fotolia, **Ffigur 3.2** © Okea – Fotolia, **Ffigur 3.3** © 1997 John A. Rizzo/Photodisc/Getty Images/Eat, Drink, Dine 48, **Ffigur 3.4** © BrandX/Getty Images/Food and Textures CD X025, **Ffigur 3.5** © Maridav – Fotolia, **Pennod 4** © Maksim Shebeko – Fotolia, **Ffigur 4.1** © Hawlfraint y goron (o dan Drwydded Agored y Llywodraeth), **Ffigur 4.2** © ranplett/iStockphoto.com, **Ffigur 4.3** © alinamd – Fotolia, **Ffigur 4.4** © pilipphoto – Fotolia, **Ffigur 4.5** © Andrey Starostin – Fotolia, **Ffigur 4.6** © Floortje/iStockphoto.com, **Ffigur 4.7** © Frédéric Prochasson – Fotolia, **Ffigur 4.8** © mariemilyphotos – Fotolia, **Ffigur 4.9** © .shock – Fotolia, **Ffigur 4.11** © Monkey Business – Fotolia, **Ffigur 4.13** © volff – Fotolia, **Ffigur 4.15** © digitalskillet/iStockphoto.com, **Ffigur 4.16** © S.HarryPhotography – Fotolia.com, **Ffigur 4.17** © Michael Neelon(misc)/Alamy Stock Photo, **Ffigur 4.18** © RusN – iStockphoto trwy Thinkstock/Getty Images, **Ffigur 4.19** © The Photo Works/Alamy Stock Photo, **Ffigur 4.20** © Jules Frazier/Photodisc/Getty Images/Background Objects V08, **Ffigur 4.21** © tomalu – Fotolia, **Pennod 5** © Brian Jackson – Fotolia, **Ffigur 5.1** © svl861 – Fotolia, **Ffigur 5.3** © Comstock – iStockphoto trwy Thinkstock/Getty Images, **Adran 4** © DEX Images Images/Photolibrary Group Ltd/Getty Images/Food Index 02 Moment FDS16502, **Pennod 6** © FOOD-pictures – Fotolia, **Ffigur 6.1** © Sergej Razvodovskij – Fotolia, **Ffigur 6.2a** © KucherAV – iStockphoto trwy Thinkstock/Getty Images, **Ffigur 6.2b** © Merrimon – iStockphoto trwy Thinkstock/Getty Images, **Ffigur 6.3** © Diana Miller/Cultura/Science Photo Library, **Ffigur 6.4** © Alexey Stiop – Fotolia, **Ffigur 6.5** © ALLEKO – iStockphoto trwy Thinkstock/Getty Images, **Ffigur 6.6** © Owen Price/istockphoto, **Ffigur 6.7** © ALLEKO – iStockphoto trwy Thinkstock/Getty Images, **Ffigur 6.8** © Nancy R. Cohen/Photodisc/Getty Images/Eat, Drink, Dine 48, **Ffigur 6.9a** © Soniacri – iStockphoto trwy Thinkstock/Getty Images, **Ffigur 6.9b** © The_Pixeltree – iStockphoto trwy Thinkstock/Getty Images, **Ffigur 6.12** © Upyanose/Thinkstock/iStockphoto/Getty Images, **Ffigur 6.14** © Pål Espen Olsen/iStockphoto.com, **Ffigur 6.15** © kitti bowonphatnon – Fotolia, **Ffigur 6.16** © Tuned_In – iStockphoto trwy Thinkstock/Getty Images, **Ffigur 6.17** © Melba Photo Agency/Alamy/Ingredients CD0163D, **Ffigur 6.18** © Awe Inspiring Images – Fotolia, **Ffigur 6.19** © contrastwerkstatt – Fotolia, **Ffigur 6.20a** © Paul_Brighton – iStockphoto trwy Thinkstock/Getty Images, **Ffigur 6.20b** © Tatiana Volgutova – iStockphoto trwy Thinkstock/Getty Images, **Ffigur 6.20c** © Picsfive – iStockphoto – iStockphoto trwy Thinkstock/Getty Images, **Ffigur 6.21** © SvetaVo – iStockphoto trwy Thinkstock/Getty Images, **Ffigur 6.22** © Elena Elisseeva – iStockphoto trwy Thinkstock/Getty Images, **Ffigur 6.23** © Kevin Wheal/Alamy Stock Photo, **Ffigur 6.24** © marrakeshh – iStockphoto trwy Thinkstock/Getty Images, **Ffigur 6.25** © Sasajo – Fotolia, **Ffigur 6.26** © olgakr – iStockphoto trwy Thinkstock/Getty Images, **Ffigur 6.27a** © Picsfive – iStockphoto trwy Thinkstock/Getty Images, **Ffigur 6.27b** © Art Directors & TRIP/Alamy Stock Photo, **Ffigur 6.27c** © Ian Francis/Alamy Stock Photo, **Ffigur 6.28** © LOU63 – iStockphoto trwy Thinkstock/Getty Images, **Ffigur 6.29** © SMcTeir/Hodder Education, **Ffigur 6.30** © jean–marie guyon – iStock trwy Thinkstock/Getty Images, **Ffigur 6.31** © PhotoAlto/Laurence Mouton/Getty Images, **Pennod 7** © poplasen – Fotolia.com, **Ffigur 7.2** © Mediscan/Alamy Stock Photo, **Ffigur 7.3** © marilyn barbone – Fotolia, **Ffigur 7.4** © dpullman – iStockphoto trwy Thinkstock/Getty Images, **Ffigur 7.6** DAJ – iStockphoto trwy Thinkstock/Getty Images, **Ffigur 7.8** © Cultura RM/Alamy Stock Photo, **Ffigur 7.9** © gabuchia – iStockphoto trwy Thinkstock/Getty Images, **Ffigur 7.10** © Steven Depolo/Flickr, **Ffigur 7.11** © popovaphoto – iStockphoto trwy Thinkstock/Getty Images, **Ffigur 7.12** ©

Kondor83 – iStockphoto trwy Thinkstock/Getty Images, **Ffigur 7.13** © Cultura RM/Alamy Stock Photo, **Ffigur 7.14** © F1online digitale Bildagentur GmbH/Alamy Stock Photo, **Ffigur 7.15** © Claus Mikosch – Fotolia, **Adran 5** © stocksolutions – Fotolia, **Pennod 8** © blas – Fotolia, **Ffigur 8.1** © Imagestate Media (John Foxx)/Agriculture SS90, **Ffigur 8.2** © geoffbooth19 – Fotolia, **Ffigur 8.3** © HandmadePictures – Fotolia, **Ffigur 8.4** © Gannet77 – iStockphoto trwy Thinkstock/Getty Images, **Ffigur 8.5** © david hughes – Fotolia, **Ffigur 8.6** © Paul Murphy – Fotolia, **Ffigur 8.7** © Stockbyte/Photolibrary Group Ltd/Environmental Issues DV 48, **Ffigur 8.8** © Hunta – Fotolia, **Ffigur 8.11** © Vangelis Thomaidis – Fotolia, **Ffigur 8.12** © Ingram Publishing Limited/Occupations and Trades Vol 2 CD 4, **Ffigur 8.13** © Getty Images/Image Source – Our Threatened Environment IS236, **Ffigur 8.14** © berc – Fotolia, **Ffigur 8.15** © kamel ADJENEF/istockphoto, **Ffigur 8.16** © monkeybusinessimages – iStock trwy Thinkstock/Getty Images, **Pennod 9** © Mark_KA – iStockphoto trwy Thinkstock/Getty Images, **Ffigur 9.1** © Joe Gough – Fotolia, **Ffigur 9.2a** © vinicef – iStockphoto trwy Thinkstock/Getty Images, **Ffigur 9.2b** © yula – iStockphoto trwy Thinkstock/Getty Images, **Ffigur 9.3** © 1997 Jess Alford Photography/Photodisc/Getty Images/Eat, Drink, Dine 48, **Ffigur 9.4** © MediablitzImages – Fotolia, **Ffigur 9.5** © SMcTeir/Hodder Education, **Ffigur 9.10** © Ryan McVay – iStockphoto trwy Thinkstock/Getty Images, **Ffigur 9.13** © Maria Brzostowska – Fotolia, **Adran 6** © FOOD-pictures – Fotolia, **Pennod 10** © BrandX/Getty Images/Food and Textures CD X025, **Ffigur 10.6** © funkyfood London – Paul Williams/Alamy Stock Photo, **Ffigur 10.7a** © David Parker/Daily Mail/REX/Shutterstock, **Ffigur 10.7b** © Alexei Novikov – iStockphoto trwy Thinkstock/Getty Images, **Ffigur 10.8** © Gary K Smith/Alamy Stock Photo, **Ffigur 10.9** © Monkey Business Images/Dreamstime.com, **Ffigur 10.10** © MediablitzImages – Fotolia, **Ffigur 10.11** © EDimages/Alamy Stock Photo, **Ffigur 10.12** © Fuse – iStockphoto trwy Thinkstock/Getty Images, **Pennod 11** © FOOD-pictures – Fotolia, **Ffigur 11.1** © Imagestate Media (John Foxx)/International Cuisine SS105, **Ffigur 11.2** © Doug Steley A/Alamy Stock Photo, **Ffigur 11.3** © Ingram Publishing – iStockphoto trwy Thinkstock/Getty Images, **Ffigur 11.4** © Thomas Northcut – iStockphoto trwy Thinkstock/Getty Images, **Ffigur 11.8** © Ewa Rejmer/Alamy Stock Photo, **Ffigur 11.09a–b** © Bananastock/Photolibrary Group Ltd/Getty Images/Restaurant BN–181, **Ffigur 11.15** © Yur-mary – iStockphoto trwy Thinkstock/Getty Images, **Ffigur 11.16** © Rey Rojo/iStockphoto.com, **Ffigur 11.17** © Jag_cz – iStockphoto trwy Thinkstock/Getty Images, **Ffigur 11.21a** © rangizzz – Fotolia, **Ffigur 11.21b** © smartstock – iStockphoto trwy Thinkstock/Getty Images, **Ffigur 11.22** © boophotography – iStockphoto trwy Thinkstock/Getty Images, **Ffigur 11.23** © Ciaran Walsh/iStockphoto.com, **Ffigur 11.25** © ErimacGroup – iStockphoto trwy Thinkstock/Getty Images, **Ffigur 11.26** © evp82 – Fotolia, **Ffigur 11.31a** © Gra?ºa Victoria – iStockphoto trwy Thinkstock/Getty Images, **Ffigur 11.31b** © agnesemorganti – iStockphoto trwy Thinkstock/Getty Images, **Ffigur 11.34** © Ian O'Leary/Getty Images, **Ffigur 11.39** © ivanmateev – iStockphoto trwy Thinkstock/Getty Images, **Ffigur 11.41** © Vladmax – iStockphoto trwy Thinkstock/Getty Images, **Ffigur 11.42** © nspooner – Fotolia, **Ffigur 11.43** © ivanmateev – iStockphoto trwy Thinkstock/Getty Images, **Ffigur 11.44** © Copyright 2011 photolibrary.com, **Ffigur 11.45** © BWFolsom – iStockphoto trwy Thinkstock/Getty Images, **Ffigur 11.46** © Serghei Starus – iStockphoto trwy Thinkstock/Getty Images, **Ffigur 11.47** © Penny Burt – iStockphoto trwy Thinkstock/Getty Images, **Ffigur 11.48** © Lee lian Chong – iStockphoto trwy Thinkstock/Getty Images, **Ffigur 11.49** © Uncle_Bob – iStockphoto trwy Thinkstock/Getty Images, **Ffigur 11.50** © zhaubasar – iStockphoto trwy Thinkstock/Getty Images, **Ffigur 11.51** © Gina Sanders – Fotolia, **Pennod 12** © .shock – Fotolia, **Ffigur 12.1** © Alex Segre/Alamy Stock Photo, **Ffigur 12.2** © William Nicklin/Alamy Stock Photo, **Ffigur 12.3a** © Boarding1Now – iStockphoto trwy Thinkstock/Getty Images, **Ffigur 12.3b** © Ockra – iStockphoto trwy Thinkstock/Getty Images, **Ffigur 12.4** © Stockbyte/Getty Images Ltd/Fast Food SD175, **Ffigur 12.5** © HLPhoto – Fotolia, **Ffigur 12.6** © SMcTeir/Hodder Education, **Adran 7** © Imagestate Media (John Foxx)/International Cuisine SS105, **Pennod 13** © BrandX/Getty Images/Food and Textures CD X025, **Ffigur 13.1a–b** © Nigel Cattlin/Alamy Stock Photo, **Ffigur 13.2** © Sally Wallis – Fotolia, **Pennod 14** © keko64 – Fotolia, **Ffigur 14.2** © michaeljung – Fotolia, **Pennod 8** © BrandX/Getty Images/Food and Textures CD X025, **Pennod 15** © FOOD-pictures – Fotolia

Ac eithrio lle nodir uchod, mae'r ffotograffau gan Andrew Callaghan. Mae Ffigurau 4.10, 10.4 a'r holl ffotograffau sydd yn enghreifftiau'r myfyrwyr ym Mhennod 14 yn eiddo i'r awdur.

CYDNABYDDIAETHAU

CYFLWYNIAD I TGAU BWYD A MAETH CBAC

Bwriad y llyfr hwn yw eich helpu chi i feistroli'r sgiliau, y wybodaeth a'r ddealltwriaeth sy'n ofynnol ar gyfer TGAU Bwyd a Maeth CBAC.

Bydd y cwrs yn rhoi'r wybodaeth, y ddealltwriaeth a'r sgiliau sy'n ofynnol i baratoi a choginio bwyd yn ddiogel gan ddefnyddio amrywiaeth eang o nwyddau bwyd, sgiliau coginio a thechnegau ac offer. Bydd yn eich helpu i ddeall:

- y berthynas rhwng deiet ac iechyd ac effeithiau deiet gwael ar iechyd
- sut mae amrywiaeth o ffactorau gwahanol yn effeithio ar ein dewisiadau bwyd (gan gynnwys dylanwadau economaidd, amgylcheddol, moesegol a diwylliannol, yn ogystal ag argaeledd bwyd a phrosesau cynhyrchu bwyd)
- priodweddau maethol a swyddogaethol, nodweddion gweithredol a rhinweddau synhwyraidd bwydydd a sut y gallwn ddefnyddio egwyddorion gwyddor bwyd
- sut i baratoi, prosesu, storio a choginio bwyd yn ddiogel
- traddodiadau coginio gwahanol (gan gynnwys rhai Cymreig traddodiadol) a'r cynhwysion a'r technegau coginio maen nhw'n eu defnyddio.

Mae'r cwrs wedi'i rannu'n chwe maes:

1 Nwyddau bwyd
2 Egwyddorion maeth
3 Deiet ac iechyd da
4 Gwyddor bwyd
5 O ble daw bwyd
6 Coginio a pharatoi bwyd.

Bydd pob un o'r meysydd hyn yn cael eu hasesu yn arholiad ysgrifenedig Egwyddorion Bwyd a Maeth.

Byddwch hefyd yn gwneud dau asesiad di-arholiad: Bwyd a Maeth ar Waith, a fydd yn cael eu marcio gan eich athro a'u safoni gan CBAC.

Uned	Math o asesiad	Fformat	Amser	% y cymhwyster
Egwyddorion Bwyd a Maeth	Arholiad ysgrifenedig (mae fersiwn papur neu ar-lein ar gael hefyd)	Dwy adran o gwestiynau gorfodol i asesu'r chwe maes sydd wedi'u rhestru gyferbyn: • Adran A: cwestiynau'n seiliedig ar ddeunydd ysgogi • Adran B: cwestiynau strwythuredig, byr ac atebion estynedig.	1 awr 30 munud	40%
Bwyd a Maeth ar Waith	Asesiad di-arholiad: Asesiad 1	**Asesiad ymchwiliad bwyd** Ymchwiliad bwyd gwyddonol a fydd yn asesu'ch gwybodaeth, eich sgiliau a'ch dealltwriaeth o'r egwyddorion gwyddonol sy'n sail i baratoi a choginio bwyd.	10 awr	20%
	Asesiad di-arholiad: Asesiad 2	**Asesiad paratoi bwyd** Paratoi, coginio a chyflwyno bwydlen i asesu gwybodaeth, sgiliau a dealltwriaeth o gynllunio, paratoi, coginio a chyflwyno bwyd.	15 awr	40%

Crynodeb o'r asesiad

Mae rhagor o wybodaeth i'ch helpu i baratoi ar gyfer yr asesiadau hyn ym Mhenodau 13–15 yn y llyfr hwn.

SUT I DDEFNYDDIO'R LLYFR HWN

Gweithgaredd

Mae **blychau gweithgareddau** yn cynnwys gweithgareddau byr, a gallai eich athro ofyn i chi wneud y rhain i'ch helpu i wybod a deall mwy am destun.

GEIRIAU ALLWEDDOL

Mae **geiriau allweddol** yn cael eu nodi ar ddiwedd pob pennod neu destun i ddiffinio'r holl dermau pwysig y bydd angen i chi eu gwybod a'u deall.

PWYNTIAU ALLWEDDOL:

- Mae **pwyntiau allweddol** ar ddiwedd pob testun ac maen nhw'n crynhoi'r holl wybodaeth bwysig sy'n ofynnol am y testun hwnnw.

Mae'r llyfr wedi'i rannu'n wyth adran:

- Mae **Adrannau 1–6** yn trafod y chwe maes y byddwch chi'n cael eich profi arnyn nhw yn arholiad ysgrifenedig Bwyd a Maeth.

  Ar dudalennau ix–xiv mae gwybodaeth hefyd am fwyd a maeth yng Nghymru. Dylech ddefnyddio'r tudalennau hyn ochr yn ochr â'r cynnwys yn Adrannau 1–6 a byddan nhw'n eich helpu i ystyried o safbwynt Cymreig rai o'r testunau sy'n cael eu trafod mewn mannau eraill yn y llyfr. Maen nhw'n trafod amrywiaeth o faterion bwyd a maeth, gan gynnwys ymwybyddiaeth o gynnyrch Cymreig a nodweddion dull coginio Cymreig a choginio rhanbarthol; materion deietegol yng Nghymru fel gordewdra, pydredd dannedd, clefyd y galon a diabetes; tlodi bwyd yng Nghymru a gwybodaeth am y Strategaeth Bwyd a Maeth fwyaf diweddar i Gymru.

- Mae **Adran 7 Bwyd a Maeth ar Waith** yn cynnwys dwy bennod ar y ddau asesiad di-arholiad: Yr Asesiad ymchwiliad bwyd a'r Asesiad paratoi bwyd. Mae'n esbonio fformat y ddau asesiad, faint o farciau sydd ar gael am agweddau gwahanol pob asesiad, ac yn cynnwys gwaith enghreifftiol ar gyfer tasgau asesu tebyg i'r rhai y bydd angen i chi eu cwblhau.

- Bwriad **Adran 8 Egwyddorion Bwyd a Maeth** yw eich helpu i baratoi ar gyfer arholiad ysgrifenedig Bwyd a Maeth. Mae'n cynnwys manylion fformat y papur arholiad a mathau o gwestiynau y gallech ddod ar eu traws. Mae hefyd yn cynnwys cwestiynau enghreifftiol, gyda sampl o atebion a chynlluniau marcio.

Drwy gydol y llyfr, byddwch yn gweld y canlynol:

Amcanion dysgu

Mae'r **amcanion dysgu** ar ddechrau pob pennod ac yn dweud wrthych beth dylech ei wybod a'i ddeall erbyn diwedd y bennod.

Gweithgaredd ymarferol

Gweithgareddau ymarferol yw tasgau coginio a pharatoi a fydd yn rhoi cyfleoedd i chi arddangos y technegau a'r sgiliau paratoi bwyd gwahanol, yn ogystal â chaniatáu i chi ddefnyddio eich gwybodaeth a'ch dealltwriaeth am y pwnc mewn cyd-destun ymarferol a gweld sut mae'n berthnasol i goginio a pharatoi bwyd ymarferol.

Cwestiynau arholiad enghreifftiol

Mae **cwestiynau arholiad enghreifftiol** ar ddiwedd pob testun neu bennod. Bydd y rhain yn eich helpu i brofi eich gwybodaeth a'ch dealltwriaeth wrth baratoi am yr arholiad ysgrifenedig.

BWYD A MAETH YNG NGHYMRU

Mae'r tudalennau canlynol yn ystyried amrywiaeth o faterion bwyd a maeth yng Nghymru. Wrth astudio TGAU Bwyd a Maeth CBAC, dylech ddefnyddio'r adran hon, ynghyd â chynnwys ym mhenodau cysylltiedig y gwerslyfr, i'ch helpu i ystyried safbwynt Cymreig ar y pwnc, pan mae'n berthnasol.

Cynnyrch Cymreig a choginio rhanbarthol yng Nghymru

Mae'r adran hon yn archwilio cynnyrch Cymreig a choginio a bwydydd rhanbarthol yng Nghymru. Dylech ei defnyddio ochr yn ochr â Phennod 1, Nwyddau bwyd, wrth archwilio tarddiadau cynhyrchion gwahanol, a Phennod 9, Cynhyrchu bwyd, wrth edrych ar fwydydd, ryseitiau a nodweddion dulliau coginio gwahanol o ranbarthau, gwledydd a diwylliannau gwahanol.

Dechreuadau bwyd

Heblaw am y prif ddinasoedd a'r trefi yn ne a gogledd ddwyrain Cymru, mae llawer o Gymru yn wledig. Yn yr ardaloedd gwledig hyn mae ffermio'n parhau i fod yn ddiwydiant pwysig iawn.

- Mae defaid yn symbolau ffermio yng Nghymru.
- Mae nifer mawr iawn o wartheg yn y wlad hefyd.
- Y prif gnydau sy'n cael eu tyfu yng Nghymru yw tatws, gwenith a barlys (mae hyn yn dueddol o ddigwydd yn ardaloedd mwy gwastad de a gogledd ddwyrain Cymru).
- Mae nifer y rhai sy'n ffermio moch wedi gostwng yn ddiweddar yng Nghymru.
- Nid yw Cymru yn cynhyrchu llawer o ddofednod chwaith.
- Sir Gaerfyrddin yw'r ardal sy'n cynhyrchu mwyaf o laeth, ac mae'n gartref i wneuthurwyr caws arbenigol.

Dafad fynydd Gymreig

Mae ffermio yng Nghymru yn parhau i wynebu cystadleuaeth ryngwladol gref, yn ogystal â chystadleuaeth o rannau eraill o'r DU, sydd yn aml yn nes at ganolfannau prosesu a dosbarthu archfarchnadoedd mawr. Mae ffermwyr Cymreig wedi ymateb drwy ganolbwyntio ar gynhyrchu cynnyrch arbenigol sy'n cael ei ystyried yn gynnyrch â gwerth ychwanegol; mae enghreifftiau'n cynnwys cig oen morfa heli, cig eidion gwartheg duon Cymreig, cig carw, bwydydd mwg a chawsiau Cymreig, yn ogystal â ffrwythau, llysiau, cig a chynnyrch llaeth organig.

Coginio/bwydydd rhanbarthol Cymru

Mae coginio modern yng Nghymru yn tueddu i ganolbwyntio ar brydau syml i'w coginio gan ddefnyddio cynhwysion o safon uchel sy'n llawn blas naturiol. Mae cynhwysion o Gymru yn cynnwys:

- cig oen Cymru (o'r mynyddoedd a'r morfeydd heli)
- cig eidion gwartheg duon Cymreig
- bwyd môr, gan gynnwys pysgod ffres o Sir Benfro, cregyn gleision o Fangor, wystrys o Sir Fôn, a bara lawr o Fro Gŵyr
- caws – fel arfer mae enw'r fferm neu'r rhanbarth lle mae'r caws yn cael ei gynhyrchu yn ei ddilyn. Mae cawsiau Cymreig adnabyddus yn cynnwys caws Caerffili, Cenarth a'r Fenni.
- cennin – mae cennin yn symbol enwog o Gymru ac i'w cael mewn nifer o brydau Cymreig traddodiadol.

Mae nifer o seigiau traddodiadol Cymreig. Yn aml mae'r rhain yn seigiau sy'n gost effeithiol, ac yn eich llenwi, gan ddefnyddio ychydig o gynhwysion syml a ddatblygwyd i fodloni archwaeth y rheini oedd yn gweithio mewn diwydiannau Cymreig traddodiadol fel ffermio, y diwydiant llechi, y diwydiant glo a physgota. Cafodd nifer eu datblygu ar adeg pan oedd cig yn brin ac yn cael ei ystyried yn fwyd moethus. Yn aml mae'r seigiau'n defnyddio cynhwysion sydd wedi bod yn doreithiog yng Nghymru erioed, fel cocos a bara lawr.

Bara lawr

Mae rhai enghreifftiau o seigiau Cymreig traddodiadol yn cynnwys:

- **Bara lawr** – gwymon Cymreig. Yn aml mae bara lawr yn cael ei ffrio gydag wyau, cig moch/bacwn a chocos ffres ar gyfer brecwast traddodiadol Cymreig.
- **Teisennau cri/pice ar y maen** – math o sgon, gyda blas sbeisys a ffrwythau sych, sy'n cael eu coginio ar ridyll.
- **Bara brith** – teisen neu dorth ffrwythau gludiog wedi'i gwneud gyda the. Fel arfer rydych yn ei sleisio a thaenu menyn arni ac mae'n cael ei gweini'n aml yn hwyr yn y prynhawn.
- **Selsig Morgannwg** – selsig llysieuol traddodiadol Cymreig wedi'u gwneud o gaws Caerffili, cennin, mwstard ac wedi'u rholio mewn briwsion bara.
- **Caws pob** – saig Gymreig enwog sydd yn debyg i gaws ar dost. Fel arfer mae'n cynnwys caws Cymreig, cwrw a mwstard, wedi'u gweini ar dost. Bydd perlysiau, chilli a garlleg weithiau'n cael eu hychwanegu i roi blas i'r caws pob.
- **Cawl** – stiw Cymreig traddodiadol. Mae'r dull o'i wneud yn amrywio o'r naill ardal i'r llall: yng nghefn gwlad ac ar y bryniau mae cawl cig oen neu gig dafad yn cael ei weini; ar yr arfordir mae cawl bwyd môr yn boblogaidd.

Bara brith

Cawl

Mae Cymru hefyd yn cynhyrchu llawer o ddŵr ffynnon o'i mynyddoedd, yn ogystal â wisgi o'r distyllfeydd yng Nghymru ac wedi'i wneud gan ddefnyddio dŵr lleol, a chwrw ffres o fragdai Cymru. Mae gwin o Gymru hefyd yn dod yn fwy a mwy poblogaidd.

Tlodi bwyd yng Nghymru

Mae'r adran hon yn ystyried tlodi bwyd yng Nghymru. Dylech ei defnyddio ochr yn ochr â Phennod 8, Tarddiad bwydydd, sy'n trafod y mater o dlodi bwyd yn fwy cyffredinol; a Phennod 10, Ffactorau sy'n effeithio ar ddewis bwyd, sy'n archwilio'n fanylach sut mae cost ac argaeledd bwyd yn effeithio ar ddewis bwyd.

Mae tlodi bwyd yn broblem gynyddol yng Nghymru. Mae nifer y rhai sy'n defnyddio banciau bwyd yng Nghymru yn anghymesur o uchel o ystyried maint y boblogaeth,

Banc bwyd

ac mae wedi cynyddu'n sylweddol yn ddiweddar. Yn ôl *The Trussell Trust*, yn 2013/14 fe roddodd 711,000 o brydau yng Nghymru i boblogaeth o 3 miliwn o bobl; mae hyn yn cymharu â 639,000 yn yr Alban, sydd â phoblogaeth o dros 5 miliwn.

Mae *The Trussell Trust* hefyd yn awgrymu, bod tua 690,000 o Gymry (23% o'r boblogaeth) yn byw mewn cartrefi incwm isel, a bod 25% o weithwyr Cymru yn 2015 yn ennill llai na'r Cyflog Byw a argymhellid o £7.45 yr awr. Mae incymau llai yn golygu bod gan bobl lai o arian i'w wario ar fwydydd maethlon sy'n cyfrannu at ddeiet iach. Yn aml, mae pobl sydd yn y sefyllfa hon yn tueddu i fwyta bwyd rhad sy'n uchel mewn braster a siwgr, sydd wedyn yn gallu arwain at broblemau sy'n ymwneud â deiet, fel clefyd y galon a diabetes.

Gan fod llawer o Gymru yn wledig, fe allai cyrraedd siopau sy'n gwerthu amrediad eang o fwyd iach, fforddiadwy gael ei ystyried yn broblem mewn rhai cymunedau gwledig.

Materion deietegol cyfoes yng Nghymru

Mae'r adran hon yn trafod clefydau sy'n gysylltiedig â deiet a diffygion maeth sy'n arbennig o gyffredin yng Nghymru. Dylech gyfeirio at Bennod 3, Gofynion egni unigolion, a Phennod 4, Cynllunio deietau cytbwys, am ragor o wybodaeth am glefydau sy'n gysylltiedig â deiet a diffygion maeth.

Gordewdra

Yn ôl Arolwg Iechyd Cymru 2014, roedd 58% o oedolion yng Nghymru yn cael eu hystyried dros eu pwysau neu'n ordew, gyda 22% yn cael eu hystyried yn ordew. Awgrymodd astudiaeth yn 2008 ar ddosbarthiad gordewdra yn y DU fod pump o'r chwe phrif fan am ordewdra yng Nghymru.

Cyfraddau gordewdra plant yng Nghymru yw'r uchaf yn y DU, gyda thua 35% o blant o dan 16 oed yn cael eu hystyried dros eu pwysau neu'n ordew yn 2011. Mewn archwiliad gan Sefydliad Iechyd y Byd o gyfraddau gordewdra plentyndod mewn 35 o wledydd yn 2008, cyfradd Cymru oedd y bumed uchaf, ac mae'n cael ei ragfynegi y bydd cyfraddau'n parhau i godi.

Fel y trafodir ym Mhennod 4, mae bod dros eich pwysau neu'n ordew yn cynyddu'r risg o amrywiaeth o glefydau, gan gynnwys diabetes Math 2, clefyd cardiofasgwlar a chanser. Mae disgwyliad oes pobl sy'n ddifrifol o ordew yn is na'r rhai sydd â phwysau iach.

Clefyd coronaidd y galon

Clefyd coronaidd y galon yw prif achos marwolaethau yng Nghymru, ac mae cyfraddau clefyd y galon yn uwch o lawer yng Nghymru nag yn Lloegr a nifer o wledydd Ewropeaidd eraill.

Fel y trafodir ym Mhennod 4, mae lefelau uchel o golesterol yn y gwaed, sy'n cael eu hachosi gan ddeiet uchel mewn siwgr a braster dirlawn, yn gallu achosi clefyd coronaidd y galon. Gall incymau isel a diffyg sgiliau coginio sylfaenol achosi i nifer o bobl fwyta bwydydd â llawer o siwgr a braster dirlawn fel sglodion, creision a diodydd byrlymog.

Canser

Canser yw'r ail achos mwyaf cyffredin o farwolaethau yng Nghymru. Yn ôl yr Asiantaeth Safonau Bwyd, deiet gwael sy'n achosi 25% o farwolaethau oherwydd canser. Mae ffactorau risg eraill yn cynnwys ysmygu, yfed gormod o alcohol, bod dros eich pwysau neu'n ordew, a diffyg ymarfer corff.

Diabetes

Yn ôl Diabetes UK Cymru, yn 2015 roedd 177,000 o bobl yng Nghymru â diabetes, ac mae'r niferoedd yn codi bob blwyddyn. Mae 10% o gyllideb flynyddol GIG Cymru yn cael ei wario ar ddiabetes.

Bod dros eich pwysau neu'n ordew yw ffactor risg mwyaf sylweddol diabetes Math 2 ac, fel sydd wedi'i drafod yn barod, mae cyfraddau gordewdra yng Nghymru yn uwch nag yn unman arall yn y DU.

Pydredd dannedd

Yn 2013 awgrymodd Uned Gwybodaeth Iechyd Geneuol Cymru, fod pydredd dannedd gan 41% o blant 5 oed yng Nghymru. Mae'r Ffigur yn codi i 52% o blant 12 oed a 63% o blant 15 oed. Mae pydredd dannedd yn gysylltiedig â llawer o siwgr yn y deiet.

Mae gan y Cynllun Cenedlaethol ar gyfer Iechyd y Geg, a Rhaglen Wella Genedlaethol ar Iechyd y Geg, 'Cynllun Gwên', agenda i wella iechyd y geg a lleihau anghydraddoldebau iechyd y geg yng Nghymru.

Strategaeth Bwyd a Maeth ar gyfer Cymru

Mae'r adran hon yn rhoi sylw i'r Strategaeth Bwyd a Maeth yng Nghymru. Dylech ei defnyddio ochr yn ochr â Phennod 3, Gofynion egni unigolion, a Phennod 4, Cynllunio deietau cytbwys, sy'n trafod yn fwy manwl y canllawiau argymelledig am ddeiet iach ar gyfer y DU cyfan.

Bwyd i Gymru, Bwyd o Gymru 2010–2020

Mae'r Strategaeth hon yn nodi gweledigaeth Llywodraeth y Cynulliad ar gyfer dyfodol bwyd yng Nghymru. Mae'n seiliedig ar egwyddorion cynaliadwyedd, ac yn mynd i'r afael ag agweddau economaidd, cymdeithasol ac amgylcheddol cynhyrchu a bwyta bwyd. Mae rhagor o fanylion am y strategaeth ar gael ar **www.physicalactivityandnutritionwales.org.uk**.

Strategaeth maeth yr Asiantaeth Safonau Bwyd: 'Bwyd a Lles'

Nod strategaeth maeth yr Asiantaeth Safonau Bwyd yng Nghymru ('Bwyd a Lles') yw gwella deiet ac felly gwella iechyd poblogaeth Cymru, a lleihau anghydraddoldebau. Mae'r strategaeth yn cynnwys targedau i'r wlad i gyd, ond mae rhai grwpiau allweddol penodol yn cael eu blaenoriaethu, gan gynnwys pobl ifanc, plant a babanod, grwpiau incwm isel a grwpiau agored i niwed (gan gynnwys yr henoed a grwpiau lleiafrifoedd ethnig), dynion canol oed (sy'n debygol iawn o ddioddef o glefyd coronaidd y galon), a merched o oedran beichiogi.

Mae argymhellion allweddol y strategaeth yn cynnwys:

- Cael mwy o boblogaeth Cymru i fwyta deiet iach, cytbwys, yn enwedig y grwpiau blaenoriaeth. Mae hyn yn cynnwys pwyslais ar fynd i'r afael â blaenoriaethau cydraddoldeb bwyd, i sicrhau bod lefelau macrofaetholion a microfaetholion yn bodloni'r lefelau sy'n cael eu hargymell.
- Bwyta rhagor o ffrwythau a llysiau, yn enwedig y grwpiau blaenoriaeth.
- Datblygu a rheoli mentrau i atal a rheoli gordewdra a bod dros bwysau.
- Sicrhau bod cynlluniau a pholisïau cenedlaethol ar waith i helpu i wella bwyta'n iach.
- Rhoi gwybodaeth a hyfforddiant i bobl sy'n gwneud penderfyniadau polisi, gweithwyr proffesiynol iechyd a phroffesiynau eraill, i fynd i'r afael â maeth gwael yng Nghymru.
- Sicrhau bod y cyhoedd yn cael digon o wybodaeth am faeth a'r angen i wella deiet, yn enwedig y rhai hynny yn y grwpiau blaenoriaeth.
- Sicrhau bod mentrau lleol priodol ar waith i fynd i'r afael â'r prif rwystrau i wella maeth.
- Datblygu a hyrwyddo mentrau gyda'r diwydiant bwyd i wella bwyta'n iach, yn enwedig mentrau sy'n ymwneud â mynediad at fwydydd penodol.

Mae'r strategaeth hon yn awgrymu cymryd y camau canlynol i gyflawni'r argymhellion hyn:

- Datblygu ymgyrch addysg gyhoeddus i hyrwyddo bwyta'n iach.
- Annog darparu brecwast mewn ysgolion a pharhau gyda siopau ffrwythau mewn ysgolion.
- Asesu effaith deddfwriaeth newydd ar ddarparu prydau ysgol.
- Datblygu model o arfer da mewn un ardal yng Nghymru i fynd i'r afael ag anawsterau'r cyhoedd wrth geisio prynu ffrwythau a llysiau.
- Annog a chefnogi dysgu sgiliau maeth a choginio mewn ysgolion.
- Gwella agwedd maeth ar addysg a hyfforddiant ar gyfer gweithwyr proffesiynol iechyd a gweithwyr sy'n gysylltiedig â maes iechyd.
- Sefydlu dosbarthiadau coginio cymunedol ar gyfer sectorau o'r boblogaeth sy'n agored i niwed a'i gwneud yn haws iddyn nhw gael gafael ar fwyd iach drwy gysylltu â'r cynhyrchwyr cynradd.
- Lansio cynllun Menter Bwyd Cymunedol gwell.
- Trafod â'r diwydiant bwyd am argaeledd ac ymarferoldeb llinellau o gynhyrchion mwy iach am yr un pris a pharhau i ddatblygu siarter adwerthu i ddefnyddwyr drwy Fforwm Adwerthu Asiantaeth Safonau Bwyd y DU.

(Ffynhonnell: Asiantaeth Safonau Bwyd Cymru, *Bwyd a Lles* (2003). Ar gael ar: **http://collections.europarchive.org/ tna/20100927130941/http://food.gov.uk/multimedia/pdfs/foodandwellbeing.pdf**)

Polisïau a rhaglenni'r llywodraeth i hyrwyddo deiet mwy iach

Yn seiliedig ar y strategaeth uchod, mae Llywodraeth Cymru wedi cyflwyno nifer o raglenni, sy'n canolbwyntio ar y prif ffactorau sy'n cyfrannu at bobl yn bod dros eu pwysau ac yn ordew: diffyg gweithgaredd corfforol a deiet gwael. Mae rhai o'r rhain yn cynnwys:

- **Bwyd a Ffitrwydd – Hybu Bwyta'n Iach a Gweithgarwch Corfforol i Blant a Phobl Ifanc yng Nghymru** – cyflwynwyd y cynllun hwn yn 2006 ac mae'n cynnwys awgrymiadau ar sut y gallai plant a phobl ifanc gynyddu eu lefelau gweithgaredd corfforol a gwella maeth. Mae'n rhoi sylw i nifer o feysydd, gan gynnwys gwella bwyd a diod mewn ysgolion, cynnig sgiliau coginio ymarferol a chynyddu faint o weithgareddau corfforol sydd ar gael i blant, a safon y rhain. Mae hefyd yn cynnwys Cynlluniau Ysgolion Iach – Rhwydwaith Cymru (*WNHSS: Welsh Network of Healthy Schools Schemes*), sy'n helpu ysgolion i hyrwyddo polisïau iechyd ac i wneud dewisiadau ffordd iach o fyw sy'n apelio mwy at blant.

- **Newid am Oes** – cyflwynwyd yr ymgyrch iechyd cyhoeddus hwn yng Nghymru yn 2010. Ei nod yw helpu pobl i gael pwysau corff mwy iach a'i gynnal drwy well maeth ac ymarfer corff. Mae'r ymgyrch yn creu cynlluniau gweithredu i'r rhai sy'n cymryd rhan, sy'n cynnwys canllawiau ar ymgorffori mwy o ffrwythau a llysiau i brydau teuluol, dewisiadau amgen yn lle byrbrydau afiach a gweithgareddau iach i blant.

- **Mind, Exercise, Nutrition, Do it! (MEND)** – sefydlwyd y rhaglen gefnogi hon yn 2009; mae'n rhaglen atgyfeirio i blant dros eu pwysau a gordew rhwng 7 a 13 oed, a'u teuluoedd. Mae'n helpu plant i ymgorffori egwyddorion ffordd iach o fyw yn eu trefn ddyddiol. Mae'r rhai sy'n cymryd rhan yn mynychu sesiynau dwy awr, ddwywaith yr wythnos, sy'n canolbwyntio ar fwyta'n iach, gweithgaredd corfforol a newidiadau ymddygiadol.

- **Cynllun Gweithredu Blas am Oes** – cyflwynwyd hwn yn 2007 a'i nod yw ceisio gwella safonau maethol bwyd a diod sy'n cael eu cynnig i blant ysgol yng Nghymru.

- **Mesur Bwyta'n Iach mewn Ysgolion (Cymru) 2009** – cyflwynodd Cynulliad Cenedlaethol Cymru y mesur hwn i reoleiddio bwyd a diod sy'n cael eu cynnig i ddisgyblion mewn ysgolion a gynhelir ac i hyrwyddo bwyta'n iach. Mae'n cynnwys manylion yr uchafswm o fraster, halen a siwgr y dylai bwyd sy'n cael ei ddarparu yn ystod diwrnod ysgol ei gynnwys.

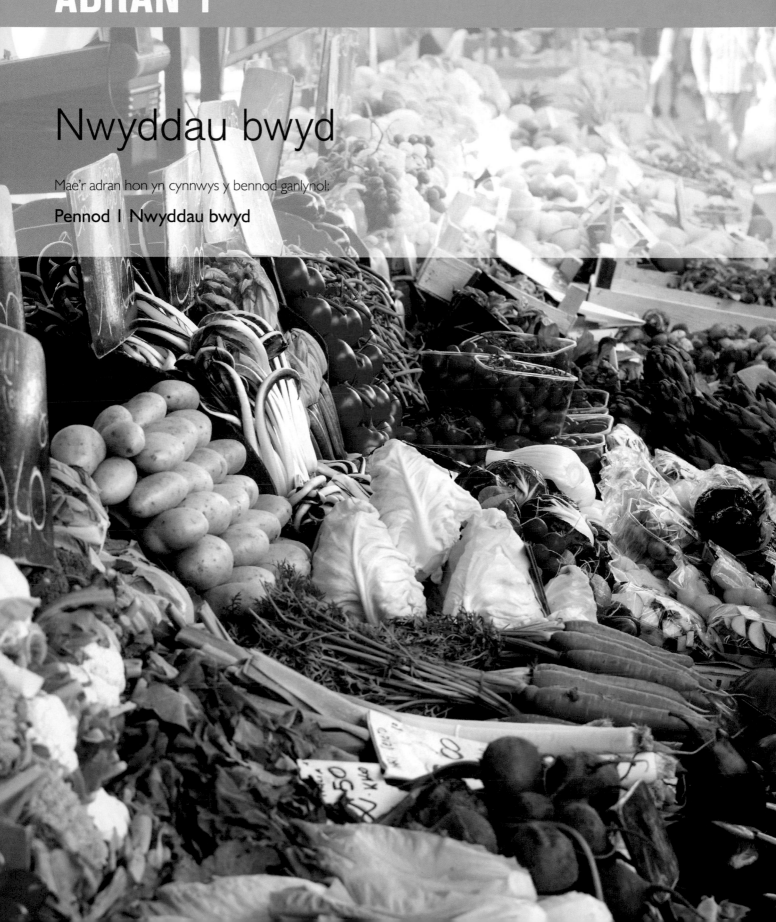

ADRAN 1

Nwyddau bwyd

Mae'r adran hon yn cynnwys y bennod ganlynol:

Pennod I Nwyddau bwyd

Amcanion dysgu

Yn y bennod hon byddwch yn dysgu am y canlynol:

- gwerth nwyddau gwahanol yn y deiet
- nodweddion yr holl nwyddau gan gynnwys sut i'w storio'n gywir i osgoi halogi bwyd
- nodweddion gweithredol pob un o'r nwyddau
- tarddiad pob un o'r nwyddau.

Ar gyfer pob un o'r nwyddau bwyd mae angen i chi allu:

- arbrofi â'r nwydd i archwilio'r newidiadau cemegol a ffisegol sy'n digwydd o ganlyniad i weithredoedd penodol
- ystyried gweithredoedd cyflenwol pob un o'r nwyddau mewn rysáit
- coginio seigiau gan ddefnyddio'r nwyddau.

Mae'r bennod hon yn cynnwys gwybodaeth am nwyddau bwyd y dylech eu defnyddio a'u cymhwyso i'r penodau eraill yn y llyfr. Byddwn yn cyfeirio at y nwyddau sy'n cael eu trafod yn y bennod hon drwy gydol y penodau eraill. Mae disgwyl i chi ddefnyddio'r nwyddau bwyd hyn yn ystod gweithgareddau ymarferol drwy gydol eich cwrs ac yn eich Asesiad di-arholiad.

Bara, grawnfwydydd, blawd, ceirch, reis, tatws, pasta

Bara

Mae bara yn un o'r **prif** fwydydd. Mae hyn yn golygu ei fod yn cael ei fwyta yn rheolaidd ac yn cyfrannu'n sylweddol at y deiet.

Mae bara yn fwyd amlbwrpas. Gallwch ei weini a'i fwyta ar ei ben ei hun yn ogystal â'i ddefnyddio i gynhyrchu amrywiaeth eang o gynhyrchion bwyd sy'n rhan o brif gwrs, neu fathau ysgafn o brydau fel brecwast a chinio, yn ogystal â byrbrydau. Gall fod yn felys neu'n sawrus.

Mae sawl math gwahanol o fara ar gael mewn siopau, siopau bara a chaffis oherwydd y gymdeithas amlddiwylliannol rydym ni'n byw ynddi, sy'n rhoi cyfleoedd cyffrous i ni brofi bwyd. Mae gweadedd gwahanol i'r amrywiaeth o fara sydd ar gael; er enghraifft, meddal, meddal o gnoadwy, crystiog a llawn aer.

I wneud bara'n fwy diddorol ac amrywiol, yn aml rydym yn ychwanegu cynhwysion gwahanol i roi blas (e.e. caws a pherlysiau), yn ogystal â llenwadau a thopins gwahanol (e.e. hadau pabi).

I wneud bara, mae'r prif gynhwysion yn cynnwys:

- Blawd
- Halen
- Burum
- Hylif (dŵr fel arfer, ond gallwch ddefnyddio llaeth i wneud y toes yn fwy bras).

Gallwch hefyd ychwanegu ychydig o siwgr a braster.

Rydych yn cymysgu'r cynhwysion â'i gilydd i greu toes, a'i dylino, ei adael i godi, ei siapio a'i bobi, fel arfer.

Byddwch yn dysgu mwy am siapio toes a'i orffen ym Mhennod 11, Paratoi a thechnegau coginio.

Gall bara fod yn **fara lefain** (wedi codi gan ddefnyddio burum) neu'n **fara croyw** (heb lefain – fflat).

Byddwch yn dysgu mwy am ddefnyddio codyddion ym Mhennod 11, Paratoi a thechnegau coginio.

Ffigur 1.1 Amrywiaeth o gynhyrchion bara gwahanol

Gwerth maethol

Mae bara yn cael ei ystyried yn fwyd maethlon. Mae'n ffynhonnell dda o garbohydradau, protein, fitaminau grŵp B a'r mwynau calsiwm a haearn. Os ydych yn defnyddio blawd cyflawn i wneud y bara, mae hefyd yn ffynhonnell dda o ffibr deietegol (*NSP: non-starch polysaccharide*).

Mae bara yn dod o dan yr adran 'bara, reis, tatws, pasta a charbohydradau startsh eraill' yn y Canllaw Bwyta'n Dda. Dyma'r adran sydd wedi'i lliwio'n felyn. Rydym yn cael ein hargymell y dylai traean (un rhan o dair) o'r deiet fod o'r bwydydd yn yr adran hon.

Byddwch yn dysgu mwy am y Canllaw Bwyta'n Dda a'r canllawiau argymelledig am ddeiet iach ym Mhennod 4, Cynllunio deietau cytbwys.

Storio bara

Mae'r dull o storio bara yn dibynnu ar y math o fara. Gall bara ffres fynd yn sych yn eithaf cyflym. Bydd rhai gwneuthurwyr yn ychwanegu cyffeithyddion wrth wneud y bara i roi oes silff hirach iddo.

- Y ffordd orau o storio bara ffres yw mewn blwch bara neu mewn bag papur wedi'i gau. Mae hyn yn ei atal rhag colli lleithder pan mae'n agored i'r aer.
- Mae torthau fel y rhai o'r archfarchnad yn cael eu cadw mewn plastig, sy'n eu cadw'n ffres am gyfnod o amser. Os oes lleithder yn bresennol, gall wneud i'r bara lwydo a'i wneud yn beryglus ac yn annymunol i'w fwyta. Dylech storio'r bara mewn amgylchedd sych, oer.
- Mae rhewi bara yn ffordd addas o'i storio. Mae'n bosibl lapio tafellau yn unigol a'u lapio mewn plastig i gadw'r bara'n ffres. Gallwch ei storio am ddau fis neu fwy a'i dynnu allan a'i ddadrewi pan fydd angen.
- Peidiwch â storio bara yn yr oergell gan y gallai hyn wneud i'r bara fynd yn sych iawn a newid ei flas.

Byddwch yn dysgu mwy am storio bwyd yn gywir ym Mhennod 7, Dirywiad bwyd.

Grawnfwydydd

Ffigur 1.2 Grawnfwydydd brecwast gwahanol

I nifer o bobl, mae'r term 'grawnfwydydd' yn golygu grawnfwydydd brecwast. Bydd pobl o bob oed yn bwyta'r rhain yn aml i gael dechrau maethlon i'r diwrnod. Mae grawnfwydydd brecwast wedi'u gwneud o ronynnau grawn wedi'u pyffio, eu mân-dorri neu eu fflawio i greu'r cynnyrch grawnfwyd a ddymunir. Er enghraifft, gronynnau o reis wedi'u tostio a'u crisbio yw Rice Krispies. Rydym yn bwyta grawnfwydydd bob dydd mewn sawl ffurf wahanol ac mewn amrywiaeth eang o gynhyrchion.

Mae grawnfwydydd yn cael eu tyfu ledled y byd. Yn y DU, mae rhai o'r grawnfwydydd rydym ni'n eu tyfu yn cynnwys:
● Gwenith   ● Barlys   ● Ceirch   ● Rhyg.

Er mwyn i'r grawnfwydydd dyfu yn y DU mae'n rhaid iddyn nhw fod yn addas ar gyfer hinsawdd fwyn.

Mewn gwirionedd gweiriau **amaethyddol** yw grawnfwydydd, sy'n cael eu tyfu am eu hadau maethlon bwytadwy, sef gronynnau grawn. Mae'r rhan fwyaf o ronynnau grawn yn dueddol o fod â'r un strwythur, ond bydd gweadeddau, lliwiau, siapiau a meintiau gwahanol ganddyn nhw.

Byddwch yn dysgu mwy am dyfu grawnfwydydd (cnydau) ym Mhennod 8, Tarddiad bwydydd.

Ffigur 1.3 Amrywiaeth o blanhigion grawn gwahanol

Gwerth maethol

Mae grawnfwydydd yn ffynhonnell werthfawr o egni yn y deiet, yn ogystal â maetholion eraill os ydy'r **grawn cyflawn** yn cael ei ddefnyddio. Mae'r rhain yn cynnwys:

- ffibr
- carbohydradau
- protein (*LBV*)
- fitaminau B
- fitamin E
- braster
- haearn.

Mae llawer o'r grawnfwydydd sy'n cael eu tyfu yn cael eu **prosesu** cyn eu bwyta. Er enghraifft, mae gwenith sy'n tyfu yn y cae yn ddefnydd bwyd crai; rydym yn galw hyn yn ffynhonnell sylfaenol. Yna, mae'n cael ei brosesu yn gynhwysyn yr ydym yn gallu ei ddefnyddio i gynhyrchu cynhyrchion bwyd eraill, er enghraifft, blawd.

Byddwch yn dysgu mwy am brosesu grawnfwydydd ym Mhennod 9, Cynhyrchu bwyd.

Storio grawnfwydydd a chynnyrch grawnfwyd

Gall grawnfwydydd fynd yn hen, **darfod**, colli blas, datblygu arogleuon a'u halogi gan facteria a llwydni. Gallai hyn arwain at wenwyn bwyd os dydych chi ddim yn eu storio'n gywir. I storio grawnfwydydd yn ddiogel:

- Peidiwch â'u cadw nhw mewn mannau llaith. Eu storio mewn lle sych, oer fyddai orau.
- Storiwch nhw mewn cynhwysydd aerglos (*airtight*) i'w cadw nhw'n ffres, neu plygwch y defnydd pecynnu drosodd a'i selio.
- Gwiriwch y dyddiad 'defnyddio erbyn' bob amser.
- Cadwch rawnfwydydd newydd a hen ar wahân; peidiwch â'u cymysgu. Defnyddiwch y grawnfwyd hynaf yn gyntaf a pheidiwch ag ychwanegu grawnfwydydd newydd ato.

Blawd

Mae blawd yn dod o fathau gwahanol o rawn, er enghraifft, rhyg a gwenith.

Blawd gwenith yw un o'r prif fathau o flawd sy'n cael eu cynhyrchu. Mae cryfderau gwahanol gan flawd gwenith yn ôl sut rydych yn ei ddefnyddio:

- Rydych yn defnyddio blawd cryf i wneud bara ac mae'n dod o wenith y gaeaf, sy'n wenith caled.
- Rydych yn defnyddio blawd gwan i wneud teisennau a bisgedi ac mae'n dod o wenith y gwanwyn.

GEIRIAU ALLWEDDOL

Amaethyddol: wedi'i fagu neu ei dyfu ar fferm neu wedi'i dyfu mewn amodau o dan reolaeth.

Grawn cyflawn: yr had cyfan yn ei gyflwr naturiol (heb dynnu unrhyw un o'r haenau).

Wedi'i brosesu: gwneud newidiadau i ddefnydd crai i'w wneud yn fwy bwytadwy.

Darfod: difetha neu fynd yn ddrwg.

PWYNTIAU ALLWEDDOL: GRAWNFWYDYDD

- Gweiriau amaethyddol yw grawnfwydydd.
- Mae gwenith yn rawnfwyd cyffredin sy'n cael ei dyfu a'i ddefnyddio yn y DU.
- Mae grawnfwydydd yn rhoi ffynhonnell werthfawr o egni yn y deiet.
- Mae'n rhaid prosesu nifer o rawnfwydydd cyn y gallwch eu defnyddio neu eu bwyta.
- Mae'n well storio grawnfwydydd mewn cynhwysydd aerglos mewn lle oer, sych.

Gwerth maethol

Mae llawer o brotein mewn blawd cryf; mae hyn yn troi'n glwten wrth gymysgu'r blawd gyda hylif wrth wneud cynnyrch. Bydd glwten yn gwneud y toes yn elastig. Pan fydd yn cael ei bobi bydd glwten yn setio ac yn ffurfio adeiledd cadarn i gynnyrch.

Byddwch yn dysgu mwy am ffurfio glwten ym Mhennod 6, Effaith coginio ar fwyd.

Mae sawl math gwahanol o flawd ar gael i bobl ei brynu. Blawd yw'r prif gynhwysyn mewn amrywiaeth o gynhyrchion wedi'u pobi gan fod ganddo sawl swyddogaeth.

Yn y DU, mae'n rhaid **atgyfnerthu** blawd gwyn â'r mwynau calsiwm a haearn a'r fitaminau B thiamin a niasin; mae hyn oherwydd eu bod wedi'u colli yn ystod prosesu'r blawd.

Byddwch yn dysgu mwy am brosesu blawd ym Mhennod 9, Cynhyrchu bwyd.

Mae'r tabl isod yn dangos **cyfradd echdynnu** mathau gwahanol o flawd. Mae'r gyfradd echdynnu yn nodi faint o'r grawn cyflawn sydd wedi'i ddefnyddio i wneud y blawd.

Math o flawd	Cyfradd echdynnu	Beth sydd wedi'i dynnu
Blawd gwyn	cyfradd echdynnu 70–75%	Y bran, y bywyn, braster a rhai o'r mwynau
Blawd cyflawn	cyfradd echdynnu 100%	Heb dynnu dim byd, mae'r gronyn cyflawn yn cael ei ddefnyddio

Tabl 1.1 Mathau o flawd

Storio blawd

I storio blawd yn ddiogel ac i gadw ei ansawdd:

- Dylech ei storio yn ei ddefnydd pecynnu gwreiddiol wedi'i selio, mewn cwpwrdd sych, oer.
- Dylech ei storio mewn cynhwysydd aerglos i atal **gwyfyn yr ŷd.**
- Peidiwch byth â chymysgu hen flawd mewn bag gyda blawd newydd.
- Dylech wirio'r dyddiadau 'defnyddio erbyn' cyn ei ddefnyddio. Dydy blawd cyflawn ddim yn cadw cystal â blawd gwyn, gan y gallai'r olew o'r bywyn a'r bran **suro** wrth heneiddio.

PWYNTIAU ALLWEDDOL: BLAWD

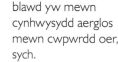

- Blawd gwenith yw un o'r prif fathau o flawd sy'n cael eu cynhyrchu.
- Mae gwenith caled yn cynhyrchu blawd cryf; mae gwenith y gwanwyn yn cynhyrchu blawd gwan.
- Mae blawd gwyn yn cael ei atgyfnerthu yn y DU gyda chalsiwm, haearn a'r fitaminau B thiamin a niasin.
- Y ffordd orau o storio blawd yw mewn cynhwysydd aerglos mewn cwpwrdd oer, sych.

Gweithgaredd

1 Gwnewch ychydig o waith ymchwil ar y mathau gwahanol o flawd sydd wedi'u rhestru isod. Ceisiwch ganfod y gwahaniaethau rhyngddyn nhw. Cyflwynwch eich canfyddiadau mewn siart fel yr un isod.

Math o flawd	Prif wahaniaethau
Blawd heb glwten	
Blawd codi	
Blawd rhyg	

Tabl 1.2 Mathau o flawd

2 Enwch ddau gynnyrch gwahanol y gallech ddefnyddio pob un o'r mathau o flawd i'w gwneud.

3 Yn y DU, mae'n rhaid atgyfnerthu blawd gwyn. Esboniwch ystyr y term 'atgyfnerthu'.

Ceirch

Mae plisgyn amddiffynnol yn gorchuddio gronynnau ceirch; mae'n rhaid tynnu hwn cyn y gallwch ddefnyddio ceirch fel bwyd.

- Gallwch falu ceirch yn flawd mân, ac wedyn gallwch ei ddefnyddio i wneud cynnyrch fel myffins, bisgedi a sgonau.
- Gyda phrosesydd bwyd, gallwch wneud blawd ceirch drwy falu ceirch wedi'u rholio nes eu bod nhw'n fân ac yn bowdrog, ac yna'u storio mewn cynhwysydd aerglos.
- Gallwch rolio ceirch neu eu malu – bydd hyn yn cynhyrchu blawd ceirch.
- Mae uwd yn cael ei wneud drwy ddefnyddio ceirch wedi'u rholio. Gallwch ddefnyddio'r math hwn o geirch i wneud fflapjacs.
- Gallwch ddefnyddio fflawiau (*flakes*) mawr o geirch wrth wneud nwyddau wedi'u pobi, neu mewn grawnfwydydd brecwast fel granola a miwsli. Maen nhw'n gallu rhoi gweadedd ychwanegol i gynnyrch oherwydd y fflawiau mwy.

Gwerth maethol

Mae ceirch yn fath maethlon iawn o rawn. Y prif faeth sy'n cael ei ddarparu yw carbohydradau, ond maen nhw hefyd yn cynnwys rhywfaint o brotein, braster, calsiwm, a haearn a fitaminau grŵp B.

Gall ceirch cyflawn roi egni sy'n cael ei ryddhau'n araf; mae hyn yn golygu rhyddhau egni dros gyfnod hirach o amser o gymharu â bwydydd llawn siwgr, sy'n rhyddhau egni'n gyflymach dros gyfnod llai o amser. Mae cynnwys ceirch cyflawn mewn deiet pobl â diabetes neu sy'n ceisio colli pwysau o fudd mawr, oherwydd gan fod llawer o garbohydradau mewn ceirch, rydych yn teimlo'n llawn am gyfnod hirach.

Storio ceirch

- Storiwch y ceirch mewn man oer a sych.
- Unwaith y bydd y pecyn wedi'i agor, storiwch y ceirch mewn cynhwysydd aerglos.

Ffigur 1.4 **Gronynnau grawn ceirch**

Reis

Reis yw un o brif fwydydd mwyaf poblogaidd y byd. Mae'n nwydd amlbwrpas iawn oherwydd gallwch ei ddefnyddio i wneud seigiau melys a sawrus.

Rydych yn gweini reis fel rhan o bryd i roi swmp ac i wneud i chi deimlo'n llawn. Mae'n coginio'n gyflym ac yn gynhwysyn da i'w storio yn y cwpwrdd bwyd gan fod ganddo oes silff hir ac mae'n hawdd ei storio.

Gall reis fod yn eithaf di-flas. Gallwch wella hyn drwy ei goginio gyda chynhwysion blasus fel garlleg a pherlysiau, neu ei goginio mewn stoc yn hytrach na dŵr. Gall hefyd gynnig blas cytbwys os ydych yn ei weini gyda seigiau fel cyri neu chilli.

Gallwch goginio reis gyda dulliau coginio gwahanol:
- berwi ar yr hob
- pobi yn y ffwrn
- tro ffrio unwaith mae wedi'i goginio.

Pan mae reis yn cael ei **gynaeafu** mae plisgyn allanol tew yn gorchuddio'r gronynnau. Mae hwn yn cael ei dynnu wrth brosesu'r reis.

Byddwch yn dysgu mwy am brosesu ym Mhennod 9, Cynhyrchu bwyd.

Mae amrywiaeth fawr o fathau o reis ar gael mewn archfarchnadoedd, mewn sawl ffurf wahanol, er enghraifft berwi-yn-y-bag, hawdd ei goginio ac wedi'i goginio'n barod.

Gall reis fod yn ronyn byr neu'n ronyn hir, ac mae'r rhan fwyaf o fathau ar gael fel reis brown neu reis gwyn. Mae rhai o'r mathau gwahanol o reis a dulliau o'u defnyddio i'w gweld yn y tabl isod.

Mathau o reis	Defnydd
Reis graen byr	
Arborio	Risoto
Pwdin	Pwdin reis melys
Reis grawn hir	
Basmati	Ei weini gyda nifer o seigiau Indiaidd
Carolina	Seigiau reis sawrus

Tabl 1.3 Mathau o reis a'u defnydd

Gwerth maethol

Mae reis yn cael ei ystyried y mwyaf tlawd o'r holl fwydydd grawn o ran y protein, y braster, a'r mwynau sydd ynddo, ond mae'n ffynhonnell wych o egni.

Storio reis

I storio reis heb ei goginio:

● Storiwch mewn man oer a sych.
● Unwaith mae wedi'i agor, dylech ei storio mewn cynhwysydd aerglos.

Rydym yn cael ein hargymell i beidio â storio nac ailwresogi reis sydd wedi'i goginio, gan y gallai hyn arwain at wenwyn bwyd. Unwaith mae reis wedi'i goginio, mae'n dod yn **fwyd risg uchel**. Os oes angen storio reis wedi'i goginio:

● Ni ddylech ei storio yn uwch na 65 °C am fwy na dwy awr.
● Dylech ei rinsio mewn dŵr oer yn syth ar ôl ei goginio, wedyn ei oeri a'i roi yn yr oergell.

Byddwch yn dysgu mwy am wenwyn bwyd ym Mhennod 7, Dirywiad bwyd.

Reis gwyllt

Reis brown

Reis basmati

Reis hawdd ei goginio

Ffigur 1.5 Pedwar math gwahanol o reis

PWYNTIAU ALLWEDDOL: REIS

● Mae reis yn un o'r prif fwydydd.
● Mae reis yn rhoi swmp i bryd o fwyd ac yn gwneud i chi deimlo'n llawn.
● Gallwch goginio reis gan ddefnyddio dulliau coginio gwahanol.
● Gall reis fod yn reis grawn hir neu'n reis grawn byr.
● Mae reis wedi'i goginio yn fwyd risg uchel sy'n gallu achosi gwenwyn bwyd os dydych chi ddim yn ei storio a'i goginio'n gywir.

Tatws

Mae sawl math gwahanol o datws yn cael eu tyfu yn y DU. Mae rhai enghreifftiau o'r rhain yn cynnwys Maris Piper, King Edward a Desiree. Mae tatws melys hefyd yn ddewis poblogaidd yn lle tatws traddodiadol.

Cloronen yw enw'r rhan o blanhigyn tatws rydym ni'n ei fwyta. Gall cloron tatws ddod mewn amrywiaeth o liwiau; tatws coch a gwyn yw'r rhai mwyaf cyfarwydd. Pan fyddwn yn penderfynu rhwng tatws coch neu wyn yn aml mae'n ymwneud â blas a'r math o rysáit rydym ni'n ei pharatoi.

Ffigur 1.6 Tatws coch a gwyn

Gall y math o datws sy'n cael eu defnyddio wrth baratoi prydau a seigiau arwain at weadeddau a chanlyniadau gwahanol iawn. Gall tatws wedi'u coginio fod yn flodiog, yn ludiog neu'n gwyraidd ac yn ronynnog. Mae hyn oherwydd bod celloedd tatws yn newid yn ystod y broses goginio.

Mae gan bob math o datws gwahanol yr un strwythur:
- Yr haen allanol yw'r **croen.**
- Y **cnawd** yw'r rhan o dan y croen.
- Y **bywyn** yw'r craidd dyfrllyd, y rhan yn y canol.

Ffigur 1.7 Adeiledd tatws

Mae tatws yn cael eu hystyried yn un o'r prif fwydydd traddodiadol. Yn y DU, yn aml maen nhw'n cael eu bwyta fel prif gyfwydydd seigiau. Mae'n bosibl eu paratoi mewn nifer o ffyrdd:
- pobi
- rhostio
- ffrio
- berwi.

Byddwch yn dysgu mwy am y dulliau hyn ym Mhennod 11, Paratoi a technegau coginio.

Gwerth maethol

Gall tatws fod yn ffynhonnell dda o fitamin C oherwydd faint o datws rydym ni'n eu bwyta a'r nifer o weithiau maen nhw'n cael eu bwyta. Maen nhw'n rhoi carbohydradau ar ffurf startsh ac ychydig o galsiwm a fitaminau grŵp B i ni. Mae dŵr ynddyn nhw hefyd.

Storio tatws

- Gallwch storio tatws mewn bagiau hesian, bagiau papur neu mewn rheseli. Dylech eu storio mewn lle oer, sych, tywyll, gyda digon o aer.
- Gall storio tatws mewn man golau wneud iddyn nhw droi'n wyrdd. Dylech dynnu darn gwyrdd cyn coginio tatws gan fod hwn yn **wenwynig**.
- Peidiwch â storio tatws mewn bagiau plastig gan y gallai hyn wneud iddyn nhw chwysu a phydru.
- Gallai storio tatws yn yr oergell effeithio ar y blas a gwneud iddyn nhw newid eu lliw pan maen nhw'n cael eu coginio.

Gweithgaredd

Rydym yn defnyddio tatws i wneud amrywiaeth eang o gynhyrchion sawrus. Gwnewch fap meddwl i ddangos faint o gynhyrchion sawrus gwahanol y gallwch eu gwneud gyda nhw.

Gweithgaredd ymarferol

1 Gallwch goginio tatws mewn dulliau gwahanol. Dewiswch dri dull coginio gwahanol ac ewch ati i baratoi tatws gan ddefnyddio'r dulliau coginio hyn.
2 Gofynnwch i bobl yn eich dosbarth eu blasu a nodi pa ddull yw'r gorau a pham. Gallech gofnodi eich canfyddiadau gan ddefnyddio proffiliau synhwyraidd (cyfeiriwch at Bennod 10, Ffactorau sy'n effeithio ar ddewis bwyd, tudalen 184, i ddysgu mwy am broffiliau synhwyraidd).
3 Dadansoddwch werth maethol pob dull rydych chi wedi'i ddefnyddio, i ganfod pa un fyddai'n rhoi'r gwerth mwyaf.

GEIRIAU ALLWEDDOL

Cloronen: rhan danddaearol wedi'i thewychu o goes neu wreiddyn, y mae planhigion newydd yn gallu tyfu ohoni.

Croen: yr haen neu'r gorchudd allanol.

Cnawd: y rhan o dan groen y daten.

Bywyn: y craidd dyfrllyd.

Gwenwynig: yn cynnwys sylwedd niweidiol.

PWYNTIAU ALLWEDDOL: TATWS

- Mae tatws yn un o'r prif fwydydd yn y DU.
- Mae nifer o fathau gwahanol o datws.
- Y gloronen yw'r rhan o'r planhigyn tatws rydym ni'n ei fwyta.
- Yr un adeiledd sydd gan bob math o datws, waeth pa fath ydyn nhw.
- Gall tatws fod yn ffynhonnell dda o fitamin C.
- Dylech eu storio mewn lle oer, sych, tywyll, gyda digon o aer.

Pasta

Mae pasta'n cael ei wneud o wenith cryf sy'n cael ei alw yn **wenith caled**. Mae'r math hwn o wenith yn cynnwys mwy o brotein na gwenith arferol. Wrth ei falu, mae'r gwenith yn cynhyrchu semolina; dyma'r radd fwyaf bras o'r **endosberm** sy'n llawn startsh.

Byddwch yn dysgu mwy am dyfu gwenith a'i brosesu ym Mhennod 8, Tarddiad bwydydd a Phennod 9, Cynhyrchu bwyd.

I wneud pasta, mae dŵr yn cael ei ychwanegu i greu toes. Mae'n bosibl siapio'r toes hwn neu ei **allwthio** (ei wthio drwy agoriad mewn plât â siâp ac yna'i dorri i faint penodol) i gynhyrchu'r math o basta sydd ei angen.

Mae cynhwysion eraill y gallwch eu hychwanegu wrth wneud toes pasta yn cynnwys wyau, olew, halen a chyflasynnau amrywiol.

Mae gwahanol siapiau, meintiau a mathau o basta ar werth mewn siopau. Mae lliwiau amrywiol o basta hefyd yn cael eu gwerthu:

- Mae pasta gwyrdd yn cael ei wneud gan ddefnyddio sbigoglys, sy'n rhoi'r lliw, yn ogystal â rhywfaint o flas.
- Mae pasta coch yn cael ei wneud gan ddefnyddio past tomato.
- Mae pasta inc môr-lawes (*squid*) neu basta du yn llwyd tywyll, bron yn ddu ac mae'n cael ei wneud gan ddefnyddio inc môr-lawes, fel mae'r enw'n ei awgrymu. Weithiau gall hyn roi ychydig o flas bwyd môr ar y pasta.

Ffigur 1.8 Pasta sych a phasta wedi'i goginio

Mae pasta sych yn boblogaidd oherwydd ei oes silff hir a'i fod yn amlbwrpas; gallwch ei gyfuno â nifer o gynhwysion eraill. Wrth goginio pasta sych, mae'n newid i liw goleuach ac yn chwyddo mewn maint gan ei fod yn amsugno'r hylif coginio. Mae'r llun gyferbyn yn dangos y gwahaniaethau rhwng pasta sych a phasta wedi'i goginio.

Byddwch yn dysgu rhagor am baratoi a choginio pasta ym Mhennod 11, Paratoi a thechnegau coginio.

Storio pasta

- Gallwch storio pasta sych, heb ei goginio yn ei ddefnydd pecynnu gwreiddiol. Unwaith mae wedi'i agor, dylech ei storio mewn cynhwysydd aerglos mewn lle sych, oer, neu ymhell oddi wrth arogleuon cryf.
- Mae'n rhaid storio pasta ffres mewn oergell.
- Mae'n rhaid gadael i basta cartref sychu yna'i storio mewn cynhwysydd aerglos yn yr oergell.
- Mae'n bosibl rhewi pasta ffres a phasta cartref.
- Dylech storio pasta wedi'i goginio mewn cynhwysydd aerglos yn yr oergell. Bydd rinsio'r pasta gyda dŵr oer ar ôl coginio yn ei atal rhag glynu wrth ei gilydd.

Gweithgaredd

1 Gwnewch fap meddwl i ddangos y mathau gwahanol o basta sydd ar gael.
2 Gwnewch restr o chwe saws gwahanol y gallwch eu gweini gyda phasta.

Gweithgaredd ymarferol

Chwiliwch am rysáit a gwnewch eich toes pasta eich hun. Gwnewch ddau fath gwahanol o basta gyda'r toes: un pasta wedi'i siapio, ac un wedi'i lenwi.

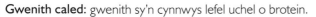

GEIRIAU ALLWEDDOL

Gwenith caled: gwenith sy'n cynnwys lefel uchel o brotein.

Endosberm: meinwe sy'n cael ei gynhyrchu y tu mewn i hadau planhigion blodeuol pan maen nhw'n ffrwythloni. Mae'n amgylchynu'r embryo ac yn rhoi maeth ar ffurf startsh, er y gallai hefyd gynnwys olewau a phrotein.

Allwthio: gwasgu cymysgedd meddal dan bwysau drwy agoriad mewn plât â siâp, i ffurfio stribedi a'u torri'n ddarnau cyfartal.

PWYNTIAU ALLWEDDOL: PASTA

- Mae pasta'n cael ei wneud o wenith caled a dŵr.
- Mae siapiau, mathau a meintiau gwahanol o basta ar werth.
- Gall pasta gael ei wneud yn lliwiau gwahanol drwy ychwanegu cynhwysion.
- Gallwch brynu pasta yn ffres neu'n sych.
- Mae pasta sych yn chwyddo wrth ei goginio.

Cwestiynau arholiad enghreifftiol

1 Rhestrwch **dri** o'r prif faetholion sydd mewn grawnfwydydd. [3 marc]
2 Esboniwch pam y dylem ddewis cynnyrch grawnfwyd grawn cyflawn wrth wneud seigiau. [3 marc]
3 Nodwch y math o flawd sy'n cael ei ddefnyddio wrth wneud bara. Esboniwch pam mae'n bwysig defnyddio'r math hwn o flawd. [4 marc]
4 Esboniwch pam y dylai person sy'n dilyn deiet colli pwysau ystyried cael grawnfwyd brecwast sy'n cynnwys ceirch. [3 marc]
5 Gallwch goginio reis drwy ei bobi yn y ffwrn. Nodwch **ddwy** fantais fanwl o ddefnyddio'r dull hwn o goginio reis. [4 marc]
6 Esboniwch pam mae'n bwysig storio tatws yn gywir. [4 marc]
7 I deulu mawr, esboniwch pam mae pasta sych yn cael ei ystyried yn gynhwysyn da i'w gadw yn y cwpwrdd bwyd. [5 marc]

Ffrwythau a llysiau

Ffrwythau

Mewn archfarchnadoedd, mae llawer iawn o fathau o ffrwythau ar gael sydd wedi'u tyfu'n lleol, yn rhanbarthol, yn genedlaethol neu'n rhyngwladol. Mae llawer o ffrwythau yn **dymhorol**. Mae hyn yn golygu dydyn nhw ddim ar gael drwy'r flwyddyn. Mae nifer o ffrwythau'n cael eu mewnforio o wahanol wledydd fel eu bod ar gael drwy'r flwyddyn oherwydd galw gan gwsmeriaid.

Mae'r Canllaw Bwyta'n Dda yn argymell y dylai traean (un rhan o dair) o'n deiet fod yn ffrwythau a llysiau ac y dylem geisio bwyta amrywiaeth eang ohonyn nhw.

Byddwch yn dysgu mwy am y Canllaw Bwyta'n Dda a'r canllawiau argymelledig am ddeiet iach ym Mhennod 4, Cynllunio deietau cytbwys.

Mae ffrwythau a llysiau yn faethlon iawn. Dylem fwyta o leiaf pum dogn o ffrwythau a llysiau bob dydd ac amrywiaeth o liwiau a mathau gwahanol i fodloni gofynion mwynau a fitaminau gwahanol. Mae'r grŵp hwn o fwydydd yn rhoi'r canlynol i ni:

- carbohydradau
- ffibr deietegol
- fitaminau A, C ac E
- mwynau amrywiol.

Maen nhw'n cael eu hystyried yn fwydydd braster isel.

Mae pedwar prif grŵp o ffrwythau. Mae'r tabl yn dangos y grwpiau gwahanol o ffrwythau, enghreifftiau o'r ffrwythau sydd yn y grŵp hwnnw, a sut i'w storio.

Grwpiau o ffrwythau	Enghreifftiau o ffrwythau	Storio
Citrws	Oren, lemon, grawnffrwyth, leim	Lle sych, oer. Gallwch gadw rhai ffrwythau citrws yn yr oergell.
Ffrwythau caled	Afalau, gellyg	Cadwch y rhain allan o olau uniongyrchol yr haul, ar dymheredd ystafell. Gallwch gadw'r rhain yn yr oergell.
Ffrwythau meddal neu ffrwythau aeron	Mefus, mafon, mwyar duon	Cadwch y rhain yn yr oergell. Tynnwch nhw allan i'w gweini ar dymheredd ystafell.
Ffrwythau carreg	Eirin, ceirios, nectarinau, eirin gwlanog	Cadwch y rhain yn yr oergell. Storiwch nhw mewn powlen ffrwythau ar dymheredd ystafell fel eu bod yn aeddfedu'n gyflymach.

Tabl 1.4 Grwpiau gwahanol o ffrwythau

Ffigur 1.9 Enghreifftiau o rai ffrwythau trofannol

Mae rhai ffrwythau sydd ddim yn dod o dan unrhyw un o'r grwpiau a nodwyd yn y tabl. Mae'r ffrwythau hyn yn cynnwys bananas, pinafalau, mangos a granadilas. Weithiau bydd archfarchnadoedd yn gosod y rhain mewn grŵp ffrwyth trofannol neu egsotig.

Mae ffrwythau ar gael mewn nifer o ffurfiau, er enghraifft mewn tuniau, wedi'u rhewi neu yn sych. Cyn y byddwch chi'n gallu bwyta ffrwyth amrwd, mae'n rhaid iddo aeddfedu; mae'r broses hon yn gwneud y ffrwyth yn ddeniadol i'w fwyta. Mae llawer o newidiadau'n digwydd pan mae ffrwyth yn aeddfedu; mae rhai o'r rhain yn cynnwys newid lliw, newid gweadedd a newid blas pan fydd y melyster yn datblygu.

Byddwch yn dysgu mwy am dyfu bwydydd a'u prosesu ym Mhennod 8, Tarddiad bwydydd a Phennod 9, Cynhyrchu bwyd.

Llysiau

Mae llysiau mewn grwpiau yn ôl rhannau gwahanol y planhigyn y maen nhw'n eu cynrychioli. Gallwch dyfu'r rhain uwchben y ddaear neu oddi tani. Mae'r tabl yn dangos grwpiau gwahanol o lysiau.

Grŵp llysiau	Enghreifftiau o lysiau	Uwchben y ddaear neu oddi tani
Gwreiddiau	Betys, moron, swêj/rwdins	O dan y ddaear
Bylbiau	Nionod/winwns, cennin, sibols/shibwns	O dan y ddaear
Cloron	Tatws, tatws melys, iamau	O dan y ddaear
Coesau	Asbaragws, seleri	Uwchben y ddaear
Dail	Mathau gwahanol o fresych, ysgewyll, letys iceberg	Uwchben y ddaear
Blodau	Blodfresych, brocoli	Uwchben y ddaear
Ffrwythau a hadau	Pys, courgettes, planhigion wy	Uwchben y ddaear
Ffyngau	Madarch	Uwchben y ddaear

Tabl 1.5 Grwpiau gwahanol o lysiau

Casgliad o gelloedd sydd wedi'u gwneud o **gellwlos** yw adeiledd llysiau. Gallai'r math o lysiau ac oedran y llysiau olygu bod yr adeiledd yn amrywio.

Mae llawer iawn o ddŵr mewn celloedd llysiau; mae hyn yn helpu i'w cadw'n gadarn. Os ydyn nhw'n colli dŵr bydd y celloedd yn colli eu cadernid ac yn mynd yn llipa.

Fel ffrwythau, mae llysiau ar gael mewn nifer o ffurfiau gwahanol: sych, mewn tuniau neu wedi'u rhewi.

Gwerth maethol

Rydym yn cael ein hannog i fwyta amrywiaeth fawr o lysiau gwahanol fel rhan o'n deiet dyddiol. Mae'n bosibl eu bwyta fel rhan o brif bryd neu fel byrbryd drwy gydol y dydd. Gallwch fwyta nifer o lysiau'n amrwd; mae hyn yn cynyddu eu gwerth maethol gan y gallai eu coginio arwain at ddinistrio neu leihau rhai o'r maetholion sydd ynddyn nhw.

Storio llysiau

- Gallwch storio salad a rhai llysiau gwyrdd yn yr oergell i'w cadw'n ffres.
- Cadwch y rhan fwyaf o fathau eraill o lysiau mewn mannau oer, sych, gyda digon o aer.
- Mae'n well bwyta'r rhan fwyaf o lysiau cyn gynted ag y byddwch yn eu prynu i osgoi colli maeth a blas.

PWYNTIAU ALLWEDDOL: FFRWYTHAU A LLYSIAU

- Planhigion bwytadwy neu rannau bwytadwy o blanhigion yw ffrwythau a llysiau.
- Dylai ffrwythau a llysiau fod yn draean o'n deiet dyddiol.
- Dylem fwyta o leiaf pum dogn bob dydd i helpu i gael deiet mwy iach.
- Gallwch fwyta nifer o lysiau'n amrwd, ac felly does dim neu fawr ddim gwaith paratoi iddyn nhw.
- Maen nhw ar gael mewn nifer o ffurfiau gwahanol.
- Mae ffrwythau a llysiau'n faethlon iawn, ac yn ffynonellau da o fitaminau A, C ac E.
- Gall coginio llysiau leihau eu gwerth maethol.

GEIRIAU ALLWEDDOL

Cellwlos: sylwedd anhydawdd sy'n ffurfio'r rhan fwyaf o blanhigion, fel cellfuriau llysiau.

Gweithgaredd ymarferol

1 Chwiliwch am rysáit cawl llysiau a gwnewch y cawl gan ddangos y sgiliau paratoi canlynol: plicio, gratio, sleisio a deisio. Defnyddiwch y **daliad pont** a'r **daliad crafanc** (gweler Pennod 11, tudalen 214) wrth ddefnyddio'r sgiliau cyllell.

2 Pan fydd y cawl wedi'i goginio, rhannwch y cawl i ddwy sosban wahanol. Cadwch ddarnau mawr o lysiau yn y naill hanner a blendiwch yr hanner arall yn gawl llyfn gyda blendiwr.

3 Cofnodwch y gwahaniaethau mewn blas a gweadedd.

Cwestiynau arholiad enghreifftiol

1 Enwch **dri** math gwahanol o bys y gallwch eu prynu mewn archfarchnad. [3 marc]

2 Awgrymwch **dri** phryd gwahanol y gallwch eu gwneud gan ddefnyddio tatws. [3 marc]

3 Rydym yn cael ein hargymell i fwyta o leiaf pum dogn o ffrwythau a llysiau bob dydd. Rhowch **ddau** reswm manwl dros ddilyn yr argymhelliad hwn. [4 marc]

4 Esboniwch y manteision o ddefnyddio mefus yn eu tymor i wneud pwdin. [4 marc]

Llaeth

Yn y DU, llaeth buwch rydym ni'n ei ddefnyddio yn bennaf. Mae mathau eraill o laeth ar gael fel dewis amgen, er enghraifft llaeth gafr neu laeth soia.

Mae'n rhaid trin llaeth i'w wneud yn ddiogel i'w yfed. Fel arfer mae hyn yn digwydd drwy ei drin â gwres. Mae'r driniaeth yn dinistrio **bacteria** niweidiol. Bydd hyn hefyd yn rhoi oes silff hirach i'r llaeth.

Mae sawl ffordd wahanol o drin llaeth â gwres. Mae dwy enghraifft wedi'u rhestru isod.

● **Pasteureiddio:** Y dull cyffredin yw Tymheredd Uchel Amser Byr (*HTST: High Temperature Short Time*). Cynhesu llaeth am 15 eiliad i dymheredd o 72°C. Yna, ei oeri'n gyflym iawn i dymheredd o dan 10°C a'i roi mewn poteli neu gartonau. Mae'n rhaid ei storio mewn oergell.

● **Trin â Gwres Eithafol (*UHT: Ultra High Temperature*):** Cynhesu llaeth yn gyflym am eiliad i 132°C ac yna'i oeri'n gyflym a'i becynnu o dan amodau di-haint. Mae oes hir gan y llaeth hwn ac mae'n bosibl ei storio heb fod mewn oergell am tua chwe mis. Unwaith mae wedi'i agor mae'n rhaid ei drin yr un fath â llaeth ffres.

Ffigur 1.10 Llaeth *UHT*

Ffigur 1.11 Mathau gwahanol o laeth

Mathau o laeth

Mae nifer o fathau gwahanol o laeth ar werth mewn siopau. Mae'r rhai mwyaf poblogaidd yn cynnwys:

● **Llaeth cyflawn:** dyma laeth braster llawn gyda 3.9% o gynnwys braster. Mae ganddo gap glas. Mae'r llaeth hwn yn cael ei argymell ar gyfer plant ifanc, gan eu bod yn tyfu o hyd.

● **Llaeth hanner sgim:** dyma laeth hanner braster gyda 1.7% o gynnwys braster. Mae ganddo gap gwyrdd.

● **Llaeth sgim:** dyma laeth braster isel gyda 0.1–0.3% o gynnwys braster. Mae ganddo gap coch.

● **Llaeth anwedd:** dyma laeth tun **wedi'i dewychu** ac wedi'i ddiheintio. Mae wedi'i gynhesu i leihau'r cynnwys hylif a lladd y bacteria.

● **Llaeth tewychedig:** llaeth anwedd ydy hwn gyda siwgr wedi'i ychwanegu ato. Mae'r siwgr yn helpu i gyffeithio'r llaeth.

● **Powdwr llaeth sych:** mae'r powdwr hwn yn cael ei wneud drwy dynnu'r dŵr o'r llaeth a'i sychu â gwres. I'w ddefnyddio, rydych yn ei gymysgu â dŵr ac mae'n rhaid ei storio fel llaeth ffres.

● **Mathau eraill o laeth:** Does dim cynnyrch llaeth o gwbl yn y rhain. Mae enghreifftiau yn cynnwys llaeth soia, llaeth ceirch a llaeth reis.

Gwerth maethol

Rydym yn cyfeirio at laeth fel **'bwyd cyflawn'** gan ei fod yn rhoi nifer o'r maetholion sydd eu hangen arnom ni i fod yn iach. Mae wedi'i ddylunio i fod yr unig fwyd sydd ei angen ar fabanod mamaliaid am wythnosau cyntaf eu bywydau.

Llaeth	
Maeth sy'n cael ei roi	**Gwybodaeth maeth**
Protein	Gwerth Biolegol Uchel
Braster	Ffurf ddirlawn yn bennaf
Carbohydrad	Ar ffurf lactos
Mwynau	Calsiwm, ffosfforws, potasiwm ac ychydig bach o haearn
Fitaminau	A a D, fitaminau B, ychydig o fitamin C
Dŵr	Llawer iawn o ddŵr ynddo

Tabl 1.6 Gwerth maethol llaeth

Storio llaeth

- Mae llaeth ffres yn ddarfodus a dylech ei yfed o fewn ychydig ddyddiau o'i agor a chyn y dyddiad 'defnyddio erbyn'.
- Dylech storio llaeth yn yr oergell rhwng 0 a 5°C.
- Gallwch storio llaeth *UHT* mewn lle oer, sych. Ar ôl ei agor, dylech ei storio yn yr oergell a'i drin fel llaeth ffres.
- Cadwch gynwysyddion llaeth ar gau a pheidiwch â'u cadw yn yr oergell wrth ymyl eitemau bwyd ag arogleuon cryf, gan fod llaeth yn gallu codi'r arogleuon hyn.

GEIRIAU ALLWEDDOL

Bacteria: micro-organebau sy'n halogi bwyd ac yn ei wneud yn anaddas i'w fwyta.

Pasteureiddio: dull o drin llaeth â gwres gan ddefnyddio gwres uchel am eiliadau yn unig.

Trin â Gwres Eithafol (*UHT*): dull o drin llaeth â gwres i ladd bacteria a gwneud yr oes silff yn hirach.

Wedi'i dewychu: bwyd mwy trwchus a dwys oherwydd bod dŵr wedi'i dynnu allan ohono.

Lactos: siwgr o garbohydradau sydd mewn llaeth.

PWYNTIAU ALLWEDDOL: LLAETH

- Caiff llaeth ei drin â gwres i'w wneud yn ddiogel i'w yfed a'i ddefnyddio.
- Mae pasteureiddiad a *UHT* yn ddau ddull o drin llaeth â gwres.
- Mae llaeth cyflawn, llaeth hanner sgim a llaeth sgim yn fathau o laeth sydd ar werth mewn siopau.
- Mae llaeth yn cael ei ystyried yn fwyd cyflawn.

Gweithgaredd

1 Esboniwch y gwahaniaethau rhwng llaeth cyflawn a llaeth sgim.
2 Nodwch fanteision prynu llaeth *UHT* yn lle llaeth ffres.
3 Enwch ddwy saig felys a dwy saig sawrus sy'n cael eu gwneud gan ddefnyddio llaeth.

Caws

Gallwch ddisgrifio caws fel ffurf solet neu led-solet o laeth. Rydym hefyd yn cyfeirio ato weithiau fel bwyd llaeth **wedi'i eplesu**.

Mae nifer o fathau gwahanol ar gael yn y DU ac yn rhyngwladol. Mae'r tabl ar y dudalen nesaf yn dangos rhai o'r cawsiau sy'n cael eu gwneud drwy ddulliau gwahanol.

Math o gaws	Enghreifftiau
Caws caled wedi'i wasgu	Cheddar, Gruyère, Caerlŷr
Caws meddal (sy'n cael ei alw weithiau yn gaws aeddfed)	Camembert, Brie, caws gafr
Caws anaeddfed (sy'n cael ei alw weithiau yn gaws meddal, ffres)	Caws colfran, caws hufen, Mascarpone, Mozzarella, Feta
Caws gwythiennog glas	Stilton, Gorgonzola, glas Danaidd
Caws wedi'i brosesu	Sleisiau caws a chaws taenu

Tabl 1.7 Mathau o gaws

Gwerth maethol

Gan fod caws yn cael ei wneud o solidau llaeth, mae ei werth maethol yn debyg iawn i laeth. Ond, mae'n fwyd sydd wedi'i dewychu'n fwy o lawer gan fod y rhan fwyaf o'r cynnwys dŵr wedi'i golli wrth ei gynhyrchu. Bydd faint o faeth sydd ynddo yn dibynnu ar y math o gaws. Bydd caws yn rhoi'r maetholion canlynol:

Ffigur 1.12 Mathau gwahanol o gaws

- Protein Gwerth Biolegol Uchel (*HBV: High Biological Value*)
- Calsiwm – mae caws yn ffynhonnell dda o galsiwm
- Ffosfforws a sodiwm – gall faint o'r rhain amrywio yn ôl nifer o ffactorau
- Mae'n ffynhonnell dda o fitamin A ac yn rhoi rhywfaint o fitamin D a fitamin B – gall faint o'r rhain amrywio hefyd
- Cynnwys braster uchel – bydd faint o fraster yn dibynnu ar y math o laeth a ddefnyddiwyd i wneud y caws a'r math o gaws.

Byddwch yn dysgu mwy am brosesu caws a'i gynhyrchu ym Mhennod 9, Cynhyrchu bwyd.

Defnyddio caws

Gallwch ddefnyddio caws i wneud seigiau melys a sawrus. Mae ganddo lawer o fanteision a swyddogaethau. Mae rhai o'r rhain wedi'u rhestru isod.

- Gall caws roi blas: wrth wneud saws gwyn mae ychwanegu caws yn rhoi blas gwell.
- Gall caws roi lliw: wrth ei ysgeintio ar ben seigiau a'i grilio neu ei bobi bydd yn troi yn lliw brown deniadol.
- Gall caws roi gweadedd: pan mae wedi'i doddi gall roi gweadedd meddal, llaith a llinynnog.
- Gall caws gynyddu gwerth maethol saig: wrth ei roi ar ben taten bob, bydd yn ychwanegu maetholion fel protein, braster, calsiwm a fitaminau.

Ffigur 1.13 Brocoli gyda saws caws

Storio caws

- Storiwch bob math o gaws mewn oergell rhwng 0 a 5°C.
- Bydd rhai cawsiau meddal yn darfod yn gyflym ac mae'n rhaid eu defnyddio o fewn ychydig ddyddiau.
- Gallwch storio cawsiau caled fel Cheddar am gyfnod hirach o amser.
- Dylech storio caws mewn blwch neu becyn aerglos i'w atal rhag sychu.

Gweithgaredd

1 Enwch bedwar caws caled sydd heb eu cynnwys yn y tabl.
2 Enwch ddwy saig y gallwch eu gwneud gan ddefnyddio caws meddal.
3 Rhestrwch dri o'r prif faetholion sydd mewn caws.

PWYNTIAU ALLWEDDOL: CAWS

- Mae caws yn ffurf solet neu led-solet o laeth.
- Mae sawl math ac amrywiaeth gwahanol o gaws ar gael.
- Mae caws yn cynnwys protein *HBV* ac mae'n ffynhonnell dda o galsiwm.
- Mae caws yn rhoi blas, lliw, gweadedd a gwerth maethol ychwanegol i amrywiaeth o seigiau.

Iogwrt

Mae iogwrt yn cael ei wneud o laeth drwy ychwanegu bacteria bwytadwy diberygl at y llaeth, sy'n ei achosi i eplesu. Mae hyn yn golygu bod y bacteria'n trawsnewid y carbohydrad (siwgr) yn y llaeth, sef lactos, yn asid lactig. Bydd yr asid lactig yn setio protein y llaeth, a bydd yn ei dewychu. Bydd yr asid lactig hefyd yn rhoi'r blas siarp nodweddiadol i'r iogwrt.

Byddwch yn dysgu mwy am brosesu iogwrt a'i gynhyrchu ym Mhennod 9, Cynhyrchu bwyd.

Mathau o iogwrt

Mae'n bosibl gwneud iogwrt o fathau gwahanol o laeth. Bydd rhai mathau o iogwrt yn cynnwys cynhwysion ychwanegol fel siwgr, sy'n cael ei ddefnyddio i'w felysu, neu ffrwythau a blasau eraill fel mêl neu fanila.

Enghreifftiau o fathau o iogwrt:
- **Iogwrt wedi setio**: mae wedi'i setio yn y pot mae'n cael ei werthu ynddo. Mae ganddo weadedd mwy cadarn nag iogyrtiau eraill.
- **Iogwrt byw**: mae'r iogwrt hwn wedi'i eplesu gyda bacteria meithrin byw.
- **Iogwrt Groegaidd (wedi'i hidlo)**: mae'r iogwrt hwn wedi'i wneud o laeth buwch neu laeth dafad. Gall fod yn iogwrt eithaf tew ac mae'n uwch mewn braster.

Ffigur 1.14 Iogwrt

Gwerth maethol

Maeth sy'n cael ei roi	Gwybodaeth ychwanegol
Protein	Gwerth Biolegol Uchel
Braster	Yn amrywio yn ôl y math o iogwrt. Mae rhai'n cael eu gwneud â llaeth cyflawn gyda chynnwys braster uwch, ac mae rhai heb fraster.
Calsiwm	Ffynhonnell dda sy'n cael ei roi gan laeth
Carbohydradau	Ar ffurf lactos (siwgr)
Fitaminau	B ac ychydig o fitaminau A a D (ac E os yw'n iogwrt llaeth cyflawn)
Dŵr	Cynnwys dŵr uchel

Tabl 1.8 Gwerth maethol iogwrt

Storio iogwrt

- Dylech ei storio mewn oergell rhwng 0 a 5°C.
- Defnyddiwch cyn y dyddiad 'defnyddio erbyn'.

PWYNTIAU ALLWEDDOL: IOGWRT

- Mae iogwrt yn cael ei wneud gan ddefnyddio bacteria diberygl.
- Mae mathau o iogwrt yn cynnwys iogwrt wedi setio, iogwrt wedi'i gymysgu, ac iogwrt byw.
- Mae iogwrt yn fwyd maethol gan fod ganddo werth calsiwm uchel a phrotein *HBV*.

Cwestiynau arholiad enghreifftiol

1 Esboniwch y gwahaniaethau rhwng llaeth wedi'i basteureiddio a llaeth *UHT*. [6 marc]

2 Gallwch wneud quiche llysiau gan ddefnyddio caws cheddar. Nodwch ddwy swyddogaeth wahanol y caws ac esboniwch sut mae'r caws yn cyflawni'r ddwy swyddogaeth. [4 marc]

3 Esboniwch bwysigrwydd asid lactig wrth wneud iogwrt. [2 farc]

Cig, pysgod, dofednod ac wyau

Cig

Yn gyffredinol, mae tri anifail yn y DU yn rhoi cig i ni:

- gwartheg
- defaid
- moch.

Mae'r anifeiliaid hyn yn rhoi darnau gwahanol o gig i ni ac amrywiaeth o gynnyrch cig i bobl goginio gyda nhw. Mae cig yn rhan bwysig o ddeiet dyddiol nifer o bobl.

Mae rhagor am fagu cig ym Mhennod 8, Tarddiad bwydydd.

Meinwe cyhyrau   **Adeiledd cig**

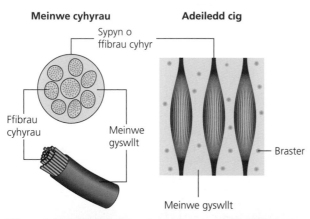

Ffigur 1.15 **Adeiledd cig**

Ffigur 1.16 **Braster gweladwy ar gig stêc syrlwyn**

Ffigur 1.17 **Mathau gwahanol o gig – cig eidion, porc a chig oen**

Adeiledd cig

Mae cig wedi'i wneud o:

- ddŵr
- protein
- braster.

Cyhyr gyda **meinwe gyswllt** a braster yw cig amrwd. Bwndeli o ffibrau gyda meinwe gyswllt yn eu hamgylchynu a'u dal gyda'i gilydd yw'r cyhyrau. Gall y ffibrau cyhyr hyn amrywio o ran hyd yn ôl o ba ran o'r anifail y maen nhw'n dod – os yw'n rhan o'r anifail sy'n gwneud llawer o waith, er enghraifft y gwddf neu'r goes, yna bydd y ffibrau yn hirach; gallai hyn wneud y darn o gig yn wydn. Felly mae'n rhaid defnyddio dull coginio addas i wneud y cig yn dyner.

Tiwbiau bach iawn yw'r ffibrau sy'n cynnwys dŵr yn ogystal â halwynau mwynol. Mae'r braster mewn cig yn fraster gweladwy neu'n fraster anweladwy.

- **Braster gweladwy** – gallwch weld y braster hwn ar ymylon darnau penodol fel golwython cig oen neu borc ac mewn steciau syrlwyn cig eidion.
- **Braster anweladwy** – mae hwn ym meinweoedd cyswllt cyhyrau; marmori yw'r enw ar hyn. Bydd marmori yn helpu i gadw'r cig yn llaith wrth ei goginio.

Gwartheg	Cig eidion, cig llo	**Steciau** – syrlwyn, ffiled, ffolen
		Golwython – ochr orau'r forddwyd, brisged, ystlys las
		Darnau – sgert, palfais, briwgig
Defaid	Cig oen, cig dafad	**Steciau** – ysgwydd, ffiled
		Golwython – golwyth y goes, cefnddryll, rhan orau'r gwddf
		Darnau – golwyth y pen bras, golwyth lwyn, cnapiau, briwgig
Moch	Porc, cig moch/bacwn, gamwn, ham	**Steciau** – ysgwydd, ystlys
		Golwyth – asen fras, coes, ysgwydd, ystlys
		Darnau – sleisiau bol, asen fras, golwyth

Tabl 1.9 Mathau o gig

Gwerth maethol

- Mae cig yn ffynhonnell dda o brotein Gwerth Biolegol Uchel.
- Mae faint o fraster sydd mewn cig yn gallu amrywio.
- Mae cig yn rhoi fitaminau A a D braster-hydawdd; mae faint o fitaminau B sydd mewn cig yn gallu amrywio.
- Mae cig yn ffynhonnell dda o haearn.
- Mae llawer iawn o ddŵr ynddo.

Coginio cig

Rydym yn coginio cig am amryw o resymau:

- ei wneud yn ddiogel i'w fwyta a lladd bacteria niweidiol
- ei wneud yn dyner i'w fwyta
- gwella'r blas a gwneud y lliw yn fwy apelgar
- gwneud y maetholion yn fwy **treuliadwy** ac ar gael i'r corff.

Dulliau coginio a storio

Mae cig yn fwyd risg uchel sy'n gallu cynnwys bacteria niweidiol a allai achosi gwenwyn bwyd, felly mae'n bwysig ei goginio a'i storio'n gywir. Wrth goginio, gallwch ddefnyddio prôb tymheredd neu thermomedr cig i wneud yn siŵr bod canol darn o gig wedi cyrraedd tymheredd diogel.

Dylech storio cig amrwd:

- rhwng 0 a 5°C yn yr oergell
- ar waelod yr oergell i osgoi unrhyw suddion rhag gollwng ar fwydydd eraill
- mewn cynhwysydd neu ar blât wedi'i orchuddio, a'i ddefnyddio cyn ei ddyddiad 'defnyddio erbyn' os yw mewn pecyn.
- Os bydd cig yn cael ei rewi yn hytrach na'i oeri mae'n rhaid iddo fod mewn defnydd pecynnu addas a'i gadw ar −18°C neu'n is. Mae'n rhaid ei ddadmer yn llwyr cyn ei goginio.
- Peidiwch byth ag ail-rewi cig sydd wedi'i ddadmer.

Ffigur 1.18 Dulliau gwahanol o goginio cig

Dylai cig sydd wedi'i goginio:

- gael ei oeri o fewn 1.5 awr ac yna ei orchuddio a'i roi yn yr oergell
- gael ei storio **uwchben** cig amrwd yn yr oergell.

Byddwch yn dysgu mwy am baratoi cig a'i goginio ym Mhennod 11, Paratoi a thechnegau coginio; ac am ei storio'n gywir ym Mhennod 7, Dirywiad bwyd.

GEIRIAU ALLWEDDOL

Meinwe gyswllt: protein o'r enw colagen sydd mewn cig.

Treuliadwy: mae'r system dreulio'n torri rhai bwydydd i lawr yn gyflymach nag eraill. Mae'r bwydydd hyn yn cael eu galw yn fwydydd mwy treuliadwy: bwyd sy'n gallu cael ei ymddatod (ei dorri i lawr) yn ystod y broses dreulio (drwy weithredoedd ensymau) yn facrofaetholion neu'n ficrofaetholion y mae'r corff yn gallu eu defnyddio. Mae'r corff yn amsugno'r rhain drwy wal y coluddyn.

PWYNTIAU ALLWEDDOL: CIG

- Mae gwartheg, defaid a moch yn dri anifail cyffredin sy'n rhoi cig yn y DU.
- Mae cig wedi'i wneud o brotein, dŵr a braster.
- Mae braster mewn cig naill ai'n weladwy neu'n anweladwy.
- Mae cig yn rhoi protein HBV, haearn, braster a rhywfaint o fitaminau i ni.
- Mae cig yn fwyd risg uchel.
- Mae'n rhaid storio a choginio cig yn gywir i atal gwenwyn bwyd.

Gweithgaredd

1 Enwch dair saig wahanol y gallwch eu gwneud gyda briwgig cig eidion.
2 Esboniwch y gwahaniaeth rhwng braster gweladwy a braster anweladwy.
3 Rhestrwch ddau o'r prif faetholion sydd mewn cig.

Gweithgaredd ymarferol

1 Chwiliwch am rysáit i wneud byrgers gan ddefnyddio cig ffres. Gwnewch swp bach o fyrgers gyda briwgig twrci a swp bach gyda briwgig porc neu gig eidion.
2 I goginio'r byrgers, pobwch un o bob un yn y ffwrn, a ffriwch un o bob un. Sylwch faint o fraster a sudd sydd wedi dod o'r byrgers wedi'u pobi a gwnewch rai nodiadau.
3 Blaswch y ddwy sampl o fyrgers a lluniwch siart i gofnodi'r gwahaniaethau o ran blas, gweadedd ac ymddangosiad.
4 Gwnewch ddadansoddiad maethol o bob byrger i weld a oedd unrhyw wahaniaethau yn y gwerth maethol yn ogystal â'r cynnwys braster.
5 Trafodwch eich canfyddiadau, gan nodi pa gig y byddai'n well gennych chi ei ddefnyddio i wneud byrgers a pham, a pha ddull fyddai fwyaf addas.

Pysgod

Mae tri phrif fath o bysgod:

- Pysgod gwyn – lleden chwithig, halibwt, penfras, lleden, hadog, draenog y môr
- Pysgod olewog – macrell, eog, brithyll, tiwna, sardîn
- Pysgod cregyn – cranc, cimwch, corgimwch, cragen las.

Adeiledd pysgod

Mae pysgod wedi'u gwneud o:

- brotein
- dŵr
- mwynau
- braster.

Mae cnawd pysgod wedi'i wneud o gyhyrau a meinwe gyswllt. Mae ffibrau byr gan gyhyrau pysgod ac mae'r feinwe gyswllt sy'n gwahanu'r cyhyrau yn denau iawn; mae hyn yn golygu bod pysgod yn coginio'n gyflym iawn a bydd yn dal i fod yn dyner ac yn llaith iawn.

Gallwch brynu pysgod ffres yn gyfan; a'u torri'n ffiledau, yn steciau ac yn goujons. Hefyd gallwch brynu pysgod wedi'u rhewi, pysgod mwg a physgod tun.

Byddwch yn dysgu mwy am ddal pysgod ym Mhennod 8, Tarddiad bwydydd.

Ffigur 1.19 Rhywogaethau cyffredin o bysgod bwytadwy

Gweithgaredd

1 Enwch dri physgodyn gwyn gwahanol a thri physgodyn olewog gwahanol.
2 Ewch ati i ganfod sawl dogn o bysgod y dylem eu bwyta bob wythnos a faint yw pwysau un dogn o bysgod.
3 Mae penfras yn bysgodyn gwyn poblogaidd. Enwch dair saig wahanol y gallech eu gwneud gyda'r pysgodyn hwn.

Gwerth maethol

Bydd gwerth maethol pysgod yn amrywio. Yn gyffredinol mae pysgod:

- yn uchel mewn protein – *HBV*
- yn isel mewn braster – pysgod gwyn a physgod cregyn (er bod rhywfaint o fraster ynddyn nhw ar ffurf olew annirlawn)
- yn ffynhonnell dda o asidau brasterog hanfodol – pysgod olewog
- yn ffynhonnell dda o fitaminau A a D – pysgod olewog, er enghraifft, pennog
- yn uchel mewn calsiwm os ydych yn bwyta'r esgyrn – penwaig Mair (*pilchards*) a sardîns tun
- mae pysgod cregyn yn gallu cynnwys lefelau uchel o golesterol.

Storio a choginio pysgod

Mae pob math o bysgod ffres yn difetha'n gyflym iawn, sy'n golygu eu bod yn anniogel i'w bwyta. Dylech:

- eu defnyddio cyn gynted â phosibl, o ddewis ar yr un diwrnod ag yr ydych yn eu prynu

- eu storio mewn oergell
- eu coginio ar dymheredd digon uchel am gyfnod addas o amser i ddinistrio'r bacteria sy'n bresennol.

Gallwch goginio pysgod mewn amryw o ffyrdd i'w gwneud yn fwy diddorol; gallwch eu gweini gydag amrywiaeth o fwydydd eraill, er enghraifft, saws persli neu ar wely o nwdls sbeislyd i gynyddu gwerth maethol y saig ac i ychwanegu mwy o flas.

Byddwch yn dysgu mwy am baratoi pysgod a'u coginio ym Mhennod 11, Paratoi a thechnegau coginio; ac am eu storio'n gywir ym Mhennod 7, Dirywiad bwyd.

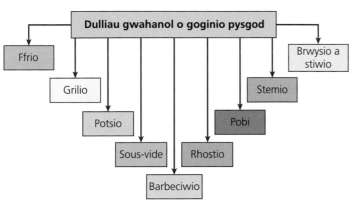

Ffigur 1.20 Dulliau gwahanol o goginio pysgod

Dofednod

Mae cyw iâr, twrci, hwyaden, gŵydd, iâr gini a cholomen i gyd yn fathau o adar. Mae'r adar hyn yn ddofednod sy'n cael eu **magu** am eu cig ac weithiau ar gyfer eu hwyau.
- Cyw iâr yw'r math mwyaf poblogaidd o ddofednod yn y DU. Mae cyw iâr yn cael ei werthu fel aderyn cyfan, neu fel darnau brest, coesau, cluniau ac esgyll.
- Mae twrci yn aderyn mwy ac yn debyg iawn i gyw iâr. Mae nifer o bobl yn cysylltu twrci ag adeg y Nadolig.
- Mae hwyaden a gŵydd yn adar sy'n blasu'n fwy bras; mae'r cnawd yn frasterog o'i gymharu â chyw iâr a thwrci.

Byddwch yn dysgu mwy am fagu dofednod ym Mhennod 8, Tarddiad bwydydd.

Mae cyw iâr yn fwyd amlbwrpas a gallwch ei gyfuno'n dda â chynhwysion eraill i wneud llawer o seigiau gwahanol. Mae'n addas ar gyfer:
- ffrio
- rhostio
- stiwio
- berwi
- grilio.

Adeiledd cig dofednod

Mae cig dofednod yn debyg iawn o ran adeiledd i gigoedd eraill, felly mae ganddo ffibrau cyhyrau a meinwe gyswllt. Mae brest dofednod yn fwy meddal na'r coesau. Gall coesau fod yn wydn, yn ôl faint mae'r cyhyrau wedi symud. Dydy cig adar hŷn ddim mor dyner â chig adar ifanc.

Gwerth maethol

Bydd gwerth maethol dofednod yn amrywio yn ôl y math o aderyn, oedran yr aderyn, sut mae'n cael ei fagu a'r rhan o'r aderyn sy'n cael ei fwyta.

Ffigur 1.21 Cyw iâr

Ffigur 1.22 Twrci

- Mae dofednod yn ffynhonnell dda o brotein *HBV*.
- Mae dofednod yn rhoi braster (braster dirlawn – llai na'r hyn sydd mewn cig).
- Mae dofednod yn ffynhonnell dda o fitaminau B.
- Mae dofednod yn rhoi rhywfaint o fitaminau A a D i ni.

Storio a choginio dofednod

Mae dofednod yn fwyd risg uchel; mae hyn yn golygu bod llawer o brotein a lleithder ynddyn nhw. Maen nhw'n gallu cario bacteria a allai arwain at **wenwyn bwyd** fel salmonella. Mae'n rhaid:

- eu storio yn rhan oeraf yr oergell ar y gwaelod
- eu storio a'u gorchuddio'n gywir i'w hatal rhag diferu dros fwydydd eraill
- eu defnyddio cyn y dyddiad 'defnyddio erbyn'
- eu coginio'n drylwyr y tu mewn a'r tu allan ar dymheredd digon uchel i ladd bacteria
- eu dadmer yn llwyr cyn coginio.

Byddwch yn dysgu mwy am baratoi dofednod a'u coginio ym Mhennod 11, Paratoi a thechnegau coginio; ac am eu storio'n gywir ym Mhennod 7, Dirywiad bwyd.

GEIRIAU ALLWEDDOL

Magu: amgylchiadau magu'r anifail pan mae'n ifanc.

Gwenwyn bwyd: salwch wedi'i achosi gan facteria neu docsinau eraill mewn bwyd.

PWYNTIAU ALLWEDDOL: DOFEDNOD

- Mae dofednod yn cynnwys cyw iâr, twrci, gŵydd, hwyaden, iâr gini a cholomen.
- Mae dofednod yn debyg iawn i gig o ran adeiledd.
- Mae llai o fraster gan gyw iâr a thwrci na chigoedd eraill.
- Mae'n rhaid storio dofednod yn gywir i atal halogi bwydydd eraill.
- Mae dofednod yn fwyd risg uchel a allai achosi gwenwyn bwyd.

Wyau

Mae nifer o fathau gwahanol o wyau ar gael yn y DU sy'n cael eu cynhyrchu gan ieir, hwyaid, soflieir a gwyddau. Yr wyau mwyaf poblogaidd y byddwn ni'n eu bwyta a'u defnyddio wrth baratoi bwyd a choginio yw wyau ieir.

Gallwn goginio wyau mewn amryw o ffyrdd; enghraifft o hyn fydd amser brecwast pan fyddwch yn gallu dewis wyau sydd wedi'u:

- berwi
- potsio
- ffrio
- sgramblo.

Mae gan wyau nifer o swyddogaethau; mae hyn yn golygu gwneud gwaith pwysig wrth wneud cynhyrchion bwyd gwahanol, er enghraifft, teisennau, sawsiau, pwdinau.

Byddwch yn dysgu mwy am swyddogaethau wyau ym Mhennod 6, Effaith coginio ar fwyd a Phennod 11, Paratoi a thechnegau coginio.

Mae'r tabl isod yn dangos meintiau gwahanol wyau sydd ar werth mewn siopau. Mae nifer o archfarchnadoedd wedi dechrau gwerthu wyau o feintiau cymysg gyda'i gilydd.

Ffigur 1.23 Cynhyrchu wyau mewn cewyll wedi'u haddasu.

Maint yr wy	Pwysau'r wy
Bach	53 g neu lai
Canolig	Rhwng 53 a 63 g
Mawr	Rhwng 63 g a 73 g
Mawr iawn	73 g a throsodd

Tabl 1.10 Maint wyau

Gallai'r mathau o wyau ieir sydd ar gael mewn siopau gynnwys:

- Wyau fferm o gewyll wedi'u cyfoethogi – mae'r rhain wedi disodli cewyll batri. Mae'r ieir yn cael eu cadw mewn cewyll mewn siediau i'w hannog i ddodwy wyau. Mae ganddyn nhw fwy o le ac uchder nag mewn cewyll batri, man gorffwys a chlwydi.
- Wyau maes – yn y math hwn o ffermio mae ieir yn cael cerdded o gwmpas y tu allan, crafu'r pridd a phigo am fwyd, eistedd ar glwydi a dodwy wyau mewn nythod.
- Wyau ysgubor – mae'r ieir yn cael crwydro'n rhydd y tu mewn heb gewyll, ac mae clwydi ganddyn nhw.

Mae plisgyn **mandyllog** gan wyau. Gall fod yn frown neu'n wyn ac mae'n ffurfio 10% o adeiledd wy. Y tu mewn i'r plisgyn mae dwy ran:

- gwynnwy: mae hyn yn ffurfio tua 60%
- melynwy: mae hyn yn ffurfio tua 30%.

Gwerth maethol

Bydd wyau'n rhoi amrywiaeth o faetholion i ni:

- protein – yn y gwynnwy a'r melynwy
- fitaminau – A, D ac E yn y melynwy; B yn y gwynnwy
- haearn – yn y melynwy
- braster – yn y melynwy
- dŵr – yn y gwynnwy a'r melynwy.

Storio wyau

- Storiwch wyau â'u pennau i lawr yn yr oergell.
- Peidiwch â'u rhoi nhw wrth ymyl bwydydd ag arogleuon cryf gan fod plisgyn yr wy yn fandyllog ac yn amsugno arogleuon.
- Nodwch y dyddiadau 'ar ei orau cyn' i sicrhau eich bod yn defnyddio wyau pan maen nhw ar eu gorau.

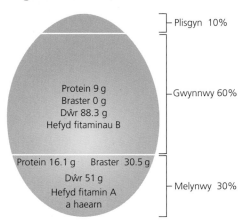

Ffigur 1.24 Ieir buarth

Plisgyn 10%

Protein 9 g
Braster 0 g
Dŵr 88.3 g
Hefyd fitaminau B

Gwynnwy 60%

Protein 16.1 g   Braster 30.5 g
Dŵr 51 g
Hefyd fitamin A
a haearn

Melynwy 30%

Ffigur 1.25 Cyfansoddiad maethol wyau (maetholion fesul 100 g)

PWYNTIAU ALLWEDDOL: WYAU

- Mae wyau ieir yn cael eu defnyddio'n bennaf i baratoi bwyd a choginio.
- Gallwch brynu wyau mewn pedwar maint gwahanol.
- Mae mathau'r wyau yn dibynnu ar amodau cadw'r ieir.
- Rhan fwyaf yr wy yw'r gwynnwy.
- Yn rhoi amrywiaeth o faetholion e.e. protein, fitaminau braster-hydawdd a haearn.
- Storiwch wyau yn yr oergell, oddi wrth fwydydd eraill ag arogl cryf.

Gweithgaredd ymarferol

Coginiwch dri wy drwy eu ffrio, eu berwi a'u sgramblo. Cymharwch eu blas, eu gweadedd a'u hymddangosiad a nodwch eich canfyddiadau. Dysgwch sut mae'r dulliau coginio gwahanol yn effeithio ar werth maethol yr wyau.

Gweithgaredd

1 Gwnewch ychydig o ymchwil ar y mathau o wyau sydd ar werth mewn archfarchnadoedd.

   a) Cymharwch gostau'r wyau gwahanol.

   b) Esboniwch pa wyau byddech chi'n eu prynu a pham.

Cwestiynau arholiad enghreifftiol

1 Esboniwch pam mae pysgod yn coginio'n gyflymach na chig. [2 farc]

2 Gallwch goginio ffiled penfras gan ddefnyddio dulliau gwahanol fel ffrio a phobi. Esboniwch pa ddull o goginio fyddai fwyaf iach a pham. [3 marc]

3 Rhowch **ddau** reswm manwl dros goginio cig. [4 marc]

4 Esboniwch pam mae rhai pobl yn gwrthod prynu wyau fferm fatri. [4 marc]

Soia, tofu, ffa, cnau, hadau

Soia

Daw soia o godau ffa soia sydd mewn planhigyn soia. Mae ffa soia yn rhan o deulu'r codlysiau. Mae ffa, pys a chorbys hefyd yn rhan o'r teulu hwn.

Fel arfer mae ffa soia'n wyrdd ond maen nhw'n gallu bod yn felyn, yn frown neu'n ddu. Mae ffa soia ifanc yn cael eu galw yn ffa edamame; gallwch fwyta'r rhain yn ffres o'r goden ac weithiau rydych yn eu cael nhw mewn saladau oer parod.

Mae gweadedd ffa soia yn eu gwneud yn hawdd eu haddasu; felly gallwch brosesu'r ffa yn amrywiaeth o fwydydd fel:

- llaeth soia – llaeth planhigyn sy'n cael ei gynhyrchu drwy socian ffa soia sych a'u malu mewn dŵr.
- saws soia – wedi'i wneud o bast wedi'i eplesu o ffa soia wedi'u berwi a chynhwysion eraill sy'n cael eu gwasgu i gynhyrchu hylif.
- miso – past ffa soia wedi'u heplesu sy'n rhoi blas mewn coginio Asiaidd.
- blawd soia – wedi'i wneud drwy falu ffa soia cyfan sych yn flawd.
- tempeh – wedi'i wneud o ffa soia wedi'u coginio a'u heplesu ychydig a gwneud pati ohonyn nhw, yn debyg i fyrger llysieuol cadarn iawn.

Mae llawer o archfarchnadoedd a siopau bwyd iach yn gwerthu cynnyrch soia eraill fel pwdinau, iogyrtiau a margarîn.

Ffigur 1.26 Amrywiaeth o gynhyrchion soia – ffa soia, talpiau soia, a tofu

Gallwch brynu ffa soia:
- sych
- tun
- ffres – fel ffa edamame.

Gwerth maethol

- Mae ffa soia yn ffynhonnell dda o brotein Gwerth Biolegol Uchel.
- Gall llawer o galsiwm a magnesiwm fod mewn ffa soia.
- Gall cryn dipyn o ffibr fod mewn briwgig soia.

Storio cynnyrch soia

Mae storio cynnyrch soia yn dibynnu ar y math o gynnyrch; mae cynnyrch oer yn cael ei storio mewn oergelloedd. Dylid storio cynhwysion cwpwrdd mewn lleoedd oer, sych. Ar gyfer ffa soia:

- Storiwch ffa soia tun a sych mewn lle oer a sych nes y byddwch yn eu coginio neu'n eu hagor nhw, ac yna'u storio mewn cynhwysydd aerglos yn yr oergell am hyd at dri diwrnod.
- Storiwch ffa edamame ffres yn yr oergell.

Tofu

Mae ceuled ffa yn enw arall ar tofu. Mae'n cael ei wneud o laeth soia ffres sydd wedi cawsio; yna mae'n cael ei wasgu yn floc solet a'i oeri.

Yr un broses yw hon â'r un sy'n gwneud caws llaeth traddodiadol. Mae'r hylif, sef y maidd, yn cael ei dynnu allan a'r ceulion yn cael eu gwasgu i ffurfio bloc cadarn.

Mae tofu yn fwyd eithaf di-flas, felly mae'n rhaid ei goginio gyda bwydydd eraill â blas cryfach i amsugno'r blasau hyn. Gallwch ei goginio mewn ffyrdd gwahanol, sy'n gallu newid ei weadedd o fod yn eithaf llyfn ac fel sbwng i fod yn fwy crensiog a chreisionllyd.

Gallwch ddefnyddio tofu i wneud nifer o seigiau fel:

- pryd tro ffrio
- cyri
- salad.

Gwerth maethol

Mae gwerth maethol tofu yn debyg i soia:
- Mae'n ffynhonnell dda o brotein Gwerth Biolegol Uchel.
- Mae'n cynnwys haearn, calsiwm a mwynau eraill.
- Mae'n rhoi rhywfaint o fitaminau B i ni.

Prynu a storio tofu

- Gallwch brynu tofu fel cynnyrch oer sy'n gorfod cael ei storio mewn oergell.
- Mae hefyd yn cael ei werthu mewn cynwysyddion wedi'u selio. Mae'n rhaid rinsio tofu pan fyddwch yn ei agor a'i storio mewn dŵr mewn cynhwysydd yn yr oergell.
- Gallwch rewi tofu os yw yn ei becyn gwreiddiol a heb ei agor.

PWYNTIAU ALLWEDDOL: SOIA A TOFU

- Mae'n bosibl prosesu ffa soia yn nifer o gynhyrchion gwahanol fel llaeth soia, blawd soia, saws soi.
- Mae cynhyrchion soia fel tempeh, tofu a briwgig soia yn cael eu bwyta yn lle cig yn ogystal ag am eu gwerth maethol.
- Gall soia a tofu fod yn ddi-flas felly mae'n rhaid eu cymysgu neu eu coginio gyda chynhwysion eraill â blas cryfach i amsugno blas.

Gweithgaredd

Ymchwiliwch yn y siopau a'r archfarchnadoedd yn eich ardal i weld a ydyn nhw'n gwerthu unrhyw gynnyrch soia. Holwch pa gynnyrch soia maen nhw'n ei werthu a chyflwynwch eich canfyddiadau mewn siart.

Gweithgaredd ymarferol

1 Gan ddilyn yr un rysáit, gwnewch ddwy sampl fach o bolognese: y naill yn defnyddio briwgig cig eidion a'r llall yn defnyddio briwgig soia.
2 Gofynnwch i bobl eu blasu nhw a nodwch eu sylwadau.
3 Cymharwch y gwahaniaethau maethol rhwng y ddwy sampl gan ddefnyddio pecyn meddalwedd maeth. Pa sampl oedd agosaf at y canllawiau bwyta'n iach a argymhellir?

Ffa

Byddai llawer o bobl yn dweud 'ffa pob' pe byddech yn gofyn iddyn nhw enwi ffa. Mae'r math hwn o ffa yn boblogaidd iawn, ac mae llawer iawn ohonyn nhw'n cael eu gwerthu yn y DU. Ffa haricot yw ffa pob, sydd hefyd yn cael eu galw yn ffa gwynion, ac maen nhw'n cael eu gwerthu mewn saws tomato.

Codlysiau yw ffa, ond yn gyffredinol rydym yn eu galw'n ffacbys. Hadau bwytadwy sy'n tyfu mewn codennau yw ffacbys. Mae llawer iawn o fathau gwahanol o ffa.

Mae'r rhan fwyaf o archfarchnadoedd yn gwerthu ffa mewn ffurfiau gwahanol:

- ffres
- wedi'u rhewi
- sych
- mewn tun.

Mae ffa yn gynhwysion da i'r cwpwrdd bwyd; gallwch eu hychwanegu at nifer o seigiau i ychwanegu lliw, swmp, gweadedd gwahanol, blas a gwella gwerth maethol saig.

Gwerth maethol

Bydd y rhan fwyaf o fathau o ffa yn rhoi:

- rhywfaint o garbohydradau
- haearn a chalsiwm
- llawer iawn o brotein
- cryn dipyn o ffibr deietegol.
- rhywfaint o fitaminau grŵp B

Ffigur 1.27 Mathau gwahanol o ffa

Storio ffa

Bydd hyn yn dibynnu ar y math o ffa:

- Dylech storio ffa ffres yn yr oergell a'u defnyddio erbyn y dyddiad 'defnyddio erbyn'.
- Dylech storio ffa wedi'u rhewi yn y rhewgell.
- Dylech storio ffa sych mewn cynwysyddion aerglos ar ôl eu hagor ac mewn lle oer, sych. Ar ôl eu mwydo, gorchuddiwch nhw a'u storio yn yr oergell.
- Dylech storio ffa tun mewn lle oer, sych. Unwaith maen nhw wedi'u hagor, storiwch nhw mewn cynhwysydd aerglos a'u cadw yn yr oergell.

Ffigur 1.28 Salad ffa cymysg

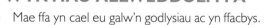

PWYNTIAU ALLWEDDOL: FFA

- Mae ffa yn cael eu galw'n godlysiau ac yn ffacbys.
- Mae ffa ar werth mewn sawl ffurf wahanol a gallwch eu hychwanegu at nifer o seigiau sawrus i wella'r gwerth maethol.
- Mae ffa yn ffynhonnell dda o brotein a ffibr.

Gweithgaredd

1 Enwch dair saig sawrus sy'n cael eu gwneud gyda ffacbys sych.

2 Awgrymwch ddwy ffordd o ddefnyddio tun o ffa coch.

3 Enwch dri math gwahanol o gnau.

4 Chwiliwch faint fyddai pwysau dogn o gnau petaech yn eu bwyta fel byrbryd.

Cnau

Pan mae rhywun yn gofyn i chi ddisgrifio cnau, mae'n eithaf anodd bod yn benodol. Cnewyll bwytadwy yw rhai cnau gyda mur y ffrwyth wedi'i dynnu (cnau almon, cnau Ffrengig). Hadau yw rhai (cnau Brasil, cnau pistasio a chnau pîn), ffacbys yw rhai (cnau mwnci) a ffrwythau yw rhai gyda phlisgyn sych (cnau cashiw, cnau castan a chnau cyll).

Mae llawer o fathau gwahanol o gnau y gallwch eu defnyddio wrth goginio seigiau sawrus, er enghraifft rhost cnau a satay cyw iâr. Gallwch ddefnyddio cnau hefyd i bobi teisennau, bisgedi neu felysion, neu i'w bwyta fel byrbryd iach.

Mae gan rai oedolion a phlant alergedd i gnau. Cnau mwnci yw'r cnau mwyaf cyffredin sy'n achosi adwaith alergaidd. Yr enw ar adwaith difrifol i gnau yw anaffylacsis ac mae'n gallu lladd. Gall symptomau alergedd difrifol i gnau gynnwys anawsterau anadlu a'r corn gwddf yn chwyddo.

Mae rhai mathau o gnau yn cynnwys:

- cnau cyll
- cnau castan
- cnau almon
- cnau pecan.
- cnau Ffrengig
- cnau pistasio
- cnau Brasil.

Rydym hefyd yn galw cnau mwnci yn gnau daear, ond dydyn nhw ddim wir yn gnau – math o bys yw'r rhain sy'n tyfu o dan y ddaear ac felly codlysiau ydyn nhw.

Am fwy o wybodaeth am alergeddau i gnau gweler Pennod 4, Cynllunio deietau cytbwys.

Mae llawer o ffyrdd gwahanol i brynu cnau. Mae rhai o'r rhain yn cynnwys:

- wedi'u blansio
- yn gyfan
- wedi'u fflawio
- wedi'u rhostio
- yn eu plisgyn
- wedi'u torri
- wedi'u malu
- wedi'u halltu.

Gwerth maethol

- Gall gwerthoedd egni fod yn eithaf uchel oherwydd cynnwys braster uchel rhai cnau.
- Protein Gwerth Biolegol Isel.
- Mae fitaminau B ym mhob math o gnau.
- Gall faint o galsiwm a haearn sydd mewn cnau amrywio yn ôl y math o gneuen.
- Mae cnau yn rhoi ffibr deietegol i ni.

Storio cnau

- Os dydych chi ddim yn storio cnau'n gywir, maen nhw'n suro oherwydd yr olew sydd ynddyn nhw.
- Dylech storio cnau mewn cynwysyddion aerglos i atal lleithder ac arogleuon cryf.
- Rydym yn cael ein hargymell i ddefnyddio cnau cyn y dyddiad 'ar ei orau cyn'.

Ffigur 1.29 Mathau gwahanol o gnau heb blisgyn

PWYNTIAU ALLWEDDOL: CNAU

- Wrth ddiffinio cnau, mae rhai yn gnewyll bwytadwy gyda mur y ffrwyth wedi'i dynnu, rhai yn hadau a rhai yn ffacbys.
- Gallwch ddefnyddio cnau wrth goginio seigiau sawrus yn ogystal â chynhyrchion melys.
- Gall cnau achosi adweithiau alergaidd difrifol.
- Gallwch brynu cnau mewn nifer o ffurfiau gwahanol, fel yn eu plisgyn, wedi'u malu, neu wedi'u torri.
- Gall cnau fod â gwerthoedd egni uchel, yn ogystal â rhoi ffibr deietegol a fitaminau B i ni.

Hadau

Mae hadau yn dod ym mhob math o siâp, lliw a maint. Mae'r rhan fwyaf o archfarchnadoedd yn cynnig gwahanol hadau i'w defnyddio wrth baratoi a bwyta bwyd; mae siopau arbenigol yn dueddol o gynnig mwy o amrywiaeth.

Ffigur 1.30 Cymysgedd o hadau: blodyn yr haul, pwmpen a had llin

Hadau blodyn yr haul yw rhai o'r hadau mwyaf cyffredin. Mae mathau eraill o hadau yn cynnwys:

- nionyn/winwnsyn du
- pwmpen
- ffenigl
- pabi
- had llin
- sesame.

Gallwch ddefnyddio hadau mewn sawl ffordd, gan gynnwys:

- wedi'u cymysgu a'u bwyta fel byrbryd iach
- eu defnyddio fel topin ar fwydydd
- eu rhostio neu eu tostio a'u rhoi mewn saladau i ychwanegu gweadedd a maetholion
- wedi'u malu a'u cymysgu gyda bwydydd i ychwanegu blas
- eu defnyddio wrth gynhyrchu olew.

Gwerth maethol

Gall hadau roi amrywiaeth o faetholion. Mae rhai o'r rhain yn cynnwys:

- protein
- asidau brasterog hanfodol
- mwynau hanfodol fel haearn a sinc
- Fitaminau B ac E.

Storio hadau

Y ffordd orau o storio hadau yw mewn cynwysyddion aerglos mewn lleoedd sych, oer. Bydd dyddiad 'ar ei orau cyn' arnyn nhw hefyd.

> **PWYNTIAU ALLWEDDOL: HADAU**
> - Mae hadau poblogaidd yn cynnwys hadau pabi, pwmpen a blodyn yr haul.
> - Mae sawl ffordd o ddefnyddio hadau a gallwch eu rhoi mewn nifer o gynhyrchion bwyd gwahanol i gynyddu gwerthoedd maethol.
> - Mae nifer o hadau'n cael eu defnyddio wrth gynhyrchu olew.

Cwestiynau arholiad enghreifftiol

1 Esboniwch ystyr y term codlysiau. [2 farc]

2 Enwch **dri** chynnyrch gwahanol y gallwch eu gwneud â ffa soia. [3 marc]

3 Does dim llawer o flas gan tofu. Esboniwch sut y gallech wella hyn wrth baratoi seigiau. [2 farc]

4 Esboniwch pam y gallai cnau fod yn beryglus i iechyd rhai pobl. [3 marc]

Menyn, olew, margarîn

Menyn

Mae menyn yn cael ei wneud o hufen sy'n cael ei gorddi neu ei symud o gwmpas yn gyflym nes bod lympiau o fenyn yn ffurfio. Mae'n fath o fraster solet, cadarn. Wrth ei gynhesu neu ei wresogi mae'n newid o dewychedd solet i dewychedd meddal ac yn toddi. Mae mathau gwahanol o fenyn ar werth mewn siopau, y ddau brif fath yw:

- menyn wedi'i halltu
- menyn heb ei halltu.

Wrth baratoi seigiau gwahanol gallwch ddefnyddio menyn mewn sawl ffordd, e.e.:

- Ei doddi gan bwyll a'i dywallt dros lysiau wedi'u coginio i ychwanegu blas a gwella'u hymddangosiad.
- Ei daenu ar fwydydd fel bara a chracers i roi blas a lleithder.
- Ei hufennu gyda siwgr wrth wneud teisennau i roi **awyriad** a blas mwy bras.
- Ffrio bwydydd gwahanol (e.e. omled) yn fas i ychwanegu blas a'u hatal rhag glynu.
- **Breuo**: wrth wneud crwst, rydych yn rhwbio menyn i'r blawd i roi gweadedd brau, briwsionllyd.

Gwerth maethol

- Mae llawer o fraster mewn menyn, sydd yn bennaf yn ddirlawn.
- Mae menyn yn rhoi fitaminau A a D i ni.
- Mae menyn wedi'i halltu yn rhoi sodiwm (halen) i ni.

Storio menyn

- Dylech gadw menyn mewn oergell; mae'n addas i'w rewi.
- Dylech gadw menyn oddi wrth olau a bwydydd ag arogl cryf.
- Dylech gadw menyn wedi'i orchuddio'n gyfan gwbl neu wedi'i storio mewn cynhwysydd â chaead gan y gallai aer effeithio arno, a allai wneud iddo suro.

Olew

Mae olew yn hylif ar dymheredd ystafell. Mae'n gallu bod yn ysgafnach na braster solet fel menyn, ac yn haws ei dreulio. Olew naturiol sydd mewn hadau, cnau a rhai ffrwythau yw olew llysiau.

Mae enghreifftiau o olew llysiau yn cynnwys:

- olew blodyn yr haul
- olew sesame
- olew had rêp.
- olew olewydd
- olew corn

Mae dull cyffredin o ddefnyddio olew yn cynnwys:

- ffrio
- brasteru
- marinadu
- dresin.

Oherwydd ei flas, mae ambell olew'n fwy addas i ryseitiau a defnyddiau penodol fel diferu neu ysgeintio dros fwyd. Mae olew â blas hefyd yn boblogaidd (e.e. olew chilli).

PWYNTIAU ALLWEDDOL: MENYN

- Mae menyn yn cael ei wneud o hufen wedi'i gorddi.
- Mae menyn yn fraster solet, cadarn a dylech ei gadw mewn oergell.
- Mae sawl ffordd o ddefnyddio menyn wrth baratoi seigiau, fel taenu a ffrio bas.
- Mae llawer o fraster dirlawn mewn menyn.
- Mae'n rhaid storio menyn oddi wrth olau a bwydydd ag arogleuon cryf. Gall ei storio'n gywir ei atal rhag suro.

Ffigur 1.31 Menyn

Gwerth maethol

Y prif faetholyn a gewch o olew yw braster; mae hwn yn annirlawn. Mae hyn yn golygu bod y braster yn dod o lysiau, cnau neu hadau, yn hytrach nag o ffynhonnell anifail. Mae'r math hwn o fraster yn cael ei ystyried yn fraster 'iach'.

Storio olew

Dylech storio olew mewn lle tywyll, oer oddi wrth olau haul uniongyrchol.

PWYNTIAU ALLWEDDOL: OLEW

- Hylif yw olew.
- Mae olew llysiau ar gael yn naturiol mewn rhai ffrwythau, hadau a chnau.
- Mae olew'n uchel mewn braster annirlawn.

Margarîn

Cafodd margarîn ei gyflwyno fel dewis rhatach yn lle menyn. Mae'n cael ei wneud o olew llysiau ac mae fitaminau A a D yn cael eu hychwanegu ato yn unol â'r gyfraith.

Mae cynhyrchwyr gwahanol yn cynhyrchu sawl brand gwahanol o fargarîn, gan gynnig dewis eang i ddefnyddwyr. Gall y rhain amrywio o ran blas. Mae margarîn ar werth naill ai mewn blociau fel margarîn caled neu mewn tybiau fel margarîn meddal.

Defnyddio margarîn:
- Gallwch ddefnyddio margarîn bloc i bobi, mae'n cael ei argymell i wneud toes, a gallwch hefyd ei ddefnyddio i ffrio bwydydd.
- Gallwch ddefnyddio margarîn meddal i bobi; mae rhai ryseitiau teisennau yn argymell defnyddio hwn yn hytrach na menyn. Gallwch hefyd ei daenu wrth wneud brechdanau. Dydy margarîn meddal ddim yn addas i ffrio.
- Mae cynnwys braster isel iawn gan rai mathau o fargarîn sy'n golygu dydyn nhw ddim yn addas i wneud teisennau, bisgedi na chrwst.

Gwerth maethol

Bydd hyn yn dibynnu ar y math o fargarîn, ond bydd y rhan fwyaf yn rhoi:
- llawer iawn o fraster
- rhywfaint o ddŵr
- fitaminau A a D
- mwynau fel sodiwm.

Storio margarîn

Dylech storio margarîn yn yr oergell a'i ddefnyddio erbyn y dyddiad 'defnyddio erbyn'.

Gweithgaredd

1 Enwch dri olew sydd heb eu cynnwys yn y rhestr.
2 Esboniwch pam na ddylech storio olew yn y rhewgell.
3 Enwch dri chynhwysyn y gallech eu defnyddio i roi blas ar olew.

PWYNTIAU ALLWEDDOL: MARGARÎN

- Mae margarîn wedi'i wneud o olew llysiau.
- Mae dau fath o fargarîn – caled a meddal.
- Yn unol â'r gyfraith, mae fitaminau A a D yn cael eu hychwanegu at fargarîn.

Cwestiynau arholiad enghreifftiol

1 Esboniwch swyddogaethau menyn wrth ei ddefnyddio i wneud crwst brau. [4 marc]
2 Rhowch **ddau** wahaniaeth rhwng menyn a margarîn. [2 farc]
3 Awgrymwch **dair** ffordd wahanol o ddefnyddio olew olewydd wrth baratoi a choginio bwyd. [3 marc]

Siwgr a surop

Siwgr

Mae siwgr yn dod o **gansen siwgr** neu **fetysen siwgr**. Carbohydrad pur yw siwgr; dywedwn ei fod yn rhoi 'calorïau gwag' oherwydd dydy siwgr ddim yn rhoi unrhyw faetholion eraill.

Mae llawer o fathau gwahanol o siwgr ar gael. Mae rhai o'r mathau mwyaf poblogaidd wedi'u cynnwys yn y tabl isod.

Math o siwgr	Disgrifiad	Ei ddefnyddio
Gronynnog	Siwgr gwyn, grisialau bach wedi'u malu'n eithaf bras	Melysu diodydd fel te, ei ysgeintio ar rawnfwydydd, mewn rhai cynhyrchion melys wedi'u pobi
Siwgr mân	Siwgr gwyn, wedi'i wneud o siwgr gronynnog wedi'i falu, grisialau mân	Gwneud teisennau, e.e. teisen Fictoria
Eisin	Siwgr gwyn, o siwgr gronynnog wedi'i falu, powdwr mân	Addurno teisennau ac eisin, e.e. hufen menyn
Demerara	Brown golau, wedi'i wneud o siwgr crai, grisialau mwy ac yn fwy bras na siwgr gronynnog	Mewn seigiau mwy crensiog, e.e. afalau pob, fflapjacs, topins crymbl
Brown meddal/brown tywyll	Siwgr brown, grisialau siwgr bach sy'n cynnwys triagl, surop tywyll	Rhoi lliw mewn teisennau, e.e. teisen Nadolig

Tabl 1.11 Mathau o siwgr

Mae gan siwgr nifer o swyddogaethau wrth wneud cynnyrch bwyd gwahanol. Un o'i brif swyddogaethau yw melysu cynnyrch melys a sawrus.

Byddwch yn dysgu llawer mwy am swyddogaethau siwgr ym Mhennod 6, Effaith coginio ar fwyd.

Storio siwgr

Dylech storio siwgr mewn lle oer, sych, oddi wrth leithder, gwres, a blasau ac arogleuon cryf. Mae oes silff hir gan siwgr os ydych yn ei storio'n gywir.

Surop

Surop melyn yw'r surop mwyaf cyfarwydd i nifer o bobl. Gallwch ei brynu mewn tun traddodiadol, mewn potel fel y gallwch ei gwasgu i'w dywallt yn haws wrth goginio, ac mewn potel frecwast gyda chap fflipio sydd ddim yn diferu.

Mae surop melyn yn felyn ei liw ac yn felys iawn. Gallwch ei ddefnyddio i wneud cynnyrch melys a sawrus fel cynnyrch pob, marinadau ar gyfer cig, dresin salad a phwdinau.

Mae triagl du hefyd yn cael ei ystyried yn surop. Mae ganddo liw brown llawer tywyllach na'r surop melyn ac mae'n fwy trwchus. Mae blas llawer cryfach ganddo hefyd. Rydym yn defnyddio triagl du i wneud pwdinau Nadolig, torth sinsir a rhai sawsiau cyri.

Ffigur 1.33 Mathau gwahanol o siwgr

Ffigur 1.34 Surop melyn

Storio surop

Y ffordd orau o storio surop yw mewn cwpwrdd sych, oer ac mae'n well ei ddefnyddio o fewn tri mis i'w agor.

GEIRIAU ALLWEDDOL

Cansen siwgr: gwair tal sy'n cael ei dyfu mewn gwledydd poeth.

Betysen siwgr: cnwd gwraidd tebyg i banasen sy'n tyfu mewn cae mewn gwledydd â thymhorau cynnes ac oer.

PWYNTIAU ALLWEDDOL: SIWGR A SUROP

- Mae siwgr yn garbohydrad pur a does ganddo ddim maetholion eraill.
- Mae sawl math gwahanol o siwgr ar gael.
- Mae'n bosibl defnyddio siwgr wrth wneud seigiau melys a sawrus.
- Mae surop melyn a thriagl du yn fathau melys o surop.

Cwestiynau arholiad enghreifftiol

1 Disgrifiwch y gwahaniaethau rhwng siwgr gronynnog a siwgr eisin. [2 farc]

2 Esboniwch pam yr ydym yn cael ein hargymell i fwyta llai o siwgr. [4 marc]

ADRAN 2

Egwyddorion maeth

Mae'r adran hon yn cynnwys y bennod ganlynol:

Pennod 2 Macrofaetholion a microfaetholion

Amcanion dysgu

Yn y bennod hon byddwch yn dysgu am y canlynol:
- y gwahaniaethau rhwng macrofaetholion a microfaetholion
- rolau neu swyddogaethau macrofaetholion a microfaetholion yn ein deiet ac yn ein cyrff
- lle mae macrofaetholion a microfaetholion yn y bwyd rydym ni'n ei fwyta
- sut mae'r maetholion hyn yn gweithio gyda'i gilydd yn ein cyrff
- beth sy'n digwydd os dydym ni ddim yn cael digon o faetholion.

Mae angen egni a chemegion ar ein cyrff i dyfu, cynnal ac atgyweirio'r holl gelloedd ac organau, ac i wneud iddyn nhw weithio'n iawn. Dychmygwch petaech yn rhoi'r tanwydd anghywir yn eich car – ni fyddai'n gweithio'n iawn. Mae'r un rheolau'n berthnasol i'n cyrff. Mae'n rhaid i ni fwyta bwyd sy'n cynnwys popeth sydd ei angen arnom i roi'r egni a'r cemegion angenrheidiol i'n cyrff i'w cadw mor iach â phosibl.

Yr enw ar yr egni a'r cemegion sydd eu hangen ar ein cyrff yw **maetholion**.

Mae dau brif grŵp o faetholion yr ydym yn eu bwyta:
- **Macrofaetholion** (mae *macro* yn golygu mawr): mae angen llawer iawn o'r rhain ar y corff. Y maetholion hyn yw **proteinau**, **brasterau** a **charbohydradau**.
- **Microfaetholion** (mae *micro* yn golygu bach): mae angen ychydig bach o'r rhain ar y corff. **Fitaminau**, **mwynau** ac **elfennau hybrin** yw'r maetholion hyn.

Hefyd mae angen sylweddau eraill mewn bwyd ar y corff er mwyn iddo weithio'n iawn, gan gynnwys **dŵr** a **ffibr**.

Protein

Macrofaetholyn yw protein ac mae ei angen ar y corff am y rhesymau canlynol:
- Mae'n rhoi'r holl gemegion sydd eu hangen ar y corff i **dyfu**, yn enwedig mewn plant a merched beichiog.
- Mae'n rhoi'r holl gemegion i helpu'r corff i **atgyweirio** unrhyw niwed ar ôl salwch, damweiniau a llawdriniaeth.
- Mae'n **cynnal** y corff i'w gadw i weithio'n dda, gan gynhyrchu **ensymau** ar gyfer treulio bwyd, gweithgarwch cyhyrau, swyddogaethau nerfau a **hormonau**, sy'n rheoleiddio rhai o swyddogaethau'r corff.
- Mae'n ffynhonnell eilaidd o **egni** i'r corff.

Mae proteinau'n foleciwlau mawr iawn ac wedi'u gwneud o unedau bach, sef **asidau amino**. Mae nifer o asidau amino gwahanol yn bod, sydd wedi'u huno mewn ffyrdd gwahanol a niferoedd gwahanol i gynhyrchu proteinau gwahanol.

Mae rhai asidau amino'n cael eu galw'n **asidau amino hanfodol**. Dyma'r asidau amino mae'r corff yn methu eu gwneud, felly mae'n rhaid bwyta'r proteinau sy'n eu cynnwys. Mae angen naw asid amino hanfodol ar ein corff, sef:

- falin
- ffenylanin
- histidin
- isolewsin
- lewsin
- lysin
- methionin
- tryptoffan
- threonin.

Mae ein cyrff yn gallu gwneud yr holl asidau amino eraill o'r protein rydym ni'n ei fwyta. Dyma'r **asidau amino dianghenraid**. Mae un ar ddeg o'r rhain, sef:

- alanin
- arginin
- asbaragin
- asid asbartig
- asid glwtamig
- glwtamin
- glycin
- prolin
- serin
- sistenin
- tyrosin.

Proteinau Gwerth Biolegol Uchel

Yr enw ar fwydydd sy'n cynnwys yr holl asidau amino hanfodol yw **proteinau Gwerth Biolegol Uchel** (*HBV: High Biological Value*).

Proteinau Gwerth Biolegol Isel

Yr enw ar fwydydd sy'n cynnwys rhai o'r asidau amino hanfodol yn unig yw **proteinau Gwerth Biolegol Isel** (*LBV: Low Biological Value*). Bydd rhaid i chi fwyta cymysgedd o'r bwydydd hyn bob dydd i gael yr holl asidau amino sydd eu hangen arnoch.

Pa fwydydd sy'n cynnwys protein?

Mae'r bwydydd canlynol yn ffynonellau protein *HBV*:

- cig
- pysgod
- wyau
- llaeth
- caws
- ffa soia.

Ffigur 2.1 Mae'r bwydydd hyn yn ffynonellau protein *HBV*

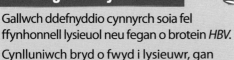

Gweithgaredd ymarferol

Gallwch ddefnyddio cynnyrch soia fel ffynhonnell lysieuol neu fegan o brotein *HBV*.

Cynlluniwch bryd o fwyd i lysieuwr, gan ddefnyddio cynnyrch soia fel ffynhonnell o brotein *HBV*. Cyfrifwch sawl gram o brotein sydd yn y pryd a gwiriwch a yw'n gywir ar gyfer y grŵp oedran, gan ddefnyddio Tabl 2.1 sy'n rhoi'r Gwerth Cyfeirio Deietegol (*DRV: Dietary Reference Value*).

Gweithgaredd

Rhowch y disgrifiadau isod ar y dde i gyd-fynd â'r termau perthnasol ar y chwith.

Proteinau *LBV*	Mae angen llawer iawn o'r rhain ar y corff.
Asidau amino	Yn cynnwys yr holl asidau amino sydd eu hangen ar y corff.
Proteinau *HBV*	Yr unedau mae moleciwlau protein wedi'u gwneud ohonyn nhw.
Macrofaetholion	Yn cynnwys rhai o'r asidau amino y mae eu hangen ar y corff.

Mae bwydydd eraill yn ffynonellau protein *LBV*. Mae'r rhain yn cynnwys:

- grawnfwydydd (reis, ceirch, cwinoa, gwenith, miled)
- pys, ffa (oni bai am ffa soia) a ffacbys
- cnau a hadau.

Os byddwn yn cyfuno proteinau *LBV* mewn pryd o fwyd, gallwn roi'r holl asidau amino i'n cyrff. Yr enw am hyn yw **cyfuno bwyd** neu ddefnyddio **proteinau cyflenwol**. Enghraifft o bryd yn defnyddio proteinau cyflenwol yw ffa ar dost neu reis a dhal.

Ffigur 2.2 Mae'r rhain yn ffynonellau protein *LBV*

Ymestyn a herio

Ysgrifennwch restr o'r holl fwydydd gawsoch chi i'w bwyta ddoe. Nodwch yr holl broteinau a gawsoch chi a dywedwch a ydyn nhw'n ffynonellau *HBV* neu *LBV*.

Beth sy'n digwydd os byddwn yn bwyta gormod neu ddim digon o brotein?

Oherwydd bod protein yn facrofaetholyn mor bwysig, bydd naill ai gormod neu ddim digon ohono yn effeithio'n fawr ar y corff.

Os na fydd gan blant ddigon o brotein yn eu deiet gall y canlynol ddigwydd:

- stopio tyfu, neu'n tyfu'n araf
- gwallt yn teneuo, neu'n colli gwallt
- gweld newid yn lliw eu croen ac yn mynd yn fwy gwelw
- methu treulio bwyd yn iawn, ac efallai y bydd dolur rhydd ganddyn nhw
- dal heintiau, fel annwyd, yn hawdd
- lefelau isel o egni
- colli pwysau ac yn mynd yn denau ac yn wan
- hylif yn casglu o dan eu croen (yr enw ar hyn yw oedema).

Os ydych yn oedolyn, bydd peidio â chael digon o brotein yn effeithio arnoch yn y ffyrdd canlynol:

- colli braster a chyhyrau o'ch corff
- hylif yn casglu o dan y croen (oedema)
- colli pwysau
- eich briwiau a'ch cleisiau'n gwella'n araf
- dim egni
- eich gwallt a'ch croen yn mynd yn sych
- dal heintiau'n fwy aml.

Bydd gormod o brotein hefyd yn effeithio ar eich corff:

- Mae'r arennau a'r afu/iau yn prosesu protein, felly bydd gormod o brotein yn rhoi straen ar yr organau hyn.
- Efallai y byddwch yn ennill pwysau, gan fod protein ychwanegol yn cael ei droi'n fraster sydd yna'n cael ei storio yn y corff.

Faint o brotein sydd ei angen arnom ni?

Mae angen i bawb fwyta bwydydd sy'n cynnwys protein bob dydd, ond mae faint o brotein sydd ei angen arnom ni yn dibynnu ar ein hoedran, ein ffordd o fyw a'n gweithgareddau.

Mae babanod, plant a phlant yn eu harddegau yn dal i dyfu ac felly mae angen mwy o brotein arnyn nhw i hyn, yn ogystal â'r holl bethau eraill yn eu cyrff sy'n gofyn am brotein.

Mae angen protein ar oedolion o hyd i helpu eu gwallt a'u hewinedd i dyfu ac i atgyweirio'r corff.

Oed	Gwerth Cyfeirio Deietegol protein	
	Gwryw	Benyw
0–3 mis	12.5	12.5
4–6 mis	12.7	12.7
7–9 mis	13.7	13.7
10–12 mis	14.9	14.9
1–3 oed	14.5	14.5
4–6 oed	19.7	19.7
7–10 oed	28.3	28.3
11–14 oed	42.1	41.2
15–18 oed	55.2	45.0
19–50 oed	55.5	46.5
Dros 50 oed	53.3	46.5
Yn ystod beichiogrwydd		Ychwanegwch 6 gram arall
Cyfnod llaetha		Ychwanegwch 11 gram arall

Tabl 2.1 Gwerth Cyfeirio Deietegol protein

Mae angen protein ar ferched beichiog er mwyn i'w babi ddatblygu, ac mae angen protein ar fenywod sy'n bwydo ar y fron i wneud eu llaeth.

Mae maethegwyr a gwyddonwyr wedi gweithio allan faint o brotein sydd ei angen ar unigolion. Yr enw ar y rhain yw'r **Gwerthoedd Cyfeirio Deietegol** (*DRVs: Dietary Reference Values*).

Gweithgaredd ymarferol

Cynlluniwch a pharatowch brif gwrs sy'n defnyddio proteinau *LBV* fel proteinau cyflenwol. Cyfrifwch y cynnwys protein fesul cyfran a gweld a yw'n addas i blant yn eu harddegau.

GEIRIAU ALLWEDDOL

Macrofaetholion: maetholion mae angen llawer iawn ohonyn nhw ar y corff. Maen nhw'n cynnwys proteinau, braster a charbohydradau.

Microfaetholion: maetholion mae angen ychydig bach o'r rhain ar y corff. Maen nhw'n cynnwys fitaminau, mwynau ac elfennau hybrin.

Asidau amino: unedau bach sy'n ymuno â'i gilydd i wneud moleciwlau mawr o broteinau.

Asidau amino hanfodol: y naw asid amino mae'r corff yn methu eu gwneud, felly mae'n rhaid bwyta'r bwydydd protein sy'n eu cynnwys.

Proteinau Gwerth Biolegol Uchel (*HBV: High Biological Value*): bwydydd sy'n cynnwys yr holl asidau amino hanfodol.

Proteinau Gwerth Biolegol Isel (*LBV: Low Biological Value*): bwydydd sy'n cynnwys rhai o'r asidau amino hanfodol.

Proteinau cyflenwol: Proteinau *LBV* sy'n cael eu bwyta gyda'i gilydd mewn un pryd i roi'r asidau amino hanfodol i ni.

Gwerth Cyfeirio Deietegol (*DRV: Dietary Reference Value*): faint o faetholyn mae ei angen ar unigolyn.

PWYNTIAU ALLWEDDOL: PROTEIN

- Mae protein yn facrofaetholyn.
- Mae angen protein i dyfu, atgyweirio a chynnal y corff, i wneud ensymau a hormonau, ac fel ffynhonnell egni eilaidd.
- Mae proteinau wedi'u gwneud o asidau amino.
- Mae naw asid amino hanfodol. Mae bwydydd sy'n cynnwys y rhain yn cael eu galw yn broteinau *HBV*.
- Mae proteinau *HBV* mewn cig, pysgod, wyau, llaeth, caws a soia.
- Mae grawnfwydydd, pys, ffa, ffacbys, cnau a hadau yn ffynonellau protein *LBV*.
- Heb ddigon o brotein byddwn yn mynd yn denau ac yn wan.
- Mae angen mwy o brotein ar fabanod, plant, plant yn eu harddegau, merched beichiog a mamau sy'n llaethu, nag oedolion.

Cwestiynau arholiad enghreifftiol

1 Rhestrwch **dair** swyddogaeth proteinau yn y deiet.
[3 marc]

2 Esboniwch y gwahaniaeth rhwng proteinau *HBV* ac *LBV*.
[4 marc]

3 Enwch **dair** ffynhonnell o brotein *HBV*.
[3 marc]

4 Rhestrwch **bedwar** symptom y gallech eu gweld mewn plentyn sydd ddim yn cael digon o brotein yn ei ddeiet.
[4 marc]

5 Beth sy'n digwydd os byddwn yn cael gormod o brotein yn ein deiet?
[3 marc]

Braster ac olew

Mae braster yn facrofaetholyn. Term cyffredinol am fraster yw **lipidau**.

Gall braster fod naill ai'n solet neu'n hylif ar dymheredd ystafell. Mae olew'n hylif ar dymheredd ystafell.

Mae angen braster yn y deiet am y rhesymau canlynol:

● Mae braster yn ffynhonnell dda o egni, a hefyd mae'n ffurfio adeiledd rhai o'r celloedd.
● Mae'r corff yn storio braster o dan y croen i helpu i'w insiwleiddio yn erbyn oerni.
● Mae haen o fraster yn gwarchod ein horganau hanfodol, fel yr afu/iau a'r arennau.
● Mae braster yn ffynhonnell dda o fitaminau D, E a K.
● Mae braster yn rhoi gweadedd a blas i fwyd.
● Mae braster yn ein deiet yn ein helpu ni i gael teimlad o **lawnder** (teimlo'n llawn ar ôl bwyta).

Gwerthoedd nodweddiadol	Ym mhob 100 g	Ym mhob bar 40 g
Egni	1181 kJ	724 kJ
	432 kcal	173 kcal
Protein	6.1 g	2.4 g
Carbohydradau:	59.4 g	23.8 g
Cyfran sy'n siwgr:	29.9 g	11.9 g
Braster:	18.8 g	7.5 g
Cyfran sy'n fraster dirlawn:	9.5 g	3.8 g
Sodiwm	0.06 g	0.02 g
Halen	0.15 g	0.06 g

Ffigur 2.3 Mae asidau brasterog dirlawn yn llawn o atomau hydrogen

Mae braster wedi'i wneud o gyfuniad o atomau carbon, hydrogen ac ocsigen. Mae'n cynnwys asidau brasterog a glyserol. Mae gwahaniaethau yn y ffyrdd o gyfuno'r rhain mewn mathau gwahanol o fraster.

Braster dirlawn

Mewn **braster dirlawn**, mae pob atom carbon wedi'i gyfuno â dau atom hydrogen.

Mae'r rhan fwyaf o fraster dirlawn yn solet ar dymheredd ystafell. Enghreifftiau o fraster dirlawn yw menyn, lard, siwed a braster anifail sydd ar gig.

Mae gormod o fraster dirlawn yn y deiet wedi'i gysylltu â cholesterol gwaed uchel, risg gynyddol o afiechyd y galon, diabetes a gordewdra.

Braster annirlawn

Mae dau fath o **fraster annirlawn**: **monoannirlawn** ac **amlannirlawn**. Fel arfer mae braster annirlawn yn hylif neu'n feddal ar dymheredd ystafell ac mae ganddo ymdoddbwynt is.

Mae braster monoannirlawn yn cynnwys pâr o atomau carbon â dim ond un atom hydrogen wedi'i gysylltu â nhw, felly mae'n gallu cymryd atom carbon arall. Mae'n feddal ar dymheredd ystafell, ond mae'n caledu yn yr oergell. Mae braster monoannirlawn mewn braster llysiau a braster anifeiliaid ac yn cael ei ystyried yn fwy iach oherwydd mae'n gallu helpu i leihau colesterol y gwaed, lleihau'r risg o ddiabetes ac mae'n gysylltiedig â chyfradd is o ganser.

Ffigur 2.4 Ffynonellau braster dirlawn yn y deiet

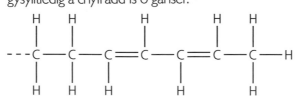

Ffigur 2.5 Nid yw asidau brasterog annirlawn yn llawn o atomau hydrogen – gallen nhw gymryd mwy drwy dorri'r bondiau dwbl ac ychwanegu hydrogen

Ffigur 2.6 Ffynonellau braster monoannirlawn

Mae gan **fraster amlannirlawn** ddau bâr neu fwy o atomau carbon, sy'n gallu cymryd mwy o atomau hydrogen. Mae'n feddal ac yn olewog ar dymheredd ystafell, ac nid yw'n caledu yn yr oergell.

Weithiau mae gwneuthurwyr yn newid adeiledd braster mewn cynnyrch drwy ychwanegu hydrogen at olewau llysiau. Mae hyn yn creu moleciwlau gwneud o'r enw **asidau traws-frasterog**. Enw'r broses hon yw **hydrogeniad**. Mae'n troi olew yn fraster solet, ac mae'n llawer rhatach i'w ddefnyddio mewn cynnyrch na'r rhai sy'n cael eu defnyddio'n arferol, fel braster solet tebyg i fenyn – er enghraifft, mewn teisennau a bisgedi. Mae'n gwneud iddo ymddwyn fel braster dirlawn.

Yn ddiweddar, mae ymchwil meddygol wedi canfod bod yr asidau traws-frasterog hyn yn ddrwg iawn i'ch system gardiofasgwlaidd, ac y gallai gynyddu'r risg o afiechyd y galon a chanser y fron. Felly mae llawer o wneuthurwyr yn defnyddio llai o'r moleciwlau gwneud hyn.

Ffigur 2.7 Ffynonellau braster amlannirlawn

Gweithgaredd

Rhowch y disgrifiadau isod ar y dde i gyd-fynd â'r termau perthnasol ar y chwith.

Dirlawn	Y broses o droi olew yn fraster solet.
Annirlawn	Braster sydd fel arfer yn solet ar dymheredd ystafell. Mae enghreifftiau yn cynnwys menyn, lard a siwed.
Monoannirlawn	Braster â dau bâr neu fwy o atomau carbon, sy'n gallu cymryd mwy o atomau hydrogen. Mae'n feddal ac yn olewog ar dymheredd ystafell, ac nid yw'n caledu yn yr oergell.
Amlannirlawn	Braster â phâr o atomau carbon a dim ond un atom hydrogen yn gysylltiedig â nhw. Mae'n feddal ar dymheredd ystafell, ond mae'n caledu yn yr oergell.
Hydrogeniad	Braster gydag ymdoddbwynt is sydd fel arfer yn hylif ar dymheredd ystafell.

Ymestyn a herio

Disgrifiwch, yn fanwl, beth yw braster a beth yw olew. Defnyddiwch ddiagram i egluro'r gwahaniaethau cemegol.

Ffynonellau braster

Mae braster yn dod o ffynonellau anifeiliaid a phlanhigion.

Mae ffynonellau anifeiliaid yn cynnwys:
- cig a chynnyrch cig
- cynnyrch llaeth, e.e. llaeth, caws, menyn a hufen
- pysgod, yn enwedig pysgod olewog fel tiwna, sardîns ac eog.

Mae ffynonellau planhigion yn cynnwys:
- afocados ac olifau
- cnau a ffacbys, e.e. cnau mwnci a chnau Ffrengig
- hadau fel hadau sesame, blodyn yr haul a soia.

Ffigur 2.8 Braster gweladwy ac olew

Braster gweladwy a braster anweladwy

Mae rhai mathau o fraster yn **weladwy**, fel y braster ar gig, neu yn y menyn neu'r olew y byddwn ni'n eu defnyddio i ffrio neu ar gyfer dresin salad.

Mae mathau eraill o fraster yn **anweladwy** ac yn ffurfio rhan o'r cynnyrch rydym ni'n ei fwyta, fel bisgedi, hufen iâ neu brydau parod.

Asidau brasterog hanfodol

Mae **asidau brasterog hanfodol** (*EFAs: essential fatty acids*) yn asidau brasterog mae'r corff yn methu eu gwneud, ond maen nhw'n bwysig i'ch corff i'w alluogi i weithio'n effeithlon. Mae cydbwysedd *EFAs* yn bwysig i ni, gan eu bod yn hanfodol i reoleiddio prosesau'r corff, gan gynnwys ceulo'r gwaed a rheoli llid.

Dau fath pwysig iawn yw:
● **Omega 3**, sydd mewn pysgod olewog, hadau, olew cnau Ffrengig a llysiau deiliog gwyrdd. Mae'n helpu i warchod y galon.
● **Omega 6**, sydd mewn llysiau, ffrwythau, grawn, cyw iâr a hadau. Mae'n helpu i leihau colesterol yn y gwaed.

Beth sy'n digwydd os byddwn yn bwyta gormod neu ddim digon o fraster?

Gormod o fraster

Mae braster yn ffynhonnell egni uchel, gan ddarparu dros ddwywaith y maint o egni sydd mewn carbohydradau. Os na fyddwn yn defnyddio'r egni o'r braster rydym yn ei fwyta, bydd yn cael ei storio fel braster yn ein corff a byddwn yn ennill pwysau. Os byddwn yn bwyta gormod o fraster, gallai'r braster ychwanegol gael ei storio yn yr afu/iau ac achosi problemau iechyd. Gallai hefyd gynyddu'r risg o strôc.

Gall bwyta bwyd sy'n uchel mewn braster dirlawn godi lefelau'r colesterol yn y gwaed a chynyddu'r siawns o glefyd y galon.

Gall brasterau hydrogenaidd gynyddu'r risg o ganser, diabetes, gordewdra a phroblemau gyda'r esgyrn.

Ffigur 2.9 Braster anweladwy

Dim digon o fraster

Mae rhai asidau brasterog yn hanfodol ar gyfer twf a gweithredu'r corff. Os dydy babanod a phlant ddim yn cael digon o'r rhain bydd hyn yn effeithio ar eu tyfiant normal. Os na fyddwn yn cael digon o egni gan fraster neu garbohydradau, byddwn yn defnyddio ein cyflenwad braster ac yn mynd yn deneuach. Efallai y byddwn hefyd yn teimlo'n oerach.

Faint o fraster dylem ni ei fwyta bob dydd?

Mae'r rhan fwyaf o bobl yn bwyta gormod o fraster dirlawn. Mae gram o fraster yn rhoi 9 kcal i ni, o'i gymharu â 4 kcal fesul gram o garbohydrad.
● Ni ddylai'r dyn cyffredin fwyta mwy na 95 g o fraster y diwrnod, ac ni ddylai mwy na 30 g o hwn fod yn fraster dirlawn.
● Ni ddylai'r fenyw gyffredin fwyta mwy na 70 g o fraster y diwrnod, ac ni ddylai mwy na 20 g o hwn fod yn fraster dirlawn.
● Dylai 35% o gyfanswm bwyd mewn deiet plentyn ddod o fraster. Mae hyn yn sicrhau bod y plentyn yn cael digon o ffynonellau egni a fitaminau D, E a K.

GEIRIAU ALLWEDDOL

Lipidau: term cyffredinol sy'n cael ei roi i frasterau.

Llawnder: teimlo'n llawn ar ôl bwyta.

Braster dirlawn: braster â dau atom hydrogen am bob un atom carbon sy'n bennaf yn solet ar dymheredd ystafell ac yn fraster anifeiliaid.

Braster annirlawn: braster sydd fel arfer yn hylif neu'n feddal ar dymheredd ystafell.

Braster monoannirlawn: braster sy'n cynnwys pâr o atomau carbon â dim ond un atom hydrogen. Mae'n feddal ar dymheredd ystafell, ond yn caledu yn yr oergell. Rydym yn ystyried bod y rhain yn fwy iach na mathau eraill o fraster.

Braster amlannirlawn: mae gan hwn ddau bâr neu fwy o atomau carbon, sy'n gallu cymryd mwy o atomau hydrogen. Mae'n feddal ac yn olewog ar dymheredd ystafell, ac nid yw'n caledu yn yr oergell.

Asidau traws-frasterog: moleciwlau gwneud sy'n cael eu creu pan mae gwneuthurwyr yn ychwanegu hydrogen at olew llysiau (hydrogeniad).

Hydrogeniad: y broses o droi olew yn fraster solet.

Braster gweladwy: braster y gallwn ei weld, fel y braster ar gig, neu'r menyn neu'r olew i ffrio neu ar gyfer dresin salad.

Braster anweladwy: braster sydd mewn cynnyrch rydym yn ei fwyta, fel bisgedi, hufen iâ neu brydau parod.

Asidau brasterog hanfodol: unedau bach o fraster y mae'n rhaid eu cael i gadw'n cyrff i weithio'n iawn.

PWYNTIAU ALLWEDDOL: BRASTER AC OLEW

- Rydym yn defnyddio braster fel ffynhonnell egni, i warchod ein horganau hanfodol, i'n cadw ni'n gynnes ac i roi fitaminau D, E a K i ni.
- Mae braster yn rhoi gweadedd a blas i fwyd ac yn helpu i'n llenwi.
- Mae dau atom hydrogen i bob atom carbon gan fraster dirlawn, a braster anifeiliaid ydy'r rhain yn bennaf. Maen nhw'n gallu cynyddu lefelau colesterol.
- Mae un atom hydrogen i bâr o atomau carbon gan fraster monoannirlawn. Maen nhw'n gallu helpu i leihau lefelau colesterol.
- Mae mwy nag un gofod hydrogen gan fraster amlannirlawn ac ni fydd yn mynd yn solet yn y rhewgell.
- Mae hydrogeniad yn ychwanegu hydrogen at olewau i'w troi'n frasterau solet. Gall y rhain fod yn beryglus i'n hiechyd.
- Unedau bychan o fraster sydd eu hangen i gadw'n cyrff i weithio'n iawn yw asidau brasterog hanfodol.

Cwestiynau arholiad enghreifftiol

1. Rhestrwch **bedair** swyddogaeth braster yn y corff. [4 marc]

2. a) Petaech am fwyta llai o fraster dirlawn, pa fwydydd byddech chi'n osgoi bwyta gormod ohonyn nhw? [3 marc]

   b) Beth dylech chi fwyta yn lle hynny i roi ffynhonnell fwy iach o fraster i chi? [2 farc]

3. Enwch **dri** math gwahanol o olew sydd wedi'u gwneud yn bennaf o fraster annirlawn. [3 marc]

4. Nodwch **bedwar** o fwydydd eraill heblaw am fraster neu olew sy'n rhoi ffynhonnell o fraster i ni yn ein deiet. [4 marc]

5. Esboniwch y term 'braster anweladwy' a rhowch enghraifft lle gallech ddod o hyd iddo. [3 marc]

Carbohydradau

Mae carbohydradau yn facrofaetholion. Maen nhw wedi'u gwneud o garbon, hydrogen ac ocsigen ac yn cael eu defnyddio'n bennaf i roi egni. Yn ystod y broses dreulio maen nhw'n cael eu torri i lawr i ffurf syml o'r enw **glwcos**, ac mae'n bosibl defnyddio hwn ar gyfer egni.

Mae tri phrif fath o garbohydradau: **startsh**, **siwgr** a **pholysacarid nad yw'n startsh** (*NSP: non-starch polysaccharide*), sy'n cael ei alw'n **ffibr**.

Carbohydradau:

- rhoi digon o egni i'r corff ar gyfer gweithgaredd corfforol
- rhoi egni i'r corff gynnal ei swyddogaethau
- rhoi ffibr (*NSP*) i'r corff i helpu gyda threulio bwyd
- melysu bwydydd a rhoi blas iddyn nhw.

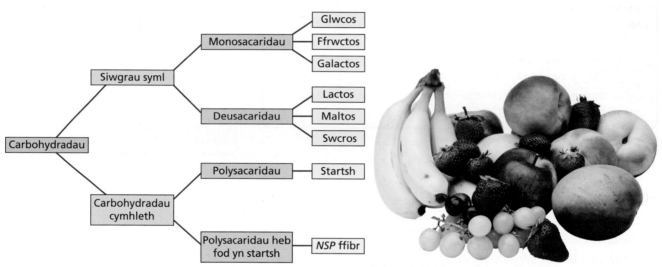

Ffigur 2.10 Carbohydradau syml a chymhleth

Ffigur 2.11 Ffynonellau monosacaridau yn y deiet

Mae dau fath o garbohydradau: **carbohydradau syml** a **charbohydradau cymhleth**.

Carbohydradau syml

Mae dau brif fath o garbohydradau syml: **monosacaridau** a **deusacaridau**.

Monosacaridau

Yr enw ar y rhain yw **siwgrau syml** gan eu bod wedi'u gwneud o foleciwlau bach sy'n cael eu torri'n hawdd yn ystod y broses dreulio. Felly maen nhw'n cael eu hamsugno'n gyflym i'r corff drwy wal y system dreulio, gan roi egni'n gyflym.

Mae siwgrau syml yn cynnwys y canlynol:

- **glwcos** mewn ffrwythau a llysiau. Mae hefyd ar gael ar ffurf tabled neu bowdr, sy'n rhoi egni ar unwaith i ferched a dynion sy'n gwneud chwaraeon.

- **ffrwctos** sy'n debyg o ran adeiledd i glwcos ac mae i'w gael yn bennaf mewn mêl. Hefyd, mae i'w gael yn sudd rhai ffrwythau a llysiau. Mae'n felys iawn a gall gwneuthurwyr ei ddefnyddio yn lle swcros.
- **galactos** sy'n ffurfio yn ystod y broses o dreulio lactos (siwgr llaeth).

Deusacaridau

Siwgrau dwbl yw'r rhain wedi'u gwneud o ddau fonosacarid.
- **Swcros** yw'r deusacarid mwyaf cyffredin. Mae'n cael ei alw hefyd yn siwgr cansen ac mae'n dod o gansen siwgr a betysen siwgr. Rydym yn defnyddio'r mathau canlynol o swcros wrth goginio: siwgrau gronynnog, mân, eisin a brown, yn ogystal â surop melyn a thriagl du. Nid yw'n cynnwys unrhyw faetholion ac mae'n rhoi egni i'r corff yn unig.
- **Lactos** mewn llaeth.
- **Maltos** sy'n ffurfio o ganlyniad i eplesiad gronynnau.

Carbohydradau syml	Enghreifftiau	Bwydydd lle maen nhw i'w cael
Monosacaridau (siwgrau syml)	Glwcos	Ffrwythau a llysiau
	Ffrwctos	Mêl a sudd rhai ffrwythau a llysiau
	Galactos	Llaeth
Deusacaridau (siwgrau dwbl)	Swcros	Cansen siwgr a betysen siwgr – siwgr gronynnog, siwgr mân, siwgr eisin, siwgr brown yn ogystal â surop melyn a thriagl du
	Lactos	Llaeth
	Maltos	Gronynnau

Tabl 2.2 Carbohydradau syml

Gweithgaredd

Chwiliwch am bedair enghraifft o fwydydd sy'n cynnwys siwgrau cynhenid a phedair sy'n cynnwys siwgrau anghynhenid.

Mae dau fath gwahanol o'r siwgrau rydym ni'n eu bwyta:
- **Siwgrau cynhenid** – mae'r rhain i'w cael yn naturiol yn y planhigion rydym ni'n eu bwyta.
- **Siwgrau anghynhenid** – dyma'r rhai y gallwch eu gweld, fel y siwgr byddwch yn ei roi mewn teisennau a bisgedi neu yn ei ychwanegu at ddiodydd.

Carbohydradau cymhleth

Yr enw ar garbohydradau cymhleth yw **polysacaridau**. Maen nhw wedi'u gwneud o gannoedd o foleciwlau glwcos syml wedi'u cysylltu â'i gilydd. Maen nhw'n rhoi egni i'r corff, ond gan eu bod mor fawr, maen nhw'n cymryd amser i ymddatod yn ystod y broses o dreulio bwyd.

Mae dau brif fath o bolysacaridau yn ein deiet: **startsh** a **ffibr**, sydd hefyd yn cael eu galw yn **bolysacaridau nad ydyn nhw'n startsh** (*NSP*).

Startsh

Mae hwn mewn grawn, grawnfwydydd, pasta ac mewn rhai ffrwythau a llysiau. Mae'n eich llenwi am gyfnod hirach, felly mae'n ffordd wych o atal gorfwyta neu bigo bwyta os ydych chi'n ceisio colli pwysau.

Daw pob math o startsh o ffynonellau planhigion.

Swyddogaethau startsh:

- Mae'n ymddatod yn araf yn ein system dreulio i roi egni.
- Mae'n ychwanegu swmp at ein deiet.
- Mae'n ein cadw ni i deimlo'n fwy llawn am amser hirach.
- Mae gormodedd o startsh yn troi'n fraster ac yn cael ei storio yn y corff.

Ffibr/*NSP*

Dyma'r rhan o gellfuriau planhigyn rydym ni'n methu ei threulio, sef cellwlos. Mae ein cyrff yn methu ei dreulio, felly mae'n pasio'n syth drwy ein system dreulio. Mae hyn yn rhoi swmp yn y deiet ac yn helpu i symud y bwyd sy'n wastraff drwy'r system, gan atal rhwymedd yn ogystal â glanhau waliau'r system dreulio i gael gwared ar facteria.

Swyddogaethau *NSP*:

- Dal dŵr a chadw'r ysgarthion yn feddal ac yn swmpus.
- Helpu i atal clefydau'r coluddyn gan gynnwys rhwymedd, canser y coluddyn, clefyd diferticwlar (lle mae wal y coluddyn yn anffurfio ac o bosibl yn llidio) a hemoroidau (clwyf y marchogion).
- Gall helpu i reoli pwysau gan fod bwydydd â llawer o ffibr yn eich llenwi, ond gan ei fod ddim yn cael ei dreulio, dydy ffibr ddim yn ymddatod i roi egni na chalorïau.
- Mae wedi'i brofi bod deiet â llawer o ffibr yn helpu i leihau colesterol yn y gwaed.

Mae **ffibr hydawdd** yn arafu'r broses dreulio ac yn amsugno carbohydradau, felly mae'n gwneud i ni deimlo'n llawn am amser hirach. Mae'n helpu i reoli lefelau siwgr yn y gwaed a gall hefyd helpu i leihau lefelau colesterol yn y gwaed.

Mae ceirch, ffa, pys, ffacbys a'r rhan fwyaf o ffrwythau a llysiau, yn enwedig os byddwch yn bwyta'r croen, yn ffynonellau da.

Mae **ffibr anhydawdd** yn amsugno dŵr ac yn cynyddu'r swmp ac felly'n cadw ysgarthion yn feddal, gan eu galluogi i basio drwy'r system dreulio yn hawdd. Mae hyn yn atal rhwymedd. Mae pasta a bara cyflawn, grawnfwydydd cyflawn, reis brown a rhai ffrwythau a llysiau yn ffynonellau da.

Polysacaridau eraill

Mae tri math arall o bolysacaridau yn ein deiet hefyd:

- **Pectin** – mae'n gwneud i jamiau a jelïau setio. Nid yw'r corff yn gallu ei dreulio.
- **Decstrin** – mae'n ffurfio wrth dostio bara neu bobi teisennau, bisgedi a chrwst. Gallwn dreulio hwn a'i ymddatod yn glwcos i gael egni.
- **Glycogen** – mae'n ffurfio yn yr afu/iau o'r broses dreulio bwyd ac mae'n ffynhonnell egni.

Beth sy'n digwydd os ydym yn bwyta gormod neu ddim digon o garbohydradau?

Os ydych yn bwyta gormod o garbohydradau, bydd yr hyn sy'n weddill yn troi'n fraster ac yn cael ei storio yn eich corff. Felly byddwch yn ennill pwysau.

Gall bwyta gormod o siwgr arwain at bydredd dannedd.

Os dydych chi ddim yn bwyta digon o garbohydradau, mae eich corff yn defnyddio'r cyflenwad egni sydd ganddo, felly efallai byddwch yn colli pwysau. Hefyd, bydd eich corff yn defnyddio peth o'r protein rydych chi'n ei fwyta fel ffynhonnell egni eilaidd.

Gweithgaredd

1 Esboniwch pam y bydd rhywun sy'n gwneud gwaith corfforol iawn, fel adeiladwr, angen mwy o garbohydradau na gweithiwr swyddfa.

2 Pam bydd rhywun sy'n rhedeg marathon yn cael pryd o fwyd gwahanol i rywun sy'n rhedeg ras sbrint 100 metr?

Gweithgaredd ymarferol

Gwnewch gyfres o gynhyrchion gan ddefnyddio blawd gwyn ac yna gwnewch yr un cynhyrchion gan ddefnyddio blawd cyflawn. Gwnewch brawf blasu gyda phanel i weld pa rai yw eu hoff rai.

Petai athletwr ddim yn bwyta digon o garbohydradau cyn ras neu gêm bêl-droed, er enghraifft, bydd yn brin o egni yn ystod y gweithgaredd. Bydd ymddatod metabolaidd o'r braster yn digwydd sy'n cymryd llawer mwy o amser. Mae hyn yn golygu y bydd yr athletwr yn methu parhau â'i weithgaredd yn iawn, sy'n cael ei alw weithiau yn 'taro'r wal'.

Faint o garbohydradau dylem ni eu bwyta bob dydd?

Mae carbohydradau'n rhoi tua 4 kcal fesul gram i ni. Mae Canllaw Bwyta'n Dda y llywodraeth yn cynghori y dylai traean o'n bwyd dyddiol fod yn garbohydradau startsh fel bara, pasta, reis a thatws. Gall y rhain roi ffibr i chi os ydych yn bwyta cynnyrch cyflawn a grawn cyflawn.

Dylai deiet â chyfartaledd o 2,000 calori gynnwys tua 250 g o garbohydradau. Byddai hyn yn gyfwerth â phowlen o rawnfwyd brecwast grawn cyflawn, un dogn o basta a thair sleisen o fara.

Ymestyn a herio

Gwnewch arolwg i ofyn i ddeg o bobl gofnodi'r hyn maen nhw'n ei fwyta bob dydd. Dadansoddwch ddeiet pob un a gweithiwch allan a ydyn nhw'n bwyta'r swm sy'n cael ei argymell o garbohydradau y dydd.

Os dydyn nhw ddim, awgrymwch i bob un sut y gallen nhw fwyta mwy o garbohydrad.

GEIRIAU ALLWEDDOL

Monosacaridau: siwgrau syml wedi'u gwneud o foleciwlau bach sy'n hawdd eu treulio. Maen nhw'n cynnwys glwcos, ffrwctos a galactos.

Deusacaridau: moleciwlau dwbl o glwcos wedi'u cysylltu â'i gilydd. Maen nhw'n cymryd mwy o amser i'w treulio. Maen nhw'n cynnwys swcros, lactos a maltos.

Siwgrau cynhenid: siwgrau sydd mewn celloedd planhigion.

Siwgrau anghynhenid: siwgrau rydym yn eu hychwanegu at ryseitiau, seigiau a diodydd.

Polysacaridau: carbohydradau cymhleth wedi'u gwneud o gadwyni hir o foleciwlau siwgr sy'n cymryd amser hir i'w treulio. Maen nhw'n cynnwys startsh, ffibr (NSP), pectin, decstros a glycogen.

Ffibr/polysacaridau heb fod yn startsh (NSP): y rhan o gellfuriau planhigion rydym yn methu ei threulio. Mae'n rhoi swmp i'r deiet ac yn helpu i symud y gwastraff bwyd drwy'r system.

Ffibr hydawdd: yn arafu'r broses dreulio ac yn gallu helpu i leihau lefelau colesterol yn y gwaed.

Ffibr anhydawdd: yn amsugno dŵr ac yn helpu i atal rhwymedd.

PWYNTIAU ALLWEDDOL: CARBOHYDRADAU

- Mae carbohydradau'n rhoi egni i ni wrth eu treulio.
- Mae monosacaridau a deusacaridau yn garbohydradau syml a gallwn eu galw yn siwgrau syml hefyd.
- Nid oes maetholion mewn siwgr, ac mae'n rhoi egni i ni yn unig.
- Mae polysacaridau yn garbohydradau cymhleth.
- Mae startsh yn ymddatod yn arafach, felly mae yn ein llenwi am amser hirach.
- Nid yw'r corff yn treulio NSP, ond mae'n helpu gyda threulio ac yn atal rhwymedd.
- Bydd bwyta gormod o garbohydradau yn golygu ennill pwysau, gan fod y corff yn storio gormodedd fel braster.
- Rydym yn cael ein hargymell y dylai traean o'n bwyd dyddiol fod yn garbohydradau.

Cwestiynau arholiad enghreifftiol

1 Enwch **ddau** bolysacarid. [2 farc]
2 Esboniwch sut mae NSP yn helpu'r system dreulio i weithio'n fwy effeithiol, ac atal rhwymedd. [4 marc]
3 Sut gallai bwyta grawnfwyd brecwast grawn cyflawn helpu i atal myfyriwr rhag cael byrbryd o fwydydd melys yn y bore? [3 marc]
4 Gwnewch restr o **dri** math o fwyd sy'n ffynhonnell dda o ffibr. [3 marc]
5 Dyma restr o gynhwysion ar gyfer cynnyrch organig:
- Ceirch
- Siwgr
- Menyn (19.18 %)

- Surop Siwgr Gwrthdro
- Halen.

Mae'r label maeth yn edrych fel hyn:

Gwerthoedd nodweddiadol	Ym mhob 100 g	Ym mhob bar 40 g
Egni	1181 kJ	724 kJ
	432 kcal	173 kcal
Protein	6.1 g	2.4 g
Carbohydradau:	59.4 g	23.8 g
cyfran sy'n siwgr	29.9 g	11.9 g
Braster:	18.8 g	7.5 g
cyfran sy'n fraster	9.5 g	3.8 g
Sodiwm	0.06 g	0.02 g
Halen	0.15 g	0.06 g

Ffigur 2.12 Label cynnyrch

a) Nodwch y cynhwysyn sy'n rhoi'r ffibr deietegol i ni. [1 marc]
b) Pa **dri** chynhwysyn sy'n ffynonellau carbohydrad? [3 marc]
c) Beth yw'r cynnyrch hwn, yn eich barn chi? [1 marc]

Fitaminau

Mae fitaminau yn ficrofaetholion. Mae angen ychydig bach o'r rhain ar y corff ar gyfer nifer mawr o swyddogaethau gwahanol.

Rydym yn cyfeirio at fitaminau gyda llythrennau, er bod ganddyn nhw enwau cemegol.

Mae angen fitaminau oherwydd eu bod nhw'n gwneud y pethau canlynol:
- helpu nifer o brosesau gwahanol yn y corff, sy'n hanfodol i'n hiechyd
- helpu i atal afiechydon, sy'n digwydd o ganlyniad i ddiffyg fitaminau penodol
- rhan o'r broses atgyweirio celloedd a gwella briwiau
- cynorthwyo'r broses dreulio a rhyddhau egni drwy helpu i brosesu carbohydradau
- helpu i arafu proses heneiddio celloedd
- helpu i ffurfio celloedd coch yn y gwaed, croen iach a nerfau
- helpu i ffurfio esgyrn cryf
- helpu i amsugno haearn.

Mae fitaminau'n cael eu rhannu'n ddau grŵp: **fitaminau braster-hydawdd** a **fitaminau dŵr-hydawdd**
- Mae'r fitaminau braster-hydawdd yn cynnwys fitaminau A, D, E a K.
- Mae'r fitaminau dŵr-hydawdd yn cynnwys fitaminau grŵp B a fitamin C.

Fitaminau braster-hydawdd

Mae fitaminau braster-hydawdd yn hydoddi mewn braster. Yn unol â'r gyfraith, mae fitaminau A a D yn cael eu hychwanegu at fargarîn.

Fitamin A

Enw cemegol fitamin A yw retinol mewn ffynonellau anifeiliaid, a beta-caroten mewn ffynonellau planhigion.

Ffigur 2.13 Enghreifftiau o ffynonellau bwyd ar gyfer fitamin A.

Swyddogaeth (beth mae'n ei wneud yn y corff)	Ble mae yn ein bwyd	Os dydym ni ddim yn bwyta digon ohono (diffyg)	Os ydym yn bwyta gormod ohono (gormodedd)
• Yn bwysig ar gyfer y golwg: mae'n rhoi sylwedd i'r retina yng nghefn y llygaid i'ch helpu i weld yn well mewn golau gwan. • Cadw'r gwddf, y system dreulio a'r ysgyfaint yn llaith. • Mae'n wrthocsidydd: helpu i stopio sylweddau niweidiol o'r aer ac o ddŵr rhag mynd i mewn i'n cyrff.	• Fel retinol mewn bwydydd o anifeiliaid fel llaeth, caws, menyn a physgod olewog (tiwna, pennog, macrell, sardîns), afu/iau a chynnyrch afu/iau fel pate. • Fel beta-caroten mewn bwydydd planhigion, yn enwedig ffrwythau a llysiau oren a choch fel moron, bricyll, pupur coch, tomatos, a hefyd mewn llysiau deiliog gwyrdd tywyll fel sbigoglys.	• Fyddwn ni ddim yn gallu gweld mewn golau gwan (dallineb nos). Yn y diwedd, gall hyn arwain at fod yn ddall, sy'n gyffredin mewn gwledydd tlawd. • Mae'n anodd i'r corff frwydro yn erbyn clefydau a heintiau. • Bydd tyfiant plant yn wael.	• Gall gormod o fitamin A fod yn wenwynig. Bydd yn cronni yn yr afu/iau. • Dylai merched beichiog osgoi bwyta gormod o retinol neu ffynhonnell anifeiliaid o fitamin A gan y gallai achosi diffygion geni yn y babi wrth iddo ddatblygu.

Tabl 2.3 Swyddogaeth, ffynonellau a chanlyniadau diffyg fitamin A neu ormod ohono

Dydy prosesau coginio ddim yn dinistrio fitamin A.

Fitamin D

Enw cemegol fitamin D yw colecalchifferol.

Gall y rhan fwyaf o bobl gael digon o fitamin D o'u deiet a gan yr haul. Fodd bynnag, gallai'r grwpiau canlynol o bobl fod mewn perygl o ddiffyg fitamin D:

- merched beichiog a'r rhai sy'n bwydo ar y fron
- babanod a phlant ifanc o dan bump oed, yn enwedig os ydyn nhw bob amser yn cael eu gorchuddio mewn eli haul pan maen nhw allan
- pobl sy'n methu gadael y tŷ a mynd allan i'r haul yn aml
- pobl o dras Affricanaidd, Affricanaidd-Caribïaidd ac Asiaidd.

Ffigur 2.14 Enghreifftiau o ffynonellau bwyd ar gyfer fitamin D

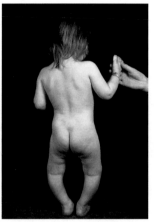

Ffigur 2.15 Os dydy plant ifanc ddim yn cael digon o fitamin D gallen nhw ddatblygu'r llech

Swyddogaeth (beth mae'n ei wneud yn y corff)	Ble mae yn ein bwyd	Os dydym ni ddim yn bwyta digon ohono (diffyg)	Os ydym yn bwyta gormod ohono (gormodedd)
• Rheoli faint o galsiwm sy'n cael ei gymryd o'r bwyd rydym ni'n ei fwyta. • Ein helpu i ddatblygu esgyrn a dannedd cryf drwy helpu i gymryd calsiwm a ffosfforws o'n bwyd a sicrhau bod yr esgyrn yn ffurfio'n gryf yn ystod plentyndod a llencyndod. Mae hyn oherwydd bod rhaid i'n hesgyrn bara weddill ein hoes.	• Cynnyrch llaeth, afu/iau, pysgod olewog, menyn, caws, llaeth ac wyau. • Yn unol â'r gyfraith, mae fitamin D yn cael ei ychwanegu at fargarîn. • Mae'r rhan fwyaf o'n fitamin D yn dod o fod yng ngolau'r haul. Pan mae'r haul yn taro ein croen mae adwaith cemegol yn digwydd o dan y croen i ffurfio fitamin D, sydd yna'n cael ei storio yn yr afu/iau.	• Ni all ein cyrff ddefnyddio digon o galsiwm a bydd ein hesgyrn a'n dannedd yn mynd yn wan. • Bydd plant ifanc yn datblygu cyflwr o'r enw'r llech, lle mae'r esgyrn yn plygu oherwydd eu bod nhw'n rhy wan i gynnal y corff. Os bydd hyn yn digwydd mewn pobl hŷn yr enw arno yw osteomalasia. • Gall yr henoed ddatblygu esgyrn brau, sy'n torri'n hawdd. Osteoporosis yw'r enw ar hyn. • Yn ddiweddar mae wedi dod yn amlwg bod fitamin D yn bwysig i swyddogaeth yr ymennydd. Mae llawer o ymchwil yn cael ei wneud i hyn.	• Mae'n annhebygol y byddwch yn bwyta gormod o fitamin D yn eich deiet, ond os ydych yn cymryd fitamin D atodol dros gyfnod hir o amser, mae'n gallu achosi amsugno mwy o galsiwm yn eich corff, sydd yna'n cael ei roi yn yr arennau ac yn eu niweidio. • Gall bwyta gormod o fitamin D hefyd annog tynnu calsiwm o'r esgyrn, ac felly eu gwanhau.

Tabl 2.4 Swyddogaeth, ffynonellau a chanlyniadau diffyg fitamin D neu ormod ohono

Dydy prosesau coginio arferol ddim yn dinistrio fitamin D.

Ffigur 2.16 Mae cnau mwnci yn enghraifft o ffynhonnell fwyd ar gyfer fitamin E

Fitamin E

Enw cemegol fitamin E yw tocofferol.

Swyddogaeth (beth mae'n ei wneud yn y corff)	Ble mae yn ein bwyd	Os dydym ni ddim yn bwyta digon ohono (diffyg)	Os ydym yn bwyta gormod ohono (gormodedd)
• Mae'n wrthocsidydd, sy'n helpu i atal unrhyw beth niweidiol o'r aer neu o ddŵr rhag niweidio y tu mewn i'n cyrff. • Mae'n helpu i gadw cellfuriau'r corff yn iach. • Gall helpu i atal datblygiad rhai mathau o ganser a chlefyd y galon.	Olew llysiau, letysen, cnau mwnci, hadau ac olew bywyn gwenith.	Mae'n anghyffredin iawn i gael diffyg fitamin E, ond ar adegau gallai godi os yw person yn cael problem amsugno braster, sy'n cynnwys fitamin E.	Mae'n annhebygol y byddwch yn bwyta gormod o fitamin E o ddeiet arferol, ac ar hyn o bryd nid oes unrhyw dystiolaeth y gallai cymryd atchwanegion achosi unrhyw niwed i'r corff.

Tabl 2.5 Swyddogaeth, ffynonellau a chanlyniadau diffyg fitamin E neu ormod ohono

Dydy prosesau coginio arferol ddim yn dinistrio fitamin E.

Fitamin K

Daw fitamin K o grŵp cemegol.

Swyddogaeth (beth mae'n ei wneud yn y corff)	Ble mae yn ein bwyd	Os dydym ni ddim yn bwyta digon ohono (diffyg)	Os ydym yn bwyta gormod ohono (gormodedd)
Mae'n helpu i geulo'r gwaed. Mae hyn yn golygu pan rydym yn cael briw neu anaf ac yn dechrau gwaedu, bydd y gwaed yn tewychu ac yn ceulo yn yr anaf i'n harbed rhag colli gormod o waed.	• Llysiau gwyrdd deiliog, caws, afu/iau, asbaragws, coffi, cig moch/bacwn a the gwyrdd. • Hefyd, mae bacteria yn ei wneud yn ein coluddion.	• Anaml iawn mae diffyg mewn oedolion. • Mae babanod yn cael chwistrelliad fitamin K yn union ar ôl eu geni.	Mae'n annhebygol y byddwch yn bwyta gormod o fitamin K mewn deiet arferol. Os ydych chi'n cymryd ategolion fitamin K, nid oes digon o dystiolaeth i awgrymu y bydd bwyta gormod yn achosi unrhyw niwed.

Tabl 2.6 Swyddogaeth, ffynonellau a chanlyniadau diffyg fitamin K neu ormod ohono

Dydy prosesau coginio arferol ddim yn dinistrio fitamin K.

Fitaminau dŵr-hydawdd

Mae'r fitaminau hyn yn hydoddi mewn dŵr. Maen nhw'n cynnwys yr holl fitaminau grŵp B a fitamin C. Nid yw'n bosibl storio'r fitaminau hyn yn ein cyrff ac felly mae angen bwyta bwydydd sy'n eu cynnwys bob dydd.

Fitaminau grŵp B

Mae fitaminau grŵp B yn cynnwys nifer o adrannau gwahanol. Mae gan bob un rif, enw a swyddogaeth wahanol yn ein deiet.

Ffigur 2.17 Coffi: enghraifft o ffynhonnell fwyd ar gyfer fitamin K

Gweithgaredd

1. Cynlluniwch bryd o fwyd sy'n cynnwys yr holl fitaminau braster-hydawdd
2. Rhestrwch lle mae'r holl fitaminau i'w cael.

Fitaminau grŵp B	Swyddogaeth (beth mae'n ei wneud yn y corff)	Ble mae yn ein bwyd	Os dydym ni ddim yn bwyta digon ohono (diffyg)	Os ydym yn bwyta gormod ohono (gormodedd)
Fitamin B1 (sy'n cael ei alw'n thiamin hefyd)	• Helpu i ryddhau egni o garbohydradau. • Helpu'ch nerfau i weithio'n iawn. • Helpu'r corff i dyfu.	• Grawnfwydydd fel gwenith a reis, cynnyrch grawn a bywyn gwenith. • Burum a Marmite. • Pob math o gig. • Wyau ac wyau pysgod. • Llaeth a bwydydd llaeth. • Hadau, cnau a ffa.	• Bydd y corff yn tyfu ac yn datblygu'n araf. • Gall diffyg difrifol achosi clefyd o'r enw beriberi, sy'n gwanhau'r cyhyrau. Yn aml, mae hyn i'w weld mewn gwledydd tlotach.	Ar hyn o bryd nid oes unrhyw dystiolaeth yn awgrymu y byddai bwyta gormod yn achosi unrhyw niwed.
Fitamin B2 (sy'n cael ei alw'n riboflafin hefyd)	• Helpu i ryddhau egni o garbohydradau. • Helpu twf a chadw'r croen yn iach.	• Afu/iau ac arennau a chigoedd. • Wyau a llaeth. • Llysiau gwyrdd.	• Croen o amgylch y geg yn sych. • Tyfiant gwael.	Ar hyn o bryd nid oes unrhyw dystiolaeth yn awgrymu y byddai bwyta gormod yn achosi unrhyw niwed.
Fitamin B3 (sy'n cael ei alw'n niasin hefyd)	• Helpu i ryddhau egni o garbohydradau. • Hanfodol i gael croen a nerfau iach. • Gall helpu i leihau lefel braster yn y gwaed.	• Cig a dofednod. • Grawnfwydydd a grawn. • Cynnyrch llaeth. • Llysiau ffacbys fel corbys.	Mae diffyg yn anghyffredin, ond gallwch ddatblygu clefyd o'r enw pelagra, sy'n achosi dolur rhydd, dermatitis (croen garw a chignoeth) a dementia (dryswch, y cof yn pallu).	Mae'n annhebygol y byddwch yn bwyta gormod o fitamin B3 mewn deiet arferol, ond gallai cymryd gormod o fitamin B3 atodol achosi i'r croen wrido, a gallai cymryd dosau uchel am gyfnod hir niweidio'r afu/iau.
Fitamin B6 (sy'n cael ei alw'n pyridocsin hefyd)	Helpu i ryddhau egni o garbohydradau.	I'w gael mewn amrywiaeth eang o fwydydd.	Gallai achosi cur pen, poen cyffredinol a gwendid, anaemia a phroblemau croen.	Gallai cymryd mwy na 200 mg y diwrnod o fitamin B6 arwain at golli teimlad yn y breichiau a'r coesau. Yr enw am hyn yw niwropatheg amgantol (peripheral neuropathyl).
Fitamin B9 (sy'n cael ei alw'n ffolad neu asid ffolig hefyd)	• Helpu'r corff i ddefnyddio proteinau. • Hanfodol ar gyfer ffurfio DNA yng nghelloedd y corff, yn enwedig y celloedd sy'n gwneud celloedd gwaed coch.	• Afu/iau ac arennau. • Grawnfwydydd cyflawn. • Ffacbys. • Llysiau gwyrdd tywyll.	• Blinder ac anaemia. • Gall diffyg ffolad yn ystod beichiogrwydd gamffurfio cefn y ffoetws ac achosi spina bifida. Fel arfer, mae merched beichiog yn cymryd tabledi asid ffolig.	Gall cymryd dosau uchel o asid ffolig guddio diffyg B12, a gallai hyn arwain at broblem i bobl hŷn.
Fitamin B12 (sy'n cael ei alw'n cobalamin hefyd)	• Ffurfio gorchudd amddiffynnol o amgylch celloedd nerfau i'w galluogi i weithio'n iawn. • Pwysig i gynhyrchu celloedd newydd.	• Cig, pysgod ac wyau. • Cynnyrch llaeth. • Mae angen i feganiaid gymryd atchwanegion gan mai dim ond mewn bwydydd anifeiliaid mae ar gael.	• Blinder ac anaemia. • Gwendid yn y cyhyrau, 'pinnau bach'. • Iselder a phroblemau cof.	Ar hyn o bryd nid oes unrhyw dystiolaeth yn awgrymu y byddai bwyta gormod yn achosi unrhyw niwed.

Tabl 2.7 Swyddogaeth, ffynonellau a chanlyniadau diffyg fitaminau grŵp B neu ormod ohonyn nhw

Mae coginio mewn dŵr yn dinistrio'r holl fitaminau B. Mae'n bosibl colli llai drwy stemio llysiau, neu drwy ddefnyddio'r dŵr a ddefnyddiwyd i goginio'r llysiau i wneud grefi neu sawsiau i weini gyda'r llysiau.

Fitamin C

Mae Fitamin C yn cael ei alw'n asid asgorbig hefyd.

Swyddogaeth (beth mae'n ei wneud yn y corff)	Ble mae yn ein bwyd	Os dydym ni ddim yn bwyta digon ohono (diffyg)	Os ydym yn bwyta gormod ohono (gormodedd)
• Helpu i amsugno haearn o fwydydd eraill. • Cynhyrchu sylwedd o'r enw colagen sy'n gwneud i feinweoedd cyswllt glymu gyda'i gilydd. • Mae'n wrthocsidydd sy'n golygu ei fod yn helpu i warchod y corff rhag cemegion llygru sy'n gallu ein niweidio.	• Ffrwythau, yn enwedig ffrwythau citrws fel orennau a lemonau. • Cyrens duon a ffrwythau ciwi. • Tomatos, llysiau gwyrdd deiliog (nid letys), pys, tatws newydd, brocoli.	• Mae diffyg yn brin, ond os dydych chi ddim yn bwyta ffrwythau a llysiau ffres mae'n gallu digwydd. • Os oes gennych ychydig o ddiffyg gallwch ddatblygu anaemia. • Mae diffyg difrifol yn arwain at y llwg, sy'n golygu blinder, deintgig yn gwaedu ac anaemia.	Mae'r corff yn ysgarthu gormodedd o fitamin C mewn ffynhonnell fwyd normal. Gall cymryd gormod o fitamin C yn atodol achosi dolur rhydd a chyfog.

Tabl 2.8 Swyddogaeth, ffynonellau a chanlyniadau diffyg fitamin C neu ormod ohono

Ffigur 2.18 Orennau: enghraifft o ffynhonnell fwyd ar gyfer fitamin C

Mae gwres a dŵr yn dinistrio fitamin C.

Dylai llysiau fod mor ffres â phosibl, wedi'u paratoi funud olaf a'u coginio mewn cyn lleied o ddŵr â phosibl, am gyfnod mor fyr â phosibl. Mae stemio yn ffordd ddelfrydol o gadw'r rhan fwyaf o'r fitamin C.

GEIRIAU ALLWEDDOL

Fitaminau braster-hydawdd: fitaminau sy'n hydoddi mewn braster. Mae'r rhain yn cynnwys fitaminau A, D, E a K.

Fitaminau dŵr-hydawdd: fitaminau sy'n hydoddi mewn dŵr. Mae'r rhain yn cynnwys fitaminau grŵp B a fitamin C.

PWYNTIAU ALLWEDDOL: FITAMINAU

- Mae fitaminau yn ficrofaetholion sydd eu hangen er mwyn i'r corff weithio'n iawn, gan eu bod yn helpu i reoleiddio adweithiau cemegol yn y corff, hybu iechyd ac atal clefydau.
- Rydym yn galw fitaminau yn ôl llythrennau, ond mae gan bob un enw cemegol.
- Dylai deiet cytbwys gynnwys yr holl fitaminau sydd eu hangen arnoch chi i gael corff iach.
- Mae fitaminau naill ai'n fraster-hydawdd neu'n ddŵr-hydawdd.
- Bydd diffyg unrhyw fitaminau yn y deiet yn golygu bod eich corff yn methu gweithio'n gywir.

Cwestiynau arholiad enghreifftiol

1 Nodwch **ddwy** broblem mae diffyg fitamin D yn eu hachosi a dywedwch beth fydd yn digwydd i'r corff yn y ddau achos. [4 marc]
2 Awgrymwch **un** ffordd o goginio llysiau gwyrdd a fydd yn lleihau faint o fitamin C sy'n cael ei golli, ac esboniwch pam y bydd hyn yn helpu i leihau'r golled honno. [2 farc]
3 Nodwch **ddwy** ffynhonnell fwyd sy'n cynnwys asid ffolig, ac eglurwch pam mae'n bwysig i ferched beichiog fwyta digon o asid ffolig. [4 marc]
4 Sut gallai fegan (rhywun sydd ddim yn bwyta unrhyw gynnyrch anifeiliaid) sicrhau ei fod yn cael digon o fitamin B2 a B3? Cynlluniwch bryd o fwyd y gallai fegan ei fwyta sy'n cynnwys y fitaminau hyn. [6 marc]

Mwynau ac elfennau hybrin

Mae mwynau ac elfennau hybrin yn ficrofaetholion. Rhaid eu cael ar gyfer gwahanol swyddogaethau'r corff.

Mae **mwynau** yn cynnwys calsiwm, haearn, magnesiwm, ffosfforws, potasiwm, sodiwm, copr, cromiwm, manganîs, seleniwm, sylffwr a sinc. Mae angen rhwng 1 mg a 100 mg y diwrnod arnom ni o'r rhain i gyd.

Mae'r **elfennau hybrin** yn cynnwys fflworid, ïodin, cobalt, molybdenwm a silicon. Mae angen ychydig bach iawn o'r rhain arnom ni, llai nag 1 mg y diwrnod.

- Mae'r holl fwynau ac elfennau hybrin yn angenrheidiol i'r corff weithio'n iawn.
- Mae mwynau'n helpu i wneud dannedd ac esgyrn cryf, gwneud yn siŵr bod gennym ddigon o gelloedd gwaed coch i drosglwyddo ocsigen o amgylch y corff, rheoli faint o ddŵr sydd yn ein corff a gwneud i'r nerfau a'r cyhyrau weithio'n iawn.
- Mae elfennau hybrin yn gyfrifol am gryfhau enamel dannedd, am wneud hormonau a rheoli swyddogaethau'r corff, a bod yn rhan o swyddogaethau eraill y cyhyrau a'r nerfau.

Mwyn	Swyddogaeth (beth mae'n ei wneud yn y corff)	Ble mae yn ein bwyd	Os dydym ni ddim yn bwyta digon ohono (diffyg)	Os ydym yn bwyta gormod ohono (gormodedd)
Calsiwm	- Gweithio gyda ffosfforws a fitamin D i wneud esgyrn a dannedd cryf ac iach. Mae ei angen ar blant i dyfu'n normal. - Helpu gyda cheulo'r gwaed. - Yn rhan o swyddogaeth y nerfau a'r cyhyrau.	- Cynnyrch llaeth fel llaeth a chaws. - Yn cael ei ychwanegu at fara yn unol â'r gyfraith (mae'r bara wedi'i atgyfnerthu). - Pysgod olewog, llysiau gwyrdd, cnau/hadau, ffrwythau citrws. - Efallai y bydd calsiwm wedi'i ychwanegu at laeth soia, sudd ffrwythau ac iogwrt.	- Wrth i ni dyfu, mae'n hesgyrn yn mynd yn fwy i gynnal ein pwysau. Bydd diffyg calsiwm yn ein deiet yn achosi adeiledd esgyrn gwael ac ni fyddwn yn cyrraedd brig màs ein hesgyrn (pan fydd ein hesgyrn ar eu caletaf i gynnal ein cyrff, yn ystod llencyndod), gan achosi problemau esgyrn gwan yn ddiweddarach. Bydd hyn yn achosi osteoporosis yn yr henoed. - Fydd esgyrn babanod ddim yn ffurfio'n iawn os dydy merched beichiog ddim yn bwyta digon o galsiwm. - Fydd gwaed ddim yn ceulo'n iawn ar ôl anaf.	Mae'n annhebygol y byddwch yn bwyta gormod o galsiwm mewn deiet arferol. Gallai cymryd dros 1,500 mg y diwrnod yn atodol achosi poen yn y stumog, dolur rhydd a rhwymedd.

Mwyn	Swyddogaeth (beth mae'n ei wneud yn y corff)	Ble mae yn ein bwyd	Os dydym ni ddim yn bwyta digon ohono (diffyg)	Os ydym yn bwyta gormod ohono (gormodedd)
Haearn	Mae ei angen i wneud haemoglobin, sef y protein lliw coch yng nghelloedd coch y gwaed. Mae ocsigen yn cydio yn yr haemoglobin yn ystod resbiradu, ac yna mae'n cael ei drosglwyddo o amgylch y corff i bob cell i'w ddefnyddio i roi egni. Mae angen fitamin C i helpu gydag amsugno haearn yn y corff.	• Cig coch, arennau ac afu/iau. • Melynwy. • Llysiau gwyrdd deiliog. • Bricyll sych, ffacbys, coco a siocled plaen. • Mae rhai mathau o fara a grawnfwydydd yn cael eu hatgyfnerthu â haearn.	• Anaemia yw effaith fwyaf cyffredin diffyg haearn. Mae diffyg celloedd coch y gwaed yn golygu diffyg ocsigen i'r corff, felly blinder a diffyg egni yw'r symptomau. • Gwedd lwyd, tu mewn i'r amrannau yn llwyd. • Ewinedd gwan sy'n torri.	Sgil effeithiau bwyta mwy na 20 mg o haearn y diwrnod yw poenau yn y stumog, cyfog, chwydu a rhwymedd.
Magnesiwm	Mae'n cefnogi system imiwnedd iach, yn atal llid ac mae hefyd yn rhan o'r broses dreulio.	• Llysiau gwyrdd deiliog. • Cnau a reis brown. • Bara grawn cyflawn. • Pysgod, cig a bwydydd llaeth.	Gallai achosi cyhyrau gwan, rhythm calon annormal a chodi pwysedd gwaed ychydig.	Does dim sgil effeithiau cael gormod o fagnesiwm naturiol wedi ymddangos. Gall gormod o fagnesiwm yn atodol achosi dolur rhydd, cyfog a chrampiau yn yr abdomen.
Ffosfforws	• Gweithio gyda chalsiwm ar gyfer esgyrn a dannedd iach. • Mae hefyd yn ymwneud â'r cyhyrau.	• Cynnyrch llaeth fel llaeth a chaws. • Cnau, cig a physgod.	Mae hyn yn brin, ond gallai blinder ac iselder fod yn symptomau.	Mae'n annhebygol y byddwch yn bwyta gormod o ffosfforws mewn deiet arferol.
Potasiwm	Mae ei angen i helpu i adeiladu proteinau, ymddatod carbohydradau, adeiladu cyhyrau, rheoli gweithgarwch trydanol y galon a chynnal tyfiant arferol y corff.	• Pob cig coch. • Pysgod fel eog a sardîns. • Brocoli, pys, tatws melys a thomatos. • Bananas, ffrwythau ciwi, bricyll sych. • Llaeth, iogwrt a chnau.	Gallai achosi cyhyrau gwan, rhythm calon annormal a chodi pwysedd gwaed ychydig.	Mae'n annhebygol iawn y byddwch yn bwyta gormod o botasiwm mewn deiet arferol.
Sodiwm	• Cynnal cydbwysedd dŵr yn y corff. • Yn rhan o drosglwyddo nerfau.	• Caws, cig moch/bacwn, cigoedd mwg. • Bwydydd wedi'u prosesu a halen bwrdd (sodiwm clorid). • Mae monosodiwm glwtamad a sodiwm deucarbonad yn ychwanegion ac yn cynnwys sodiwm.	• Annhebygol am ei fod mewn cymaint o fwydydd, ond os ydych yn ymarfer mewn amodau poeth efallai y byddwch yn cael crampiau yn y cyhyrau. • Gallwch golli sodiwm os oes cyfog a dolur rhydd arnoch. • Gall gormod o halen godi pwysedd gwaed a niweidio arennau babanod a phlant ifanc.	• Gallai bwyta mwy o sodiwm na'r hyn sy'n cael ei argymell (6 g i oedolion) achosi pwysedd gwaed uchel. • Mae gormod o sodiwm yn achosi dargadwedd (retention) hylif sy'n gwneud i'r galon weithio'n galetach. Gallai hyn gynyddu eich risg o fethiant y galon a strôc.

Mwyn	Swyddogaeth (beth mae'n ei wneud yn y corff)	Ble mae yn ein bwyd	Os dydym ni ddim yn bwyta digon ohono (diffyg)	Os ydym yn bwyta gormod ohono (gormodedd)
Copr	Mae angen ychydig bach iawn o hwn i gynhyrchu egni yn ystod y broses dreulio ac i ymgorffori haearn yng nghelloedd coch y gwaed.	• Cnau. • Pysgod cregyn. • Offal (afu/iau ac arennau).	Gallai arwain at anaemia, ond mae hyn yn brin iawn.	Mae hyn yn annhebygol iawn, ond gall gormod o gopr fod yn wenwynig.
Cromiwm	Mae angen ychydig bach iawn o hwn i reoleiddio lefelau siwgr yn y gwaed.	• Cig. • Grawn cyflawn. • Ffacbys. • Brocoli. • Tatws. • Sbeisys.	Gallai achosi colli pwysau heb reswm ac achosi'r nerfau i weithio'n wael.	Mae hyn yn brin iawn, ond gallai achosi problemau gyda'r arennau a'r afu/iau.
Manganîs	Mae angen ychydig bach iawn o hwn i ffurfio esgyrn.	• Te. • Bara. • Cnau. • Grawnfwyd. • Llysiau gwyrdd.	Mae mor brin, dim ond ychydig achosion ohono sydd wedi'u cofnodi.	Os byddwch yn cymryd mwy na 400 mg y diwrnod fel atchwanegyn, gallech gael dolur rhydd.
Seleniwm	Mae ei angen mewn symiau bach iawn i'r chwarren thyroid weithio'n iawn.	• Cnau Brasil. • Pysgod. • Cig. • Wyau.	Mae hyn yn brin iawn, ond mewn plant gallai achosi dau glefyd sy'n effeithio ar y galon.	Mae hyn yn brin iawn, ond gallai niweidio terfynau'r nerfau ac achosi methu teimlo.
Sylffwr	Mae angen ychydig bach iawn o hwn i dreulio bwyd ac i inswlin weithio'n iawn, ac i greu meinweoedd cyswllt rhwng y cymalau.	I'w gael yn y rhan fwyaf o fwydydd protein, yn enwedig mewn wyau.	Gallai arwain at boen yn y cymalau, acne, ewinedd a gwallt brau. Gallai hefyd arwain at ymwrthedd i inswlin.	Yn y tymor byr, bydd gormod o sylffwr yn arwain at broblemau gwynt yng ngwaelod eich coluddyn.
Sinc	Mae angen ychydig bach iawn o hwn i helpu gyda threulio. Mae hefyd yn helpu i adeiladu protein yn y corff a chynhyrchu sberm.	• Cig. • Pysgod cregyn. • Bwydydd llaeth. • Bara. • Cynnyrch grawnfwyd.	Mae'n gallu achosi i bobl ifanc dyfu'n araf, colli gwallt, dolur rhydd, ac mae'n gallu ymwneud â ffrwythlondeb isel mewn dynion.	Mae hyn yn annhebygol iawn, er y gallai cael gormod o sinc yn atodol leihau faint o gopr y byddwch chi'n ei amsugno, felly gallai arwain at anaemia.
Fflworid	Helpu i gryfhau esgyrn ac enamel y dannedd.	• Dŵr y môr a physgod. • Mae'n cael ei ychwanegu at ein cyflenwad dŵr.	Efallai y bydd ceudodau'n fwy tebygol yn y dannedd.	Mae'n annhebygol y byddwch yn cael gormod o fflworid mewn deiet arferol. Gallai bwyta dosau mawr yn atodol ar yr un pryd achosi chwydu, cyfog a phoen yn yr abdomen.
Ïodin	Mae ei angen i wneud hormonau thyroid yn y chwarren thyroid. Mae'r hormonau hyn yn rheoli'r gyfradd fetabolig yn y corff.	• Bwydydd y môr. • Llaeth a bwydydd llaeth, a rhai planhigion sydd wedi'u tyfu mewn pridd a llawer o ïodin ynddo.	• Blinder a syrthni. • Posibilrwydd o ennill pwysau. • Gall chwarren y thyroid chwyddo a ffurfio goitr.	Mae'n annhebygol y byddwch yn bwyta gormod o ïodin mewn deiet arferol. Gallai cymryd dosau uchel o ïodin yn atodol newid sut mae eich chwarren thyroid yn gweithio, gan achosi symptomau amrywiol, e.e. ennill pwysau.

Mwyn	Swyddogaeth (beth mae'n ei wneud yn y corff)	Ble mae yn ein bwyd	Os dydym ni ddim yn bwyta digon ohono (diffyg)	Os ydym yn bwyta gormod ohono (gormodedd)
Cobalt	Mae hyn yn rhan o adeiledd fitamin B12.	• Pysgod. • Cnau. • Llysiau gwyrdd deiliog. • Grawnfwydydd.	Mae ei angen i gynnal fitamin B12, felly bydd diffyg yn golygu diffyg fitamin B12.	Mae hyn yn annhebygol iawn, ond gallai gormod o gobalt dros gyfnod hir effeithio ar y galon a lleihau ffrwythlondeb mewn dynion.
Molybdenwm	Mae'n helpu i wneud ac actifadu rhai ensymau yn y corff sy'n atgyweirio ac yn gwneud deunydd genetig.	• Cnau. • Llysiau tun. • Grawnfwydydd. • Pys. • Llysiau gwyrdd, deiliog. • Blodfresych.	Mae hyn yn brin iawn.	Mae hyn yn annhebygol iawn os ydych yn bwyta deiet arferol, ond gallai cymryd gormod yn atodol achosi poen yn y cymalau.
Silicon	Cadw esgyrn a meinweoedd cyswllt yn iach.	• Bwydydd grawn. • Ffrwythau. • Llysiau.	Bydd deiet arferol yn rhoi'ch holl angen i chi.	Mae hyn yn annhebygol iawn – nid oes digon o dystiolaeth i roi unrhyw wybodaeth.

Tabl 2.9 Swyddogaeth, ffynonellau a chanlyniadau diffyg mwynau ac elfennau hybrin neu ormod ohonyn nhw

Dydy prosesau coginio arferol ddim yn effeithio ar unrhyw un o'r mwynau na'r elfennau hybrin hyn.

Gweithgaredd

1 Dewiswch nifer o becynnau grawnfwyd brecwast. Nodwch y mwynau sydd ynddyn nhw'n naturiol a'r rhai sydd wedi'u hychwanegu i atgyfnerthu'r grawnfwyd.

2 Dyluniwch bryd o fwyd i ferch feichiog, gan sicrhau y bydd yn cael digon o galsiwm a haearn i'r babi sy'n datblygu. Cofiwch fod rhaid iddi osgoi bwyta afu/iau gan ei fod yn uchel mewn fitamin A, a allai niweidio datblygiad y babi.

GEIRIAU ALLWEDDOL

Mwynau: maen nhw'n helpu i wneud dannedd ac esgyrn cryf, gwneud yn siŵr bod gennym ddigon o gelloedd coch y gwaed i drosglwyddo ocsigen o amgylch y corff, rheoli faint o ddŵr sydd yn ein corff a gwneud i'r nerfau a'r cyhyrau weithio'n iawn. Maen nhw'n cynnwys calsiwm, haearn, magnesiwm, ffosfforws, potasiwm a sodiwm.

Elfennau hybrin: yn gyfrifol am atgyfnerthu enamel dannedd, gwneud hormonau a rheoli swyddogaethau'r corff, a bod yn rhan o swyddogaethau eraill y cyhyrau a'r nerfau. Maen nhw'n cynnwys fflworid ac ïodin.

PWYNTIAU ALLWEDDOL: MWYNAU AC ELFENNAU HYBRIN

● Microfaetholion yw mwynau ac mae angen ychydig bach o'r rhain arnom ni.
● Dylai deiet cytbwys roi i ni yr holl fwynau sydd eu hangen arnom ni.
● Calsiwm a haearn yw'r prif fwynau sydd eu hangen arnom ni, ac maen nhw'n gweithio gyda mwynau a fitaminau eraill.
● Hefyd mae angen elfennau hybrin i wneud i'n corff weithio'n iawn.
● Ni fydd prosesau coginio arferol yn dinistrio mwynau.

Cwestiynau arholiad enghreifftiol

1 Nodwch **ddwy** adeg yn ein bywydau pan mae'n bwysig bwyta bwydydd â llawer o galsiwm. [2 farc]

2 Rhowch gyngor i lysieuwr yn ei arddegau ar sut mae cael digon o haearn yn ei ddeiet. [4 marc]

3 Awgrymwch sut y gallech roi digon o galsiwm i fegan sy'n feichiog. [4 marc]

4 Pa fwydydd dylai rhywun eu hosgoi os ydy'n ceisio bwyta llai o halen? [4 marc]

Dŵr

Dydy dŵr ddim yn faetholyn, ond mae'n rhan hanfodol o'n deiet.

- Mae 60% o'r corff wedi'i wneud o ddŵr, felly mae angen cadw'r lefel hon.
- Mae dŵr yn holl gelloedd y corff ac yn chwarae rhan mewn adweithiau cemegol ynddo.
- Mae dŵr yn rheoleiddio tymheredd y corff, gan ei gadw tua 37°C.
- Mae i'w gael yn holl hylifau'r corff, fel gwaed, wrin, poer, suddion treulio a chwys.
- Mae'n helpu i gael gwared ar gynnyrch gwastraff mewn ysgarthion ac wrin.
- Mae'n cadw leinin ein system dreulio, ysgyfaint, trwyn a gwddf yn llaith.
- Mae'n ein helpu i amsugno maetholion.
- Mae'n trosglwyddo maetholion, ocsigen a charbon deuocsid o amgylch y corff.

Ffigur 2.19 Mae dŵr yn rhan hanfodol o'n deiet

Mae dŵr yn mynd i mewn i'r corff drwy ein diodydd a'r bwyd rydym yn ei fwyta. Mae llawer o ddŵr mewn ffrwythau a llysiau.

Dylem fod yn cael rhwng 1.75 a 2 litr o ddŵr y diwrnod mewn diodydd a bwyd.

Beth sy'n digwydd os bydd gennym ormod neu ddim digon o ddŵr yn ein cyrff?

Os dydym ni ddim yn yfed digon, bydd diffyg hylif yn ein cyrff. Mae hyn yn golygu'r symptomau canlynol:

- cur pen
- lliw tywyll ar yr wrin
- gwendid a chyfog
- y corff yn gorboethi (mynd yn rhy dwym)
- dryswch
- newidiadau mewn pwysedd gwaed.

Os ydych yn yfed gormod o ddŵr, fydd eich arennau ddim yn gallu ymdopi a bydd dŵr yn mynd i'ch gwaed. Bydd eich ymennydd yn chwyddo a gallai hyn achosi cyfog, confylsiynau a marwolaeth, efallai.

Ymestyn a herio

Edrychwch ar y nifer o fathau gwahanol o ddŵr potel sydd ar gael mewn archfarchnadoedd. Archwiliwch y labeli i weld beth yw'r gwahaniaethau. Cyfrifwch gost litr o bob math ac esboniwch pam y gallai fod yn well i'r defnyddiwr yfed dŵr tap.

Ffibr

Cofiwch fod ffibr neu polysacarid nad yw'n startsh (*NSP: non-starch polysaccharide*) yn rhan o'r grŵp carbohydradau, ond weithiau mae'n cael ei gadw mewn categori ar ei ben ei hun.

Ffibr:

- mae'n helpu rhwymedd drwy wneud ysgarthion yn swmpus, fel eu bod yn teithio drwy'r system dreulio yn haws
- mae'n eich llenwi a gallai helpu i leihau lefelau colesterol yn eich gwaed.

Gall diffyg ffibr achosi rhwymedd a chlefyd diferticwlar a gallai gynyddu eich risg o ganser y coluddyn.

Mae angen o leiaf 18 g o ffibr y diwrnod arnom ni, ond y swm delfrydol yw 30 g y diwrnod.

Mae angen llai o ffibr ar blant, gan y bydd yn eu llenwi yn rhy gyflym ac yn golygu eu bod nhw heb gael digon o'r maetholion eraill sy'n angenrheidiol iddyn nhw dyfu'n iach.

Bydd bwyta bara cyflawn a chynnyrch grawn cyflawn, fel digon o ffrwythau a llysiau ffres, yn enwedig gyda'r croen, a ffrwythau sych, cnau a hadau, yn rhoi ffibr i ni.

Cwestiynau arholiad enghreifftiol

1 Rhestrwch **dair** problem iechyd posibl o ganlyniad i ddeiet sy'n isel mewn ffibr. [3 marc]

2 Rydych chi'n gwneud pryd o basta wedi'i bobi i rywun sydd â diffyg ffibr ond sydd ddim yn hoffi llysiau. Sut gallwch chi roi mwy o ffibr yn y saig? [4 marc]

3 Sut gallwch chi annog plentyn yn ei arddegau i fwyta mwy o ffrwythau a llysiau i gynyddu'r swm o ffibr a fitaminau sydd yn ei ddeiet? [6 marc]

ADRAN 3

Deiet ac iechyd da

Mae'r adran hon yn cynnwys y penodau canlynol:

PENNOD 3
Gofynion egni unigolion

Amcanion dysgu

Yn y bennod hon byddwch yn dysgu am y canlynol:
- faint o egni mae pob un o'r prif grwpiau maeth yn ei roi
- pa ganran o bob maetholyn y dylem ei bwyta bob dydd i gael deiet cytbwys
- sut mae'r grwpiau maeth yn gweithio gyda'i gilydd
- faint o egni sydd ei angen arnoch chi i fyw, a faint ar gyfer gweithgareddau corfforol.

Rydym wedi edrych eisoes ar y grwpiau maeth gwahanol sydd eu hangen i sicrhau bod eich corff yn gweithio ar ei orau, a sut i gadw eich hun yn iach. I'ch atgoffa, i sicrhau iechyd da, bob dydd mae angen i ni fwyta:

- protein
- braster
- carbohydradau
- fitaminau
- mwynau ac elfennau hybrin.

Egni

Mae angen swm penodol o egni ar bawb i gadw'r corff i fynd yn ystod y diwrnod. Byddwn yn edrych ar yr hyn sy'n effeithio ar faint o egni sydd ei angen arnoch chi.

Mae angen egni er mwyn i'n cyrff wneud pob un swyddogaeth. Mae rhai enghreifftiau o'r hyn sy'n gofyn am egni i'w gweld yn Ffigur 3.1.

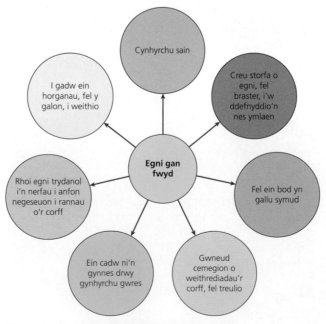

Ffigur 3.1 Ffyrdd o ddefnyddio egni

Faint o egni sydd ym mhob un o'r grwpiau maeth

- Mae 1 gram o garbohydradau yn rhoi 15.7 cilojoule neu 3.75 cilocalori o egni i ni.
- Mae 1 gram o fraster pur yn rhoi 37.8 cilojoule neu 9 cilocalori o egni i ni.
- Mae 1 gram o brotein pur yn rhoi 16.8 cilojoule neu 4 cilocalori o egni i ni.

Mae argymhellion y llywodraeth ar gyfer deiet iach i'w gweld yn Nhabl 3.1 isod.

Maetholyn	Cyfanswm mewn deiet 2,000 cilocalori y diwrnod i oedolyn	Canran o egni gan y maetholyn hwn
Cyfanswm y braster	70 gram	35%
Faint ohono sydd yn fraster dirlawn:	20 gram	11%
Cyfanswm y carbohydradau	260 gram	50%
Faint ohono sydd yn troi'n siwgrau:	50 gram	5% o siwgrau anghynhenid 45% o startsh a siwgrau cynhenid
Protein	50 gram	15%

Tabl 3.1 Ffynonellau egni sy'n cael eu hargymell ar gyfer deiet iach mewn deiet 2,000 cilocalori y dydd i oedolyn

Mae'r **Cymeriant Dyddiol Argymelledig** (*RDI: Recommended Daily Intake*) ar gyfer pob ffynhonnell egni yn cael ei drafod ym Mhennod 4 (gweler tudalen 68). Bydd y swm hwn yn dibynnu ar eich anghenion deietegol, eich diffygion a'ch ffordd o fyw.

Dydy'r corff ddim yn ymddatod fitaminau a mwynau, ond mae'r corff yn eu defnyddio yn yr un ffurf ag y mae yn eu hamsugno. Felly, dydy'r corff ddim yn eu defnyddio i gael egni.

Cafodd y swm sy'n cael ei argymell o siwgr anghynhenid (sef y siwgrau rydych yn gallu eu gweld, fel y siwgr rydych chi'n ei roi mewn teisennau a bisgedi, neu ddiodydd) ei leihau ym mis Gorffennaf 2015 oherwydd pryderon am broblemau gordewdra a deintyddol y boblogaeth, yn cnwedig mewn plant ifanc. Dylai cyfanswm y siwgr anghynhenid yr ydych yn ei fwyta bob dydd fod tua 7 llwy de. Mae tua 6 llwy de o siwgr mewn tun 330 ml o ddiod byrlymog fel Coca Cola.

Sut mae maetholion yn gweithio gyda'i gilydd yn y corff?

Ym Mhennod 2, fe fuon ni'n edrych ar y prif grwpiau maeth ar gyfer deiet iach ac i sicrhau bod gan ein cyrff yr holl bethau sydd eu hangen arnyn nhw i weithio'n iawn.

Mae rhai o'r maetholion hyn yn gweithio'n agos gyda'i gilydd. Felly byddwch yn cael mwy o fantais o'r maetholion hyn os ydych yn cyfuno bwydydd yn eich prydau i helpu'r corff i amsugno'r rhain.

Yr enw ar y ffyrdd mae'r maetholion hyn yn gweithio gyda'i gilydd yw **gweithredoedd cyflenwol**.

Mae'r parau maeth canlynol yn bwysig.

Ymestyn a herio

Ceisiwch gynllunio pryd o fwyd i oedolyn. Cyfrifwch pa ganran o'r pryd sy'n fraster, faint sy'n garbohydradau a faint sy'n brotein.

Ydy eich pryd o fwyd yn cydymffurfio â chanllawiau uchod y llywodraeth am bryd o fwyd iach?

Ffigur 3.2 Grawnfwyd wedi'i atgyfnerthu â fitamin D, gyda llaeth

Calsiwm a fitamin D

Mae calsiwm yn bwysig ar gyfer dannedd ac esgyrn iach. Mae'n cael ei amsugno i'r coluddyn. Mae fitamin D yn helpu i amsugno calsiwm, felly byddwch yn cael mwy o galsiwm drwy fwyta bwydydd sy'n cynnwys fitamin D gyda bwydydd sy'n cynnwys calsiwm yn yr un pryd o fwyd.

Enghraifft o hyn fyddai llaeth, sy'n cynnwys calsiwm, a grawnfwyd **wedi'i atgyfnerthu** â fitamin D.

Haearn a fitamin C

Mae fitamin C yn helpu'r corff i ddefnyddio'r **haearn di-hema o blanhigion** sydd mewn llysiau fel bresych deiliog tywyll a sbigoglys. Mae'n anoddach i'r corff amsugno'r math hwn o haearn. Mae'n bwysig, yn enwedig i lysieuwr sydd ddim yn bwyta cig, neu fegan sydd ddim yn bwyta unrhyw gynnyrch anifeiliaid, bod yr haearn mor hygyrch â phosibl i'r corff.

Bydd bwyta neu yfed diodydd neu fwydydd sy'n cynnwys fitamin C gyda phryd â haearn di-hema ynddo yn helpu'r corff i gael y swm gofynnol o haearn i gael corff iach.

Enghraifft o hyn fyddai yfed llond gwydr o sudd oren ffres gyda'ch lasagne sbigoglys a ricota.

Potasiwm a sodiwm

Bydd gormod o sodiwm, neu halen, yn y deiet yn cyfrannu at bwysedd gwaed uchel, trawiad ar y galon a strôc. Mae bwyta potasiwm yn helpu i annog yr arennau i ysgarthu, neu gael gwared ar ormodedd o sodiwm.

Enghraifft o fwydydd â llawer o botasiwm yw tatws melys a bananas.

Ffigur 3.3 Mae llawer o botasiwm mewn bananas

Tryptoffan a niasin

Niasin yw fitamin B3. Tryptoffan yw un o'r asidau amino hanfodol sydd yn floc adeiladu protein, sydd hefyd yn cynnwys niasin. Enghraifft o hyn yw cyw iâr a thwrci.

Fitamin B12 a ffolad/asid ffolig

Mae'r rhain yn gweithio'n agos gyda'i gilydd i helpu gyda chellraniad a dyblygu, yn ystod prosesau gwella a datblygiad y ffoetws.

Copr a sinc

Elfennau hybrin yw'r rhain sydd eu hangen mewn symiau bach iawn yn ein deiet, ond maen nhw'n cystadlu â'i gilydd i gael eu hamsugno yn y coluddyn. Mae'n bwysig osgoi bwyta bwydydd sy'n cynnwys y ddwy elfen hybrin hyn ar yr un pryd.

Mae bwydydd sy'n cynnwys copr yn cynnwys llysiau gwyrdd deiliog, asbaragws, bwydydd grawn cyflawn, cnau a hadau.

Mae sinc mewn bwyd môr, cig a chynnyrch llaeth.

Ffigur 3.4 Mae copr mewn asbaragws

Llysiau deiliog gwyrdd tywyll a braster

Mae llysiau deiliog gwyrdd tywyll yn llawn o elfennau hybrin a mwynau. Mae'r rhan fwyaf o'r mwynau hyn yn fraster-hydawdd, felly bydd bwyta ffynhonnell iach o fraster gyda llysiau gwyrdd yn helpu'r corff i amsugno'r mwynau hyn.

Enghraifft o sut i wneud hyn yw rhoi olew olewydd ar ben salad neu goginio llysiau gwyrdd mewn menyn.

GEIRIAU ALLWEDDOL

Cymeriant Dyddiol Argymelledig (*RDI*): faint o bob maetholyn sydd wedi'i gyfrifo i fod yn ddigon i fodloni gofynion y rhan fwyaf o boblogaeth y DU. Edrychwch ar Bennod 4, tudalen 68, am fwy o wybodaeth.

Gweithredoedd cyflenwol: sut mae maetholion gwahanol yn gweithio gyda'i gilydd yn y deiet.

Haearn di-hema o blanhigion: mewn bwydydd anifeiliaid, mae haearn yn cydio mewn proteinau o'r enw proteinau hema, ac mae'n haws ei amsugno. Mewn bwydydd planhigion, dydy'r haearn ddim yn cydio mewn proteinau hema, ac mae'n anoddach i'r corff amsugno'r haearn.

PWYNTIAU ALLWEDDOL: EGNI MAE'R GRWPIAU MAETH GWAHANOL YN EI GYFLENWI

- Dylai 50% o'r egni sydd ei angen ar y corff ddod o garbohydradau, gyda 45% yn dod o siwgrau cynhenid neu startsh.
- Dim ond 35% o gyfanswm ein hegni y dylem ei gael gan fraster yn y deiet.
- Dylem ddefnyddio proteinau'n bennaf i dyfu ac atgyweirio, a 15% o'n hanghenion egni yn dod o brotein.
- Mae rhai maetholion yn gweithio yn agos gyda'i gilydd yn y deiet i helpu i gael cymaint ohonyn nhw â phosibl.

Gweithgaredd

1 Cynlluniwch bryd o fwyd i fegan a fydd yn helpu gyda faint o haearn sydd yn ei ddeiet. Dangoswch pa fwydydd sy'n cynnwys haearn, a pha fwydydd sy'n helpu i amsugno'r haearn.

Faint o egni sydd ei angen arnom ni?

Y **Gyfradd Metabolaeth Waelodol** (*BMR: Basal Metabolic Rate*) yw faint o egni sydd ei angen dim ond i gadw popeth i weithio i'n cadw ni'n fyw. Dyma'r egni sydd ei angen i barhau i anadlu, gwneud cemegion, cadw eich calon i guro, organau eraill y corff i weithio, y gwaed i bwmpio a'r nerfau i weithio.

Yn ddiweddar mae faint o egni sydd ei angen ar gyfer eich *BMR* wedi'i ail-gyfrifo gan ddefnyddio astudiaeth wyddonol wedi'i threfnu gan y llywodraeth. Roedd yr astudiaeth hon hefyd yn cyfrifo faint o egni ychwanegol sy'n ofynnol i wneud gweithgareddau corfforol, e.e. eistedd, sefyll, cerdded, rhedeg, neu ymarfer wedi'i gynllunio a'i strwythuro.

Yr enw ar y gweithgareddau hyn yw eich **Lefelau Gweithgaredd Corfforol (PAL: *Physical Activity Levels*)**. Byddan nhw'n wahanol yn ôl faint o weithgareddau corfforol rydych chi'n eu gwneud.

I gyfrifo eich *PAL* gallwch ddefnyddio'r tabl canlynol:

PAL	Gweithgareddau dyddiol	Ffordd o fyw
Llai na 1.4	Claf yn yr ysbyty, yn y gwely.	Anweithgar
1.4 i 1.55	Ychydig o weithgaredd corfforol yn y gwaith neu mewn amser hamdden.	Eisteddog
1.6	Ymarfer corfforol cymedrol, benyw.	Cymedrol weithgar
1.7	Ymarfer corfforol cymedrol, gwryw.	Cymedrol weithgar
1.7 i 2.0	Gweithiwr adeiladu; rhywun sy'n ymarfer yn y gampfa am awr y diwrnod.	Cymedrol weithgar
2.0 i 2.4	Yn gorfforol weithgar yn y gwaith (e.e hyfforddwr ffitrwydd).	Gweithgar iawn
2.4+	Athletwr proffesiynol, chwaraewr pêl-droed, etc.	Gweithgar iawn

Tabl 3.2 Lefelau Gweithgaredd Corfforol

Gallwch gynyddu eich *PAL* yn eithaf hawdd. I gynyddu eich *PAL*, bydd angen i chi ddod yn fwy gweithgar.

Mae Tabl 3.3 yn dangos enghreifftiau o rai o'r gweithgareddau sy'n cynyddu eich *PAL* mewn symiau gwahanol.

Maint y cynnydd	Gweithgaredd angenrheidiol
0.15	30 munud o weithgaredd cymedrol 5 gwaith yr wythnos neu fwy.
0.2	60 munud o gerdded cyflym y diwrnod.
0.3	60 munud o chwaraeon gweithgar, fel loncian, 5 gwaith yr wythnos.
0.4	60 munud yn loncian ar 9 km yr awr yn ddyddiol.
0.6	Gweithgaredd aerobig dwys.

Tabl 3.3 Gweithgareddau i gynyddu eich *PAL*

Ffigur 3.5 Gallwch gynyddu eich *PAL* drwy fod yn fwy gweithgar

Cyhoeddwyd y canlyniadau hyn yn 2011 gan sefydliad o'r enw'r *Scientific Advisory Committee on Nutrition*, ac maen nhw'n wahanol i ganlyniadau'r astudiaeth flaenorol, a oedd yn 1991.

Bydd cyfanswm yr egni sydd ei angen ar bob unigolyn yn wahanol i bawb arall.
● Bydd eich *BMR* yn amrywio o 40% i 75% o gyfanswm gwariant eich egni.
● Bydd eich *PAL* yn amrywio o 25% i 60% o gyfanswm gwariant eich egni.

I ganfod faint o fwyd y mae'n rhaid i chi ei fwyta i gynnal eich pwysau (h.y. ddim yn colli nac yn ennill pwysau) mae angen i chi gyfrifo eich **Gofyniad Cyfartalog a Amcangyfrifir (EAR: *Estimated Average Requirement*)** o fwyd, a chyfrifo faint o galorïau y dylech eu bwyta bob dydd.

I gyfrifo eich Gofyniad Cyfartalog a Amcangyfrifir, mae'n bosibl defnyddio'r cyfrifiad canlynol:

Cyfradd Metabolaeth Waelodol × Lefel Gweithgaredd Corfforol = Gofyniad Cyfartalog a Amcangyfrifir

$$BMR \times PAL = EAR$$

Mae'r astudiaeth wyddonol wedi cyfrifo faint o galorïau y diwrnod, ar gyfartaledd, sydd eu hangen ar blant. Mae'r rhain yn Nhabl 3.4.

Oed	Cyfradd Metabolaeth Waelodol (*BMR*)		Gofyniad Cyfartalog a Amcangyfrifir (*EAR*)			
	Bechgyn	Merched	Bechgyn		Merched	
			Cilocalorïau'r diwrnod			
	Cilocalorïau'r diwrnod		Llai gweithgar	Mwy gweithgar	Llai gweithgar	Mwy gweithgar
1 oed	550	500	750	790	700	750
2 oed	720	660	970	1000	900	955
3 oed	820	770	1100	1200	1050	1120
4 oed	870	820	1250	1500	1150	1350
5 oed	920	860	1330	1570	1250	1500
6 oed	980	920	1400	1700	1330	1575
7 oed	1030	970	1500	1760	1380	1650
8 oed	1100	1030	1575	1880	1500	1750
9 oed	1160	1090	1670	1980	1550	1850
10 oed	1190	1100	1900	2150	1850	2050
11 oed	1200	1150	2030	2250	1930	2150
12 oed	1280	1200	2150	2380	2030	2250
13 oed	1380	1275	2300	2570	2150	2400
14 oed	1500	1330	2500	2790	2250	2780
15 oed	1600	1360	2700	3000	2300	2500
18 oed	1800	1400	3000	3300	2350	2600

Tabl 3.4 Cyfradd Metabolaeth Waelodol (*BMR*) a Gofyniad Cyfartalog a Amcangyfrifir (*EAR*) ar gyfer bechgyn a merched 1 i 18 mlwydd oed

Hefyd, cynhyrchodd yr astudiaeth wyddonol y ffigurau ar gyfer *EAR* dynion a merched ar oedrannau gwahanol. Mae'r rhain yn Nhablau 3.5 a 3.6.

Dynion					
				EAR	
			BMR	Llai gweithgar	Mwy gweithgar
Oed	Taldra	Pwysau	*Cilocalorïau'r diwrnod*		
19–24 oed	178 cm	71.5 kg	1695	2530	3000
25–34 oed	178 cm	71 kg	1695	2500	3000
35–44 oed	176 cm	69 kg	1600	2380	2860
45–54 oed	175 cm	68 kg	1600	2360	2800
55–64 oed	174 cm	68 kg	1500	2360	2800
65–74 oed	173 cm	67 kg	1400	2150	2500
75+ oed	170 cm	65 kg	1350	2100	2500

Tabl 3.5 Cyfradd Metabolaeth Waelodol (*BMR*) a Gofyniad Cyfartalog a Amcangyfrifir (*EAR*) ar gyfer dynion

O hwn gallwch weld, wrth fynd yn hŷn, mae angen llai o galorïau y diwrnod ar ddynion.

Gweithgaredd

1 O'r archfarchnad, dewiswch bryd parod i blant. Edrychwch at ba oedran mae'r pryd wedi'i anelu.

2 Edrychwch ar nifer y calorïau sydd yn y pryd. Ewch ati i gyfrifo faint o'r Gofyniad Cyfartalog a Amcangyfrifir (*EAR*) ar gyfer y diwrnod hwnnw sydd yn y pryd o fwyd rydych chi wedi'i ddewis.

3 Penderfynwch a yw'n bryd o fwyd iach i blentyn o'r oed hwnnw.

Gweithgaredd

1 Pam mae angen llai o galorïau ar ddynion wrth iddyn nhw fynd yn hŷn, yn eich barn chi?

2 Ydych chi'n credu bod llawer o ddynion yn bwyta llai wrth iddyn nhw fynd yn hŷn?

3 Beth sy'n digwydd i'r dynion hynny sy'n parhau i fwyta'r un faint o galorïau pan maen nhw'n 70 oed ag yr oedden nhw'n ei fwyta yn 30 oed?

Ymestyn a herio

Gofynnwch i athro, eich tad, brawd hŷn neu fachgen (o un o'r categorïau oed yn nhabl 3.4) ysgrifennu beth wnaethon nhw ei fwyta ddoe. Yna, gofynnwch iddyn nhw pa weithgareddau corfforol wnaethon nhw ddoe.

Gan ddefnyddio cyfrifiannell cilocalorïau ar y rhyngrwyd, cyfrifwch faint o galorïau wnaethon nhw eu bwyta.

1 Ydyn nhw'n bwyta digon ar gyfer eu *EAR*?

2 Ydyn nhw'n bwyta gormod o galorïau ar gyfer eu *EAR*?

Cofnodwch eich canlyniadau a rhowch y rhain i'r person rydych chi wedi bod yn ei astudio.

Menywod						
					EAR	
				BMR	**Llai gweithgar**	**Mwy gweithgar**
Oed	**Taldra**	**Pwysau**		*Cilocalorïau'r diwrnod*		
19–24 oed	163 cm	59.9 kg		1330	2000	2380
25–34 oed	163 cm	59.9 kg		1330	1980	2300
35–44 oed	163 cm	59.9 kg		1280	1930	2300
45–54 oed	162 cm	59 kg		1280	1910	2290
55–64 oed	161 cm	58 kg		1260	1880	2270
65–74 oed	159 cm	57 kg		1170	1750	2050
75+ oed	155 cm	54 kg		1120	1670	2000

Tabl 3.6 Cyfradd Metabolaeth Waelodol (*BMR*) a Gofyniad Cyfartalog a Amcangyfrifir (*EAR*) menywod

O hwn gallwch weld, wrth fynd yn hŷn, mae angen llai o galorïau y diwrnod ar fenywod.

GEIRIAU ALLWEDDOL

Cyfradd Metabolaeth Waelodol (*BMR*): faint o egni sydd ei angen i sicrhau cynnal swyddogaethau'r corff cyn i chi wneud unrhyw weithgaredd corfforol.

Lefel Gweithgaredd Corfforol (*PAL*): faint o weithgareddau ychwanegol rydych chi'n eu gwneud bob dydd, gan gynnwys eistedd, sefyll, rhedeg ac unrhyw ymarfer ychwanegol yn ystod y dydd.

Gofyniad Cyfartalog a Amcangyfrifir (*EAR*): faint o galorïau sydd eu hangen y dydd i'ch corff weithio'n iawn ac i gynnal pwysau eich corff. Mae'n cael ei gyfrifo drwy *BMR* × *PAL*.

PWYNTIAU ALLWEDDOL: FAINT O EGNI SYDD EI ANGEN ARNOM NI

- Y Gyfradd Metabolaeth Waelodol (*BMR*) yw faint o egni sydd ei angen i gadw popeth i weithio i'n cadw ni'n fyw.
- Y Lefel Gweithgaredd Corfforol (*PAL*) yw faint o weithgareddau ychwanegol yr ydych chi'n eu gwneud bob dydd, gan gynnwys eistedd, sefyll, rhedeg ac ymarfer.
- Bydd Cyfradd Metabolaeth Waelodol (*BMR*) plentyn yn cynyddu wrth iddo dyfu rhwng ei eni ac 18 oed.
- Mae Cyfradd Metabolaeth Waelodol (*BMR*) oedolion yn lleihau ychydig wrth iddyn nhw fynd yn hŷn.
- I ganfod faint o fwyd sydd ei angen arnoch chi i gynnal eich pwysau, mae angen i chi gyfrifo eich Gofyniad Cyfartalog a Amcangyfrifir (*EAR*). Gallwch ddefnyddio'r cyfrifiad canlynol: Cyfradd Metabolaeth Waelodol × Lefel Gweithgaredd Corfforol = Gofyniad Cyfartalog a Amcangyfrifir (*BMR* × *PAL* = *EAR*).
- Bydd Gofyniad Cyfartalog a Amcangyfrifir (*EAR*) plant yn cynyddu rhwng geni ac 18 oed.
- Mae Gofyniad Cyfartalog a Amcangyfrifir (*EAR*) merched yn llai nag un bechgyn.
- Bydd Gofyniad Cyfartalog a Amcangyfrifir (*EAR*) oedolion yn cynyddu wrth i'r Lefel Gweithgaredd Corfforol (*PAL*) gynyddu.
- Mae Gofyniad Cyfartalog a Amcangyfrifir (*EAR*) oedolion yn lleihau wrth i bobl fynd yn hŷn ac yn llai gweithgar.

Cwestiynau arholiad enghreifftiol

1 Esboniwch pam mae angen mwy o egni ar blant nag oedolyn sy'n gweithio mewn swyddfa ac yn eistedd wrth ddesg drwy'r dydd. [4 marc]

2 Pa weithgaredd byddech chi'n awgrymu y gallai dyn 60 oed ei wneud i gynyddu ei *PAL*? Esboniwch pam bydd hyn yn ei helpu i golli pwysau. [3 marc]

3 Esboniwch pam mae Gofyniad Cyfartalog a Amcangyfrifir (*EAR*) dynion yn uwch nag un merched rhwng 19 a 24 oed. [4 marc]

4 Mae'r ffigurau yn Nhabl 3.6 yn dangos mesuriadau taldra a phwysau cyfartalog merched. Beth fyddai'n digwydd i'r Gofyniad Cyfartalog a Amcangyfrifir petai'r merched yn dalach na'r taldra cyfartalog hwn? Esboniwch pam. [3 marc]

5 Yn Nhabl 3.4, mae angen tua 700 yn fwy o gilogalorïau ar ddyn 18 oed mwy gweithgar na merch 18 oed fwy gweithgar. Awgrymwch resymau dros hyn. [4 marc]

Amcanion dysgu

Yn y bennod hon byddwch yn dysgu am y canlynol:

- y canllawiau argymelledig am ddeiet iach
- sut mae anghenion maeth yn newid yn ôl oedran, dewisiadau ffordd o fyw a chyflwr iechyd
- sut i ddadansoddi deietau
- sut i gynllunio deiet cytbwys i bobl ag anghenion deietegol penodol neu ddiffyg maeth
- sut i gynllunio deiet cytbwys i bobl ag anghenion penodol ffordd o fyw.

Y canllawiau argymelledig am ddeiet iach

Does gan y rhan fwyaf o bobl ddim amser na gwybodaeth i weithio allan beth dylen nhw ei fwyta i gael deiet cytbwys.

Mae'r llywodraeth wedi creu ffyrdd lle mae'n hawdd gweld tua faint o bob grŵp bwyd y dylech ei fwyta mewn deiet cytbwys.

Mae'r Canllaw Bwyta'n Dda yn dangos y gyfran o fwydydd ddylai fod ar eich plât bob pryd o fwyd. Mae'r symiau'n cael eu hargymell i unigolion dros 5 oed.

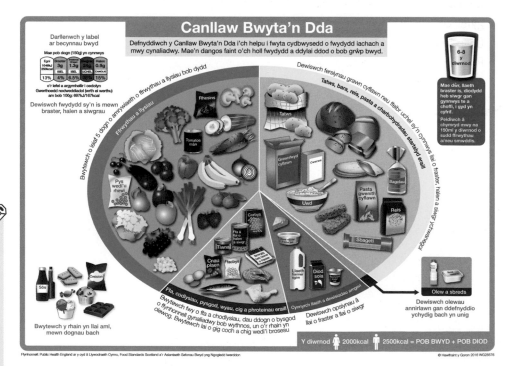

Ffigur 4.1 Y Canllaw Bwyta'n Dda

Maen nhw hefyd yn symiau sy'n cael eu hargymell o bob maetholyn y dylem eu bwyta'n ddyddiol. Yr enw ar hyn yw'r Cymeriant Dyddiol Argymelledig (neu *RDI*) o bob maetholyn, ac maen nhw i'w gweld yn Nhabl 4.1.

Oed	RDI (mewn gramau)		
	Protein	Braster	Carbohydradau
1–3 oed	15 g		
4–5 oed	20 g		
6–10 oed	28 g	70 g	220 g
11–14 oed	42 g	70 g	220 g
15–18 oed	55 g	70 g	230–300 g
Menywod	45 g	70 g	230 g
Dynion	55 g	95 g	300 g

Tabl 4.1 Cymeriant Dyddiol Argymelledig (*RDI*) i bob maetholyn

Does dim ffigurau Cymeriant Dyddiol Argymelledig o fraster a charbohydradau i blant o dan 5 oed.

Yn ogystal â darparu'r Canllaw Bwyta'n Dda, mae'r llywodraeth wedi cyhoeddi wyth canllaw i'n helpu i wella ein hiechyd drwy ein harferion bwyta:

1   Dylai eich prydau o fwyd fod yn seiliedig ar fwydydd startsh.
2   Dylech fwyta o leiaf pum dogn o ffrwythau a llysiau bob dydd.
3   Dylech fwyta o leiaf dau ddogn o bysgod yr wythnos, a dylai un o'r rhain fod yn bysgod olewog.
4   Dylech geisio lleihau faint o fraster dirlawn a siwgr rydych chi'n ei fwyta.
5   Dylech geisio bwyta llai o halen, dim mwy na 6 gram y dydd ar gyfer oedolion.
6   Dylech yfed digon o ddŵr.
7   Peidiwch â mynd heb frecwast.
8   Ceisiwch wneud ymarfer corff a bod â phwysau iach.

Ffigur 4.2 Dylai eich prydau o fwyd fod yn seiliedig ar fwydydd startsh

Mae prydau sy'n seiliedig ar fwyd startsh yn golygu bwyta mwy o reis, pasta, bara, tatws, ceirch, casafa, cwinoa a miled. Bydd y rhain yn rhoi fitaminau, mwynau a ffibr i chi, yn ogystal ag egni sy'n cael ei ryddhau'n araf (mae hyn yn golygu ei bod hi'n cymryd mwy o amser i dreulio bwyd, felly mae'n rhyddhau ei egni yn araf i lif y gwaed). Bydd y bwydydd hyn yn eich llenwi am gyfnod hirach, gan ei gwneud yn llai tebygol y byddwch yn bwyta byrbrydau siwgrog rhwng prydau o fwyd.

Mae bwyta llawer o ffrwythau a llysiau yn rhoi mwynau a fitaminau hanfodol i chi, yn ogystal â ffibr a gwrthocsidyddion. Tua 80 gram yw un dogn o ffrwythau. Mae ffrwythau a llysiau tun, ffres ac wedi'u rhewi yn cyfrif tuag at eich pump y dydd. Gallai afal, banana neu oren fod yn un dogn. Gallai hefyd fod yn 3 llwy fwrdd wedi'u pentyrru o lysiau. Mae'n hawdd cymysgu ffrwythau a llysiau. Bydd gwydr 150 ml bach o sudd ffrwyth hefyd yn rhoi un dogn i chi.

Ffigur 4.3 Mae dogn o'r rhain i gyd yn cyfrif tuag at eich pump y dydd sy'n cael ei argymell

Bydd **dau ddogn o bysgod** yn rhoi protein, fitaminau a mwynau i'ch corff. Does dim llawer o fraster mewn pysgod gwyn fel penfras, hadog a lleden. Bydd pysgod olewog fel macrell, pennog, sardîns, tiwna ac eog yn rhoi asidau brasterog Omega 3 sy'n helpu i gadw eich calon yn iach.

Ffigur 4.4 Dylech fwyta o leiaf ddau ddogn o bysgod yr wythnos, a dylai un o'r rhain fod yn bysgodyn olewog

Bydd **bwyta llai o fraster dirlawn a siwgr** yn helpu i atal gordewdra, problemau'r galon, pydredd dannedd a lefelau colesterol uchel. Mae braster cudd mewn llawer o fwydydd – mae'n rhan o'r bwyd ond rydych yn methu ei weld, fel mewn teisennau a bisgedi, prydau parod a sioced. Mae menyn, caws, hufen, olew cnau coco, olew palmwydden, cig a chynnyrch cig yn y rhain. Mae braster dirlawn yn y rhain i gyd.

Ffigur 4.5 Bwyta llai o fraster dirlawn a siwgr

Ffigur 4.6 Bwyta llai o halen – dim mwy na 6 gram y dydd i oedolion

Bydd **bwyta llai o siwgr** yn helpu i atal problemau deintyddol a lleihau lefelau gordewdra. Mae siwgr mewn nifer o fwydydd, ac yn aml mae wedi'i guddio. Petaech chi'n edrych ar label nifer o brydau parod, byddwch yn gweld bod siwgr yn cael ei ychwanegu i roi blas ac fel cyffeithydd. Mae siwgr yn bresennol mewn amryw o ffurfiau ac mae ganddo lawer o enwau gwahanol: glwcos, surop glwcos, decstros, ffrwctos, maltos, swcros, siwgrau gwrthdro, surop corn, lactos a startsh wedi'i hydroleiddio. Dydy hi ddim yn syndod ei bod weithiau'n anodd gweld ym mha gynhyrchion mae siwgr!

Bydd **bwyta llai o halen** yn lleihau eich siawns o ddatblygu pwysedd gwaed uchel a phroblemau gyda'r arennau. Mae halen yn cael ei ychwanegu at fwyd fel cyffeithydd, a dylech gadw golwg am halen wedi'i guddio mewn bwydydd.

Mae gan lawer o fwydydd halen ychwanegol sydd heb ei restru yn y cynhwysion, e.e. bacwn, pysgod mwg, caws, menyn, selsig a chynnyrch cig wedi'u coginio, fel ham.

Mae halen hefyd yn cael ei restru ar labeli bwyd o dan enwau gwahanol, e.e. sodiwm, sodiwm clorid, sodiwm deucarbonad, monosodiwm glwtamad.

Ffigur 4.7 Dylech yfed digon o ddŵr

Dylech yfed digon o ddŵr. Mae'r rhan fwyaf o bobl ddim yn yfed digon o ddŵr. Mae'n hydradu'r corff, yn helpu gyda threulio, yn bwysig i weithrediadau'r ymennydd ac yn helpu i atal rhwymedd.

Gweithgaredd

Daw hwn o label bwyd spaghetti bolognese.

Edrychwch ar y wybodaeth faethol ac atebwch y cwestiynau isod.

	fesul 100 g o'r cynnyrch	fesul pecyn	% o'r Lefel a Argymhellir
Egni	548 kJ 138 cilocalori	2294 kJ 550 cilocalori	28%
Braster	6.2 gram	26 gram	37%
Braster dirlawn	2.8 gram	11.2 gram	60%
Carbohydrad	9.1 gram	38.2 gram	15%
Cyfanswm siwgrau	3.1 gram	14.9 gram	17%
Startsh	5.6 gram	23.3 gram	(dydy hi ddim yn bosibl ei roi fel % oherwydd does dim Cymeriant Maetholion Cyfeiriol (*RNI: Reference Nutrient Intake*) i startsh, dim ond cyfanswm y carbohydradau)
Ffibr	6.0 gram	25.1 gram	30%
Protein	6.8 gram	28.5 gram	57%
Halen	0.53 gram	2.19 gram	37%

1   Ydy'r cynnyrch hwn yn addas i rywun sy'n ceisio bwyta llai o fraster dirlawn?

2   Pam mae cymaint o siwgr ynddo, yn eich barn chi? Fyddech chi ddim yn ychwanegu siwgr at spaghetti bolognese cartref.

3   Gan edrych ar ganllawiau'r llywodraeth am ddeiet iach, a fyddech chi'n galw'r cynnyrch hwn yn bryd iach? Esboniwch eich ateb.

Peidiwch ag osgoi brecwast. Mae'r gair Saesneg *breakfast* yn golygu torri'ch ympryd (peidio â bwyta) – *fast* – dros nos. Mae angen bwyd ar eich corff i roi egni iddo ar ôl cyfnod hir heb fwyd. Mae ymchwil wedi dangos bod pobl sy'n bwyta brecwast yn gweithio'n well yn yr ysgol neu yn y gwaith, ac yn gallu canolbwyntio am amser hirach.

Os ydych chi'n meddwl does gennych chi ddim amser i gael brecwast yn y bore, mae nifer o gynhyrchion bar grawnfwyd ar gael a fydd yn rhoi egni i chi, yn ogystal â smwddi ffrwythau neu wydraid o laeth.

Ffigur 4.8 Peidiwch â mynd heb frecwast

Gweithgaredd

Edrychwch ar y rhestr ganlynol o fwydydd a allai fod yn addas i frecwast.

- Bara, myffins, ceirch.
- Wyau, caws, llaeth, iogwrt.
- Bacwn, ham, selsig.
- Ffrwythau ffres, ffrwythau sych, sudd ffrwythau.
- Tomatos, madarch, perlysiau, nionod/winwns.
- Pysgod (er enghraifft, eog wedi'i gochi neu cejerî).

Awgrymwch dair bwydlen brecwast wahanol i blentyn yn ei arddegau gan ddefnyddio'r bwydydd hyn, a fyddai'n barod mewn dim, ond a fyddai'n rhoi brecwast iach sy'n ei lenwi.

Ffigur 4.9 Gnewch ychydig o ymarfer corff a cheisiwch gadw'ch pwysau'n iach

Gnewch ymarfer corff a cheisiwch fod â phwysau iach. Ym Mhennod 3, fe fuom ni'n edrych ar eich Lefelau Gweithgaredd Corfforol, a sut y dylech wneud mwy i wella eich iechyd a'ch ffitrwydd.

Mae pobl sy'n ymarfer yn rheolaidd yn llai tebygol o gael problemau iechyd fel gordewdra, problemau'r galon ac esgyrn yn gwanhau wrth fynd yn hŷn.

Hefyd, mae ymarfer yn gwneud i chi edrych a theimlo'n dda. Mae'n helpu eich system dreulio i weithio'n fwy effeithlon, yn datblygu eich cyhyrau, yn eich gwneud yn fywiog, yn rhoi hwb i'ch system imiwnedd a gallai helpu i leihau eich siawns o ddatblygu rhai mathau o ganser.

Rydym yn cael ein hargymell i wneud o leiaf 30 munud o ymarfer corff bob dydd. Dylai wneud i'ch calon guro'n gyflymach a gwneud i chi deimlo'n gynnes. Os dydych chi ddim yn ymarfer, gallech fynd dros eich pwysau, teimlo'n flinedig gyda diffyg egni, bod â chyhyrau gwan a datblygu afiechydon wrth i chi fynd yn hŷn.

Ymestyn a herio

Cynlluniwch fwydlen iach am ddiwrnod ac awgrymwch drefn ymarfer i'r unigolyn canlynol:

- Mae Ahmed yn 40 oed.
- Mae'n gweithio fel gyrrwr tacsi. Mae'n aml yn gweithio yn hwyr y nos, ac felly ddim yn cyrraedd ei wely tan wedi hanner nos.
- Mae'n cael byrbrydau o fwyd afiach yn aml gyda'r nos wrth iddo ddisgwyl i bobl ddefnyddio ei dacsi.
- Mae'n deffro'n hwyr ac yn codi o'i wely am 10 a.m. Yn aml, dydy Ahmed ddim yn llwglyd, felly mae'n mynd heb frecwast.
- Dydy Ahmed ddim yn gwneud unrhyw ymarfer corff.

PWYNTIAU ALLWEDDOL: CANLLAWIAU ARGYMELLEDIG AM DDEIET IACH

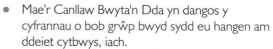

- Mae'r Canllaw Bwyta'n Dda yn dangos y cyfrannau o bob grŵp bwyd sydd eu hangen am ddeiet cytbwys, iach.
- Mae'r llywodraeth wedi cyhoeddi wyth canllaw i wella ein hiechyd drwy ein harferion bwyta.

Cwestiynau arholiad enghreifftiol

1 Nodwch **dri** o fwydydd yn y Canllaw Bwyta'n Dda y dylech fwyta llai ohonyn nhw i gael deiet iach, cytbwys. [3 marc]

2 Esboniwch pam mae'n bwysig bod eich deiet yn seiliedig ar garbohydradau startsh. [4 marc]

3 Pa gyngor fyddech chi'n ei roi i rywun sy'n ceisio lleihau faint o fraster dirlawn sydd yn ei ddeiet? [6 marc]

Nodi sut mae eich oedran yn newid eich gofynion maeth

Mae angen i bawb fwyta deiet cytbwys, ond gan ddibynnu ar oedran, bydd eich anghenion yn wahanol.

Babanod a phlant ifanc

O'u geni, mae babanod yn cael llaeth, naill ai llaeth y fron neu fformiwlâu potel. Fel arfer, mae hyn nes eu bod tua 6 mis oed. Mae llaeth y fron yn rhoi popeth mae'n rhaid i faban ei gael, oni bai am haearn. Mae babanod yn cael eu geni â storfa o haearn, os yw'r fam wedi bwyta digon o haearn pan oedd hi'n feichiog. Mae fformiwlâu llaeth wedi'u cynhyrchu'n arbennig i roi'r holl faetholion mae'n rhaid i fabanod eu cael.

Unwaith y bydd y babi yn ddigon hen, mae'n cael bwyd meddal, stwnsh, yn raddol. Diddyfnu yw'r enw ar hyn. Dylai babi gael bwydydd gwahanol, wedi'u coginio ac yn amrwd, yn raddol, i ddod i arfer â bwyta a threulio bwyd yn iawn.

Mae'n bosibl cyflwyno bwydydd a allai achosi alergeddau, fel pysgod cregyn, cnau, wyau a chynnyrch gwenith yn raddol, ond os ydych yn gwybod am rywun yn y teulu agos sydd ag alergedd i'r rhain, mae'n well aros nes bod y babi dros flwydd oed.

Dylech gyflwyno amrywiaeth dda o fwydydd i sicrhau deiet cytbwys. Does dim angen bwydydd melys na siwgr ychwanegol ar fabanod, gan y gallai hyn achosi dant melys yn ddiweddarach.

Plant 1 i 4 oed

Fel arfer mae'r plant hyn yn egnïol iawn, ac yn tyfu'n gyflym. Mae angen diodydd a phrydau bach, rheolaidd arnyn nhw i roi egni iddyn nhw drwy'r dydd. Dydy'r Canllaw Bwyta'n Dda ddim yn berthnasol i blant ifanc. Byddai rhoi gormod o ffibr iddyn nhw yn eu llenwi ac yn golygu eu bod nhw ddim yn cael y maetholion angenrheidiol. Hefyd mae angen deiet gyda mwy o fraster arnyn nhw i roi egni.

Ffigur 4.10 Dim ond llaeth o'r fron neu laeth fformiwla mae babanod yn ei gael nes eu bod tua 6 mis oed

Mae'n rhaid rhoi'r prif faetholion iddyn nhw am y rhesymau canlynol:

- Proteinau, am eu bod yn tyfu'n gyflym.
- Braster i gael egni a fitaminau braster-hydawdd. Llaeth cyflawn yn hytrach na llaeth hanner sgim. Mae braster hefyd yn helpu'r ymennydd a'r system nerfol i ddatblygu.
- Carbohydradau ar gyfer egni – carbohydradau cymhleth yn hytrach na siwgr.
- Calsiwm a fitamin D ar gyfer dannedd ac esgyrn cryf.
- Haearn a fitamin C, i ddatblygu celloedd coch y gwaed.
- Fitaminau B ar gyfer treuliad, datblygiad y system nerfol a thyfiant cyhyrau.

Mae arferion bwyta'n ffurfio yn yr oedran hwn, felly mae'n bwysig cyflwyno amrywiaeth o fwydydd – rhai heb ormod o siwgr ynddyn nhw a digon o ffrwythau a llysiau. Mae arferion bwyta iach yn yr oedran hwn yn llawer mwy tebygol o barhau drwy eu bywydau.

- Gallwch wneud bwyd mewn siapiau hwyliog i annog plant i flasu bwydydd gwahanol.
- Gall plant fod yn rhan o'r broses o baratoi'r bwyd.
- Dylai bwyd gael ei weini mewn cyfrannau bach, a'i gyflwyno'n ddeniadol.
- Bwytewch fel teulu a gosodwch esiampl dda.

Plant 5 i 12 oed

Mae hwn yn oedran pan ddylai plant fod yn egnïol iawn ac yn tyfu'n gyflym, felly mae angen iddyn nhw fwyta amrywiaeth o fwydydd i roi digon o faetholion i'w cyrff fod yn iach.

Mae nifer o blant yn mynd dros eu pwysau neu'n ordew. Yn aml, mae hyn oherwydd eu bod nhw ddim yn cael digon o ymarfer corff a'u bod yn bwyta bwydydd sy'n uchel mewn braster a siwgr. Mae gadael i blant eistedd o flaen cyfrifiaduron, iPads, ffonau smart a theledu, ac argaeledd prydau parod a bwydydd tecawê, yn creu cenhedlaeth o blant afiach, a fydd yn tyfu i fod yn oedolion afiach sy'n tueddu i gael nifer o glefydau.

Mae ymarfer corff yn helpu'r cyhyrau i ddod yn gryfach ac i godi'r calsiwm mae ei angen arnyn nhw. Mae hyn yn golygu meithrin dwysedd esgyrn, creu **brig màs esgyrn**, a fydd yn helpu i atal problemau fel esgyrn gwan pan fyddan nhw'n hŷn.

O 5 oed ymlaen, dylai plant fod yn dilyn awgrymiadau'r Canllaw Bwyta'n Dda ar gyfer prydau o fwyd. Dylen nhw gael eu hannog i flasu bwydydd newydd, i werthfawrogi bwyd yn well ac i roi'r holl fitaminau a mwynau angenrheidiol.

Peidiwch â dweud wrth blant am orffen eu bwyd os ydyn nhw wedi bwyta digon i'w llenwi. Mae'n well gweini cyfrannau llai a chynnig ail gyfran os ydyn nhw'n dal i fod yn llwglyd, neu rhowch ddarn o ffrwyth iddyn nhw fel bwyd ychwanegol.

Yr argymhelliad ydy bod plant o'r oedran hwn yn bwyta 28 gram o brotein y dydd a thua 1900 o gilocalorïau i fechgyn a 1700 o gilocalorïau i ferched.

Gweithgaredd ymarferol

1 Cynlluniwch a gwnewch amrywiaeth o fwydydd addas i becyn bwyd plentyn a fydd yn rhoi traean o'r swm dyddiol sy'n cael ei argymell o brotein a chilocalorïau. Mae'n rhaid i'r bwyd fod yn ddigon deniadol i annog y plentyn i'w fwyta, dylai gynnwys ffrwythau a llysiau ffres a charbohydradau startsh i roi egni.
2 Ewch ati i wahodd rhai plant iau i'w flasu a rhoi sylwadau arno.
3 Tynnwch lun o'ch seigiau terfynol a gwerthuswch eich bwyd, gan ddefnyddio disgrifwyr synhwyraidd.

Plant yn eu harddegau

Mae hwn yn oedran pan rydych yn newid o fod yn blentyn i fod yn oedolyn. Bydd merched yn cael hyrddiau o dyfu'n gyflym ac yn aml byddan nhw'n dechrau glasoed yn gynharach na bechgyn. Yn ystod hyrddiau o dyfu'n gyflym, bydd merched a bechgyn yn mynd yn llwglyd, felly bydd angen prydau o fwyd cytbwys, rheolaidd arnyn nhw. Gall plant yn eu harddegau dyfu nifer o gentimetrau mewn ychydig o fisoedd. Bydd bechgyn yn datblygu llawer iawn o feinwe cyhyrau ac felly mae angen digon o brotein i gynnal y tyfiant hwn.

Mae angen yr holl fwynau a fitaminau hanfodol i helpu'r esgyrn a'r organau mewnol i ffurfio'n iawn. Ni fyddwn yn cyrraedd brig màs esgyrn nes i ni fod bron yn 30 oed. Felly mae angen bwyta digon

Ffigur 4.11 Mae angen prydau cytbwys, iach ar blant yn eu harddegau

o galsiwm a fitamin D i sicrhau bod y risg o ddatblygu esgyrn gwan pan fyddwn yn hŷn gyn lleied â phosibl. Bydd llaeth a bwydydd llaeth yn rhoi hyn i ni, ynghyd â llysiau gwyrdd deiliog, caws, cnau a hadau. Mae angen i blant yn eu harddegau wneud ymarferion sy'n cynnal eu pwysau, fel aerobeg, cerdded, dawnsio neu gymnasteg, gan y gallai hyn ysgogi esgyrn i ddefnyddio mwynau. Dylen nhw osgoi diodydd byrlymog, carbonedig gan eu bod yn cynnwys asid ffosfforig sy'n gallu atal yr esgyrn rhag defnyddio mwynau.

Gallai merched yn eu harddegau dueddu i fod yn anemaidd, gan y byddan nhw'n dechrau eu misglwyf yn ystod yr amser hwn. Dylen nhw fwyta bwydydd gyda llawer o haearn, yn ogystal â bwydydd â llawer o fitamin C i helpu i amsugno'r haearn.

Mae angen i blant yn eu harddegau beidio â bwyta gormod o sothach, yn enwedig gan fod prydau tecawê mor boblogaidd gyda phobl ifanc. Bydd bwyta brecwast yn lleihau'r angen i gael byrbrydau o fwydydd afiach. Bydd cynnig amrywiaeth o fyrbrydau iach, fel ffrwythau, cnau a hadau yn rhoi maetholion hanfodol iddyn nhw. Bydd yfed dŵr yn hytrach na diodydd byrlymog llawn siwgr yn atal diffyg hylif.

Mae plant yn eu harddegau, yn enwedig merched, yn ymwybodol iawn o ddelwedd y corff. Gall pwysau parhaus gan y cyfryngau, cyfoedion a'r rhyngrwyd greu disgwyliadau o ddelwedd ddelfrydol o'r corff, fel arfer i fod yn denau. Gallai hyn arwain at beidio â bwyta digon, amddifadu'r corff o fwynau hanfodol ac weithiau datblygu cyflyrau fel anorecsia a bwlimia. Cyflwr seicolegol a cholli pwysau eithafol yw anorecsia lle mae'r un sy'n dioddef yn gwrthod bwyta ac yn ceisio gwneud ei gorff mor denau â phosibl, heb gydnabod ei fod yn denau iawn ac yn sâl wedyn. Bwlimia yw lle mae rhywun yn bwyta llawer o fwyd ac yna'n cyfogi. Mae'r rhain yn gyflyrau sy'n gorfod cael triniaeth arbenigol.

Oedolion a phobl hŷn

Unwaith mae rhywun yn oedolyn mae'n stopio tyfu, ond mae angen yr holl faetholion ar ei gorff o hyd i barhau i weithio'n iawn, ac i atgyweirio ac adnewyddu celloedd. Hefyd mae angen atal clefydau a chyflyrau sy'n ymwneud â'r deiet rhag datblygu.

Mae'n bwysig cadw pwysau'r corff o fewn ystod iach, felly dylai deiet cytbwys gyda symiau wedi'u hargymell o bob maetholyn fod yn nod i bawb. Wrth i bobl fynd yn hŷn, yn gyffredinol maen nhw'n ymarfer llai. Bydd eu Cyfradd Metabolaeth Waelodol yn lleihau, felly bydd faint o egni y mae ei angen arnyn nhw yn llai. Oherwydd hyn dylen nhw fwyta llai o galorïau i gynnal cu pwysau. Yn aml, mae hyn yn anodd, felly mae pwysau nifer o bobl yn cynyddu wrth iddyn nhw fynd yn hŷn.

Mae'n arbennig o bwysig bod pobl hŷn yn bwyta digon o galsiwm a fitamin D i gadw eu hesgyrn a'u hysgerbwd yn iach.

Wrth i'r corff fynd yn hŷn, mae'r system dreulio a system y gwaed yn dueddol o arafu, a gallai rhannau o'r corff, fel y cymalau, ddechrau treulio. Unwaith eto, bydd dilyn y Canllaw Bwyta'n Dda yn cadw'r corff yn iach mor hir â phosibl.

Gweithgaredd

1 Meddyliwch am ffyrdd o annog plant ifanc neu blant yn eu harddegau i fwyta mwy o ffrwythau a llysiau.

2 Sut gallwch chi guddio'r ffrwythau a'r llysiau mewn seigiau, neu eu gwneud yn fwy o hwyl, yn fwy blasus ac yn fwy apelgar i blant a phlant yn eu harddegau?

3 Sut byddech chi'n ceisio ymgorffori mwy o'r rhain yn eu deietau? Gwnewch restr.

Y maetholion pwysicaf i bobl hŷn sicrhau eu bod yn cael digon ohonyn nhw yw:

- Calsiwm a fitamin D: Mae'r esgyrn yn dechrau colli mwynau mewn pobl hŷn, a gall cyflwr o'r enw **osteoporosis** ddatblygu, lle mae strwythur mewnol yr asgwrn yn edrych fel petai'n llawn o dyllau. Mae hyn yn golygu bod yr esgyrn yn torri'n hawdd a ddim yn gwella'n dda iawn. Mae'n rhaid cymryd fitamin D, weithiau mewn tabled, i sicrhau eu bod yn cael digon o galsiwm.

- Ffibr a dŵr: Mae'r system dreulio yn arafu, felly gallai rhwymedd ddod yn broblem. Dylech fwyta bwyd gyda llawer o ffibr, fel bara a phasta cyflawn, ffrwythau a llysiau ffres a bwydydd grawn cyflawn. Dylech yfed digon o ddŵr i atal problemau'r arennau rhag datblygu ac i osgoi diffyg hylif. Mae llawer o bobl hŷn yn poeni am broblemau'r bledren a mynd i'r tŷ bach os ydy symud yn anodd iddyn nhw, ond, mae'n rhaid iddyn nhw barhau i yfed digon o ddŵr.

- Fitamin C a haearn: Gall pobl hŷn ddatblygu **anaemia**, felly bydd llawer o fwydydd llawn ffibr wedi'u cyfuno â bwydydd â fitamin C yn helpu i atal hyn rhag datblygu.

- Gwrthocsidyddion: Mae llawer o astudiaethau'n dangos bod y rhain yn gallu helpu i arbed cyflyrau'r llygaid sy'n ymwneud ag oedran mewn pobl hŷn. Mae gwrthocsidyddion mewn fitaminau A, C ac E.

- Braster a siwgr: Mae llai o weithgaredd corfforol yn golygu bod angen llai o egni, felly bydd osgoi bwydydd llawn braster a siwgr yn eich atal rhag ennill pwysau. Dylai pobl hŷn fod mor weithgar â phosibl i gadw eu pwysau lawr ac i'w helpu i gysgu'n dda.

- Sodiwm: Yn aml, mae pwysedd gwaed uchel yn datblygu wrth i ni fynd yn hŷn. Dylech gadw lefelau halen a sodiwm o fewn y canllaw 6 gram y dydd. Mae prydau parod a bwydydd wedi'u prosesu yn aml yn cynnwys llawer o sodiwm, a gall pobl hŷn ddibynnu ar y bwydydd hyn gan eu bod yn hawdd eu paratoi ac mewn cyfrannau o faint cyfleus. Os ydych yn coginio prydau ffres, gallwch ddefnyddio perlysiau a sbeisys yn hytrach na halen i roi blas.

- Fitamin B12: Yn aml mae pobl hŷn yn cael problemau gydag amsugno fitamin B12. Mae hwn mewn llaeth, afu/iau, pysgod cregyn, cig coch a grawnfwydydd brecwast wedi'u hatgyfnerthu. Mae rhai astudiaethau wedi dangos y gallai diffyg y fitamin fod yn gysylltiedig â phobl hŷn yn colli'u cof. Efallai y bydd rhai pobl hŷn yn cael eu hargymell i gymryd y fitamin yn atodol. Gallai afiechyd o'r enw **anaemia aflesol** ddatblygu mewn pobl hŷn, sy'n golygu eu bod nhw'n methu amsugno fitamin B12 drwy wal y coluddyn. Yn yr achos hwn, byddan nhw'n cael pigiadau fitamin B12 yn rheolaidd.

Problemau eraill

Enghreifftiau o broblemau iechyd eraill a allai effeithio ar y gallu i fwyta neu lyncu bwyd yw problemau deintyddol, e.e gyda dannedd gosod, problemau'r deintgig a'r geg, ac anhawster cnoi oherwydd clefyd Parkinson neu strôc. Gallai arthritis yn y dwylo olygu bod pobl hŷn yn cael trafferth i dorri bwyd neu i fwydo'u hunain, gan wneud bwyta prydau'n anodd.

GEIRIAU ALLWEDDOL

Brig màs esgyrn: faint o feinwe esgyrn sy'n bresennol pan fydd eich ysgerbwd wedi stopio tyfu a phan fydd eich esgyrn ar eu cryfaf a'u mwyaf dwys.

Osteoporosis: cyflwr sy'n datblygu pan mae'r broses o greu esgyrn newydd yn arafach na'r broses o gael gwared ar hen esgyrn, ac mae'r esgyrn yn mynd yn wan ac mewn perygl o dorri'n hawdd.

Anaemia: y cyflwr sy'n digwydd pan dydych chi ddim yn gwneud digon o gelloedd coch y gwaed i gludo ocsigen o amgylch y corff, felly byddwch yn blino.

Anaemia aflesol: cynhyrchu niferoedd isel o gelloedd coch y gwaed sy'n achosi hwn. Mae'n digwydd pan mae'r corff yn methu amsugno fitamin B12. Mae angen fitamin B12, ynghyd â haearn, i gynhyrchu celloedd coch y gwaed.

PWYNTIAU ALLWEDDOL: SUT MAE OED YN NEWID EIN GOFYNION MAETH

- Mae ein hanghenion maeth yn newid wrth i ni fynd yn hŷn.
- Bydd deiet cytbwys yn rhoi'r holl anghenion maeth i bob grŵp oedran.
- Dylai'r holl grwpiau oedran, oni bai am blant o dan 5 oed, ddilyn y Canllaw Bwyta'n Dda i bob pryd.
- Mae angen annog plant ifanc i fwyta deiet amrywiol i fwynhau eu bwyd yn fwy.
- Mae plant ifanc yn tyfu'n gyflym ac mae angen digon o brotein arnyn nhw i ddatblygu celloedd a chyhyrau, digon o galsiwm a fitamin D i gyrraedd brig màs esgyrn, ac osgoi arferion bwyta afiach a fydd yn parhau pan fyddan nhw'n oedolion.
- Mae angen prydau o fwyd rheolaidd, cytbwys ar blant yn eu harddegau. Dylen nhw osgoi bwyta sothach a chadw pwysau iach, gwneud digon o ymarfer sy'n cynnal eu pwysau a chael eu hannog i anwybyddu pwysau gan gyfoedion i fod yn denau.
- Mae angen llai o egni ar oedolion wrth iddyn nhw fynd yn hŷn. Dylen nhw gadw'n weithgar a bwyta digon o fwydydd llawn calsiwm, ffrwythau a llysiau ffres, ac yfed digon o ddŵr.

Cwestiynau arholiad enghreifftiol

1. Pam mae'n rhaid i fabanod gael haearn yn eu deiet wrth eu diddyfnu? [2 farc]

2. Awgrymwch **dair** ffordd y gall rhieni helpu eu plentyn ifanc i ddatblygu arferion bwyta iach i'r dyfodol. [3 marc]

3. Nodwch **ddwy** ffynhonnell o galsiwm i blentyn yn ei arddegau sydd ddim yn yfed llaeth. [3 marc]

4. Trafodwch sut gallai oedolion gadw pwysau iach. Awgrymwch newidiadau i'w deiet a ffyrdd eraill o gadw'n iach. [6 marc]

Nodi sut mae dewisiadau ffordd o fyw a chyflwr iechyd yn newid eu hanghenion maeth

Mae nifer o ddewisiadau ffordd o fyw a fydd yn newid ein deiet. Hefyd, mae cyflyrau deietegol, fel alergeddau neu ddiffygion maeth, yn dylanwadu ar ein dewis o fwydydd.

Mae rhai pobl yn datblygu afiechydon neu gyflyrau meddygol am oes sy'n golygu bod rhaid iddyn nhw fod yn ofalus gyda'u bwyd. Mae'n bwysig bod yn ymwybodol o'r cyflyrau hyn, a gallu cynllunio prydau a fydd yn rhoi amrywiaeth iach o fwydydd sy'n addas i'r anghenion hynny.

Byddwn yn edrych ar bobl sy'n penderfynu newid yr hyn y maen nhw'n ei fwyta. Gallai hyn fod am unrhyw un o'r rhesymau canlynol:

- oherwydd eu credoau crefyddol
- oherwydd eu credoau moesegol
- oherwydd eu bod yn feichiog, neu'n ceisio beichiogi
- oherwydd eu bod yn ceisio colli pwysau.

Credoau crefyddol gwahanol

Mae nifer o grefyddau ledled y byd, ac mae gan nifer ohonyn nhw reolau penodol am yr hyn yr ydych chi'n cael a ddim yn cael ei fwyta. Mae'r rheolau hyn yn seiliedig ar gredoau, llyfrau crefyddol neu ddathliadau traddodiadol.

Y tair prif grefydd y bydd angen i chi wybod amdanyn nhw yw Hindŵaeth (Hindŵiaid), Islam (Mwslimiaid) ac Iddewiaeth (Iddewon).

Mae rhai rheolau deietegol gan grefyddau eraill hefyd, gan gynnwys Cristnogaeth, Sikhiaeth, Bwdhaeth a Rastaffariaeth.

Mae Tabl 4.2 yn nodi prif bwyntiau gofynion deietegol y tair crefydd mae angen i chi wybod amdanyn nhw.

Crefydd	Gofynion deietegol
Hindŵiaid (Hindŵaeth)	• Mae nifer o Hindŵiaid yn llysieuwyr gan eu bod yn ceisio osgoi achosi trais a phoen i unrhyw beth byw. Fodd bynnag, weithiau bydd pysgod yn cael eu bwyta fel 'ffrwyth y môr'. • Os ydyn nhw yn bwyta cig, dydyn nhw ddim yn bwyta cig eidion, gan fod gwartheg yn sanctaidd i'w crefydd. • Maen nhw hefyd yn osgoi bwyta porc. • Mae wyau wedi'u gwahardd mewn mathau penodol o Hindŵaeth. • Mae Hindŵiaid yn credu bod bwydydd yn cynnwys egnïon sy'n cael eu hamsugno gan bobl pan maen nhw'n bwyta'r bwyd. • Maen nhw'n meddwl bod bwydydd penodol, fel nionod/winwns a garlleg ac alcohol yn cynhyrfu'r corff, ac felly maen nhw wedi'u gwahardd. Maen nhw'n tybio bod y rhain yn rhwystro'r corff rhag 'goleuedigaeth ysbrydol', sy'n un o nodau credoau Hindŵ. • Mae Hindŵiaid yn defnyddio resin o'r enw asiffeta o blanhigyn sy'n debyg i seleri i ychwanegu blas yn lle hynny. • Dydyn nhw ddim yn cael bwyta cawsiau wedi'u gwneud gyda cheuled (*rennet*), ond maen nhw'n cael bwyta caws ceulog fel paneer. • Maen nhw hefyd yn osgoi madarch yn aml. • Maen nhw'n tybio bod cynnyrch llaeth yn gwella eich purdeb ysbrydol. • Mae rhai Hindŵiaid yn ymprydio. • Mae gan y calendr Hindŵaidd o leiaf 18 dydd gŵyl.
Mwslimiaid (Islam)	• Mae gan Fwslimiaid lyfr crefyddol o'r enw'r Qur'an sy'n nodi beth sy'n halal, neu'n gyfreithiol, i Fwslimiaid ei fwyta. • Mae hyn yn berthnasol i sut mae anifeiliaid a dofednod yn cael eu lladd cyn eu bwyta. Mae cigyddion halal yn lladd yr anifail yn y ffyrdd canlynol: a) Mae'n rhaid i bob anifail fod yn fyw ac yn iach pan mae'n cael ei ladd. b) Rhaid i Fwslim ladd yr anifail gydag un toriad i'r gwddf, tra mae gweddi neu gysegriad arbennig yn cael ei ddarllen. c) Mae'r holl waed yn cael ei dynnu o'r anifail ar ôl ei ladd. • Mae bwydydd anghyfreithlon, neu haram, yn cynnwys cynnyrch porc, gelatin o anifail sydd heb ei ladd yn unol â gofynion halal, alcohol, neu unrhyw fwydydd sy'n cynnwys alcohol, bwydydd sy'n cynnwys emwlsyddion wedi'u gwneud o fraster anifeiliaid, rhai mathau o fargarîn, diodydd yn cynnwys caffein, a bara wedi'i wneud o furum sych. • Ni ddylai cynnyrch llaeth gynnwys ensymau anifeiliaid ychwanegol. • Mae Ramadan yn gyfnod ymprydio yn ystod nawfed mis y calendr Islamaidd. Bydd y dyddiad yn newid bob blwyddyn, gan ei fod yn seiliedig ar galendr y lleuad. Dydy Mwslimiaid ddim yn cael bwyta nac yfed yn ystod golau dydd. Mae hyn i fod i ddysgu hunanddisgyblaeth iddyn nhw a gwneud iddyn nhw feddwl am bobl dlawd. Fel arfer mae un pryd yn cael ei fwyta ar fachlud haul ac un arall cyn y wawr. Yn aml, mae teuluoedd yn bwyta'r prydau hyn gyda ffrindiau. • Ar ddiwedd Ramadan, mae'r wledd Eid-ul-Fitr yn cael ei chynnal gyda dathliadau mawr. Mae arian yn cael ei gyfrannu i'r tlawd yn ystod yr amser hwn.
Iddewon (Iddewiaeth)	• Dim ond bwyd kosher mae Iddewon yn cael ei fwyta. Mae hyn yn golygu bod y bwyd yn lân. • Mae'n bosibl bwyta cig o anifeiliaid sy'n cnoi cil a rhai â charnau hollt neu fforchog, sef defaid a gwartheg. • Dim ond pysgod gyda chen ac esgyll y gall Iddewon eu bwyta. • Mae porc a physgod cregyn wedi'u gwahardd. • Mae'n rhaid lladd anifeiliaid yn gywir, gan adael i'r gwaed lifo allan o'r anifail. • Ni ddylai bwydydd llaeth a chig gael eu paratoi, eu coginio na'u bwyta gyda'i gilydd. • Mae gan Iddewon llym blatiau, offer coginio, ardaloedd paratoi ac (mewn rhai achosion) oergelloedd gwahanol ar gyfer bwydydd llaeth a chig. • Dydy Iddewon ddim yn gweithio ar ddydd Sadwrn, felly maen nhw'n paratoi bwyd ymlaen llaw. • Mae ymprydio yn rhan o'r ffydd Iddewig. Mae Yom Kippur, Diwrnod y Cymod, yn un o'r dyddiau ymprydio. • Mae dyddiau gŵyl eraill yn cynnwys Rosh Hashanah a'r Pasg Iddewig.

Tabl 4.2 Credoau crefyddol gwahanol a'u gofynion deietegol

Credoau moesegol gwahanol – mathau o lysieuaeth

Mae nifer o bobl yn newid eu ffordd o fwyta oherwydd eu barn am sut mae anifeiliaid yn cael eu trin. Fel arfer, mae'r bobl hyn yn dod yn llysieuwyr neu'n feganiaid.

Mae amryw o resymau pam mae pobl yn dewis deiet llysieuol:

- Maen nhw'n anghytuno â lladd anifeiliaid i bobl eu bwyta, oherwydd eu bod yn credu bod hyn yn wastraff adnoddau, tir, dŵr ac egni.
- Dydyn nhw ddim yn hoffi'r ffordd mae anifeiliaid yn cael eu trin yn ystod y prosesau magu a lladd.
- Dydyn nhw ddim yn hoffi blas cig na chynnyrch cig.
- Maen nhw'n credu bod deiet llysieuol yn fwy iach.
- Dydyn nhw ddim am fwyta'r hormonau, y cemegion na'r ychwanegion mewn cig.
- Pwysau gan eu ffrindiau a'u teuluoedd.
- Mae deiet llysieuol yn rhan o'u crefydd.

Mae tri phrif fath o lysieuaeth:

1 Llysieuwyr lacto-ofo. Dydy'r bobl hyn ddim yn bwyta cig na physgod, ond maen nhw yn bwyta cynnyrch anifeiliaid. Mae hyn yn golygu eu bod yn bwyta wyau, caws a llaeth, a chynnyrch llaeth fel iogwrt. Fel arfer maen nhw am ofalu bod yr anifeiliaid heb ddioddef, felly maen nhw'n bwyta wyau maes.

2 Llysieuwyr lacto. Mae'r rhain yn bwyta fel llysieuwyr lacto-ofo, ond dydyn nhw ddim yn bwyta wyau.

3 Feganiaid (neu lysieuwyr llym). Dydyn nhw ddim yn bwyta pysgod na chig, nac unrhyw gynnyrch anifeiliaid o gwbl. Mae hyn yn golygu dim llaeth, caws nac wyau. Dim ond bwyd planhigion y maen nhw'n ei fwyta. Mae nifer o feganiaid ddim yn gwisgo dillad nac esgidiau o gynnyrch anifeiliaid fel lledr.

Anghenion maeth llysieuwyr – pa faetholion allai fod yn ddiffygiol mewn deiet llysieuol?

Haearn

Mae haearn i'w gael yn bennaf mewn cig a chynnyrch cig. Mae'n rhaid i lysieuwyr gael eu haearn o ffynonellau llysiau. Haearn di-hema yw hwn, sydd ychydig yn fwy anodd ei amsugno. Mae'n rhaid i lysieuwyr fwyta digon o fitamin C i helpu i amsugno'r ffurf hon o haearn. Mae'n rhaid iddyn nhw gynnwys digon o ffrwythau a llysiau ffres yn eu deiet, ynghyd â grawnfwydydd brecwast wedi'u hatgyfnerthu â haearn ychwanegol, grawnfwydydd grawn cyflawn, ffrwythau sych fel bricyll a ffigys, cnau a hadau fel hadau blodyn yr haul a hadau pwmpen, yn ogystal â ffacbys a ffa.

Ffigur 4.12 Dydy feganiaid ddim yn bwyta unrhyw gynnyrch anifeiliaid, gan gynnwys llaeth, caws ac wyau

Efallai bydd merched sy'n cael misglwyf trwm, merched beichiog, rhywun sy'n gwella ar ôl llawdriniaeth neu ddamwain, neu bobl hŷn sy'n llysieuwyr yn gorfod cymryd haearn atodol, er mwyn iddyn nhw beidio â datblygu anaemia.

Protein

Ym Mhennod 2, fe fuom ni'n dysgu am broteinau *LBV* ac *HBV*. Bydd gan broteinau *HBV* yr holl asidau amino hanfodol ar gyfer ein cyrff, ond maen nhw i'w cael yn bennaf mewn ffynonellau anifeiliaid, heblaw am ffa soia.

Fydd llysieuwr lacto-ofo na llysieuwr lacto ddim yn cael unrhyw broblemau o ran canfod ffynonellau o brotein *HBV* mewn llaeth, caws ac wyau. Fodd bynnag, bydd fegan yn bwyta proteinau *LBV* yn bennaf, felly bydd yn rhaid iddo sicrhau ei fod yn bwyta cyfuniad (neu brotein cyflenwol) o'r bwydydd hyn i gael digon o brotein.

Enghreifftiau o'r cyfuniadau hyn yw:
- hummus gyda bara pitta
- rhost cnau wedi'i wneud o amrywiaeth o gnau a hadau
- cyri llysiau a reis
- cawl ffacbys a bara cyflawn
- ffa pob ar dost

Mae hefyd yn bosibl prynu llaeth soia, tofu a tempeh sydd wedi'u gwneud o ffa soia ac sy'n cynnwys protein *HBV*.

Mae protein llysiau gweadog (*TVP: textured vegetable protein*) hefyd wedi'i wneud o soia ac mae'n bosibl ei ddefnyddio mewn ryseitiau sydd fel arfer yn defnyddio cig eidion, fel pastai'r bwthyn.

Mae Quorn™ yn gynnyrch â nod masnach sy'n cael ei ddefnyddio mewn bwydydd llysieuol. Mae'n cael ei wneud yn brydau parod a selsig, byrgers, ffiledau ac escalopes. Mae wedi'i wneud o ffwng o'r enw mycoprotein, a gwynnwy, felly dydy Quorn™ ddim yn addas i feganiaid.

Fitamin B12

Mae hwn i'w gael yn bennaf mewn cynnyrch anifeiliaid, felly eto fydd hi ddim yn anodd i lysieuwyr lacto-ofo na lacto gael digon ohono yn eu deiet. Bydd yn rhaid i feganiaid ddibynnu ar fwydydd wedi'u hatgyfnerthu fel rhin burum (Marmite), llaeth soia, margarîn blodyn yr haul a grawnfwydydd brecwast. Mae'n bosibl prynu fitamin B12 atodol.

Beichiogrwydd

Yn ystod naw mis beichiogrwydd, mae merch yn rhoi'r holl faetholion i sicrhau bod y ffoetws yn datblygu'n fabi iach, a gofalu ei bod yn cadw'n iach ei hunan. Dydy hyn ddim yn golygu ei bod yn 'bwyta i ddau'.

Gweithgaredd

1 Edrychwch ar y fwydlen ganlynol. Ewch ati i addasu'r rysáit i'w gwneud yn addas i lysieuwr lacto-ofo.
2 Nodwch beth rydych chi'n ei newid a pham.

BWYDLEN

Cwrs cyntaf:

Cawl tomato cartref, o stoc cyw iâr

Prif gwrs:

Cebabs oen a llysiau gyda reis

Pwdin:

Cacen gaws lemon, gyda gelatin i setio'r llenwad

Ffigur 4.13

3 A oes ffordd y gallwch ei wneud yn addas ar gyfer fegan? Beth byddech chi'n ei newid?

Ffigur 4.14 Mae angen mwy o rai maetholion ar ferched beichiog

Mae angen yr holl faetholion rydym ni wedi'u trafod o'r blaen, ond mae angen mwy o'r canlynol:

- **Calsiwm**: mae'n rhaid i'r babi sy'n datblygu ffurfio ysgerbwd cryf. Mae angen y rhan fwyaf o'r calsiwm yn nhri mis olaf y beichiogrwydd. Mae'n rhaid i'r fam sicrhau bod ganddi ddigon o galsiwm iddi hi ac i'r babi.
- Mae angen **fitamin D** i helpu i amsugno calsiwm yn y corff. Os dydy'r fam ddim yn bwyta digon o galsiwm, bydd y babi'n amsugno calsiwm o'i hesgyrn hi, a bydd y rhain yn mynd yn fwy gwan.
- Mae **haearn** yn ffurfio haemoglobin, sy'n rhan o gell coch y gwaed sy'n cludo ocsigen yn ystod resbiradaeth. Yn ystod beichiogrwydd, mae'r cyfaint o waed yn y fam yn cynyddu hyd at 50 %. Mae hyn i'w helpu i ymdopi â'r beichiogrwydd, i roi maetholion i'r babi ar draws y brych yn y groth, a gofalu bod y babi'n tyfu'n iawn. Mae'n rhaid i'r babi adeiladu storfa o haearn a fydd yn para am dri mis cyntaf ei fywyd, gan na fydd yn cael unrhyw haearn o laeth.
- Bydd **fitamin C** yn helpu i amsugno haearn yn y corff.
- **Asid ffolig/ffolad**: bydd hyn yn lleihau risg y babi o ddatblygu diffygion ar y cefn, fel **spina bifida**. Cyflwr yw hwn lle mae llinyn nerf yr asgwrn cefn yn tyfu y tu allan i esgyrn yr asgwrn cefn. Mae merched sy'n bwriadu beichiogi, a'r rhai sydd yn nhri mis cyntaf eu beichiogrwydd, yn cael eu cynghori i gymryd asid ffolig atodol.
- **Ffibr**: gallai rhwymedd fod yn broblem yn ystod beichiogrwydd, gan fod yr hormonau sy'n cael eu rhyddhau yng nghorff y fam hefyd yn gwneud i waliau'r coluddyn ymlacio ac i'r system dreulio arafu. Bydd bwyta bwydydd swmpus, gyda digon o ffibr, yn helpu bwyd i basio drwy'r coluddyn a lleihau rhwymedd.

Dylai mamau beichiog geisio peidio ennill gormod o bwysau. Dylen nhw osgoi gormod o fwydydd llawn braster a llawn siwgr a bwyta deiet cytbwys, iach.

Bwydydd i'w hosgoi	Rhesymau pam
Pate a chaws meddal	Weithiau maen nhw'n cynnwys bacteria o'r enw listeria, sy'n gallu achosi salwch a cholli'r babi.
Cawsiau glas meddal	Maen nhw'n gallu achosi gwenwyn bwyd.
Wyau amrwd neu heb eu coginio'n llwyr	Maen nhw'n gallu achosi gwenwyn salmonella.
Cig amrwd neu heb ei goginio ddigon	Risg posibl o docsoplasmosis sef haint sy'n cael ei achosi gan barasit.
Afu/iau; pate afu/iau	Mae afu/iau yn cynnwys llawer o fitamin A. Gall gormod o fitamin A achosi namau geni.
Mathau penodol o bysgod, tiwna ffres, siarc, cleddbysgodyn, marlyn	Gallai'r rhain gynnwys lefelau uchel o fercwri a allai niweidio system nerfol ac ymennydd y babi.
Pysgod cregyn	Maen nhw'n gallu cynnwys bacteria niweidiol.

Tabl 4.3 Bwydydd i'w hosgoi yn ystod beichiogrwydd

Pobl sy'n ceisio colli pwysau

Mae gordewdra yn dod yn broblem iechyd fawr yn y DU. Ar hyn o bryd, mae tua un oedolyn o bob pedwar yn ordew, ac un plentyn o bob pump rhwng 10 ac 11 oed yn ordew.

Indecs Màs y Corff (BMI: *Body Mass Index*) sy'n canfod a yw pwysau oedolyn yn iach neu a yw'n ordew. Mae hyn yn golygu eich bod yn defnyddio mesuriadau eich pwysau a'ch taldra.

Rhannwch eich pwysau mewn cilogramau gyda'ch taldra mewn metrau, yna rhannwch yr ateb gyda'ch taldra mewn metrau eto.

Er enghraifft: os ydych chi'n pwyso 70 kg a bod eich taldra yn 1.75 m;

rhannwch 70 gyda 1.75 = 40

rhannwch 40 gyda 1.75 = 22.9.

Dyma eich *BMI*.

I'r rhan fwyaf o oedolion:
- Mae *BMI* o dan 18.5 yn golygu eich bod o dan eich pwysau.
- Mae *BMI* iach rhwng 18.5 a 24.9.
- Mae *BMI* rhwng 25 a 29.9 yn golygu eich bod dros eich pwysau.
- Mae *BMI* rhwng 30 a 39.9 yn golygu eich bod yn ordew.
- Mae *BMI* o 40 ac uwch yn golygu eich bod yn hynod ordew.

Gallai bod dros eich pwysau eich gwneud yn fwy tebygol o ddatblygu problemau iechyd fel:
- clefyd y galon
- diabetes
- pwysedd gwaed uchel
- cymalau poenus oherwydd cario gormod o bwysau
- anawsterau anadlu
- brech ar y croen oherwydd gormod o blygiadau croen
- hunan-barch isel ac iselder oherwydd eich ymddangosiad.

Bydd colli pwysau (os oes angen) yn gwella eich iechyd, eich hunan-barch, eich lefelau egni ac yn gwella eich ffordd o fyw.

I golli pwysau, mae angen i chi leihau faint o egni sydd yn y bwydydd rydych chi'n eu bwyta, a chynyddu faint o weithgaredd corfforol rydych chi'n ei wneud i losgi'r storfeydd braster yn eich corff. Mae'n cymryd llawer o amser i ennill pwysau, felly bydd yn cymryd amser i'w golli.

Yn aml, mae newid arferion bwyta'n anodd. I annog pobl i golli pwysau, maen nhw'n aml yn gwneud yn well mewn sefyllfa lle maen nhw'n cael cefnogaeth, e. e. drwy ymuno â chlwb colli pwysau.

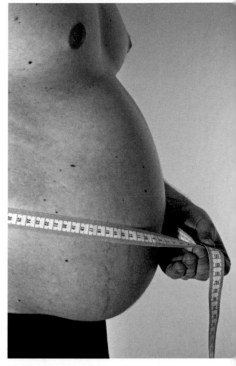

Ffigur 4.15 Mae gordewdra yn dod yn broblem fawr iawn yn y DU

Bydd y newidiadau canlynol i batrymau bwyta yn helpu:

- Bwyta llai o fwydydd llawn braster a siwgr sy'n rhoi egni ond dim llawer o faetholion, e.e. teisennau, bisgedi, creision, diodydd melys byrlymog.
- Bwyta digon o ffrwythau a llysiau, a bwydydd llawn ffibr i'ch llenwi, fel grawnfwydydd grawn cyflawn, bara cyflawn, pasta a reis brown.
- Stemio, grilio neu bobi bwyd gydag ychydig iawn o fraster yn hytrach na ffrio.
- Defnyddio fersiynau o fwydydd â llai o fraster, fel caws, llaeth, bwydydd taenu a sawsiau. Gwiriwch y labeli ar y rhain i sicrhau does dim siwgrau ychwanegol yn y bwydydd.
- Defnyddiwch fersiynau o fwydydd â llai o siwgr.
- Gwnewch fwy o weithgareddau corfforol. Cerddwch i fyny'r grisiau yn hytrach na defnyddio'r lifft, ewch i nofio neu i'r gampfa.

GEIRIAU ALLWEDDOL

Halal: bwydydd mae Mwslimiaid yn cael eu bwyta.

Haram: bwydydd dydy Mwslimiaid ddim yn cael eu bwyta.

Kosher: bwydydd mae Iddewon yn cael eu bwyta.

Llysieuwr lacto-ofo: person sydd wedi dewis peidio â bwyta unrhyw gig na physgod, na chynnyrch sy'n cynnwys y rhain, ond sydd yn bwyta wyau, caws a chynnyrch llaeth.

Llysieuwr lacto: person sydd ddim yn bwyta cig, pysgod nac wyau, na chynnyrch sy'n cynnwys y rhain, ond sydd yn bwyta caws a chynnyrch llaeth.

Fegan: rhywun sydd ddim yn bwyta unrhyw gynnyrch anifeiliaid, na bwydydd sy'n cynnwys unrhyw gynnyrch anifeiliaid.

Indecs Màs y Corff (*BMI*): y cyfrifiad sy'n canfod a yw eich pwysau'n iach. Mae *BMI* iach rhwng 18.5 a 24.9.

PWYNTIAU ALLWEDDOL: SUT MAE DEWISIADAU FFORDD O FYW A CHYFLWR IECHYD YN NEWID EIN HANGHENION MAETH

- Mae dewisiadau ffordd o fyw yn newid eich ffordd o fwyta. Gallai'r rhain gynnwys crefydd, moeseg, beichiogrwydd a cheisio colli pwysau.
- Mae rheolau crefyddol yn cyfyngu ar rai bwydydd mewn deiet drwy eu gwahardd.
- Mae rhesymau moesegol yn aml yn golygu bod llysieuaeth yn ddewis ffordd o fyw.
- Dydy llysieuwyr lacto-ofo ddim yn bwyta unrhyw gig na physgod, ond maen nhw yn bwyta wyau, caws a llaeth.
- Dydy llysieuwyr lacto ddim yn bwyta cig, pysgod nac wyau, ond maen nhw yn yfed llaeth ac yn bwyta cynnyrch llaeth.
- Dydy feganiaid ddim yn bwyta unrhyw gynnyrch anifeiliaid o gwbl.
- Mae angen i ferched beichiog fwyta deiet gyda llawer o galsiwm, protein, haearn a fitaminau C a D.
- Mae angen i ferched beichiog osgoi bwydydd penodol i amddiffyn y babi sy'n tyfu rhag niwed.
- Mae angen i bobl sy'n ceisio colli pwysau fwyta llai o fwydydd llawn braster a siwgr a gwneud mwy o ymarfer corff.

Cwestiynau arholiad enghreifftiol

1   Nodwch **ddau** fath o gig na ddylai Hindŵiaid eu bwyta.   [2 farc]

2   Esboniwch ystyr bwyd halal.   [3 marc]

3   Pa fitaminau allai fod yn ddiffygiol mewn deiet fegan, a pha fwydydd gallai feganiaid eu bwyta i sicrhau eu bod yn cael y fitamin hwn yn eu deiet?   [2 farc]

4   Trafodwch y bwydydd y dylai merched beichiog eu hosgoi, a rhowch resymau pam na ddylen nhw eu bwyta.   [6 marc]

Cynllunio deiet cytbwys ar gyfer pobl ag anghenion deietegol arbennig neu salwch

Yn yr adran hon byddwn yn edrych ar bobl â salwch sy'n effeithio ar beth maen nhw'n gallu'i fwyta, pobl ag alergeddau sy'n golygu bod rhaid iddyn nhw osgoi bwydydd penodol, a phobl â diffygion maeth.

● Mae cyflyrau deietegol neu salwch penodol yn cyfyngu ar y bwydydd mae pobl yn gallu eu bwyta.
● Mae **clefyd coeliag** a **diabetes Math 2** yn gyflyrau ag anghenion deietegol arbennig.
● Mae **clefyd cardiofasgwlar** yn cynnwys **clefyd coronaidd y galon** a strôc.
● Bydd anaemia, diffyg haearn a **phydredd dannedd** yn gofyn am newid deiet.
● Gall **alergeddau**, fel alergedd i gnau, neu **anoddefedd lactos** effeithio ar ddewis prydau o fwyd.

Clefyd coeliag

Anoddefedd protein o'r enw **glwten**, sydd mewn gwenith, barlys, ceirch a rhyg sydd gan bobl â'r cyflwr hwn. Bydd unrhyw gynnyrch bwyd o'r cynhyrchion hyn yn achosi problemau i rywun sydd â'r clefyd petai yn ei fwyta.

Mae glwten yn niweidio leinin y coluddyn bach. Mae hyn yn golygu bod amsugno maetholion yn fwy anodd.

Symptomau clefyd coeliag yw:
● Colli pwysau, oherwydd dydy'r dioddefwr ddim yn cael digon o faetholion o'r bwyd y mae'n ei fwyta.
● Diffyg egni a blinder, oherwydd dydy'r corff ddim yn amsugno digon o fwyd i roi egni.
● Dolur rhydd, oherwydd bod y coluddion yn methu amsugno cymaint o fwyd, felly dydy'r ysgarthion ddim yn cael eu gwneud yn iawn.
● Plant ddim yn tyfu'n iawn, oherwydd eu bod nhw ddim yn amsugno digon o faetholion.
● Mae peidio ag amsugno digon o haearn na fitamin C yn arwain at anaemia.

Does dim gwella ar glefyd coeliag. Bydd yn gyflwr am oes. Fydd y niwed sydd wedi'i wneud i'r coluddyn byth yn cael ei ddadwneud yn iawn, ond mae'n bosibl ei wella drwy fwyta deiet heb glwten.

Erbyn hyn mae llawer o gynnyrch ar gael mewn archfarchnadoedd sydd heb glwten. Maen nhw wedi'u labelu'n glir, ond fel arfer maen nhw'n ddrutach na chynhyrchion eraill. Mae'n bosibl cael deiet heb glwten heb brynu cynhyrchion arbennig, ond mae'n cymryd llawer mwy o amser a chynhwysion arbennig.

Fydd blawd heb glwten ddim yn gwneud bara llwyddiannus gan mai'r glwten yw'r rhan o'r blawd gwenith sy'n ymestyn wrth ei dylino. Mae'n bosibl prynu bara heb glwten.

1 Gnewch nwyddau wedi'u pobi, fel teisen frau, teisennau a chrwst gyda blawd gwenith arferol, ac yna gwnewch yr un rhai gyda blawd heb glwten.
2 Cymharwch y ddau ganlyniad gan ddefnyddio cynulleidfa darged a phrawf blasu. Cofnodwch eich canlyniadau.
3 Ydy'r eitemau heb glwten gystal â'r rhai a wnaethoch chi gyda blawd gwenith?

Ffigur 4.16 Cynnyrch heb glwten

GEIRIAU ALLWEDDOL 🔑

Clefyd coeliag: anoddefedd protein o'r enw glwten, sy'n achosi llid yn waliau'r coluddyn ac sy'n eu niweidio, gan ei gwneud hi'n anoddach i'r corff amsugno maeth.

Diabetes Math 2: y cyflwr sy'n datblygu pan mae eich corff yn peidio â chynhyrchu digon o **inswlin** i ddelio â'r lefelau glwcos yn y gwaed.

Mae'r bwydydd canlynol yn addas i ddioddefwyr clefyd coeliag:

● blawd cnau almon (sy'n cael ei ddefnyddio mewn cynnyrch pobi yn lle blawd)
● amaranth (yn lle gwenith a mathau eraill o rawn)
● reis brown, gwyn a gwyllt
● gwenith yr hydd (i wneud blawd a nwdls)
● casafa, tapioca neu manioc (fel grawnfwyd ac i dewychu)
● cnau castan (wedi'u malu'n fân a'u defnyddio fel blawd)
● blawd cnau coco
● grawn ŷd (fel blawd ac i dewychu)
● blawd corn (i dewychu sawsiau a chawl)
● gwm gwar (i dewychu)
● hadau llin (eu hychwanegu at rawnfwydydd brecwast neu eu defnyddio yn lle blawd)
● miled (fel miwsli)
● blawd pys
● polenta (sy'n cael ei ddefnyddio mewn teisennau ac mewn seigiau sawrus)
● blawd tatws (mewn teisennau, cynnyrch crwst, bisgedi ac i dewychu)
● tatws
● cwinoa (yn lle cwscws neu reis)
● sorgwm (fel grawnfwyd neu ffynhonnell surop)
● blawd soi (mewn bisgedi, teisennau ac i wneud crwst)
● teff (fel blawd).

Diabetes Math 2

Dyma'r enw ar ddiabetes sydd ddim yn ddibynnol ar inswlin. Yn aml mae pobl â'r cyflwr hwn yn ei ddatblygu yn hwyrach yn eu bywydau, er yn ddiweddar, oherwydd deiet llawn siwgr pobl ifanc, mae mwy o blant yn eu harddegau a phlant yn cael diagnosis o'r cyflwr.

Hormon o'r enw inswlin sy'n rheoli lefelau siwgr yn y gwaed. Organ yn y corff, y pancreas, sy'n rhyddhau inswlin.

Mae'n debyg bod bwyta bwydydd â gwerth siwgr uchel drwy'r amser yn gwneud i'r pancreas beidio â rhyddhau inswlin. Mae pobl sydd dros eu pwysau neu'n ordew hefyd mewn perygl o ddatblygu'r clefyd.

Yr enw ar lefel isel o glwcos yn y gwaed yw **hypoglycemia**, a'r enw ar lefel uchel yw **hyperglycemia**.

Os yw glwcos yn aros yn y gwaed, yn y pen draw mae'n gallu niweidio pibellau gwaed yn eich llygaid, ac achosi dallineb.

Mae'n gallu cyfyngu ar lif y gwaed i'ch dwylo, i'ch traed ac i fysedd eich traed, gan achosi haint ac yn yr achosion gwaethaf, torri aelod i ffwrdd.

Mae hefyd yn gallu achosi niwed i'r arennau.

Yn 2014, roedd 3.2 miliwn o bobl yn y DU wedi cael diagnosis o ddiabetes Math 2. Mae disgwyl i'r rhif hwn gynyddu i 5 miliwn erbyn 2025 oni bai bod deietau'n gwella.

Mae'n bosibl rheoli diabetes Math 2 drwy fwyta deiet iach, cytbwys sy'n seiliedig ar garbohydradau startsh, cymhleth.

Hefyd, dylech ddilyn y rheolau canlynol:

- Bwyta llai o fwydydd siwgr a defnyddio llai o siwgr mewn ryseitiau. Defnyddio Canderel neu Stevia, e.e., yn lle siwgr.
- Defnyddio ffrwythau a llysiau sy'n naturiol felys fel melysydd, e.e. gallwch ychwanegu moron wedi'u gratio at rysáit teisen.
- Osgoi ffrwythau sych sydd â siwgr sydd wedi'i dewychu, a sudd ffrwythau sydd wedi'i dewychu, neu roi dŵr ynddyn nhw.
- Prynu ffrwythau tun sydd mewn dŵr neu sudd yn hytrach na surop.
- Rheoli faint o fraster a halen rydych chi'n eu bwyta gan fod risg uwch o ddatblygu clefyd y galon gan y rhai sydd â diabetes.
- Defnyddio bwydydd â llai o fraster a llai o halen i goginio.
- Bwyta cig a dofednod heb fraster.
- Darllen labeli bwyd, gan chwilio am siwgrau cudd o dan enwau eraill.

Clefyd cardiofasgwlar

Term cyffredinol yw clefyd cardiofasgwlar (*CVD: cardiovascular disease*) sy'n disgrifio clefyd y galon neu bibellau'r gwaed.

Mae braster yn ceulo ar waliau'r rhydwelïau sy'n cyflenwi'r galon yn gallu cyfyngu ar lif y gwaed i'r galon.

Mae hyn yn achosi i'r rhydwelïau galedu a mynd yn fwy cul.

Clefyd coronaidd y galon

Clefyd coronaidd y galon (*CHD: coronary heart disease*) yw pryd mae'r rhydwelïau sy'n cyflenwi'r galon yn lleihau mewn diamedr, neu'n cau, a dydy'r gwaed ddim yn gallu llifo'n iawn i'r galon.

Lefelau uchel o **golesterol** yn y gwaed sy'n achosi'r cyflwr hwn. Sylwedd brasterog sy'n cael ei wneud yn yr afu/iau yw colesterol. Mae ganddo rai swyddogaethau yn y corff.

Mae'n cydio wrth broteinau arbennig o'r enw **lipoproteinau**. Yna, mae'r gwaed yn ei gludo o amgylch y corff.

Os byddwn yn bwyta llawer o fraster dirlawn, bydd hwn yn ffurfio colesterol ychwanegol a fydd yn gysylltiedig â **lipoproteinau dwysedd isel** (*LDL: low density*

Clefyd cardiofasgwlar: unrhyw glefyd ar y galon neu'r pibellau gwaed.

Clefyd coronaidd y galon: gweddillion brasterog o golesterol yn blocio'n rhannol y rhydwelïau sy'n cyflenwi gwaed wedi'i ocsigeneiddio i'r galon, felly dydy'r gwaed ddim yn gallu llifo'n rhydd.

Colesterol: y sylwedd brasterog sy'n cael ei wneud yn yr afu/iau ac sy'n cael ei gludo yn y gwaed. Mae ffurfiau drwg (*LDL*) a ffurfiau da (*HDL*) ohono.

Angina: cyflwr pan mae'r dioddefwr yn cael poen yn y frest ac yn brin o anadl oherwydd bod y rhydwelïau i'r galon wedi'u rhwystro'n rhannol.

lipoproteins). Weithiau bydd hwn yn cael ei alw'n golesterol drwg. Bydd yn cael ei ollwng yn waliau'r rhydweli, gan gronni i rwystro llif y gwaed.

Mae braster annirlawn yn gwneud llai o golesterol. Mae hwn yn cydio mewn **lipoproteinau dwysedd uchel** (*HDL: high density lipoproteins*), a dydy'r rhain ddim yn cael eu gollwng yn waliau'r rhydwelïau. Colesterol da yw'r enw ar hwn.

Mae ffactorau eraill yn cyfrannu at *CHD*:

● Gall pwysedd gwaed uchel roi straen ar y rhydwelïau.
● Mae bod dros bwysau neu'n ordew yn rhoi straen ar y galon.
● Gall ysmygu sigaréts wneud eich gwaed yn fwy gludiog, ac yn llai tebygol o lifo'n iawn.

Gallwch leihau'r risg o ddatblygu *CHD* drwy:

● fwyta mwy o ffrwythau, llysiau a ffibr
● dewis bwydydd gyda llai o fraster
● grilio neu bobi bwydydd yn lle eu ffrio
● gwneud ymarfer corff, colli pwysau a stopio ysmygu
● bwyta llai o halen.

Strôc

Dyma pryd mae rhwystr mewn pibell waed i'r ymennydd yn rhwystro rhan ohono rhag cael digon o ocsigen. Mae hyn yn niweidio neu'n dinistrio celloedd yr ymennydd. Gall pobl sy'n cael strôc ddangos anawsterau mân neu anawsterau difrifol ar ei hôl. Bydd rhai yn gwella'n llawn, gyda help a gofal nyrsio, ond bydd y strôc wedi amharu'n ddifrifol ar eraill.

Bydd angen i'r rhai sydd wedi cael strôc ddilyn y canllawiau am ddeiet sydd yr un fath â deiet y rheini sydd â *CHD*.

Gordewdra

Yn yr adran ar gyfrifo Indecs Màs y Corff (edrychwch ar dudalen 83), gallwch weld bod unrhyw un â *BMI* dros 30 yn cael ei ystyried yn ordew. Mae gan bobl ordew risg uwch o lawer o ddatblygu problemau iechyd gan gynnwys:

● risg gynyddol o glefyd coronaidd y galon, pwysedd gwaed uchel, diabetes Math 2, problemau'r cymalau a symud, strôc a rhai mathau o ganser
● prinder anadl wrth gerdded neu wneud gweithgaredd corfforol
● hunan-barch isel ac iselder.

Diffyg calsiwm

Mae angen calsiwm i gynhyrchu dannedd ac esgyrn iach. Os oes gennych ddiffyg calsiwm, gallech ddatblygu **osteoporosis** a chlefyd diffyg calsiwm o'r enw **hypocalcemia**.

Ni fydd cyfnodau cynnar diffyg calsiwm yn achosi llawer o symptomau, ond heb ei gywiro gall y symptomau canlynol ddatblygu:

● y cof yn pallu
● plycio yn y cyhyrau
● diffyg teimlad a merwino (*tingle*) yn y dwylo a'r traed
● iselder
● rhithwelediadau (*hallucinations*).

Asgwrn arferol

Asgwrn ag osteoporosis

Ffigur 4.17 Osteoporosis

Mae'n hawdd gwella'r clefyd hwn drwy fwyta bwydydd gyda llawer o galsiwm, neu gymryd calsiwm atodol.

Bydd diffyg calsiwm tymor hir yn cynyddu'r risg o ddatblygu osteoporosis pan fyddwch yn hŷn.

Anaemia a diffyg haearn

Os dydych chi ddim yn cael digon o haearn yn eich bwyd, byddwch yn datblygu diffyg haearn neu anaemia. Mae hyn oherwydd dydych chi ddim yn cynhyrchu digon o haemoglobin yng nghelloedd coch y gwaed i gludo ocsigen o amgylch eich corff.

Mae symptomau anaemia yn cynnwys:
- blinder a diffyg egni
- golwg welw.
- prinder anadl

Gall symptomau eraill gynnwys:
- cur pen/pen tost
- briwiau poenus yng nghornel eich ceg
- colli gwallt
- teimlo eich bod yn cosi
- synnwyr blasu wedi newid
- anhawster llyncu.

Y bobl sydd mewn perygl o ddatblygu anaemia yw:
- merched beichiog
- llysieuwyr a feganiaid.
- merched ifanc â misglwyf trwm

Mae bwydydd â llawer o haearn yn cynnwys cig coch, ffa, cnau, ffrwythau sych, bwydydd grawn cyflawn, grawnfwydydd brecwast wedi'u hatgyfnerthu, a'r rhan fwyaf o lysiau deiliog gwyrdd tywyll fel cêl a sbigoglys.

Cofiwch, mae fitamin C yn bwysig iawn i helpu i amsugno haearn yn y coluddion.

Mae angen 8.7 mg o haearn y dydd ar ddynion. Mae angen 14.8 mg y dydd ar ferched.

Pydredd dannedd

Mae pydredd dannedd yn digwydd pan mae asid yn y geg yn hydoddi'r enamel ar y dannedd. Mae hon yn broblem fawr yn y DU, gan fod astudiaeth ddiweddar wedi dangos bod bron i 50% o blant 8 oed a 33% o blant 5 oed yn dangos arwyddion o bydredd yn eu dannedd.

Mae rhyw fath o bydredd dannedd gan 33% o oedolion yn y DU.

I helpu i atal pydredd dannedd, gwnewch y canlynol:
- bwyta llai o fisgedi, teisennau a grawnfwydydd brecwast llawn siwgr
- osgoi rhoi diodydd byrlymog, llawn siwgr i blant
- rhoi dŵr mewn sudd ffrwythau gan fod y rhain yn uchel iawn mewn siwgr

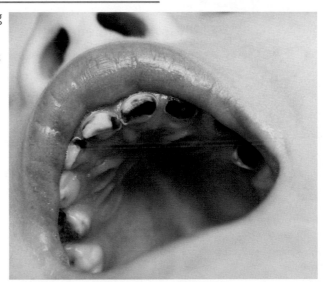
Ffigur 4.18 Plentyn â phydredd dannedd

Ffigur 4.19 Mae dewis eang o gynhyrchion heb lactos ar gael erbyn hyn

- bwyta byrbrydau mwy iach gan gynnwys ffrwythau, caws a llysiau
- brwsio eich dannedd am ddau funud ar ddiwedd y dydd, ac eto yn ystod y dydd
- peidio â brwsio eich dannedd ar unwaith ar ôl bwyta, gan fod angen i'ch poer niwtraleiddio unrhyw asid yn y bwyd rydych wedi'i fwyta. Arhoswch am awr ar ôl bwyta.

Alergeddau ac anoddefedd

Y ddau brif alergedd ac anoddefedd y byddwn ni'n rhoi sylw iddyn nhw yw alergeddau i gnau ac anoddefedd lactos. Mae gan bobl alergedd i fwydydd eraill hefyd, gan gynnwys wyau, pysgod cregyn a mefus.

Alergedd i gnau

Gall adweithiau alergaidd fod yn fach, ac maen nhw'n gallu digwydd o fewn ychydig o funudau wedi bwyta'r bwyd.

- Brech ar y croen, efallai.
- Gallai'r llygaid ddechrau cosi.
- Gallai'r trwyn ddechrau rhedeg.
- Efallai y bydd y gwefusau, yr amrannau a'r wyneb yn chwyddo.
- Gallai'r person ddechrau gwichian (*wheeze*) neu besychu.

Mewn adwaith eithafol mae'r gwddf yn dechrau chwyddo a'r unigolyn yn methu anadlu. Yr enw ar hwn yw **sioc anaffylactig**. Yn aml bydd pen arbennig o'r enw EpiPen gan rywun sy'n gwybod bod ganddo alergedd i gnau. Bydd hwn yn rhoi pigiad o adrenalin iddo i leihau'r chwyddo.

Gall alergeddau i gnau fygwth bywyd.

Gall presenoldeb cnau mewn unrhyw amgylchedd achosi adwaith i rywun ag alergedd difrifol. Mae'n rhaid i'r holl fwydydd wedi'u prosesu sydd ar werth gario rhybudd alergedd i gnau. Mae'n rhaid darllen labeli bwyd yn ofalus, ac os ydy dioddefwyr yn bwyta mewn bwyty, bydd rhaid iddyn nhw wirio a oes cnau yn y bwyd maen nhw'n ei archebu.

Anoddefedd lactos

Mae rhywun sydd ag anoddefedd lactos yn methu treulio'r siwgr penodol hwn oherwydd mae'r ensym cywir yn absennol o'i goluddyn bach. Bydd siwgr y llaeth yn pasio i'w goluddyn mawr, gan achosi ymchwyddo, gwynt, dolur rhydd a chyfog. Dydy'r cyflwr ddim yn bygwth bywyd ond mae'n anghyfforddus iawn i'r dioddefwr.

Bydd rhaid i bobl sydd â'r cyflwr hwn osgoi cynnyrch llaeth.

Erbyn hyn, mae dewis eang o gynhyrchion heb lactos. Gallwch brynu llaeth a chynnyrch llaeth heb lactos. Gall rhywun â'r cyflwr hwn ddefnyddio llaeth soia, cnau coco, reis ac almonau yn lle llaeth buwch.

PWYNTIAU ALLWEDDOL: CYNLLUNIO DEIET I BOBL Â SALWCH NEU ANGHENION DEIETEGOL PENODOL

- Bydd canfod angen deietegol yn golygu bydd rhaid ystyried y rhain wrth gynllunio prydau i bobl â'r angen hwnnw.
- Mae gan bobl â chlefyd coeliag anoddefedd protein o'r enw glwten sydd mewn gwenith, barlys, ceirch a rhyg, ac unrhyw gynnyrch sydd wedi'i wneud gyda'r cynhwysion hyn. Mae hwn yn gyflwr am oes, a bydd rhaid i ddioddefwyr gynllunio deiet heb glwten.
- Gall diabetes Math 2 ddatblygu pan mae rhywun yn hŷn, ond yn ddiweddar mae'n fwy cyffredin ymysg pobl iau. Mae'r cyflwr yn digwydd pan mae'r corff yn methu cynhyrchu digon o inswlin i reoli lefelau siwgr y gwaed.
- Mae clefyd cardiofasgwlar yn derm cyffredinol am broblem gyda gweithrediad y galon a phibellau'r gwaed. Bydd bwyta deiet cytbwys, iach yn lleihau'r siawns o ddatblygu clefyd cardiofasgwlar.
- Mae clefyd coronaidd y galon yn datblygu pan mae gweddillion brasterog o golesterol yn cau'r rhydweliau i'r galon yn rhannol, gan leihau llif y gwaed.
- Mae lefelau uchel o golesterol yn gallu cau rhydweliau, gan achosi **angina**, trawiad ar y galon neu strôc.
- Mae deiet â llawer o siwgr yn achosi pydredd dannedd. Bydd yr asid yn eich ceg o ganlyniad i hyn yn dechrau erydu'r gorchudd enamel ar eich dannedd, gan wneud iddyn nhw bydru.
- Bydd bod yn ordew yn cynyddu eich risg o ddatblygu nifer o gyflyrau sy'n bygwth bywyd.
- Bydd diffyg calsiwm yn y deiet yn cynyddu eich risg o ddatblygu osteoporosis wrth i chi fynd yn hŷn.
- Bydd angen rheoli alergeddau'n ofalus er mwyn dileu'r bwydydd sy'n ysgogi'r alergeddau o'r deiet.
- Gall alergeddau i gnau achosi symptomau sy'n amrywio o ychydig o chwyddo yn y gwefusau a'r wyneb i sioc anaffylactig, pan mae'r llwybr anadlu'n chwyddo, gan achosi problemau anadlu difrifol.
- Anoddefedd lactos yw'r corff yn methu treulio'r siwgr llaeth lactos, gan achosi ymchwyddo, gwynt a dolur rhydd, efallai.

Gweithgaredd ymarferol

1 Dewiswch un o'r ddau gyflwr alergedd o'r dudalen gyferbyn.
2 Cynlluniwch bryd dau gwrs i'r cyflwr hwnnw. Esboniwch pam eich bod wedi dewis cynhwysion penodol, a sut maen nhw'n addas i gyflwr y person hwnnw.
3 Coginiwch y pryd a gwerthuswch eich seigiau terfynol gan ddefnyddio disgrifwyr synhwyraidd.

Cwestiynau arholiad enghreifftiol

1 Nodwch **dri** chynnyrch o archfarchnad y dylai rhywun â chlefyd coeliag eu hosgoi. [3 marc]

2 Cynlluniwch bryd o fwyd i rywun â chlefyd coeliag. Trafodwch y rhesymau dros ddewis pob cynhwysyn bwyd i'r pryd a dywedwch pam maen nhw'n addas i ddioddefwr coeliag. [6 marc]

3 Esboniwch beth sy'n digwydd pan mae rhywun yn datblygu diabetes Math 2. [4 marc]

4 Rhowch **ddau** o fwydydd y dylai rhywun â chlefyd coronaidd y galon eu hosgoi. [2 marc]

5 Os oes diffyg haearn neu anaemia gan rywun, awgrymwch **dri** o fwydydd y gallai eu cynnwys yn ei ddeiet i wella'i gyflwr. [3 marc]

6 Sut allech chi annog plentyn i fwyta llai o fwydydd llawn siwgr i leihau ei siawns o ddatblygu pydredd dannedd? Awgrymwch **bedwar** newid i'w ddeiet. [4 marc]

7 Pan fydd alergedd difrifol i gnau gan rywun yn eich teulu, pa gamau fyddai'n rhaid i chi eu cymryd i'w atal rhag cael adwaith alergaidd a fydd yn bygwth ei fywyd? [6 marc]

Cynllunio deiet cytbwys i bobl ag anghenion egni uchel

Mae rhai sefyllfaoedd lle mae angen lefelau egni uwch ar rai pobl i roi digon o galorïau ar gyfer eu ffordd o fyw. Gallai hyn gynnwys, er enghraifft:

● salwch, a'r angen i gynyddu cryfder
● cyflwr penodol sy'n gofyn am ddeiet arbennig
● os yw'r person yn gwneud llawer o ymarfer corff, e.e. athletwr neu rywun sy'n gwneud chwaraeon.

Mae deietau gyda mwy o egni wedi'u cynllunio i gynyddu'r nifer o galorïau sy'n cael eu bwyta mewn diwrnod.

Afiechyd

Os oes rhywun wedi cael salwch sy'n ei wanhau, neu wedi cael llawdriniaeth fawr ac wedi treulio cyfnod o amser pan oedd yn bwyta llai o fwyd, bydd deiet egni uchel yn ei helpu i roi'r pwysau mae wedi'i golli yn ei ôl, a rhoi maetholion i helpu gyda gwella a thyfiant cyhyrau.

Mae hyn yn hynod bwysig i'r henoed, sy'n colli ffyrfder cyhyrau yn hawdd iawn.

Ffigur 4.20 Mae'r holl fwydydd byrbryd hyn yn helpu i roi mwy o faeth

Yn yr achosion hyn, mae prydau bach, aml sy'n uchel mewn egni a phrotein yn cael eu hargymell. I gynyddu gwerth maethol y pryd gallwch, er enghraifft, ychwanegu hufen, menyn neu gaws at datws stwnsh; neu ychwanegu mêl, jam neu ffrwythau sych at rawnfwydydd. Gallai cleifion gael fersiynau braster llawn o laeth a chynnyrch llaeth yn lle llaeth hanner sgim neu sgim.

Gallwch hefyd roi byrbrydau rhwng prydau o fwyd i roi mwy o faeth. Er enghraifft:

● caws a bisgedi
● iogwrt llaeth llawn
● ysgytlaeth.

Yn aml bydd yr henoed sydd â chlefyd Alzheimer yn colli pwysau, felly mae'n bwysig eu cadw ar ddeiet egni uchel i atal colli pwysau. Bydd defnyddio'r un awgrymiadau ag uchod yn helpu i gynnal pwysau.

Gweithgaredd ymarferol

Cynlluniwch fwydlen am ddiwrnod i rywun sy'n gwella o lawdriniaeth yn yr ysbyty. Dewiswch y cinio neu'r pryd gyda'r nos a gwnewch y saig honno. Gwerthuswch eich coginio gan ddefnyddio disgrifwyr synhwyraidd.

Cyflyrau genetig neu ddeietegol penodol

Mae rhai cyflyrau neu fathau o salwch genetig neu ddeietegol yn golygu bod maetholion ddim yn cael eu hamsugno mor effeithlon ag arfer drwy'r coluddion. Un o'r cyflyrau hyn yw ffibrosis cystig, cyflwr sy'n cael ei etifeddu'n enetig.

Mae'r rhan fwyaf o bobl â ffibrosis cystig yn methu amsugno maetholion mor hawdd â phobl heb ffibrosis cystig. Bydd angen deiet sy'n uwch o ran caloriau arnyn nhw, felly bydd defnyddio fersiynau braster llawn o gynnyrch llaeth, cael mwy o brotein drwy gael cyfran fawr gyda phob pryd ac ychwanegu olew a menyn at fwydydd startsh fel pasta a thatws, yn helpu i gynyddu nifer y caloriau sy'n cael eu bwyta bob dydd.

Yn aml, dydy pobl sy'n dioddef o glefyd coeliag ddim yn amsugno maetholion yn dda, yn enwedig yn syth ar ôl iddyn nhw gael diagnosis o'r cyflwr, gan y bydd wal eu coluddyn wedi'i difrodi. Bydd angen iddyn nhw gael mwy o galoriau mewn deiet heb glwten, nes bydd wal y coludd wedi gwella.

Athletwyr a phobl sy'n gwneud chwaraeon

Mae angen deiet a fydd yn rhoi mwy o egni ar athletwyr a phobl sy'n gwneud chwaraeon er mwyn gallu cystadlu'n dda a chynnal pwysau eu corff.

Mae cynllun deiet sylfaenol athletwr yr un fath â deiet person arferol, ond mae'r cymeriant egni wedi'i rannu fel hyn:

- Dylai 55% o egni fod o garbohydradau
- 12 i 15% o brotein
- llai na 30% o fraster.

Dylai bwydydd sy'n seiliedig ar garbohydradau grawn cyflawn fod yn sylfaen i brydau o fwyd, gan fwyta carbohydradau ychwanegol bob dydd, yn ôl faint o ymarfer y mae'n ei wneud.

Yn yr un modd, dylai fwyta mwy o brotein i helpu i adfer ac atgyweirio ar ôl ymarfer, yn ogystal ag adeiladu cyhyrau ychwanegol.

Ffigur 4.21 Byddai angen deiet egni uchel ar athletwr dygnwch eithafol fel hwn i roi'r holl galoriau sydd eu hangen arno i gystadlu a llwyddo yn ei gamp

Gweithgaredd	Swm sy'n cael ei argymell o garbohydradau (gramau/cilogram o bwysau'r corff)	Swm sy'n cael ei argymell o brotein (gramau/cilogram o bwysau'r corff)
Ymarfer dwysedd ysgafn (30 munud y dydd)	3 i 5 g/kg	1 g/kg
Ymarfer dwysedd cymedrol (60 munud y dydd)	5 i 7 g/kg	1 i 1.2 g/kg
Ymarfer dygnwch (1 i 3 awr y dydd)	6 i 10 g/kg	1.2 i 1.5 g/kg
Dygnwch eithafol (mwy na 4 awr y dydd)	8 i 12 g/kg	1.5 i 1.7 g/kg

Tabl 4.4 Swm sy'n cael ei argymell o garbohydradau a phrotein y dydd i athletwyr

Pa un o'r rhain sy'n addas fel pryd o fwyd da gyda'r nos i chwaraewr pêl-droed yn yr Uwch Gynghrair?

- Pysgodyn wedi'i bobi neu gyw iâr wedi'i grilio gyda brocoli, ffa a thomatos.
- Pizza o'r archfarchnad.
- Chilli llysieuol gyda reis brown.
- Byrger a sglodion.

Esboniwch pa un o'r rhain sy'n addas, pa rai sy'n anaddas, a pham.

Mae gan y rhan fwyaf o'r clybiau a'r mabolgampwyr gorau faethegwyr chwaraeon yn gweithio iddyn nhw i gynllunio eu prydau o fwyd. Gwnewch waith ymchwil i weld a allwch chi ganfod beth yw deiet dyddiol eich hoff fabolgampwr neu chwaraewr.

1 Cyfrifwch gyfanswm y maetholion y mae'n eu bwyta.
2 Cynlluniwch brydau o fwyd am ddiwrnod iddo.

PWYNTIAU ALLWEDDOL: CYNLLUNIO DEIET CYTBWYS I BOBL AG ANGHENION EGNI UCHEL

- Mae rhai mathau o salwch a chyflyrau genetig sy'n gofyn am ddeiet egni uchel i gynnal pwysau'r corff.
- Mae angen deiet egni uchel ar fabolgampwyr ac athletwyr i roi digon o egni iddyn nhw gymryd rhan a llwyddo yn eu chwaraeon penodol.

Cwestiynau arholiad enghreifftiol

1 Awgrymwch **ddau** fyrbryd gwahanol y gallech eu cynnig i rywun sydd yn yr ysbyty yn gwella o lawdriniaeth, i gynyddu ei gymeriant egni. [2 farc]

2 Esboniwch pam mae angen mwy o egni ar rywun sy'n cymryd rhan mewn ras farathon na rhywun mewn ras sbrintio 100 metr. [3 marc]

3 Trafodwch **dri** phryd posibl y dylai chwaraewr pêl-droed eu bwyta cyn gêm, gan nodi'r maetholion ym mhob pryd, ac esboniwch sut mae'r rhain yn rhoi egni ychwanegol. [6 marc]

Cyfrifo gwerthoedd egni a gwerthoedd maethol ryseitiau, prydau a deietau

Amcanion dysgu

Yn y bennod hon byddwch yn dysgu am y canlynol:

- sut i gyfrifo'r egni a'r prif facrofaetholion a microfaetholion mewn rysáit, mewn pryd ac mewn deiet presennol unigolyn dros gyfnod o amser
- sut i ddefnyddio data maethol i benderfynu pam a sut i wneud newidiadau i rysáit, i fwydlen ac i ddeiet pan mae angen, at ddiben penodol
- sut mae defnyddio cydbwysedd egni i gadw pwysau corff iach drwy gydol eich bywyd.

Cyfrifo egni a maetholion

Rydym wedi edrych ar ofynion egni unigolion ym Mhennod 3. Rydym wedi gweld bod y symiau o egni angenrheidiol i'n Cyfradd Metabolaeth Waelodol (BMR) yn newid yn unol â'n hoedran a'n Lefelau Gweithgarwch Corfforol (PAL).

Mae hyn yn effeithio ar faint o fwyd ac egni sydd ei angen ar ein cyrff.

Rydym yn mesur egni mewn cilojoules (kJ) neu gilocalorïau (kcal).

Ffynhonnell egni	Gwerth egni mewn kJ	Gwerth egni mewn kcal
1 g o garbohydrad pur	15.7	3.75
1 g o fraster pur	37.8	9.0
1 g o brotein pur	16.8	4.0

Tabl 5.1 Gwerthoedd egni maetholion gwahanol

I gyfrifo'r egni mewn bwyd penodol, dylech luosi nifer gramau'r bwyd hwnnw â gwerth egni mewn kcal pob maetholyn sydd yn y bwyd hwnnw.

Bydd rhaid i chi ddefnyddio naill ai rhaglen gyfrifiadurol neu dabl o faetholion i ganfod faint o bob maetholyn sydd yn y bwyd penodol hwnnw.

Er enghraifft: Mae 100 g o gaws cheddar yn cynnwys 25.5 g o brotein, 35 g o fraster a 0.1 g o garbohydrad.

Cyfanswm egni o'r protein = 25.5 × 4 = 102 kcal

Cyfanswm egni o'r braster = 35 × 9 = 315 kcal

Cyfanswm egni o'r carbohydrad = 0.1 × 3.75 = 0.375 kcal

Cyfanswm egni o 100 g o gaws cheddar = 417.375 kcal

Yna, gallwch ddefnyddio'r ffigur hwn i ganfod faint o egni sydd mewn rysáit, drwy luosi cyfanswm yr egni â sawl gram rydych chi wedi eu defnyddio o'r cynhwysyn hwnnw.

Er enghraifft:

Os ydych chi wedi defnyddio 200 g o gaws cheddar mewn rysáit saws caws, rydych chi'n lluosi 417.375 â 2 a chyfanswm yr egni o'r caws yn y saws hwnnw yw 834.75 kcal.

Mae'n bosibl cyfrifo cyfansymiau unigol o egni ar gyfer pob cynhwysyn mewn rysáit, pryd a deiet fel hyn.

Er enghraifft, dyma sut y gallech gyfrifo cyfanswm yr egni o bryd o fwyd penodol:

Cinio				
Bwyd	Pwysau mewn gramau	Cyfrifiad		Cyfanswm yr egni mewn cilocalorïau
2 dafell o fara cyflawn	90 g 8 g protein 30 g carbohydrad 2 g o fraster	$8 \times 4 = 32$ cilocalori $30 \times 3.75 = 112.5$ cilocalori $2 \times 9 = 18$ cilocalori		162
1 sleisen o ham	30 g 9 g protein 3 g carbohydrad 5 g braster	$9 \times 4 = 36$ cilocalori $3 \times 3.75 = 11.25$ cilocalori $5 \times 9 = 45$ cilocalori		92.25
1 tomato	25 g 0.25 g protein 1 g carbohydrad 0 g braster	$0.25 \times 4 = 1$ cilocalori $1 \times 3.75 = 3.75$ cilocalori		4.75
1 afal	180 g 0.5 g protein 25 g carbohydrad 0 g braster	$0.5 \times 4 = 2$ cilocalori $25 \times 3.75 = 93.75$ cilocalori		95.75
Carton o sudd afal	150 ml 0.1 g protein 25 g carbohydrad 0 g braster	$0.1 \times 4 = 0.4$ cilocalori $25 \times 3.75 = 93.75$ cilocalori		94.15
		Cyfanswm yr egni		448.9

Tabl 5.2 Gwerthoedd egni ar gyfer pryd o fwyd

Mae llawer o raglenni cyfrifo deietegol ar y rhyngrwyd a fydd yn gwneud hyn i chi. Mae rhai enghreifftiau yn cynnwys:

- **www.foodafactoflife.org.uk** (ewch i *Resources*, yna *Nutritional analysis for schools*). Defnyddiwch y rhaglen gyfrifo *Explore food*).
- **http://www.nhs.uk/Livewell/Goodfood/Pages/Goodfoodhome.aspx** (defnyddiwch y gwiriwr calorïau ar yr ochr dde)
- **www.nutracheck.co.uk**

I ganfod faint o facrofaetholion a microfaetholion sydd mewn cynhwysyn, bydd angen hefyd i chi ddefnyddio tablau arbennig ar-lein, neu dabl cyfeirio mewn llyfr.

Gallwch ddefnyddio'r gwefannau uchod, neu efallai y bydd gan eich ysgol dablau cyfeirio wedi'u hargraffu neu lyfrau gyda thablau sy'n rhoi holl wybodaeth faethol a chynnwys bwydydd (er enghraifft, *The Food Bible* gan Judith Williams, neu *The Manual of Nutrition* a gyhoeddwyd gan Lywodraeth y DU).

Gweithgaredd

Edrychwch ar y rhestr ganlynol o gynnwys maethol pizza margarita.

Maetholyn	Cynnwys maethol fesul 100 g	Cynnwys maethol fesul hanner pizza
Protein	10.5 g	19.0 g
Carbohydradau	29.1 g	49.1 g
Braster	7.7 g	14.2 g

Gan ddefnyddio'r gwerthoedd egni mewn cilocalorïau yn Nhabl 5.1, ewch ati i gyfrif cyfanswm y cilocalorïau mewn 100 g o'r pizza, a chyfanswm y calorïau mewn hanner pizza.

Gweithgaredd ymarferol

Gwnewch bastai'r bwthyn gan ddefnyddio'r rysáit isod.

Pastai'r bwthyn (ar gyfer 4 o bobl)

1 llwy de o olew olewydd

1 nionyn/winwnsyn

500 g o friwgig cig eidion

tun 400 g o domatos wedi'u torri

300 ml o stoc cig eidion

1 cilogram o datws

75g o fenyn

4 llond llwy fwrdd o laeth

Cyfrifwch gyfanswm yr egni yn y rysáit gan ddefnyddio un o'r gwefannau sydd wedi'u hargymell ar y dudalen gyferbyn.

Rhannwch eich ateb gyda 4 i gyfrifo cyfanswm yr egni fesul cyfran.

Addasu prydau o fwyd a deietau

Rydym wedi trafod ac ymchwilio i nifer o ddeietau gwahanol ym Mhennod 4. Mae angen i bawb o oedrannau gwahanol, â ffyrdd gwahanol o fyw a chyflyrau meddygol neu glefydau gwahanol, ag alergeddau ac anoddefeddau, newid eu deietau.

I gadw deiet iach, cytbwys rydym yn cael ein hargymell yn aml i leihau braster, siwgr a halen a chynyddu ffibr. Rydym yn gallu gwneud hyn mewn nifer o ffyrdd, fel sydd i'w weld yn Nhabl 5.3.

Lleihau braster	• Dewis darnau o gig â llai o fraster a gwirio faint o fraster sydd mewn briwgig cig eidion. • Grilio, pobi neu stemio bwydydd yn hytrach na'u ffrio. • Torri gormodedd o fraster oddi ar gig. • Dewis bwydydd taenu a bwydydd llaeth â llai o fraster. • Taenu llai o fenyn a margarîn ar fara. • Defnyddio dresins eraill yn lle mayonnaise braster uchel ar salad. • Prynu pysgod tun, fel tiwna ac eog, mewn dŵr halen yn hytrach nag olew.
Lleihau siwgr	• Lleihau faint o siwgr sydd mewn ryseitiau. • Defnyddio melysyddion mewn diodydd poeth a ffrwythau wedi'u stiwio. • Defnyddio bwydydd melys eraill fel moron (teisen foron), bananas aeddfed, ffrwythau sych a ffres i felysu teisennau a bisgedi.
Lleihau halen	• Defnyddio perlysiau, sbeisys a phupur i roi blas ar fwyd. • Bwyta llai o fwydydd wedi'u prosesu gyda halen anweladwy, fel bacwn, ham, caws a chreision a chnau mwnci wedi'u halltu. • Prynu fersiynau o fwydydd â llai o halen. • Defnyddio dewisiadau eraill yn lle halen, fel LoSalt, i roi blas ar fwyd. • Darllen labeli i ganfod sodiwm, sodiwm deucarbonad, monosodiwm glwtamad a phowdr codi, sydd i gyd yn cynnwys sodiwm.
Cynyddu ffibr	• Bwyta cynnyrch grawn cyflawn, bara, grawnfwydydd, pasta a reis. • Defnyddio blawd cyflawn, neu flawd cyflawn a blawd gwyn hanner a hanner, wrth bobi. • Ychwanegu ceirch neu fran gwenith at dopins crymbl, crwst a ryseitiau eraill. • Ychwanegu ffrwythau sych at ryseitiau teisennau. • Ychwanegu ffrwythau ffres neu ffrwythau sych at rawnfwydydd brecwast. • Gwneud smwddi gyda ffrwythau ffres. • Bwyta croen ffrwythau a llysiau, e.e. tatws trwy'u crwyn. • Bwyta uwd i frecwast. • Ychwanegu llysiau wedi'u torri at sawsiau pasta neu bastai'r bwthyn.

Tabl 5.3 Ffyrdd i leihau braster, siwgr a halen a chynyddu ffibr

Gweithgaredd ymarferol

1 Dewiswch un pwynt o'r pedwar yn Nhabl 5.3 (h.y. lleihau braster, lleihau siwgr, lleihau halen neu gynyddu ffibr).
2 Cynlluniwch fwydlen i rywun gan ddefnyddio'r un rydych wedi'i ddewis.
3 Nodwch y newidiadau yn eich ryseitiau i wneud i'r fwydlen fod yn addas i'r deiet yr ydych wedi'i ddewis. (Gallai defnyddio blawd cyflawn yn lle blawd gwyn i gynyddu'r cynnwys ffibr fod yn enghraifft).
4 Coginiwch y pryd, a gofynnwch i aelodau o'ch teulu ei fwyta. Gofynnwch iddyn nhw roi disgrifwyr synhwyraidd o'ch bwyd.
5 Cofnodwch eich canlyniadau.

Ffigur 5.1 Gallwch ychwanegu ffrwythau sych at ryseitiau teisen neu rawnfwydydd brecwast i gynyddu ffibr

Os oes angen cynllunio deiet ar gyfer yr alergeddau neu'r anoddefeddau a welsom ni ym Mhennod 4, bydd angen adnabod y math o alergedd a chyfnewid bwydydd penodol â bwydydd fydd ddim yn achosi adwaith alergaidd.

TGAU Bwyd a Maeth CBAC

Er enghraifft, mae Ffigur 5.2 yn dangos rysáit arferol blodfresych caws a rysáit wedi'i haddasu i rywun sydd ag anoddefedd lactos.

Rysáit 1

Blodfresych caws: rysáit arferol
1 flodfresychen
500 ml llaeth hanner sgim
50 g margarîn
50 g blawd
150 g caws Cheddar

Rysáit 2

Blodfresych caws: rysáit wedi'i haddasu
1 flodfresychen
500 ml llaeth soia
50 g margarîn heb gynnyrch llaeth
50 g blawd
150 g caws heb gynnyrch llaeth

Ffigur 5.2 Rysáit arferol blodfresych caws a rysáit wedi'i haddasu i rywun sydd ag anoddefedd lactos

Cynyddu cymeriant egni

Os ydych am gynyddu eich cymeriant egni, er enghraifft os ydych chi'n cymryd rhan mewn chwaraeon ac yn ymarfer at ddigwyddiad penodol fel marathon, mae angen i chi gynyddu'r egni rydych chi'n ei gael o garbohydradau o 55% o gyfanswm eich mewnbwn egni i rwng 65 a 70%.

Efallai y bydd angen i rywun sy'n hyfforddi at ddigwyddiad cryfder neu ddygnwch, fel codi pwysau, gynyddu faint o brotein y mae'n ei fwyta i adeiladu mwy o gyhyrau.

Cydbwysedd egni

Cydbwysedd egni yw cymryd yr un faint o egni i mewn ag yr ydym yn ei ddefnyddio bob dydd. Mae hyn yn golygu fyddwn ni ddim yn ennill nac yn colli pwysau. Os ydych yn bwyta gormod, ac yn cael gormod o egni o fwyd, bydd hwn yn cael ei storio fel braster yn eich corff a byddwch yn ennill pwysau.

Ffigur 5.3 Efallai y bydd angen i athletwr gynyddu ei gymeriant egni

Os ydych yn defnyddio mwy o egni nag yr ydych chi'n ei fwyta, byddwch yn colli pwysau, gan y byddwch yn defnyddio storfeydd egni o'ch corff.

Pan rydych chi'n ifanc, mae'n debyg eich bod yn fwy gweithgar na phan fyddwch yn hŷn. Mae hyn yn golygu, oni bai eich bod yn bwyta llai wrth i chi fynd yn llai gweithgar, y byddwch yn ennill pwysau.

Roedd Pennod 3 yn egluro sut i gyfrifo gofynion egni ar gyfer grwpiau gwahanol o ran oed, ffordd o fyw a gweithgarwch corfforol.

I gynnal pwysau'r corff **rhaid i fewnbwn egni fod yn gyfartal ag allbwn egni**.

Mae'n rhaid adlewyrchu'r newidiadau yn eich ffordd o fyw yn yr hyn rydych chi'n ei fwyta, neu byddwch yn colli neu'n ennill pwysau.

PWYNTIAU ALLWEDDOL: CYFRIFO GWERTHOEDD EGNI A GWERTHOEDD MAETHOL RYSEITIAU, PRYDAU A DEIETAU

- Gallwch gyfrifo gwerthoedd maethol, macrofaetholion a microfaetholion gan ddefnyddio fformiwlâu, rhaglenni cyfrifo ar y rhyngrwyd neu dablau cyfeirio mewn llyfrau.
- I gyfrifo'r egni mewn bwyd penodol, ewch ati i luosi nifer gramau'r bwyd hwnnw â gwerth egni pob maetholyn yn y bwyd hwnnw mewn kcal.
- I ganfod faint o egni sydd mewn rysáit, ewch ati i luosi cyfanswm egni pob un o'r bwydydd â sawl gram rydych chi wedi eu defnyddio o'r cynhwysyn hwnnw. Mae'n bosibl cyfrifo symiau unigol o egni ar gyfer pob cynhwysyn mewn rysáit, pryd a deiet fel hyn.
- I gynnal pwysau iach, rhaid i fewnbwn egni fod yn gyfartal ag allbwn egni bob amser.

Cwestiynau arholiad enghreifftiol

1   Edrychwch ar y fwydlen am ddiwrnod o brydau ar gyfer merch 30 oed sy'n ceisio colli pwysau. Mae'n gweithio mewn swyddfa, yn gwneud ychydig iawn o ymarfer bob diwrnod, ond mae'n mynd i ddosbarth aerobeg ddwywaith yr wythnos gyda'r nos. Awgrymwch newidiadau i bob pryd a fydd yn lleihau nifer y cilocalorïau ac yn rhoi dewis arall addas. Rhowch eich resymau dros bob newid.   [8 marc]

2   Sut byddech chi'n argymell ffyrdd o gael digon o galsiwm yn ei deiet i ffrind sydd wedi canfod yn ddiweddar fod ganddi anoddefedd lactos, gan ei bod hi'n methu bwyta bwydydd llaeth nawr? [4 marc]

3   Nodwch **dair** ffordd o leihau braster dirlawn mewn deiet.   [3 marc]

4   **a)** Nodwch pam mae'n bwysig i ni fwyta llai o halen.   [2 farc]
    b) Esboniwch ystyr y term 'halen anweladwy'. [3 marc]

BWYDLEN

Brecwast:

Powlen o rawnfwyd gyda llaeth hanner sgim
Gwydraid o sudd oren
Cwpanaid o goffi gyda llaeth ac un llwy de o siwgr

Byrbryd:

Cwpanaid o goffi gyda llwy de o siwgr
Dwy fisged siocled

Cinio:

Brechdan tomato a ham ar fara gwyn
Pecyn o greision plaen
Diod fyrlymog

Byrbryd y prynhawn:

Cwpanaid o goffi gyda llwy de o siwgr
Sleisen o deisen ffrwythau

Swper:

Lasagne cig eidion gyda salad
Hufen iâ gyda mefus
Cwpanaid o goffi gyda llwy de o siwgr

Byrbryd hwyr y nos:

Cwpanaid o siocled poeth gyda llwy de o siwgr

Ffigur 5.4 Bwydlen ar gyfer merch 30 oed sy'n ceisio colli pwysau

ADRAN 4

Gwyddor bwyd

Mae'r adran hon yn cynnwys y penodau canlynol:

PENNOD 6
Effaith coginio ar fwyd

Amcanion dysgu

Yn y bennod hon byddwch yn dysgu am y canlynol:
- pam rydym ni'n coginio bwyd
- sut mae gwres yn cael ei drosglwyddo drwy fwyd yn ystod y broses goginio
- sut a pham mae rhai seigiau'n dibynnu ar fwy nag un ffordd o drosglwyddo gwres
- sut i ddewis dulliau coginio priodol i gadw neu i addasu gwerth maethol bwydydd a seigiau
- pam mae rhai micro-organebau, fel bacteria, yn ddefnyddiol wrth gynhyrchu ein bwyd
- beth yw nodweddion gweithredol, priodweddau cemegol a swyddogaethol y cynhwysion
- rhesymau pam nad yw seigiau'n gweithio'n iawn bob amser
- sut i ddatrys problemau.

Pam rydym ni'n coginio bwyd?

Does neb yn sicr sut a pham y dechreuodd bwyd gael ei goginio, ond mae'n debyg mai pan gafodd tân ei ddarganfod filoedd o flynyddoedd yn ôl y dechreuodd ein hynafiaid goginio bwyd.

Diffiniad coginio yw'r broses o gynhyrchu bwydydd bwytadwy a diogel drwy baratoi a chyfuno cynhwysion a defnyddio gwres (yn y rhan fwyaf o achosion). Mae cynhesu bwyd yn achosi cyfres o newidiadau cemegol a ffisegol. Gallai'r newidiadau fod yn fanteisiol, er enghraifft gallai lliw, gweadedd a blas y bwyd newid a'i wneud yn fwy deniadol a blasus i ni. Ond, mewn rhai achosion efallai y byddan nhw'n anfanteisiol, er enghraifft drwy leihau'r cynnwys maethol neu gynhyrchu cyfansoddion annymunol yn y bwydydd rydym ni'n eu coginio.

Mae angen coginio bwyd am nifer o resymau.

I Dinistrio bacteria niweidiol mewn bwyd

Mae bacteria niweidiol mewn nifer o fwydydd amrwd. Gall salmonella fod mewn wyau, a gall salmonella, listeria a campylobacter fod mewn cig. Mae coginio i dymheredd uwch na 75 °C yn dinistrio'r bacteria.

Ffigur 6.1 Gall bwydydd amrwd gynnwys bacteria niweidiol

Mae angen coginio cig, pysgod ac wyau, er ein bod ni'n bwyta'r rhain i gyd yn amrwd weithiau:
- Rydym yn bwyta cig yn amrwd mewn stêc dartar, ac mae nifer o bobl yn hoffi stêc heb ei choginio yn y canol, neu'n 'waedlyd'.
- Rydym yn bwyta pysgod amrwd fel sushi.
- Rydym yn defnyddio wyau heb eu coginio i wneud mayonnaise cartref.

2 Gwneud bwyd yn haws ei gnoi, ei lyncu a'i dreulio

Mae coginio'n ymddatod y bondiau cemegol mewn proteinau a charbohydradau, gan wneud cig, pysgod a llysiau yn fwy meddal ac yn haws eu cnoi. Yr enwau ar y prosesau hyn yw **dadnatureiddiad protein** a **diraddiad startsh**.

Unwaith mae'r bwyd yn cyrraedd ein stumog a'r broses dreulio'n dechrau, mae'n haws os yw'r bondiau cemegol wedi'u torri wrth eu coginio.

Dadnatureiddiad protein

Mae llawer o fwydydd yn cynnwys proteinau: cig, pysgod, wyau, cnau a llysiau ffacbys fel corbys.

Mae proteinau wedi'u gwneud o asidau amino, sydd wedi'u ffurfio o siapiau cymhleth wedi'u plygu. Yn ystod y broses o gynhesu, mae'r bondiau rhwng y plygiadau'n torri ac mae'r protein yn dechrau datod.

Mae hyn fel arfer yn arwain at newid sylweddol yn yr eitem fwyd. Enghraifft o hyn yw beth sy'n digwydd i wy wrth ei goginio. Mae'r gwynnwy yn troi o fod yn sylwedd clir fel jeli, i fod yn adeiledd gwyn, anhyblyg.

Enghraifft arall yw pan mae protein yn newid yn adeiledd mwy meddal. Mae'n bosibl gweld hyn wrth goginio cig, er enghraifft wrth ei goginio mewn hylif fel stiw. Mae'r protein mwy gwydn, o'r enw colagen, yn ymddatod ac yn adweithio gyda dŵr i ffurfio gelatin, sy'n **tyneru**'r cig.

Mae dadnatureiddiad protein yn adwaith anghildroadwy. Ni fyddwch byth yn gallu newid y protein yn ôl i'w adeiledd gwreiddiol. Ffrio, berwi, grilio, stemio, pobi a rhostio yw'r dulliau coginio sy'n arwain at ddadnatureiddiad protein.

I ddysgu mwy am dadnatureiddiad protein, edrychwch ar yr adran Nodweddion gweithredol a phriodweddau cemegol a swyddogaethol cynhwysion yn y bennod hon (tudalennau 118–132).

Diraddiad startsh

Mae gan blanhigion gellfuriau cellwlos i roi gwydnwch i'r planhigion a'u hatal rhag cwympo. Polysacarid yw cellwlos (rydym wedi dysgu am bolysacaridau ym Mhennod 2, Macrofaetholion a microfaetholion). Wrth goginio llysiau a ffrwythau, mae'r cellfuriau'n ymddatod ac mae'r llysiau a'r ffrwythau'n meddalu. Enw'r broses hon yw diraddiad startsh. Meddyliwch am y gwahaniaeth rhwng moron amrwd, crensiog a moron meddal wedi'u coginio.

3 Datblygu blas bwydydd

Mae rhai bwydydd yn blasu'n well ar ôl eu coginio. Mae coginio cig yn datblygu'r blas cigog rydym ni'n ei fwynhau, wrth iddo fynd drwy'r **adwaith Maillard**. Mae **carameleiddio** yn helpu i ryddhau'r melyster mewn bwydydd startsh. Mae diraddiad startsh hefyd yn rhyddhau'r melyster mewn bwydydd.

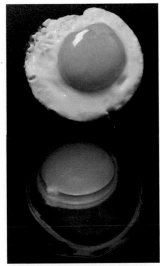

Ffigur 6.2 Wy amrwd ac wy wedi'i goginio yn dangos effeithiau dadnatureiddiad protein

Ffigur 6.3 Moron amrwd a moron wedi'u coginio yn dangos effeithiau diraddiad startsh ar ôl coginio

Ffigur 6.4 Bydd coginio stêc yn creu blas sawrus, cigog oherwydd yr adwaith Maillard

Adwaith Maillard

Adwaith cemegol cymhleth iawn yw hwn sy'n digwydd mewn bwydydd sy'n cynnwys proteinau a charbohydradau, fel cig, bara, cnau, teisennau a bisgedi.

Mae'n adwaith cemegol rhwng yr asidau amino yn y protein, a siwgr, fel glwcos, ffrwctos neu lactos. Bydd y gwres yn dechrau amrywiaeth o adweithiau cemegol, sy'n arwain at ffurfio amrywiaeth o gyfansoddion lliw a blas.

Mae cannoedd o gyflasau gwahanol yn cael eu creu. Er enghraifft, un ohonyn nhw yw'r blas sawrus, cigog sy'n nodweddiadol o gig wedi'i goginio.

Mae adwaith Maillard hefyd yn brownio bwyd. Mae'r adwaith cemegol cymhleth yn cynhyrchu cyfansoddion lliw brown. Dyma sy'n rhoi'r lliw brown nodweddiadol ar fwydydd fel cig wrth eu coginio.

Rhostio, grilio, pobi a ffrio yw'r dulliau coginio sy'n arwain at adwaith Maillard.

Carameleiddio

Mae carameleiddio yn cynhyrchu'r lliwiau a'r blasau dymunol sy'n nodweddiadol o gynnyrch bwyd fel coffi, melysion, teisennau, bisgedi a chwrw tywyll. Mae'n newid lliw'r bwyd i liw brown, sy'n amrywio rhwng caramel golau a du.

Mae'r adwaith hwn yn digwydd wrth goginio bwydydd sy'n cynnwys crynodiad uchel o garbohydradau ar dymheredd uchel gan ddefnyddio gwres sych, fel pobi mewn ffwrn boeth, rhostio, grilio a ffrio.

i   Wrth gynhesu'r bwyd mae'r siwgrau (swcros fel arfer), yn y bwyd yn toddi ac yn dechrau berwi. Mae'r tymheredd pan fydd hyn yn digwydd rhwng 110°C a 180°C.

ii Pan fydd y swcros yn dechrau toddi mae'n dadelfennu yn siwgrau symlach, glwcos a ffrwctos.

iii Mae cyfres arall o adweithiau cemegol yn digwydd rhwng y moleciwlau, sy'n cynhyrchu cannoedd o gyfansoddion blasau gwahanol. Un o'r pwysicaf yw'r cyfansoddyn blas menyn caramel (*butterscotch*), o'r enw diacetyl. Mae blasau eraill sy'n cael eu cynhyrchu yn amrywio o felyster i gyflasau chwerw, wedi'u llosgi.

Yn ogystal â newid y blas, mae carameleiddio yn gwneud i fwyd frownio. Mae Tabl 6.1 yn dangos sut mae'r lliw yn tywyllu wrth i'r tymheredd gynyddu.

Disgrifiad caramel	Tymheredd (°C)	Blas caramel	Lliw caramel
Caramel golau	180	Cryf, melys iawn	Ambr golau i frown euraidd
Caramel canolig	180–188	Cryf, melys	Brown euraidd i frown castan
Caramel tywyll	188–204	Chwerw, ddim yn felys	Brown tywyll iawn

Tabl 6.1 Categorïau carameleiddio

Bydd pob math o fwyd sy'n cynnwys carbohydradau yn carameleiddio wrth eu cynhesu.

Rhostio, ffrio, grilio a phobi yw'r dulliau coginio sy'n arwain at garameleiddio.

Ffigur 6.5 Mae carameleiddio yn gwneud i fwyd frownio

Diraddiad startsh

Mae startsh wedi'i wneud o gadwyni mawr o foleciwlau glwcos sydd wedi'u cysylltu â'i gilydd. Wrth gynhesu startsh, mae'r bondiau rhwng y moleciwlau glwcos yn torri, gan ryddhau melyster y glwcos i'r bwyd.

Mae'r adwaith hwn yn digwydd mewn bwydydd startsh fel pasta, bara, tatws, gwenith a cheirch.

Berwi, stemio, ffrio, grilio, pobi a rhostio yw'r dulliau coginio sy'n arwain at ddiraddiad startsh.

4 Galluogi bwydydd i godi, tewychu, hydoddi a setio

Rydym yn hoffi teisennau sydd wedi codi'n dda, jeli lliwgar, quiche wedi'i choginio'n dda neu saws tew, gloyw.

- Mae'r codydd mewn teisen, powdr codi, soda pobi, neu flawd codi (sy'n cynnwys y ddau godydd hyn) fel arfer, yn creu carbon deuocsid wrth ei gymysgu gyda hylif, ac mae'r gwres yn y ffwrn yn gwneud i'r swigod aer chwyddo, sy'n gwneud i'r deisen godi. Mae'r glwten yn y blawd yn dal y swigod aer yn y cymysgedd wrth iddo goginio.
- Protein yw'r gelatin mewn jeli, sy'n dadnatureiddio pan fydd dŵr berw yn hydoddi'r jeli, ac mae'r protein yn setio wrth iddo oeri.
- Mae quiche yn setio yn y ffwrn wrth i'r protein yn yr wy ddadnatureiddio, ac mae'n coginio fel cynnyrch solet.

Ni fyddai unrhyw un o'r rhain yn digwydd petai'r bwyd heb ei goginio. Mae gwres yn gwneud i adweithiau cemegol ddigwydd yn ein bwyd, sy'n gadael i ni fwynhau'r cynnyrch terfynol.

Mae saws yn tewychu drwy **gelatineiddio** yn ystod y broses goginio.

Ffigur 6.6 Ni fyddai teisen yn codi heb ei choginio

Gelatineiddio startsh

Yn aml, mae bwydydd sy'n cynnwys startsh yn cael eu defnyddio i dewychu sawsiau. Mae hyn yn digwydd oherwydd wrth gynhesu startsh mewn dŵr, mae'r gronynnau startsh yn amsugno dŵr ac yn chwyddo. Mae'r polysacarid o'r enw amylos yn gollwng o'r gronynnau startsh ac yn dal y dŵr, gan achosi i'r cymysgedd dewychu, a ffurfio gel. Enw'r broses hon yw **gelatineiddio startsh**.

Berwi yw'r dull coginio sy'n achosi gelatineiddio startsh.

I ddysgu mwy am gelatineiddio startsh, edrychwch ar adran Nodweddion gweithredol a phriodweddau cemegol a swyddogaethol cynhwysion yn y bennod hon (tudalennau 118–125).

Ffigur 6.7 Saws roux yn dangos tewychu oherwydd gelatineiddio startsh

5 Lladd tocsinau a gwenwyn naturiol mewn bwydydd

Gallai rhai bwydydd ein lladd petaem ni yn eu bwyta'n amrwd. Er enghraifft, mae tocsinau mewn ffa coch ac mae angen eu socian am bump awr o leiaf, yna eu berwi am ddeg munud, o leiaf, ar dymheredd uchel. Gall ffa coch sydd wedi'u coginio'n rhannol fod yn fwy gwenwynig na ffa amrwd.

Ffigur 6.8 Mae ffa coch yn cynnwys tocsinau niweidiol a fydd yn cael eu dinistrio wrth eu coginio

6 Gwneud i fwyd edrych ac arogli yn fwy deniadol

Golwg y bwyd ar ein plât sy'n gwneud i ni i gyd benderfynu ar unwaith a ydym yn mynd i'w fwyta ai peidio. Mae arogl hefyd yn dylanwadu ar ein hoff ddewisiadau. Mae'n debyg na fyddech yn bwyta darn o gig eidion amrwd, ond pan mae wedi'i rostio efallai'n wir y byddech yn ei fwyta!

Mae ffigurau 6.4 a 6.5 yn dangos bod carameleiddio a'r adwaith Maillard yn cynhyrchu lliwiau gwahanol mewn bwydydd startsh a chynnyrch cig wrth eu coginio, gan eu gwneud yn fwy deniadol i ni.

Fodd bynnag, os byddwch yn gorgoginio llysiau, mae'n bosibl y byddwch yn colli pigmentiad (lliw). Ffrwythau a llysiau yw'r bwydydd sy'n cynnwys pigmentau lliw yn gyffredinol. Mae pedwar prif bigment lliw:

1 **Cloroffyl** sy'n wyrdd. Mae hwn yn yr holl lysiau gwyrdd fel sbigoglys, bresych a brocoli, a ffrwythau fel ciwi ac afalau gwyrdd.

   Mae cloroffyl yn bigment braster-hydawdd, felly gallai ollwng o lysiau os ydych yn eu ffrio, er enghraifft mewn saig tro ffrio. Bydd coginio cychwynnol yn achosi i'r cloroffyl droi'n wyrdd llachar, ond os bydd y bwyd yn cael ei goginio am amser hir, mae'r asidau yn y celloedd yn cael eu rhyddhau ac mae'r cloroffyl yn newid o bigment gwyrdd i bigment llwyd neu liw gwyrdd olewydd. Yn y diwedd bydd yn troi'n felyn. Mae'n bosibl gweld hyn os ydych yn berwi llysiau gwyrdd am amser rhy hir.

2 **Carotenoidau** sy'n felyn neu'n goch dwys. Mae'r rhain mewn llysiau fel moron, pupur a thatws melys, a ffrwythau fel orennau, lemonau a bricyll.

   Mae carotenoidau hefyd yn gyfansoddion braster-hydawdd, felly bydd ffrio yn achosi i rywfaint o'r pigment ollwng i'r braster. Hefyd, bydd **ocsidiad**, pan mae'r llysiau'n dod i gysylltiad ag aer wrth eu berwi heb gaead, yn achosi iddyn nhw golli eu lliw.

3 **Anthosyaninau** sy'n goch, yn las neu'n biws. Mae'r rhain mewn llysiau fel tatws coch, a phlanhigyn wy, a ffrwythau fel llus (*blueberries*), ceirios ac eirin coch.

   Mae anthosyaninau yn ddŵr-hydawdd a gallai lliwiau ollwng o'r ffrwythau a'r llysiau wrth eu berwi neu eu socian.

4 Mae **anthocsanthinau** yn bigment gwyn sydd i'w gael mewn llysiau fel blodfresych. Mae anthocsanthinau hefyd yn ddŵr-hydawdd. Os ydych yn berwi blodfresych gormod, mae'n troi'n lliw brown gan ei fod wedi colli'r pigment gwyn.

Ffigur 6.9 Y gwahaniaeth rhwng llysiau wedi'u coginio'n berffaith, a llysiau wedi'u gorgoginio.

7 Cynhyrchu amrywiaeth o fwydydd gan ddefnyddio dulliau coginio gwahanol

Gallwch ffrio, pobi neu botsio pysgod, ac mae pob ffordd yn cynhyrchu blas gwahanol i'r pysgodyn. Gallwch goginio a gweini nifer o fwydydd mewn sawl ffordd wahanol. Mae amrywiaeth yn golygu y gallwn fwynhau ein bwyd.

8 Gweini bwyd poeth mewn tywydd oer

Mae'n gysur gallu eistedd gyda phlatiaid o stiw poeth pan mae'r tywydd yn oer iawn. Mae bwyd poeth hefyd yn cynhesu ein cyrff.

Cwestiynau arholiad enghreifftiol

1 Disgrifiwch y newidiadau sy'n digwydd wrth i chi ffrio wy. Defnyddiwch y geiriau cywir i ddisgrifio'r adwaith sy'n digwydd. [3 marc]

2 Pan mae teisen yn cael ei choginio, mae'r top yn troi'n frown. Esboniwch beth sy'n digwydd. [2 farc]

3 Nodwch **ddwy** ffordd o goginio llysiau gwyrdd i golli cyn lleied o fitamin C â phosibl. [2 farc]

Ymestyn a herio

1 Gwnewch rywfaint o ymchwil i'r adwaith Maillard. Ar ba dymheredd mae'r adwaith yn dechrau, a beth yn union sy'n digwydd? Pam mae'r adwaith yn newid y blas?

2 Gwnewch ychydig o brofion ar fwydydd protein, fel cyw iâr, i weld pa dymheredd neu ddulliau coginio sy'n cynhyrchu'r lliw a'r blas gorau.

3 Tynnwch luniau o'ch canlyniadau a chyflwynwch eich canfyddiadau mewn project byr.

GEIRIAU ALLWEDDOL

Dadnatureiddiad protein: darnau protein yn dechrau datod a newid adeiledd i ffurfio siâp neu liw gwahanol.

Diraddiad startsh: moleciwlau startsh yn torri wrth eu coginio, sy'n rhyddhau siwgr a melyster, ac yn ymddatod bondiau i wneud y bwyd startsh yn feddalach.

Adwaith Maillard: adwaith cemegol rhwng proteinau a charbohydradau, sy'n newid blas y bwyd.

Carameleiddio: pan mae siwgr yn toddi ar wres uchel gan droi'n lliw brown, ac yn rhyddhau melyster.

Gelatineiddio startsh: moleciwlau startsh yn chwyddo wrth eu berwi ac yn amsugno dŵr i dewychu saws. Yn y diwedd maen nhw'n torri, gan greu gel yn y saws.

PWYNTIAU ALLWEDDOL: Y RHESYMAU DROS GOGINIO BWYD

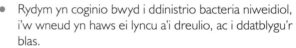

- Rydym yn coginio bwyd i ddinistrio bacteria niweidiol, i'w wneud yn haws ei lyncu a'i dreulio, ac i ddatblygu'r blas.
- Rydym yn coginio bwyd i'w alluogi i godi, tewychu, hydoddi a setio, ac i ladd unrhyw docsinau a gwenwyn sydd yn y bwyd yn naturiol.
- Rydym yn coginio bwyd hefyd i edrych ac i fod ag arogl mwy deniadol, i roi amrywiaeth yn ein deiet ac i gynhesu ein cyrff mewn tywydd oer.
- Mae nifer o newidiadau cemegol yn digwydd wrth goginio a fydd yn newid strwythur y proteinau a'r carbohydradau, i newid ymddangosiad, lliw, arogl a blas y bwyd.

Sut mae gwres yn cael ei drosglwyddo drwy fwyd yn ystod prosesau coginio

Yn yr adran hon byddwn yn edrych ar sut mae gwres yn mynd i mewn i fwyd i'w goginio.

Mae gwres yn fath o egni. Wrth i wres roi egni i'r **moleciwlau** mewn bwyd, maen nhw'n dechrau dirgrynu a symud. Y cyflymaf maen nhw'n symud, y mwyaf o wres sy'n cael ei gynhyrchu.

Mae tair ffordd o drosglwyddo gwres yn ystod coginio: **dargludiad**, **darfudiad** a **phelydriad**.

Dargludiad

Mae hyn yn digwydd pan mae gwres yn cyffwrdd offer yn uniongyrchol, neu ddarn o fwyd.

Os ydych yn rhoi padell fetel ar hob nwy neu drydan, bydd y gwres o'r hob yn cynhesu gwaelod y badell.

Bydd y moleciwlau ar du allan arwyneb y badell yn cael egni ac yn dechrau dirgrynu. Yna, maen nhw'n taro'r haen nesaf o foleciwlau, felly mae'r rhain yn dechrau dirgrynu. Bydd y broses hon yn parhau drwy'r haenau o foleciwlau, nes bydd y badell gyfan yn boeth.

Yna, wrth roi darn o gig ar waelod y badell, mae'r moleciwlau ar arwyneb y cig yn cael egni ac yn dechrau dirgrynu; maen nhw'n taro'r haen nesaf o foleciwlau, sy'n dechrau dirgrynu wrth iddyn nhw gael egni. Mae hyn yn parhau drwy'r darn o gig nes bydd y moleciwlau yng nghanol y cig wedi cael egni a bydd y cig yn boeth drwyddo.

Mae rhai **dargludyddion** gwres da, a rhai dargludyddion gwael.
- Mae metel yn cludo gwres yn dda iawn, a dyma pam mae sosbenni a phadelli ffrio, ynghyd â hambyrddau pobi a thuniau teisen, wedi'u gwneud o fetel.
- Mae dŵr hefyd yn dargludo gwres yn dda, a dyma pam mae berwi bwydydd yn gweithio'n dda ac yn coginio bwyd yn gyflym.
- Mae pren, plastig, defnydd a gwydr yn wael am ddargludo gwres.

Darfudiad

Dim ond mewn hylifau a nwyon mae hyn yn digwydd.

Mae'r moleciwlau hylif neu nwy sydd agosaf at waelod y badell yn cael egni gwres, ac yn dechrau codi yn y badell. Mae hyn yn caniatáu i hylif oerach symud nesaf at waelod y badell. Mae'r hylif oerach hwn yn cynhesu ac yn codi, gan adael i hylif oerach symud i mewn. Mae hyn yn parhau nes bydd yr holl hylif wedi'i gynhesu i'r berwbwynt. Wrth i'r hylif godi i'r brig, bydd yn dechrau oeri eto, felly mae'n dechrau disgyn yn ôl i'r gwaelod, lle bydd yn cael ei gynhesu eto. Mae **cerrynt darfudiad** yn symud yn y badell. Mae ceryntau darfudiad hefyd yn digwydd mewn ffyrnau. Mae aer poeth yn codi ac aer oerach yn disgyn. Mae ffwrn darfudiad yn

Ffynhonnell wres

Ffigur 6.10 Dargludiad wrth goginio ar hob

defnyddio ffan i symud y gwres o amgylch y ffwrn fel bod pob rhan ohono tua'r un tymheredd.

Pelydriad

Mae hyn yn digwydd drwy ofod neu aer. Mae pelydriad yn trosglwyddo egni drwy wagle gan ddefnyddio tonnau electromagnetig. Mae'r tonnau hyn naill ai'n donnau **isgoch** neu'n **ficrodonnau**.

Mae bwyd yn amsugno tonnau gwres isgoch pan maen nhw yn ei gyrraedd, ac maen nhw'n creu gwres y tu mewn i'r bwyd, sy'n ei goginio. Mae hyn yn digwydd pan rydych yn rhoi bwyd o dan gril.

Mae coginio bwyd mewn microdonnau hefyd yn defnyddio pelydriad. Mae magnetron y tu mewn i'r ffwrn yn creu'r microdonnau. Mae'r bwyd yn amsugno'r microdonnau, gan wneud i'r moleciwlau ddirgrynu a chynhesu, sydd wedyn yn coginio'r bwyd.

Mae microdonnau'n mynd drwy wydr, tsieini a phlastig a dydyn nhw ddim yn eu cynhesu. Dyma pam mae'r holl ddysglau sy'n addas ar gyfer ffwrn ficrodonnau wedi'u gwneud o'r defnyddiau hyn. Bydd metel yn adlewyrchu'r microdonnau ac yn niweidio'r magnetron, felly peidiwch â rhoi pethau metel mewn ffwrn ficrodonnau.

Ffigur 6.11 Ceryntau darfudiad

Ffigur 6.12 Bwyd o dan gril lle mae pelydriad yn coginio'r bwyd

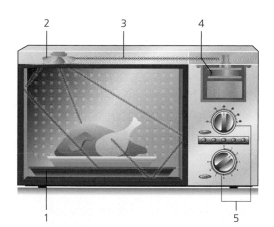

Allwedd
1. Bwrdd tro
2. Ffan fetel i wasgaru'r microdonnau
3. Creu microdonnau yn y magnetron a'u pwmpio i wagle'r ffwrn
4. Y magnetron
5. Switshis i amseru a rheoli'r microdonnau ar gyfer swyddogaethau gwahanol y ffwrn

Ffigur 6.13 Sut mae ffwrn ficrodonnau yn cynhyrchu pelydriad

Esboniad o sut mae'n gweithio

Y magnetron yw'r rhan o'r ffwrn ficrodonnau â foltedd uchel sy'n cynhyrchu'r microdonnau.

Y switshis rheoli ac amseru sy'n rheoli cyfradd pwmpio'r tonnau hyn.

Mae'r tonnau'n mynd i mewn i wagle'r ffwrn ac mae'r ffan fetel yn eu gwasgaru a'u dosbarthu. Maen nhw'n adlamu o waliau'r ffwrn ac i mewn i'r bwyd.

Mae'r trofwrdd yn sicrhau bod y bwyd yn parhau i symud, fel bod y tonnau yn ei beledu'n gyfartal drosto i gyd, gan sicrhau bod y bwyd wedi'i goginio neu ei ailwresogi drwyddo.

Pam mae rhai seigiau'n dibynnu ar fwy nag un ffordd o drosglwyddo gwres

Rydym wedi gweld yn barod mai dim ond tair ffordd sydd i drosglwyddo gwres. Dargludiad, darfudiad a phelydriad yw'r rhain.

Os edrychwn ni ar sut rydym ni'n coginio bwydydd, gallwn weld sut mae hyn yn digwydd.

Pobi/coginio mewn ffwrn: Mae pelydriad yn trosglwyddo gwres o'r elfennau neu o fflamau nwy i'r ffwrn. Mae'r hambwrdd metel neu'r tun teisen yn cynhesu drwy ddargludiad, ac mae'r gwres yn mynd i'r bwyd sydd ar yr hambwrdd, neu yn y tun, drwy ddargludiad. Felly bydd unrhyw beth sy'n cael ei bobi'n sych mewn ffwrn yn dibynnu ar wres sy'n cael ei drosglwyddo fel hyn.

Pelydriad → Dargludiad

Berwi/mudferwi: Mae'r gwres yn mynd o'r hob nwy neu drydan drwy ddargludiad. Mae'r gwres yn mynd i'r dŵr drwy ddarfudiad. Mae'r dŵr poeth yn cynhesu arwyneb y bwyd yn y dŵr berw, er enghraifft tatws. Yna mae'r gwres yn mynd drwy'r daten drwy ddargludiad. Bydd unrhyw fwyd sy'n cael ei ferwi mewn hylif yn trosglwyddo gwres fel hyn.

Dargludiad → Darfudiad → Dargludiad

Ffrio dwfn/rhostio/ffrio bas: Mae gwres yn cael ei drosglwyddo o'r elfen i'r olew drwy ddargludiad, yna drwy'r olew drwy ddarfudiad. Mae arwyneb y bwyd, fel sglodion, neu ddarnau o gig, yn mynd yn boeth, ac mae'r gwres yn mynd drwy'r sglodion, neu'r darn o gig, drwy ddargludiad. Bydd unrhyw fwydydd sydd wedi'u coginio drwy'r tri dull hyn yn defnyddio'r ffurf hon o drosglwyddo gwres.

Dargludiad → Darfudiad → Dargludiad

Grilio: Mae'r gwres yn mynd drwy'r gwagle rhwng y gril a'r bwyd drwy belydriad. Mae arwyneb y bwyd yn cynhesu, ac mae'r gwres yn mynd drwy weddill y bwyd drwy ddargludiad. Bydd yr holl fwydydd sydd wedi'u coginio o dan y gril yn defnyddio'r dulliau hyn o drosglwyddo gwres.

Pelydriad → Dargludiad

Coginio mewn ffwrn ficrodonnau: Mae'r tonnau electromagnetig yn symud drwy'r aer drwy belydriad. Maen nhw'n rhoi egni i'r moleciwlau yn y bwyd, sy'n dirgrynu, gan achosi gwres sy'n cael ei basio drwy'r bwyd gan ddargludiad. Mae pob math o fwyd ffres neu fwyd wedi'i wneud yn barod sy'n cael eu coginio, neu eu hailwresogi, mewn ffwrn ficrodonnau yn defnyddio'r dulliau hyn o drosglwyddo gwres.

Pelydriad → Dargludiad

Coginio'n araf: Mae'r elfen drydan yn trosglwyddo gwres i waelod y badell drwy ddargludiad. Mae'r hylif yn y badell yn cynhesu drwy ddarfudiad. Mae hyn yn gwneud i arwynebedd y bwyd yn y coginiwr araf gynhesu, ac mae gwres yn pasio drwy'r darnau o fwyd drwy ddargludiad.

Dargludiad → Darfudiad → Dargludiad

Gweithgaredd

1 Meddyliwch am un rysáit i bob un o'r dulliau trosglwyddo gwres ar y cyd sydd wedi'u rhestru ar dudalen 110.

2 Gwnewch restr o ryseitiau rydych chi wedi eu coginio i weld pa gyfuniad o ddulliau trosglwyddo gwres sydd wedi digwydd wrth goginio'r ryseitiau hynny.

GEIRIAU ALLWEDDOL

Dargludiad: y gwres yn cyffwrdd â bwyd yn uniongyrchol, ac yn rhoi egni i'r moleciwlau yn y bwyd. Mae'r rhain yn dechrau dirgrynu a throsglwyddo egni a gwres drwy'r bwyd i'w goginio.

Darfudiad: mae hyn yn digwydd mewn hylifau a nwyon. Mae'r gwres yn rhoi egni i'r moleciwlau yn yr hylif neu'r nwy, maen nhw'n codi ac mae moleciwlau oerach yn cymryd eu lle. Mae hyn yn creu ceryntau darfudiad.

Pelydriad: mae hyn yn digwydd wrth grilio ac wrth goginio mewn ffwrn ficrodonnau, pan mae tonnau isgoch neu ficrodonnau yn mynd drwy'r aer ac yn cynhesu arwyneb y bwyd, gan roi egni i'r moleciwlau.

PWYNTIAU ALLWEDDOL: SUT MAE GWRES YN CAEL EI DROSGLWYDDO

- Mae gwres yn fath o egni.
- Wrth i wres roi egni i'r moleciwlau mewn bwyd, maen nhw'n dechrau dirgrynu a symud. Y cyflymaf maen nhw'n symud, y mwyaf o wres sy'n cael ei gynhyrchu.
- Mae tair ffordd o drosglwyddo gwres yn ystod coginio: dargludiad, darfudiad a phelydriad.
- Dim ond mewn pethau solet fel sosbenni metel neu fwyd mae dargludiad yn digwydd.
- Mae darfudiad yn digwydd mewn hylifau a nwyon.
- Pelydriad yw pan mae gwres yn mynd drwy aer heb ddefnyddio solid, hylif na nwy.
- Mae nifer o seigiau'n dibynnu ar fwy nag un math o drosglwyddo gwres.

Cwestiynau arholiad enghreifftiol

1 Rhowch **dri** rheswm dros goginio bwyd. [3 marc]

2 Disgrifiwch pa fath o drosglwyddiadau egni sy'n digwydd pan rydych yn coginio tatws. [2 farc]

3 Esboniwch pam mae'n beryglus defnyddio dysglau metel mewn ffwrn ficrodonnau. [3 marc]

4 Nodwch **ddwy** ffordd o goginio sy'n dangos dargludiad fel dull o drosglwyddo gwres. [2 farc]

Dewis dulliau coginio i gadw neu addasu gwerth maethol bwydydd a gwella blasusrwydd prydau o fwyd

Yn yr adran hon byddwn yn edrych ar sut y gallwn gadw maetholion yn ein bwydydd wrth eu coginio, ychwanegu maetholion, a gwella blas ac ymddangosiad bwyd i'w wneud yn fwy deniadol.

Cadw gwerth maethol

Ym Mhennod 2, fe fuom ni'n dysgu am yr holl faetholion sydd eu hangen ar y corff am ddeiet cytbwys iach, a pha fwydydd sy'n cynnwys y maetholion hyn.

Bydd dinistrio rhai o'r maetholion hyn wrth goginio yn dda i ddim i'ch cyrff, felly os ydych wedi cynllunio a dewis saig yn ofalus neu wedi cynllunio bwydlen diwrnod i roi'r holl faetholion angenrheidiol i chi, mae'r un mor bwysig i chi ofalu eich bod yn paratoi'r bwyd ac yn ei goginio i roi'r maetholion hyn i chi. Yr enw ar hyn yw **cadw gwerth maethol**.

Hefyd, mae angen i ni edrych pa mor **gryf** yw'r maetholion cyn penderfynu ar ddull coginio addas.

Maetholyn	Pa mor hawdd ydy hi ei ddinistrio?
Protein	Dydy gwres ddim yn ei ddinistrio, ond mae newidiadau cemegol yn arwain at ddadnatureiddiad.
Carbohydrad	Dydy gwres ddim yn ei ddinistrio, ond mae newidiadau cemegol yn arwain at ddiraddiad startsh.
Braster	Dydy gwres ddim yn ei ddinistrio, ond mae rhai dulliau coginio yn ychwanegu braster (e.e. ffrio) a rhai yn lleihau'r cynnwys braster (e.e. grilio).
Fitaminau braster-hydawdd A, D, E a K	Bydd y rhain yn gollwng allan o'r bwyd i'r braster os bydd bwydydd sy'n cynnwys y fitaminau hyn yn cael eu coginio gyda braster.
Fitaminau dŵr-hydawdd B a C	Bydd gwres yn dinistrio'r rhain a byddan nhw'n hydoddi yn y dŵr mae'r bwyd yn cael ei goginio ynddo.
Mwynau	Dydy prosesau coginio ddim yn effeithio ar fwynau.

Tabl 6.2 Pa mor hawdd yw dinistrio maetholion gwahanol

O edrych ar Dabl 6.2 gallwn weld mai'r prif fwydydd a allai golli maeth wrth eu coginio yw'r rhai sy'n cynnwys fitaminau. Os edrychwn yn ôl ar Bennod 2, gallwn weld bod nifer o fitaminau mewn ffrwythau a llysiau, felly mae'n rhaid i ni fod yn ofalus wrth goginio'r bwydydd hyn, i ofalu ein bod yn cadw cymaint â phosibl o fitaminau yn y bwyd.

Mae Tabl 6.3 yn dangos y fitaminau sy'n cael eu dinistrio gan ddulliau coginio gwahanol.

Maetholyn	Gwres	Aer	Dŵr	Braster
Fitamin A	✓			✓
Fitamin D				✓
Fitamin E	✓	✓		✓
Fitamin C	✓	✓	✓	
Thiamin (fitamin B1)	✓		✓	
Ribofflafin (fitamin B2)			✓	
Fitamin B6	✓	✓	✓	
Ffolad	✓	✓		
Fitamin B12	✓		✓	

Tabl 6.3 Y fitaminau mae dulliau coginio gwahanol yn eu dinistrio

Fitaminau braster-hydawdd

Mae fitamin A mewn cynnyrch anifeiliaid fel afu/iau, llaeth, caws a physgod olewog fel retinol, ac mewn llysiau a ffrwythau fel moron, pupur coch a llysiau deiliog, gwyrdd tywyll fel beta-caroten. Os byddwn yn ffrio'r bwydydd hyn, byddwn yn colli fitamin A, gan y bydd yn hydoddi yn y braster rydym ni'n ffrio bwydydd ynddo.

Ni fydd hyn yn gymaint o broblem os ydych yn gweini'r braster fel rhan o'r saig, er enghraifft mae pryd tro ffrio yn defnyddio ychydig iawn o fraster, ac mae'r braster yn gorchuddio'r bwyd wrth ei goginio, felly fel arfer mae'n cael ei fwyta fel rhan o'r saig.

Ond, os ydym yn ffrio bwyd, fel afu/iau neu bysgod olewog, rydym yn eu tynnu o'r braster cyn i ni eu gweini. Mae hyn yn golygu bydd rhywfaint o'r fitamin A yn cael ei adael yn y badell ffrio.

Mae fitamin D mewn pysgod olewog, menyn, caws a llaeth. Hefyd, mae'n cael ei ychwanegu at fargarîn yn unol â'r gyfraith.

Mae fitamin E mewn olew llysiau, cnau, hadau ac olew bywyn gwenith.

Mae fitamin K mewn caws, afu/iau, asbaragws a llysiau deiliog.

Mae'n annhebygol y byddwch yn colli'r fitaminau hyn wrth goginio'r bwydydd hyn, gan mai dim ond ychydig bach ohonyn nhw sydd eu hangen. Fel arfer rydym yn bwyta digon o fwydydd i roi digon o'r fitaminau hyn i ni.

Fitaminau dŵr-hydawdd

Mae dulliau coginio yn llawer mwy tebygol o ddinistrio'r rhain oherwydd dydyn nhw ddim yn gryf iawn. Mae gwres yn eu dinistrio'n hawdd, ac maen nhw'n hydoddi mewn dŵr wrth eu coginio.

Mae dod i gysylltiad ag ocsigen yn dinistrio fitamin C hefyd, felly wrth i chi fân-dorri sbigoglys neu fresych, mae'r fitamin C yn dechrau ymddatod wrth i ocsigen o'r aer ei daro.

Ffigur 6.14 Bydd y pryd tro ffrio hwn yn gweini'r braster mae wedi'i goginio ynddo fel rhan o'r pryd

Ffigur 6.15 Mae gwres yn dinistrio'r fitamin C sydd yn y llysiau hyn yn hawdd a bydd yn hydoddi mewn dŵr

Ffyrdd o sicrhau bod cymaint â phosibl o'r fitaminau hyn yn aros yn y bwyd:
- Prynu'r bwyd mor ffres â phosibl, oherwydd gan y rhain y bydd y mwyaf o fitamin C.
- Eu paratoi ar y munud olaf posibl i leihau faint o amser maen nhw mewn cysylltiad ag aer.
- Dewis dull coginio sy'n defnyddio cyn lleied o ddŵr â phosibl; stemio yn hytrach na berwi, defnyddio ffwrn ficrodonnau, neu ffrio mewn ychydig o olew.
- Eu coginio am gyn lleied o amser â phosibl a'u gweini ar unwaith oherwydd bydd mwy o fitamin C yn cael ei ddinistrio yr hiraf y byddwch yn eu cadw'n boeth.
- Os ydych chi wedi berwi'r llysiau, gallwch ddefnyddio'r hylif coginio i wneud saws neu grefi i'w weini gyda'r llysiau, neu wneud cawl o'r hylif.
- Bydd gwreiddlysiau fel tatws neu datws melys yn cadw tua 65% o'u fitamin C os ydych yn eu pobi nhw'n gyfan.

Gweithgaredd ymarferol

1 Dewiswch ddetholiad o lysiau gwyrdd, deiliog, er enghraifft sbigoglys, cêl a bresych.

Mân-dorrwch y dail a'u coginio yn y ffyrdd canlynol:
- **a)** Berwi rhai mewn sosban ddofn o ddŵr.
- **b)** Berwi rhai mewn ychydig bach o ddŵr.
- **c)** Stemio rhai mewn stemiwr.
- **ch)** Coginio rhai mewn ffwrn ficrodonnau.
- **d)** Tro ffrio rhai mewn wok.

Cymharwch y canlyniadau, gan edrych ar weadedd, lliw a blas.

Pa un ydych chi'n ei hoffi orau?

Oes unrhyw wahaniaeth mewn blas a gweadedd?

Dylai'r llysiau a gafodd eu stemio, y rhai a gafodd eu rhoi yn y ffwrn ficrodonnau a'r rhai a gafodd eu tro ffrio gynnwys mwy o fitamin C na'r ddau fath arall o lysiau wedi'u berwi.

Addasu gwerth maethol

Wrth ddewis rysáit neu gynllun prydau o fwyd, mae'n bosibl newid swm unrhyw faetholyn drwy ychwanegu cynhwysion neu eu tynnu allan.

Yn Nhabl 5.2 yn y bennod flaenorol fe fuon ni'n edrych ar ffyrdd o leihau halen, siwgr a braster, neu gynyddu ffibr yn y deiet. Yn yr un modd, mae'n bosibl ychwanegu maetholion at fwyd i fodloni unrhyw anghenion.

Er enghraifft:
- ychwanegu wy at gynnyrch fel tatws hufennog i roi mwy o faeth a rhagor o brotein
- ychwanegu llysiau wedi'u gratio, fel moron, at saig gyda chig fel lasagne, i roi fitaminau a ffibr
- ychwanegu cig wedi'i dorri, fel cig moch/bacwn, at bryd o gaws macaroni i gael rhagor o brotein
- ychwanegu cynnyrch powdr, fel bywyn gwenith at stiw a chawl i gael rhagor o brotein.

Gwella blasusrwydd saig

Mae'r blasbwyntiau ar ein tafod yn adnabod blas hallt, sur, melys, ac umami (blas sawrus dymunol).

Mae rhai adegau pan mae angen gwella **blasusrwydd** bwyd.

- Pan mae archwaeth bach iawn gan bobl hŷn, mae'n bwysig gwneud y bwyd mor flasus â phosibl, i'w hannog i fwyta. Bydd hyn hefyd yn cynnwys y fantais o gynyddu llif poer yn y geg, felly byddan nhw'n treulio'r bwyd yn haws, a bydd problemau'r geg yn lleihau.

- Pan mae hi'n anodd i bobl hŷn neu blant ifanc gnoi, mae'n bwysig tyneru cigoedd i'w gwneud yn haws eu cnoi, drwy ddechrau'r broses o ddadnatureiddio'r protein yn y cig drwy ei daro yn gyntaf â gordd cig. Mae hyn yn dechrau torri'r bondiau rhwng y proteinau, ac yn ei wneud yn fwy tyner pan fydd yn cael ei goginio, felly mae'n haws ei gnoi.

- Efallai y bydd pobl sy'n cael rhai triniaethau canser, fel cemotherapi, yn cael problemau gyda'u ceg, ac efallai na fydd bwyd yn blasu'n neis iawn. Gan ei bod hi'n bwysig iawn bod y bobl hyn yn cadw deiet iach, mae'n bosibl ychwanegu ychydig o felysyddion i wella blas bwyd, gan ei wneud yn fwy blasus i'r claf.

- Gall ychwanegu braster at fwydydd gynyddu'r blasusrwydd, gan fod y rhan fwyaf o bobl yn mwynhau **teimlad y geg** bwydydd brasterog, felly maen nhw'n dueddol o fwyta mwy a'u mwynhau'n fwy. Mae nifer o gynhyrchwyr yn ychwanegu braster at fwydydd i wella'r blas.

Ffigur 6.16 Gordd cig yn taro cig

PWYNTIAU ALLWEDDOL: CADW NEU ADDASU GWERTH MAETHOL BWYDYDD A GWELLA BLASUSRWYDD BWYDYDD

- Mae'n bosibl colli maetholion wrth goginio.
- Y maetholion mwyaf tebygol o'u colli yw fitaminau dŵr-hydawdd.
- Mae fitaminau A, D, E a K yn fraster-hydawdd.
- Mae fitaminau B ac C yn ddŵr-hydawdd.
- Byddwch yn colli llai o fitaminau dŵr-hydawdd drwy eu stemio a'u coginio yn y ffwrn ficrodonnau.
- Mewn sefyllfaoedd penodol mae'n hanfodol gwneud saig yn fwy blasus i sicrhau bwyta digon o faetholion.

Cwestiynau arholiad enghreifftiol

1. Nodwch **ddwy** ffordd o goginio ysgewyll i gadw'r cynnwys fitamin C. [2 farc]
2. Esboniwch pam mae hi'n bwysig gwneud bwyd mor flasus â phosibl i'r henoed. [4 marc]
3. Sut byddech chi'n addasu rysáit i ychwanegu mwy o brotein i rywun oedd yn gwella ar ôl llawdriniaeth ac a oedd ag angen mwy o brotein i wella? Nodwch y rysáit y byddech yn ei defnyddio a beth y byddech chi'n ei ychwanegu ati. Disgrifiwch sut y byddai hyn yn cynyddu'r cynnwys protein. [4 marc]

Defnyddio micro-organebau yn gadarnhaol

Mae'r rhan fwyaf o bobl yn meddwl bod micro-organebau yn niweidiol, ac yn wir, maen nhw'n gallu bod. Mae llawer o amser yn cael ei dreulio i sicrhau does dim traws-halogiad gan facteria a llwydni niweidiol yn digwydd wrth baratoi bwyd a'i goginio.

Ond, mae rhai micro-organebau yn ddefnyddiol wrth gynhyrchu bwyd. Fe fyddem ni heb nifer o'n bwydydd gorau os na fydden nhw'n cael eu defnyddio.

Cynnyrch llaeth

Mae'r rhan fwyaf o bobl yn hoffi caws yn fawr iawn, a nifer ohonom yn bwyta iogwrt. Mae'r ddau gynnyrch hyn wedi'u gwneud o laeth. I droi llaeth yn gaws ac iogwrt, mae angen ychwanegu bacteria.

Gwneud iogwrt:
- Mae bacteria yn bwyta'r lactos (siwgr) yn y llaeth, ac yn ei drawsnewid yn asid lactig, sy'n dadnatureiddio'r proteinau llaeth ac yn tewychu'r cynnyrch.
- Mae'r asid yn rhoi ei flas siarp i'r iogwrt.
- Mae cyflasau a lliwiau'n cael eu hychwanegu'n aml at yr iogwrt cyn ei becynnu.

Gwneud caws:
- Mae proses gychwynnol gwneud caws yr un fath â phroses gwneud iogwrt.
- Wedyn, bydd ensym o'r enw **ceuled** yn cael ei ychwanegu, sy'n gwahanu'r llaeth yn geulion a maidd. Mae'r caul, sef y rhan drwchus, wyn, yn cael ei ddefnyddio i ffurfio'r caws.
- Mae cyflasau a phrosesau gwahanol yn gwneud yr holl gawsiau gwahanol rydym ni'n hoffi eu bwyta.
- Mae llwydni'n cael ei ychwanegu at gawsiau glas, fel caws Stilton neu Roquefort, i greu'r gwythiennau glas sydd yn y cawsiau. Mae'r llwydni'n cael ei ychwanegu'n fwriadol at y caws drwy dyllu'r caws gyda dyfeisiau metel (weiren gopr) i adael i aer fynd mewn drwy'r tyllau ac annog y llwydni glas i dyfu.

Ffigur 6.17 Mae iogwrt yn defnyddio micro-organebau yn ystod ei broses gynhyrchu

Ffigur 6.18 Mae llwydni glas mewn caws Stilton

Gweithgaredd ymarferol

1 Chwiliwch am rysáit i wneud iogwrt.
2 Ewch ati i gynllunio, paratoi a gwneud swp o iogwrt.
3 Rhannwch yr iogwrt i dri photyn ac ychwanegwch dri chyflas gwahanol.
4 Gofynnwch i aelodau eraill o'ch grŵp flasu'r samplau; defnyddiwch ddisgrifyddion synhwyraidd i'ch helpu i nodi cryfderau a meysydd i'w gwella.

Cynnyrch cig

Mae salami, chorizo a saucisson Ffrengig yn cael eu gwneud o gig **wedi'i eplesu**. Micro-organebau'n ymddatod sylwedd yn gemegol yw eplesu.

Yn y rhain, mae bacteria'n newid asidedd y cig ac yn atal bacteria niweidiol rhag ei ddifetha. Mae hyn yn arwain at ddadnatureiddio'r protein. Mae halen neu gyflasynnau yn cael eu hychwanegu, yna mae'r cynnyrch yn sychu yn yr aer ar dymheredd isel wedi'i reoli.

Ffigur 6.19 Mae salami a chorizo'n cael eu cynhyrchu gan ddefnyddio bacteria defnyddiol

Eplesiad siwgr

Mae diodydd alcoholig yn defnyddio burum a'r eplesiad siwgr o ganlyniad i hyn, i gynhyrchu alcohol.

Ers cannoedd o flynyddoedd, mae pobl o bob cwr o'r byd wedi gwneud mathau o ddiodydd byrlymog, melys wedi'u heplesu'n naturiol, fel diod sinsir, dandelion and burdock, diod byrlymog ysgawen, a diodydd soda eraill â blas.

Os byddwch yn gwneud eich diod byrlymog eich hun gartref, byddwch yn defnyddio burum a siwgr i greu 'cychwynnwr', a fydd yn annog bacteria asid lactig i dyfu. Yn y pen draw, bydd hyn yn creu carbon deuocsid, sy'n gwneud y ddiod yn fyrlymog.

Mae dŵr byrlymog, wedi'i garboneiddio yn cael ei ychwanegu at y surop sylfaenol yn y diodydd byrlymog rydym ni'n eu hyfed heddiw, cyn rhoi'r ddiod mewn tun neu botel.

Gwneud bara

Burum yw'r cynnyrch sy'n cael ei ddefnyddio i wneud i bara godi. Mae burum yn ficro-organeb, ond nid yw'n gwneud niwed i ni. Hefyd mae burum yn cael ei ddefnyddio i wneud cwrw a gwin.

Quorn™

Mae Quorn™ yn gynnyrch y mae llysieuwyr lacto-ofo a llysieuwyr lacto yn gallu'i fwyta yn lle cig, ond nid feganiaid. Mae mycoprotein mewn Quorn™, sy'n deillio o ffwng. Mae'r protein yn cael ei gymysgu gyda gwynnwy a'i ffurfio'n siapiau fel selsig, byrgers, darnau maint cig a briwgig Quorn™.

Gweithgaredd ymarferol

Chwiliwch am rysáit ar gyfer diod byrlymog cartref, ac ewch ati i weld a allwch greu eich fersiwn eich hun o'ch hoff ddiod tun.

PWYNTIAU ALLWEDDOL: DEFNYDDIO MICRO-ORGANEBAU YN GADARNHAOL

- Mae llawer o ficro-organebau sy'n fuddiol i ni.
- Mae bwydydd fel caws, iogwrt a chynnyrch cig fel salami a chorizo yn cael eu cynhyrchu gan ddefnyddio micro-organebau.
- Mae burum yn ficro-organeb sy'n cael ei ddefnyddio wrth gynhyrchu bara, diodydd byrlymog, gwin a chwrw.
- Mae Quorn™, y mae llysieuwyr yn gallu'i fwyta yn lle cig, wedi'i wneud o ficro-organeb.

Nodweddion gweithredol a phriodweddau cemegol a swyddogaethol cynhwysion

Yn yr adran hon byddwn yn canfod:

- pam rydym ni'n dewis cynhwysion penodol ar gyfer ryseitiau, a sut mae eu defnyddio yn gwneud y cynnyrch yn llwyddiannus
- **priodweddau swyddogaethol** y cynhwysion rydym ni'n eu defnyddio (mae hyn yn golygu bod rheswm penodol pam rydym yn defnyddio cynhwysion mewn rysáit). Gallai fod oherwydd ei flas, ei weadedd neu ei liw, er enghraifft
- yr adweithiau cemegol sy'n digwydd wrth goginio cynhwysion penodol, er enghraifft, mae pobi yn gwneud iddo setio.

Mae'r tri macrofaetholyn – protein, carbohydrad a braster – yn sylfaen i'n ryseitiau a'n prydau o fwyd bron i gyd. Mae gan bob un o'r rhain nodweddion penodol, sy'n golygu eu bod yn newid wrth eu coginio.

I grynhoi, wrth goginio bwyd:

- mae'n newid lliw
- mae'n newid gweadedd
- mae blas y bwyd yn newid.

Byddwn yn edrych yn fwy manwl ar ba briodweddau gwahanol y tri macrofaetholyn hyn sy'n eu gwneud yn addas i ryseitiau penodol, i gael canlyniad llwyddiannus.

Proteinau

Mae'r nodweddion canlynol gan broteinau:

- **ceulo**
- **ffurfio ewyn (neu awyriad)**
- ffurfio glwten
- dadnatureiddiad.

Rydym wedi canfod bod y bondiau rhwng yr asidau amino yn datod ac yn creu adeiledd gwahanol wrth gynhesu proteinau. Yr enw ar hyn yw **dadnatureiddiad**. (Cofiwch, dyma pryd mae bondiau rhwng y plygiadau yn yr asidau amino yn torri a'r protein yn dechrau datod, gan ffurfio siapiau gwahanol, edrychwch ar Ffigur 6.2.)

Bydd hyn yn digwydd pan fydd y protein:

- yn cael ei gynhesu
- yn cael ei chwisgio
- yn cael ei roi mewn asid, er enghraifft, mewn finegr.

Wyau yw'r brif ffynhonnell o brotein rydym ni'n ei defnyddio i greu ryseitiau gwahanol. Mae nifer o briodweddau gan wyau a gallan nhw fod wedi'u coginio neu'n amrwd mewn ryseitiau. Maen nhw'n ceulo, yn ffurfio ewyn ac yn dadnatureiddio.

Mae Tabl 6.4 yn dangos sut a lle mae'r wyau'n arddangos y priodweddau hyn.

Swyddogaeth wyau	Pam mae'r wy yn cael ei ddefnyddio	Enghreifftiau o ryseitiau sy'n defnyddio'r swyddogaeth hon
Beindio cynhwysion gyda'i gilydd	Bydd y protein yn yr wy yn ceulo (mynd yn drwchus ac yn setio) pan fydd yn cael ei gynhesu, felly mae'n dal y cynhwysion eraill gyda'i gilydd.	Cacennau pysgod Crimpiau tatws
Dal aer	Bydd y protein yn yr wy yn ymestyn pan fydd yn cael ei chwisgio (dadnatureiddiad) ac yn dal aer fel swigod bach (ffurfio ewyn neu awyriad). Wrth goginio'r cynnyrch bydd yn caledu o amgylch yr aer.	Meringues Sbwng wedi'i chwisgio, fel Swis-rôl Mousses a soufflés
Tewychu cynnyrch	Wrth gynhesu'r protein mae'n ceulo ac yn tewychu'r cynnyrch.	Cwstard wy Quiche Lorraine
Caenu cynnyrch	Mae'r cynnyrch yn cael caen o wy a briwsion bara cyn ei ffrio. Mae'r wy yn ceulo ac yn selio'r cynnyrch yn y caen creisionllyd.	Wyau selsig Pysgod mewn briwsion bara
Creu emwlsiwn	Bydd y protein yn yr wy yn atal yr olew a'r dŵr rhag gwahanu. Yr enw ar hwn yw emwlsiwn.	Mayonnaise, pan mae'r melynwy yn dal yr olew a'r finegr gyda'i gilydd
Rhoi sglein ar gynnyrch	Rydych yn brwsio wy ar arwyneb cynnyrch, a phan fydd yn cael ei goginio bydd yn creu arwyneb sgleiniog (yn ceulo).	Crwst ar ben basteiod Rholiau bara neu dorth

Tabl 6.4 Priodweddau wyau mewn coginio

Mae'r priodweddau canlynol gan wyau sy'n unigryw i broteinau:
- Maen nhw'n gallu ceulo (setio) wrth eu cynhesu.
- Maen nhw'n gallu dal aer drwy ffurfio ewyn, a fydd yn setio wrth ei goginio.
- Mae'r protein yn dadnatureiddio (datod a ffurfio adeiledd newydd) pan fydd yn cael ei gynhesu.

Gweithgaredd ymarferol

Gallai un o'ch tasgau asesu gynnwys gwneud cyfres o gynhyrchion I ddangos priodweddau swyddogaethol wyau.

Gan weithio mewn grŵp o dri, cynlluniwch dair saig wahanol sy'n dangos ceulo, ffurfio ewyn a dadnatureiddiad protein mewn wyau (gall pob person wneud un o'r seigiau hyn).

Cofnodwch eich canlyniadau fel grŵp ac yna rhowch gyflwyniad i weddill y dosbarth am ba saig sy'n dangos pa briodwedd.

Hefyd, mae gan broteinau nodweddion eraill.

Wrth wneud bara, mae'n rhaid gweithio'r toes am amser hir. Yr enw ar hyn yw **tylino**. Yn ystod y broses o dylino, mae'r protein sydd yn y blawd, o'r enw **glwten**, yn cael ei ddatblygu a'i ymestyn. Bydd hyn yn ffurfio adeiledd y bara.

Ffigur 6.20 Cynnyrch sy'n dangos ceulo, ffurfio ewyn a dadnatureiddiad protein wy

Ffigur 6.21 Mae'r glwten wedi ymestyn ac yna wedi'i goginio i ddal y swigod aer y tu mewn i'r bara

Ffigur 6.22 Mae'r asid yn y marinad yn dechrau dadnatureiddio'r protein yn y cig

Wrth i'r bara ddechrau codi, mae'r glwten yn dal y carbon deuocsid sy'n dod o'r burum, a bydd y bara'n codi i ffurfio'r dorth neu'r rholiau bara.

Pan mae'r bara wedi'i goginio, mae'r glwten yn setio, ac yn ffurfio adeiledd y bara.

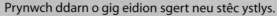

Gweithgaredd ymarferol

Ewch ati i weithio mewn pâr.
- Mae un ohonoch yn gwneud rysáit bara gan ddefnyddio blawd bara.
- Mae'r llall yn gwneud yr un rysáit gan ddefnyddio blawd heb glwten.

Cymharwch eich canlyniadau.

Esboniwch pam mae'r blawd heb glwten ddim yn cynhyrchu torth sydd wedi codi'n dda.

Gall dadnatureiddiad ddigwydd hefyd wrth ychwanegu asid at brotein. Gall hyn fod ar ffurf finegr neu sudd lemon, y ddau ohonyn nhw'n asidau gwan. Mae'r briodwedd hon yn cael ei defnyddio mewn **marinad**, sef socian cig mewn hylif â chyflas cyn ei goginio. Mae'r asid yn y marinad yn dechrau dadnatureiddio'r protein, ac yn gwneud y cig yn fwy tyner cyn ei goginio. Mae hyn o fantais pan fyddwn yn coginio cig ar farbeciw, gan fod y dull coginio yn eithaf cyflym. Felly dydy'r cig ddim yn tyneru wrth goginio.

Gweithgaredd ymarferol

Prynwch ddarn o gig eidion sgert neu stêc ystlys.
- Torrwch y darn yn ei hanner.
- Rhowch hanner y stêc i socian mewn marinâd o'ch dewis (dros nos os yw'n bosibl).
- Ewch ati i ffrio'r ddau ddarn mewn padell ac yna torrwch bob darn.

Trefnwch sesiwn flasu heb weld.
- Gofynnwch i'r rhai sy'n blasu ddefnyddio disgrifyddion synhwyraidd i ddisgrifio blas a gweadedd pob darn.
- Gofynnwch iddyn nhw bleidleisio dros y darn mwyaf tyner a'r un mwyaf blasus.

GEIRIAU ALLWEDDOL

Ceulo: y protein yn setio wrth iddo goginio, gan ffurfio adeiledd solet.

Ffurfio ewyn neu **awyriad:** chwisgio neu guro wy yn gwneud i'r adeiledd protein newid i ddal swigod bach o aer.

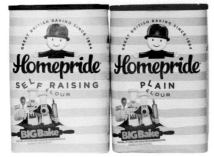

Ffigur 6.23 Y mathau gwahanol o flawd gwenith sydd ar gael

Carbohydradau

Ym Mhennod 2, fe fuom ni'n dysgu bod carbohydradau'n bodoli fel startsh a siwgr.

Startsh

Un o'r prif gynhyrchion startsh rydym ni'n ei ddefnyddio yn ein ryseitiau yw blawd.

Fel arfer, mae blawd yn cael ei wneud o gynnyrch gwenith (er ei bod erbyn hyn yn bosibl prynu blawd heb glwten i ddioddefwyr coeliag).

Mae sawl math gwahanol o flawd ac mae swyddogaeth wahanol gan bob un.

TGAU Bwyd a Maeth CBAC

Mae Tabl 6.5 yn dangos y symiau gwahanol o glwten sydd mewn blawd gwenith.

Math o flawd gwenith	Rheswm dros ei ddefnyddio	Enghreifftiau o ryseitiau sy'n dangos y swyddogaeth hon
Blawd codi	Blawd meddal sy'n cynnwys powdr codi fel codydd. Mae llai na 10% o brotein (glwten) ynddo, felly nid yw'n ymestyn.	Teisennau, bisgedi a sgonau
Blawd plaen meddal	Mae hwn yn cynnwys llai na 10% o glwten, felly mae'n cynhyrchu toes meddal sydd ddim yn ymestyn.	Crwst brau Bisgedi
Blawd plaen cryf	Mae hwn yn cynnwys mwy na 10% o glwten y protein, felly mae'n cynhyrchu toes sy'n ymestyn llawer wrth ei weithio neu ei dylino, gan y bydd y glwten yn ffurfio darnau ymestynnol i ddal y carbon deuocsid y mae'r burum yn ei gynhyrchu.	Bara a chynnyrch bara
Blawd gwenith caled	Blawd arbennig sy'n cael ei ddefnyddio i wneud pasta. Mae'n cynnwys glwten gwydn, felly nid yw'n ymestyn yn dda iawn.	Pasta ffres

Tabl 6.5 Mathau gwahanol o flawd gwenith

Mae blawd gwenith hefyd yn cynnwys startsh. Fydd y startsh ddim yn hydoddi wrth ei gymysgu â dŵr oer neu hylif oer arall fel llaeth.

Wrth gynhesu'r cymysgedd o ddŵr a startsh, mae'r gronynnau startsh yn dechrau amsugno'r dŵr, neu'r hylif, ac yn chwyddo. Mae hyn yn gwneud i'r hylif dewychu. Wedyn bydd rhai o'r gronynnau startsh yn torri ac yn rhyddhau'r startsh, sydd yna'n ffurfio gel. Yr enw ar y broses hon yw gelatineiddio (mae gelatineiddio wedi'i drafod ar dudalen 105).

Mae gwneud saws gwyn yn enghraifft o hyn yn digwydd. Os edrychwch yn ôl ar Ffigur 6.7, gallwch weld llun o saws gwyn sy'n dangos gelatineiddio.

Mae gelatineiddio hefyd yn digwydd gyda cheirch, reis, pasta a thatws.

Mae'r startsh mewn cynnyrch blawd hefyd yn trawsnewid yn siwgr wrth ei gynhesu. Yr enw ar hyn yw **decstrineiddio**.

Mae hyn yn digwydd mewn gwres sych, fel pobi neu grilio. Gallwch weld hyn wrth dostio darn o fara, a'r arwyneb yn troi'n frown ac yn grensiog, neu wrth goginio teisen, a'r arwyneb yn troi'n frown euraidd.

Gweithgaredd ymarferol

Ceisiwch wneud rysáit gan ddefnyddio dau fath gwahanol o flawd. Er enghraifft, gwnewch rai bisgedi gan ddefnyddio blawd plaen meddal a blawd plaen cryf. Cymharwch y canlyniadau gan ddefnyddio prawf blasu. Gofynnwch i'r rhai sy'n blasu ddefnyddio disgrifyddion synhwyraidd i roi eu sylwadau. Cofnodwch eich canlyniadau.

Gweithgaredd ymarferol

Gwnewch bwdin reis gan ddefnyddio'r dull berwi ar yr hob.

Bydd y pwdin reis yn tewychu wrth i'r gronynnau reis amsugno'r llaeth a dechrau chwyddo. Bydd hyn yn dangos effaith gelatineiddio.

Ffigur 6.24 Pwdin reis yn dangos gelatineiddio.

Ffigur 6.25 Bara'n dangos decstrineiddio wrth iddo droi'n dost

GEIRIAU ALLWEDDOL

Decstrineiddio: y moleciwlau ar arwyneb cynnyrch startsh yn ymddatod ac yn troi'n lliw brown, wrth roi gwres sych arno.

Gwnewch fisgedi gyda'r rysáit gyflym ganlynol.

Bisgedi

Cynhwysion

60 g o siwgr mân

120 g menyn neu fargarîn

180 g o flawd plaen

Dull

1 Ewch ati i hufennu'r menyn a siwgr.

2 Ychwanegwch y blawd a'i wneud yn does.

3 Rholiwch y cymysgedd allan a'i dorri'n fisgedi.

4 Pobwch am ddeg munud ar 150°C yn y ffwrn. Byddan nhw'n troi'n frown oherwydd decstrineiddio.

Ffigur 6.26 Mathau gwahanol o siwgr

Siwgrau

Mae'n bosibl prynu siwgr mewn sawl ffurf wahanol i ryseitiau gwahanol.

● Mae siwgr gwyn ar gael fel siwgr gronynnog, siwgr mân, siwgr eisin a siwgr cyffeithio.

● Mae siwgr brown ar gael fel siwgr demerara, siwgr brown meddal a siwgr brown tywyll.

Swyddogaeth siwgr	Rheswm dros ei ddefnyddio	Enghreifftiau o ryseitiau
Ychwanegu melyster a gwella blas bwydydd melys fel ffrwythau	Mae siwgr yn un o'r pum blas mae ein blasbwyntiau'n eu hadnabod. Mae bwydydd melys yn boblogaidd. Yn aml, mae siwgr yn cael ei ychwanegu at brydau parod i wella'r blas ac i annog pobl i fwyta'r cynnyrch, ei fwynhau ac felly ei brynu eto.	Teisennau a bisgedi Ryseitiau pwdin fel crymbl ffrwythau Crwst melys
Ychwanegu gweadedd	Mae siwgr wedi'i wneud o grisialau, ac yn dibynnu ar faint y crisialau, bydd gweadedd y bwyd yn newid. Gall siwgr brown ychwanegu gweadedd crensiog. Mae siwgr yn aml yn meddalu'r glwten mewn blawd wrth bobi rysáit. Mae hyn yn rhoi gweadedd 'briwsionllyd' meddal, fel mewn teisen.	Teisennau a bisgedi Mae siwgr eisin yn rhoi caen llyfn i deisennau Mae siwgr demerara yn rhoi topin crensiog i basteiod a theisennau
Ychwanegu lliw	Mae Ffigur 6.5 yn dangos y lliwiau gwahanol mewn carameleiddio. Yr hiraf y byddwch yn coginio'r siwgr, a'r uchaf y tymheredd, y tywyllaf y bydd y lliw. Mae hyn yn rhoi amrywiaeth o liwiau i fwyd o frown golau i ddu.	Teisennau a bisgedi Crème caramel Taffi a chyffug
Dal aer	Os ydych yn curo siwgr a braster (menyn neu fargarîn) neu siwgr ac wy gyda'i gilydd neu yn eu hufennu, bydd y cymysgedd yn dal aer. Wrth goginio'r cynnyrch, bydd yn helpu'r cynnyrch i godi.	Cymysgedd teisen popeth ynghyd Teisennau wedi'u hufennu e.e. teisen Fictoria

Tabl 6.6 Swyddogaethau siwgr

Breuo

Breuo yw gallu braster i roi gweadedd briwsionllyd nodweddiadol i gynnyrch, fel mewn crwst brau neu fisgedi. Mae'r braster yn gorchuddio gronynnau'r blawd gyda haen wrth-ddŵr. Mae hyn yn atal y glwten rhag ffurfio darnau hir ac yn gwneud i'r cynnyrch terfynol gael gweadedd meddal sy'n toddi yn y geg (teimlad yn y geg) oherwydd bod y braster wedi byrhau'r darnau glwten.

Awyriad

Bydd y braster mewn rysáit wedi'i hufennu, fel teisen wedi'i hufennu, lle mae'r braster wedi'i hufennu gyda siwgr mân, yn dal yr aer. Bydd hyn yn ffurfio ewyn sefydlog, sydd yna'n cael ei goginio. Bydd yr aer sydd wedi'i ddal yn codi ac yn cael ei ddal yn y glwten yn y blawd wrth i'r deisen goginio.

Plastigrwydd

Mae mathau gwahanol o fraster yn toddi ar dymereddau gwahanol. Yr enw ar y briodwedd hon yw **plastigrwydd**. Mae'n golygu bod nodwedd unigryw gan bob math o fraster. Mae hyn oherwydd cymysgedd y cyfuniadau o gemegion yn y brasterau, sef triglyseridau. Mae gan bob un ei ymdoddbwynt ei hun:

- Mae rhai cynhyrchion yn cael eu creu gydag ymdoddbwyntiau is, fel eich bod yn gallu eu taenu yn syth o'r oergell, fel *Flora* ac *I can't believe it's not butter*.
- Mae gan fathau eraill o fraster, fel menyn, ymdoddbwynt uwch, felly byddan nhw'n solet wrth eu tynnu o'r oergell, ond yn meddalu mewn ystafell gynnes.

Emwlseiddio

Mae braster yn **hydroffobig**. Mae hyn yn golygu ei fod yn methu cymysgu gyda dŵr, ond mae'n dueddol o ffurfio globylau mawr pan fydd yn cael ei gymysgu â dŵr, neu hylif. Er mwyn iddo gymysgu â hylif (**emwlseiddio**), mae angen ychwanegu **emwlsydd**. Enghraifft o hyn yw ychwanegu melynwy at mayonnaise fel bod yr olew a'r finegr yn cymysgu â'i gilydd.

Mae braster yn solet ar dymheredd ystafell, e.e. menyn, margarîn a lard.

Mae olew yn hylif ar dymheredd ystafell. Mae olew llysiau ac olew olewydd yn enghreifftiau.

Mae braster ac olew yn bwysig iawn mewn ryseitiau. Maen nhw'n ychwanegu lleithder, blas a gweadedd at fwydydd.

Mae olew yn cael ei ddefnyddio i goginio bwyd neu fel dresin salad a dipiau.

Ffigur 6.27 Mae menyn, margarîn a lard yn fathau o fraster solet

Swyddogaethau braster	Rheswm dros ei ddefnyddio	Enghreifftiau o ryseitiau
Gwneud teisennau, bisgedi a chrwst Weithiau mae braster yn cael ei alw'n 'shortening' yn Saesneg	Mae'r braster yn creu gweadedd briwsionllyd.	Crwst brau Teisennau Bisgedi
Dal aer	Wrth ei guro gyda siwgr, bydd braster yn dal swigod aer bach iawn. Wrth gynhesu'r cymysgedd, bydd yn codi.	Cymysgedd teisen popeth ynghyd a chymysgedd hufennu
Rhoi blas a lleithder i ryseitiau	Mae'r braster yn dal blasau. Hefyd, mae'r braster yn helpu i atal y dŵr rhag anweddu o fwydydd. Mae hyn yn gwneud iddyn nhw bara'n hirach.	Teisennau ffrwythau Bisgedi Rhai mathau o fara Bwydydd wedi'u ffrio
Gwneud ysgeintiadau a thopins i deisennau	Mae'r braster yn cael ei guro gyda siwgr i roi topin meddal, blasus.	Hufen menyn fel llenwad teisen
Bwydydd taenu ar fara Eu rhoi ar lysiau, fel tatws, cyn eu gweini	Mae hyn yn ychwanegu blas, ac yn iro'r bwyd, gan ei wneud yn haws ei lyncu.	Ychwanegu menyn at lysiau cyn eu gweini
Ychwanegu maetholion ar ffurf fitaminau sy'n hydawdd mewn braster	Yn unol â'r gyfraith, mae fitamin A a D yn cael eu hychwanegu at fargarin.	

Tabl 6.7 Defnyddio braster wrth goginio

Swyddogaeth olew	Rheswm dros ei ddefnyddio	Enghreifftiau o ryseitiau
Rhostio	Pobi bwyd mewn ffwrn, mewn olew. Mae'r tymheredd yn y ffwrn yn gwneud i'r dŵr yn y bwyd anweddu. Mae hyn yn gwneud blas y bwyd yn fwy dwys. Mae'r olew yn ychwanegu lleithder ac yn helpu i ddal y blas yn y bwyd.	Cig a dofednod wedi'u rhostio Rhostio llysiau fel tatws, tatws melys, pannas, pwmpen cnau menyn
Ffrio'n ysgafn	Coginio bwyd mewn olew, dros wres isel i ganolig. Mae'n dod â'r blas allan o fwyd, gan ddatblygu a rhyddhau sudd o'r bwyd.	Ffrio nionod/winwns yn ysgafn ac yn araf dros wres isel i ryddhau siwgrau, sy'n gwneud y nionod/winwns yn fwy melys, ac yn eu carameleiddio i'w troi'n frown euraidd
Ffrio bas, tro ffrio neu ffrio dwfn	Mae'r bwyd yn cael ei goginio a bydd ganddo gaen a gweadedd creisionllyd.	Ffrio bas: cig moch/bacwn, wyau, pysgod Tro ffrio: llysiau, cyw iâr, stribedi o stêc a bwyd môr Ffrio dwfn: pysgod mewn cytew, sglodion, toesenni
Gwneud dresin salad	Mae hyn yn ychwanegu blas a gweadedd at y bwydydd.	Vinaigrette, mayonnaise
Fel dip ar gyfer bara	Ychwanegu blas a lleithder i fara yn hytrach na defnyddio menyn.	Mae'n bosibl rhoi blas i olew gyda pherlysiau a garlleg

Tabl 6.8 Defnyddio olew wrth goginio

Ymestyn a herio

1 Gwnewch gyfres o gynhyrchion gan ddefnyddio mathau gwahanol o fraster ac olew. Er enghraifft, dewiswch rysáit teisen a gwnewch yr un rysáit gan ddefnyddio menyn, margarîn, lard ac olew blodyn yr haul.
2 Cymharwch y canlyniadau.
3 Esboniwch pam mae'r cynhyrchion terfynol yn wahanol. Defnyddiwch Dablau 6.7 a 6.8, sy'n esbonio swyddogaeth braster ac olew, i gofnodi eich canlyniadau.

GEIRIAU ALLWEDDOL

Breuo: gallu braster i gynhyrchu gweadedd briwsionllyd nodweddiadol mewn cynnyrch wedi'i bobi.

Plastigrwydd: priodwedd braster sy'n gadael i fathau gwahanol o fraster doddi ar dymereddau gwahanol.

Hydroffobig: cynnyrch, fel braster, sy'n methu cymysgu â dŵr.

Emwlseiddio: priodwedd braster sy'n ei alluogi i gymysgu â hylif ar ôl ychwanegu emwlsydd, fel melynwy.

PWYNTIAU ALLWEDDOL: NODWEDDION GWEITHREDOL A PHRIODWEDDAU CEMEGOL A SWYDDOGAETHOL CYNHWYSION AC OLEW

- Mae protein yn dangos ceulo, ffurfio ewyn/awyriad a dadnatureiddio fel priodweddau.
- Gall asidau gwan, fel finegr a sudd lemon hefyd ddadnatureiddio proteinau.
- Gall glwten, y protein mewn blawd, ymestyn pan fydd yn cael ei weithio, a ffurfio adeiledd a fydd yn dal aer mewn cynnyrch fel bara.
- Mae carbohydradau yn startsh ac yn siwgr.
- Mae blawd gwenith yn cynnwys glwten, a fydd yn ffurfio adeiledd wrth ei weithio neu ei dylino.
- Bydd startsh yn chwyddo wrth ei gynhesu mewn hylif, a bydd yn tewychu'r hylif.
- Bydd moleciwlau startsh yn ymddatod ac yn newid lliw wrth eu cynhesu gyda gwres sych.
- Bydd siwgrau yn melysu ac yn lliwio bwydydd.
- Bydd siwgrau hefyd yn newid gweadedd bwydydd ac yn dal aer.
- Mae braster naill ai yn olew neu'n fraster solet.
- Mae braster yn cael ei ddefnyddio i fyrhau darnau o glwten, gwneud bwyd yn feddalach ac i ddal aer.
- Hefyd, mae braster yn rhoi blas, gweadedd a maetholion i rysáit.
- Mae olew'n cael ei ddefnyddio i rostio a ffrio bwydydd.
- Mae olew yn cael ei ddefnyddio hefyd ar gyfer dresins salad a dipiau.

Cwestiynau arholiad enghreifftiol

1. Enwch **ddau** o briodweddau wyau sy'n dangos pam maen nhw'n cael eu defnyddio wrth goginio, a rhowch enghreifftiau o rysáit sy'n defnyddio pob priodwedd. [4 marc]

2. Disgrifiwch beth sy'n digwydd i'r glwten yn ystod y broses o dylino toes bara. [3 marc]

3. Nodwch rysáit lle byddai'n well defnyddio marinâd cyn coginio'r cig. [2 farc]

4. Awgrymwch **ddwy** rysáit sy'n defnyddio blawd codi. [2 farc]

5. Rhowch **ddwy** swyddogaeth siwgr mewn coginio. [2 farc]

6. Esboniwch sut mae carameleiddio yn ychwanegu lliw at dop teisen. [3 marc]

7. Disgrifiwch sut mae braster yn helpu i greu gweadedd briwsionllyd i fisgedi. Dylech gyfeirio at ei briodwedd breuo. [4 marc]

8. Beth yw ystyr y term plastigrwydd wrth gyfeirio at fraster? Nodwch **ddau** fraster gwahanol sy'n dangos y briodwedd hon. [3 marc]

9. Esboniwch sut mae braster yn gweithredu fel awyrydd wrth wneud teisennau. [3 marc]

10. Enwch **ddwy** rysáit sy'n defnyddio menyn neu fargarîn, ac esboniwch swyddogaeth y braster yn y ddwy rysáit. [4 marc]

11. Esboniwch sut byddai ychwanegu margarîn at rysáit yn cynyddu gwerth maethol y cynnyrch terfynol. [2 farc]

12. Disgrifiwch beth sy'n digwydd wrth ffrio bwydydd yn ysgafn (sauté). [4 marc]

Ffigur 6.28 Afal wedi'i dorri yn dangos ocsidiad oherwydd brownio ensymaidd

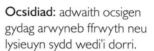

Gweithgaredd ymarferol

1 Torrwch afal coginio yn bum darn.
2 Gadewch un darn ar blât. Dyma eich darn rheoli.
3 Defnyddiwch bob un o'r dulliau uchod i geisio atal brownio ensymaidd.
4 Ar ôl 45 munud, cymharwch ganlyniadau pob darn gyda'r darn rheoli.
5 Pa ddull oedd yr un mwyaf llwyddiannus?

Adweithiau cemegol mewn ffrwythau a llysiau

Wrth dorri neu blicio ffrwythau a llysiau, mae eu harwyneb yn dod i gysylltiad ag aer. Mae'r ocsigen yn yr aer yn adweithio gyda'r ffrwythau neu'r llysiau. Yr enw ar hyn yw **ocsidiad**.

Pan fydd celloedd yn y ffrwythau neu'r llysiau'n cael eu torri, maen nhw'n rhyddhau ensymau sy'n adweithio gydag ocsigen, gan droi'r ffrwythau neu'r llysiau yn frown. Yr enw ar hyn yw **brownio ensymaidd**.

I atal ocsidiad rhag digwydd, gallwch wneud un o'r canlynol:
- Gwasgu sudd lemon ar arwyneb y ffrwyth neu'r llysieuyn sydd wedi'i dorri.
- Gorchuddio arwyneb y ffrwyth neu'r llysieuyn â haenen lynu, i atal yr arwyneb sydd wedi'i dorri rhag dod i gysylltiad ag aer.
- Coginio neu ferwi'r ffrwyth neu'r llysieuyn yn syth ar ôl ei dorri.
- Blansio neu stemio'r ffrwyth neu'r llysieuyn a'i rewi.

GEIRIAU ALLWEDDOL

Ocsidiad: adwaith ocsigen gydag arwyneb ffrwyth neu lysieuyn sydd wedi'i dorri.

Brownio ensymaidd: rhyddhau ensymau o gelloedd wedi'u torri mewn ffrwythau neu lysiau, sy'n adweithio gydag ocsigen ac yn gwneud i'r cynnyrch droi'n frown.

PWYNTIAU ALLWEDDOL: NODWEDDION GWEITHREDOL A PHRIODWEDDAU CEMEGOL A SWYDDOGAETHOL FFRWYTHAU A LLYSIAU

- Bydd arwynebau ffrwythau a llysiau sydd wedi'u torri yn newid eu lliw oherwydd ocsidiad a brownio ensymaidd.
- Mae ffyrdd o atal hyn rhag digwydd, gan gynnwys defnyddio sudd lemon, selio mewn haenen lynu, coginio'r bwyd neu rewi'r bwyd ar ôl ei flansio.

Pam mae rhai ryseitiau'n methu, a sut i wella sefyllfaoedd

Yn yr adran hon byddwn yn edrych ar ganlyniadau annisgwyl ryseitiau sylfaenol a pham mae'r problemau hyn yn digwydd.

Gallwch ddefnyddio'r wybodaeth hon i gywiro'r broblem pan fyddwch yn gwneud y rysáit y tro nesaf.

Weithiau mae'n bosibl gwella'r sefyllfa, ond weithiau dydy hi ddim yn bosibl.

Weithiau gallwch newid y cynnyrch rydych chi'n ei wneud yn rhywbeth arall.

Gwneud teisennau

Mae Tabl 6.9 yn edrych ar y diffygion gwahanol allai ddigwydd gyda theisen orffenedig. Mae'n rhoi'r rhesymau pam y gallai problemau ddigwydd a sut i'w hosgoi.

Diffyg	Achos y diffyg	Sut i osgoi neu wella'r diffyg
Mae'r deisen wedi suddo yn y canol	1 Y deisen heb goginio am ddigon o amser, a'r canol heb setio, felly ar ôl dod allan o'r ffwrn mae'r canol wedi suddo. 2 Gormod o siwgr wedi'i ychwanegu at y rysáit, gan feddalu'r glwten ormod a'r deisen wedi cwympo. 3 Gormod o godydd wedi'i ychwanegu at y cymysgedd felly y glwten wedi cwympo. 4 Drws y ffwrn wedi'i agor wrth i'r deisen goginio, gan adael aer oer i mewn a gwneud i'r cymysgedd gwympo cyn ei goginio.	1 Darllen y rysáit i weld am faint y dylech goginio'r deisen. Gwirio ei bod yn barod drwy roi sgiwer yng nghanol y deisen – dylai'r sgiwer ddod allan yn lân. 2 Pwyso'r siwgr yn ofalus. 3 Mesur y codydd yn ofalus. 4 Peidio ag agor drws y ffwrn nes o leiaf pum munud cyn diwedd yr amser coginio sydd yn y rysáit.
Mae'r deisen wedi codi i bigyn ac mae'r top wedi cracio	1 Wedi rhoi gormod o gymysgedd yn y tun. 2 Gwres y ffwrn yn rhy boeth a chyn iddi godi ddigon, top y deisen wedi coginio. 3 Y deisen wedi'i choginio'n rhy uchel yn y ffwrn.	1 Llenwi dim ond tri chwarter y tun i roi lle iddi godi. 2 Gwirio bod tymheredd y ffwrn yn cyfateb i'r rysáit. 3 Rhoi'r deisen ar silff ganol y ffwrn.
Gweadedd trwm gan y deisen	1 Wedi defnyddio gormod o hylif, a chymysgedd y deisen yn rhy wlyb. 2 Tymheredd y ffwrn yn rhy isel. 3 Heb ddefnyddio digon o godydd. 4 Yn ystod y broses gymysgu roedd y cymysgedd wedi ceulo, ac ni allai ddal ddigon o aer.	1 Mesur yr hylif yn ofalus. Defnyddio dim ond beth mae'r rysáit yn ei ddweud. 2 Gwirio bod tymheredd y ffwrn yn cyfateb i'r rysáit. 3 Mesur y codydd yn ofalus. 4 Os yw'r cymysgedd yn ceulo wrth ychwanegu'r wy, rhoi llond llwy fwrdd o flawd ynddo a'i gymysgu'n dda.
Gweadedd agored a garw gan y deisen	1 Y blawd heb ei gymysgu mewn yn iawn. 2 Wedi defnyddio gormod o godydd cemegol.	1 Gofalu bod yr holl flawd wedi'i gymysgu'n dda. 2 Mesur y codydd yn ofalus.
Y deisen wedi codi'n anwastad	1 Y cymysgedd heb ei daenu'n wastad yn y tun. 2 Wedi rhoi'r tun teisen yn rhy agos at ffynhonnell wres y ffwrn, felly mae wedi codi'n gyflymach ar un ochr. 3 Silff y ffwrn yn gam.	1 Taenu'r cymysgedd yn wastad dros y tun cyfan. 2 Rhowch y tun teisen yng nghanol y ffwrn ar y silff ganol. 3 Gwirio bod silff y ffwrn yn lefel cyn i chi roi'r tun teisen yn y ffwrn.
Mae crwstyn caled, llawn siwgr gan y deisen	1 Wedi defnyddio siwgr bras, fel siwgr gronynnog, felly heb doddi'n iawn. 2 Wedi defnyddio gormod o siwgr. 3 Y cymysgedd heb ei hufennu ddigon.	1 Defnyddio siwgr mân i wneud teisennau. 2 Pwyso'r siwgr yn ofalus a gwirio ei fod yn cyfateb i'r rysáit. 3 Hufennu'r menyn neu'r margarîn gyda'r siwgr nes ei fod yn hufennog ac yn ysgafn.
Y deisen heb godi	1 Heb hufennu'r cymysgedd ddigon, os oedd yn rysáit hufennu cymysgedd. 2 Dim digon o godydd, neu wedi defnyddio'r math anghywir o flawd. 3 Os oedd yn sbwng wedi'i chwisgio, y siwgr a'r wyau heb eu chwisgio nes eu bod yn ysgafn. 4 Os oedd yn sbwng wedi'i chwisgio, wedi gor-guro'r cymysgedd wrth ychwanegu'r blawd, gan daro'r holl aer allan.	1 Hufennu'r menyn neu'r margarîn gyda'r siwgr nes ei fod yn hufennog ac yn ysgafn. 2 Mesur y codydd yn ofalus, a gwirio eich bod yn defnyddio blawd codi. 3 Chwisgio'r wyau a'r siwgr nes bod y cymysgedd yn gadael ôl amlwg wrth i chi godi'r chwisg. 4 Defnyddio symudiad ffigur wyth wrth gymysgu'r blawd i mewn, i gadw cymaint o aer â phosibl yn y cymysgedd.
Y ffrwythau sych neu'r ceirios glacé wedi suddo i waelod y deisen	1 Cymysgedd y deisen yn rhy wlyb. 2 Y ffrwythau neu'r ceirios wedi'u golchi ond heb eu sychu'n iawn cyn mynd i mewn i'r cymysgedd.	1 Gwirio bod pwysau'r blawd rydych chi'n ei ychwanegu yn gywir. Gwirio bod yr wyau o'r maint iawn. 2 Gofalu eich bod yn sychu'r ffrwythau ar ôl eu golchi, neu yn eu gorchuddio mewn blawd cyn eu rhoi nhw yn y cymysgedd.

Tabl 6.9 Diffygion cyffredin ac achosion problemau wrth goginio teisennau

Ffigur 6.29 Teisen gyda chanol wedi suddo

Os yw'r deisen wedi'i choginio yn barod, dydy hi ddim yn bosibl cywiro unrhyw wallau, ond mae gwybod pam mae problemau wedi digwydd yn gallu'ch helpu i'w hosgoi y tro nesaf byddwch chi'n gwneud y deisen.

Gweithgaredd ymarferol

Gweithiwch mewn grŵp o bedwar. Dewiswch rysáit teisen. Mae pob myfyriwr yn gwneud rysáit y deisen, ond yn gwneud y newidiadau canlynol:

- Mae Myfyriwr A yn dilyn y rysáit yn union (dyma'r rheolydd).
- Mae Myfyriwr B yn defnyddio blawd plaen yn lle blawd codi, ac yn dilyn y rysáit yn union.
- Mae Myfyriwr C yn defnyddio siwgr gronynnog yn hytrach na siwgr mân, ac yn dilyn y rysáit yn union.
- Mae Myfyriwr Ch yn ychwanegu tair llwy fwrdd ychwanegol o siwgr at y cymysgedd yn ystod y broses hufennu, yna'n dilyn y rysáit yn union.

Ar ôl coginio, edrychwch ar Dabl 6.9, a gweld a yw'r diffygion sydd wedi'u disgrifio yno wedi digwydd yn eich teisennau.

Cofnodwch eich canlyniadau, gan ddisgrifio beth ddigwyddodd.

Gwneud crwst

Mae Tabl 6.10 yn dangos y diffygion cyffredin wrth wneud crwst, a'r achosion.

Diffyg	Achos y diffyg	Sut i osgoi neu wella'r diffyg
Mae'r crwst yn ludiog, yn feddal ac yn anodd ei drafod	1 Wedi ychwanegu gormod o ddŵr. 2 Wedi defnyddio braster meddal. 3 Wedi trafod gormod ar y cymysgedd. 4 Mae'r crwst yn rhy gynnes, felly mae'r braster wedi dechrau toddi.	1 Mesur y dŵr yn ofalus. 2 Defnyddio lard neu fargarîn caled. 3 Trafod y crwst cyn lleied â phosibl, a thrïo gofalu bod eich dwylo'n eithaf oer. 4 Os yw'r crwst yn dechrau cynhesu, ei lapio mewn haenen lynu a'i roi yn yr oergell am 20 munud i ymlacio.
Mae'r crwst wedi'i goginio yn galed ac yn wydn	1 Wedi ychwanegu gormod o ddŵr. 2 Wedi trafod gormod ar y crwst a'r glwten wedi gorddatblygu. 3 Heb ddefnyddio digon o fraster. 4 Y crwst wedi'i rolio'n ormodol.	1 Mesur y dŵr yn ofalus. 2 Trafod y crwst cyn lleied â phosib, a thrio gofalu bod eich dwylo'n eithaf oer. 3 Pwyso'r braster yn ofalus. 4 Peidio â rholio'r crwst yn ormodol; ceisio cael y siâp yn iawn y tro cyntaf. Os yw'n dechrau cynhesu, ei lapio mewn haenen lynu a'i roi yn yr oergell am 20 munud i ymlacio.
Y crwst yn sych ac yn friwsionllyd ar ôl ei goginio	1 Heb ddefnyddio digon o hylif.	1 Mesur yr hylif yn ofalus.
Y crwst yn crebachu wrth ei goginio	1 Wedi ymestyn y crwst ormod wrth ei rolio allan. 2 Heb adael i'r crwst ymlacio cyn coginio.	1 Peidio â rholio'r crwst ormod. 2 Rhoi'r crwst wedi'i rolio yn yr oergell am 20 munud i ymlacio cyn coginio.
Mae'r crwst yn olewog ac yn feddal ar ôl ei goginio	1 Gwres y ffwrn yn rhy isel.	1 Gwirio bob amser bod tymheredd y ffwrn yn iawn, a'ch bod yn gadael i'r ffwrn gynhesu i'r tymheredd cywir cyn rhoi'r crwst yn y ffwrn.

Y crwst yn feddal ac yn friwsionllyd	1 Heb ddefnyddio llawer o ddŵr.	1 Mesur y dŵr yn ofalus.
	2 Wedi defnyddio gormod o fraster.	2 Pwyso'r braster yn ofalus.
	3 Wedi defnyddio gormod o godydd.	3 Mesur y codydd yn ofalus.
Pothelli ar y crwst	1 Heb rwbio'r braster i mewn yn iawn.	1 Gofalu bod y cymysgedd yn debyg i friwsion bara cyn ychwanegu'r dŵr.
	2 Wedi defnyddio gormod o ddŵr.	2 Mesur y dŵr yn ofalus.
Mae'r crwst yn olau iawn	1 Heb ei bobi am ddigon o amser	1 Gwirio'r amser coginio yn ôl y rysáit.
	2 Roedd tymheredd y ffwrn yn rhy isel.	2 Gwirio bob amser bod tymheredd y ffwrn yn iawn, a'ch bod yn gadael i'r ffwrn gynhesu i'r tymheredd cywir cyn rhoi'r crwst yn y ffwrn.
Mae'r crwst yn rhy dywyll	1 Gwres y ffwrn yn rhy uchel.	1 Gwirio bod tymheredd y ffwrn yn iawn cyn rhoi'r crwst i mewn i goginio.
	2 Wedi'i goginio am ormod o amser.	2 Edrych bob amser ar y saig bum munud cyn diwedd yr amser coginio sy'n cael ei argymell, gan fod ambell ffwrn yn coginio'n gyflymach nag eraill.

Tabl 6.10 Gwallau cyffredin ac achosion problemau wrth wneud crwst

Ffigur 6.30 Casyn crwst wedi crebachu

Gweithgaredd ymarferol

1 Gwnewch ychydig o dartenni jam.
2 Gwnewch swp o grwst brau. Rhannwch y crwst yn ddau.
   - Rholiwch un darn allan a defnyddiwch dorrwr i dorri a leinio tuniau tartenni jam wedi'u hiro. Ychwanegwch y jam (dyma eich rheolydd).
   - Nawr defnyddiwch y darn arall o grwst a'i rolio allan nifer o weithiau cyn i chi dorri'r crwst a gwneud y tartenni jam.
3 Coginiwch y ddau swp o dartenni jam.
4 Cymharwch y ddau ganlyniad. Ydy'r crwst sydd wedi'i rolio ormod wedi crebachu?
5 Cymharwch y blas.

Gwneud bara

Gan fod nifer o gamau wrth wneud bara, mae nifer o adegau pan mae pethau'n gallu mynd o chwith.

Mae Tabl 6.11 yn rhestru rhai o'r diffygion mwyaf cyffredin a'r achosion.

Diffyg	Achos y diffyg	Sut i osgoi neu wella'r diffyg
Y bara heb godi'n dda ac â gweadedd bras (*coarse*)	1 Y burum wedi'i ladd cyn pobi'r bara. 2 Y burum heibio'i ddyddiad 'defnyddio erbyn' ac felly heb actifadu. 3 Y toes wedi'i adael i godi am ormod o amser.	1 Defnyddio dŵr cynnes yn unig, os yw'n rhy boeth bydd yn lladd y burum. 2 Os ydych yn defnyddio burum sych, gwirio'i ddyddiad 'defnyddio erbyn' . 3 Gadael y toes nes ei fod wedi dyblu mewn maint.
Gweadedd trwchus gan y bara	1 Wedi defnyddio'r math anghywir o flawd; mae angen un â chynnwys glwten uchel, fel blawd gwyn cryf, neu flawd bara. 2 Wedi ychwanegu gormod o halen at y cymysgedd, a fydd yn atal y burum rhag gweithio. 3 Y burum wedi'i ladd cyn pobi'r bara. 4 Y toes yn rhy sych, felly methu ehangu'n iawn. 5 Wedi gadael y toes i godi am gyfnod rhy hir.	1 Gwirio eich bod yn defnyddio blawd cryf plaen, neu flawd bara. 2 Ychwanegu'r halen i'r bowlen ar yr ochr gyferbyn â'r burum cyn cymysgu. 3 Defnyddio dŵr cynnes yn unig – os yw'n rhy boeth bydd yn lladd y burum. 4 Ychwanegu digon o ddŵr i roi toes meddal, eithaf gludiog. Peidio â defnyddio gormod o flawd ar y bwrdd wrth dylino'r toes. 5 Gadael y toes nes ei fod wedi dyblu mewn maint.
Y toes yn cwympo pan mae'n cael ei bobi	1 Y toes wedi'i adael i godi am ormod o amser.	1 Gadael y toes nes ei fod wedi dyblu mewn maint.
Gweadedd anwastad gan y bara a thyllau mawr ynddo	1 Y bara heb ei dylino ddigon ar ôl iddo godi y tro cyntaf.	1 Gofalu eich bod yn tylino'r toes nes ei fod yn elastig ac yn bownsio'n ôl wrth ei wthio gyda'ch bys.

Tabl 6.11 Gwallau cyffredin ac achosion problemau wrth wneud bara

Sawsiau

Ffigur 6.31 Problemau gyda bara

Mae tri phrif ddull o wneud saws:

- **Saws roux**: toddi'r braster mewn sosban, ychwanegu'r blawd a'i droi a'i goginio am ddau funud. Tynnu'r sosban oddi ar y gwres ac ychwanegu'r llaeth fesul tipyn, gan ei droi drwy'r amser. Yna rhoi'r sosban yn ôl ar y gwres, a throi'r cymysgedd drwy'r amser nes bod y saws yn berwi ac yn tewychu.
- **Dull popeth ynghyd**: rhoi'r holl gynhwysion yn y sosban ar yr un pryd a berwi'r saws, gan ei droi neu ei chwisgio drwy'r amser nes iddo dewychu.
- **Dull cyfun**: blendio ychydig o'r hylif gyda blawd corn neu saethwraidd (*arrowroot*). Cynhesu gweddill yr hylif ac yna ei ychwanegu at gymysgedd y blawd corn, gan ei droi drwy'r amser. Yna rhoi'r holl gymysgedd yn ôl yn y sosban a'i ferwi, gan ei droi, nes iddo dewychu.

Gall yr un pethau fynd o chwith yn y tri ohonyn nhw.

Diffyg	Achos y diffyg	Sut i osgoi neu ddatrys y diffyg
Y menyn yn y saws roux yn llosgi cyn ychwanegu'r blawd	1 Y sosban ar wres rhy boeth. 2 Y menyn wedi'i adael am ormod o amser cyn ychwanegu'r blawd.	1 Toddi'r menyn ar wres ysgafn. 2 Cyn gynted ag y bydd y menyn yn toddi, ychwanegu'r blawd a'i droi'n dda.
Blas blawd ar y saws roux	1 Y blawd heb ei goginio am ddigon o amser gyda'r menyn cyn ychwanegu'r llaeth. Y blawd heb ei goginio am ychydig o funudau unwaith yr oedd wedi berwi.	1 Coginio'r cymysgedd blawd a menyn (y roux), am dri i bedwar munud, gan ei droi drwy'r amser, i goginio'r blawd.
Mae cymysgedd y saws yn dalpiog cyn iddo ferwi	1 Wedi ychwanegu'r llaeth yn rhy gyflym, a'r cymysgedd heb ei chwisgio na'i droi ddigon wrth ychwanegu'r llaeth.	1 Ychwanegu'r llaeth yn raddol, gan droi'n dda rhwng pob ychwanegiad.
Y saws yn cydio ac yn llosgi ar y gwaelod	1 Mae'r gwres yn rhy boeth. 2 Ddim yn mynd i gorneli'r sosban, a'r blawd yn cydio oddi tano. 3 Ddim yn chwisgio neu'n troi yn ddigon cyflym.	1 Y gwres ar fflam ganolig ar gyfer cwcer nwy, neu ar rif canolig ar gyfer cwcer trydan. 2 Gofalu eich bod yn cyrraedd holl ochrau'r badell wrth i chi droi'r saws. 3 Troi'r saws yn egnïol, yn enwedig pan mae'n dechrau tewychu.
Mae'r saws yn dalpiog pan mae wedi tewychu	1 Heb chwisgio neu droi'n ddigon cyflym pan oedd y cymysgedd yn dechrau berwi a thewychu.	1 Troi'r saws yn egnïol, yn enwedig pan mae'n dechrau tewychu.

Tabl 6.12 Gwallau ac achosion problemau wrth wneud sawsiau

Sawsiau emwlsiwn

Mae'r sawsiau hyn yn defnyddio cymysgedd o olew a finegr, gan ychwanegu emwlsydd, sy'n atal yr olew a'r finegr rhag gwahanu.

Saws	Diffyg	Achos y Diffyg	Datrysiad
Mayonnaise	1 Y mayonnaise heb dewychu. 2 Y mayonnaise yn mynd yn olewog ar yr arwyneb.	1 Wedi ychwanegu'r olew yn rhy gyflym, ddim yn cael ei wasgaru. 2 Dŵr wedi anweddu o'r cymysgedd, gan roi cyfle i'r defnynnau olew uno.	1 Curo melynwy ffres gyda llond llwy fwrdd o ddŵr a/neu sudd lemon mewn powlen lân, a'i chwisgio'n araf i mewn i'r saws sydd wedi methu. 2 Chwisgio llwyaid o ddŵr i mewn iddo.
Hollandaise	1 Mae'r saws yn dalpiog ac yn denau. 2 Mae'r saws wedi gwahanu wrth ei gadw'n gynnes.	1 Mae'r melynwy wedi'i orgoginio. 2 Mae'r saws wedi mynd yn rhy boeth, gan achosi i'r braster menyn ollwng.	1 Hidlo'r lympiau a chwisgio'r saws poeth sydd wedi methu i felynwy arall sydd wedi'i gynhesu ychydig mewn powlen lân. 2 Tynnwch hwn oddi ar y gwres a'i chwisgio'n rymus, neu gallwch ei emwlsio eto am ychydig mewn blendiwr.
Vinaigrette	1 Mae'r olew a'r finegr wedi gwahanu.	1 Does dim emwlsyddion fel mwstard yn y vinaigrettes symlaf, felly mae'r olew a'r finegr yn gwahanu oni bai eu bod yn cael eu cymysgu.	1 Chwisgio'r vinaigrette sydd wedi gwahanu mewn powlen neu ei ysgwyd yn egnïol mewn jar wedi'i gau a'i dywallt dros y bwyd ar unwaith, tra mae wrthi'n symud. Dyma sut rydych chi hefyd yn sefydlogi vinaigrette mwstard sydd wedi gwahanu.

Tabl 6.13 Gwallau, achosion a ffyrdd i adfer sawsiau emwlsiwn

Cwestiynau arholiad enghreifftiol

1 Rhestrwch **dri** rheswm posibl dros deisen yn suddo yn y canol yn ystod ei phobi. [3 marc]

2 Os bydd eich crwst yn mynd yn rhy gynnes, a'r braster yn dechrau toddi, beth dylech chi ei wneud er mwyn iddo fod yn haws ei drin? [2 farc]

3 Rydych chi wedi defnyddio paced o furum sych ar gyfer eich bara. Nid yw'r bara wedi codi'n iawn. Rhowch **ddau** reswm posibl dros hyn. [2 farc]

PENNOD 7
Dirywiad bwyd

Amcanion dysgu

Yn y bennod hon byddwch yn dysgu am y canlynol:
- sut i storio bwydydd yn gywir a'r dulliau gwahanol o storio bwyd
- sut i atal gweithgaredd ensymau, tyfiant llwydni a chynhyrchu burum a dulliau o'u rheoli
- arwyddion gwahanol dirywiad bwyd
- rôl tymheredd, pH, lleithder ac amser wrth reoli bacteria
- y mathau gwahanol o draws-halogi a sut i'w hatal
- y dulliau gwahanol o gyffeithio bwyd
- arwyddion a symptomau salmonella, campylobacter, e-coli a gwenwyn bwyd staphylococcus
- effaith gwastraff bwyd, gan gynnwys yr effaith ar yr amgylchedd a goblygiadau ariannol gwastraff.

Storio bwydydd yn gywir

Mae'n rhaid storio bwyd yn gywir fel ei fod yn ddiogel i'w fwyta. Gall storio bwyd yn gywir helpu i atal **dirywiad bwyd**. Mae ffyrdd gwahanol o storio bwyd; bydd y dull sy'n cael ei ddewis yn dibynnu ar y math o fwyd sy'n cael ei storio.

Oeri bwyd/storio oer

Wrth roi bwydydd yn yr oergell bydd llai o risg iddyn nhw achosi **gwenwyn bwyd**. Mae'r tymheredd oer yn atal bacteria rhag tyfu ac yn helpu i atal eu gweithgaredd.

Mae angen cadw bwydydd penodol yn yr oergell, er enghraifft bwydydd ffres fel llaeth, cig, cynnyrch llaeth, prydau parod a rhai pwdinau. Mae 'i'w gadw yn yr oergell' ar label rhai bwydydd, er enghraifft, saladau, rhai ffrwythau a llysiau, a rhai eitemau wedi'u paratoi fel coleslaw a dipiau. Mae 'i'w cadw yn yr oergell ar ôl eu hagor' ar label bwydydd eraill, er enghraifft, llaeth *UHT*, jamiau, siytni a sawsiau.

Mae'n bwysig eich bod yn storio bwyd yn yr oergell yn y lle cywir i atal bacteria o fwydydd amrwd rhag halogi bwydydd wedi'u coginio ac eitemau sy'n barod i'w bwyta.

Rheolau ar gyfer storio bwyd yn yr oergell:

- Cadw eich rhewgell ar 5°C neu is.
- Peidio â gorlwytho'r oergell; mae hyn yn gallu atal cylchrediad aer oer a allai arwain at beidio â chadw bwyd yn ddigon oer.
- Peidio â rhoi bwyd poeth yn yr oergell – gadewch iddo oeri yn gyntaf.
- Cael gwared ar unrhyw fwyd sydd wedi mynd heibio ei ddyddiad 'defnyddio erbyn'.

BWYDYDD PAROD I'W BWYTA
Fel cynnyrch llaeth, iogwrt, hufen ...

... Teisennau hufen, menyn/margarîn, cig wedi'i goginio, bwyd dros ben wedi'u gorchuddio, bwydydd eraill wedi'u pecynnu, e.e. coleslaw, saws tomato, jam, etc.

SILFFOEDD UCHAF A SILFFOEDD CANOL

CIG AMRWD, DOFEDNOD a PHYSGOD
Gorchuddiwch y rhain bob amser a'u cadw mewn cynwysyddion wedi'u selio

SILFFOEDD GWAELOD

LLYSIAU SALAD, FFRWYTHAU A LLYSIAU
Cadwch ffrwythau a llysiau sy'n barod i'w bwyta mewn bagiau/cynwysyddion wedi'u selio. Golchwch ffrwythau a llysiau bob amser cyn eu defnyddio.

DRÔR SALAD

TYMHEREDD CYWIR OERGELL 0 –5°C

Ffigur 7.1 Sut i storio bwyd yn yr oergell

- Lapio bwyd neu ei roi mewn cynwysyddion wedi'u gorchuddio cyn eu storio.
- Glanhau'r oergell yn rheolaidd.
- Peidio ag agor y drws heb fod angen i atal aer cynnes rhag mynd i mewn.

Rhewi bwyd

Wrth rewi bwyd, mae **oes silff** y bwyd yn ymestyn. Mae'r tymheredd oer iawn yn atal twf micro-organebau ac **ensymau** sy'n achosi dirywiad bwyd. Y sgôr sêr sydd gan y rhewgell a fydd yn pennu am faint o amser y gallwch storio bwyd ynddi.

- Fel arfer mae rhewgell un seren (*) yn silff rhew neu'n flwch rhewgell mewn oergell. –6°C yw'r tymheredd ac mae'n gallu cadw bwyd wedi'i rewi'n barod am hyd at wythnos.
- Tymheredd rhewgell dwy seren (**) yw –12°C a gall gadw bwyd wedi'i rewi'n barod am hyd at 1 mis.
- Tymheredd rhewgell tair seren (***) yw –18°C a gall rewi bwyd wedi'i rewi'n barod am hyd at 3 i 12 mis. Mae'r rhan fwyaf o rewgelloedd domestig ar y tymheredd hwn.

Pan mae bwyd wedi'i rewi, mae'r dŵr sydd ynddo yn mynd yn solet; mae hyn yn atal unrhyw facteria rhag amlhau. Wrth i fwyd ddadmer, mae'n bosibl i'w strwythur ddifrodi

GEIRIAU ALLWEDDOL

Dirywiad bwyd: bwyd yn dirywio nes bod ei ansawdd yn gwaethygu a/neu ei fod yn anfwytadwy.

Gwenwyn bwyd: salwch sy'n cael ei achosi gan fwyta bwyd neu yfed dŵr sydd wedi'i halogi gan facteria pathogenig penodol neu eu tocsinau, neu gan ficro-organebau eraill.

Oes silff: hyd yr amser yr ydych yn gallu storio cynnyrch heb iddo fod yn anaddas i'w fwyta neu ddefnyddio.

Ensymau: moleciwlau protein sy'n rheoli adweithiau cemegol mewn bwyd.

Halogiad: presenoldeb micro-organebau neu gemegion niweidiol mewn bwyd.

ac ymddatod; gall effeithio ar liw, gweadedd, blas a gwerth maethol y bwyd hefyd. Bydd gweithgaredd bacteria yn dechrau pan fydd bwyd wedi cyrraedd tymheredd addas; dyma pam mae'n bwysig peidio ag ail-rewi bwydydd sydd wedi'u dadmer.

Rheolau storio bwyd yn y rhewgell:

- Dilyn ryseitiau sy'n rhoi cyfarwyddiadau clir ar sut i baratoi bwydydd fel ffrwythau a llysiau sydd wedi eu rhewi.
- Lapio bwyd i'w orchuddio'n llwyr a heb aer o gwbl. Rhewi eich bwydydd mewn cynwysyddion priodol, e.e. bagiau rhewgell a chynwysyddion aerglos. Gall bwyd sydd wedi'i becynnu'n wael achosi llosg rhewgell sy'n digwydd pan mae aer yn dod i gysylltiad â bwyd wedi'i rewi.
- Labelu bwyd wedi'i becynnu gyda'r cynnwys a'r dyddiad.
- Peidio â gorlwytho'r rhewgell oherwydd gallai hyn effeithio ar y tymheredd.
- Cadw thermomedr rhewgell yn y rhewgell a gwirio'r tymheredd yn rheolaidd.
- Storio bwyd newydd ei rewi yn y cefn neu yn y gwaelod a symudwch fwydydd hŷn yn nes at y top a'r tu blaen i'w defnyddio nhw yn gyntaf.
- Gwiriwch y dyddiad 'ar ei orau cyn' i atal bwyd rhag mynd heibio ei orau ac i sicrhau ei fod yn ddiogel i'w ddefnyddio.

Storio bwydydd yn sych

Mae storio yn sych ar gyfer bwydydd does dim angen eu storio mewn oergell (oeri) nac mewn rewgell (rhewi). Yn gyffredinol, mae bwydydd sy'n cael eu storio mewn ardal storio sych yn cynnwys nwyddau tun, blawd, siwgr, reis a grawnfwyd. Mae'n bosibl storio rhai llysiau fel tatws a nionod/winwns fel hyn hefyd.

Mae'n bwysig storio bwyd fel ei fod yn ddiogel i'w fwyta ac yn cadw ei safon.

Rheolau storio bwydydd yn y dull hwn:
- eu cadw ar dymereddau rhwng 10°C a 21°C, ond yr oeraf yw'r tymheredd, y gorau
- eu cadw mewn man sych, gyda digon o aer
- eu cadw allan o olau haul uniongyrchol
- eu cadw yn y defnydd pecynnu gwreiddiol, neu mewn cynwysyddion aerglos sydd wedi'u labelu'n glir
- eu cylchdroi fel bod y bwyd hynaf yn cael ei ddefnyddio'n gyntaf
- eu storio oddi ar y llawr i atal pryfed a fermin rhag eu **halogi**
- nodi dyddiad arnyn nhw fel eu bod yn cael eu defnyddio o fewn yr amser sy'n cael ei argymell.

Cwestiynau arholiad enghreifftiol

1 Rhowch y tymheredd cywir ar gyfer oergell. [1 marc]
2 Rhestrwch **dair** rheol i'w dilyn wrth storio bwydydd mewn oergell. [3 marc]
3 Disgrifiwch y ffordd gywir i storio cig amrwd a dofednod yn yr oergell. [2 farc]
4 Esboniwch y gwahaniaeth rhwng oergell un seren (*), dwy seren (**) a thair seren (***). [6 marc]
5 Disgrifiwch effaith rhewi ar rai bwydydd. [3 marc]

Nodau dyddiad a labelu

Pan rydych yn prynu cynnyrch bwyd bydd **nod dyddiad** arno. Gallai hwn fod yn 'ddyddiad defnyddio erbyn' neu'n ddyddiad 'ar ei orau cyn'.

- **Dyddiad 'defnyddio erbyn'**: mae hyn yn golygu bod y cynnyrch yn ddiogel i'w fwyta hyd at y dyddiad hwn, gan gynnwys y dyddiad.
- **Dyddiad 'ar ei orau cyn'**: argymhelliad yw hwn y dylech ddefnyddio'r cynnyrch cyn y dyddiad hwn, pan mae ar ei orau. Ar ôl y dyddiad hwn bydd y cynnyrch yn dal i fod yn ddiogel, ond efallai y bydd wedi dirywio o ran safon.

Mae nod dyddiad yn gwneud yn siŵr bod y prynwr yn gwybod faint yw oes silff y cynnyrch, am faint y mae'n gallu cadw'r bwyd ac am faint y bydd yn ddiogel i'w fwyta.

Wrth storio bwyd yn yr oergell neu'r rhewgell gartref, mae'n bwysig ei fod wedi'i ddyddio'n glir. Bydd hyn yn sicrhau bod y bwyd yn cael ei fwyta o fewn yr amser storio priodol sy'n cael ei argymell ac y bydd yn ddiogel i'w fwyta.

Wrth storio bwyd yn y rhewgell dylech ei labelu'n glir gyda'r cynnwys fel eich bod yn gwybod beth sydd mewn gwahanol gynwysyddion bwyd ac yn peidio â chymysgu rhyngddyn nhw. Dylai'r labelu hefyd gynnwys gwybodaeth bwysig fel sut maen nhw wedi eu paratoi, er enghraifft os yw'r llysiau wedi eu blansio.

Wrth ddefnyddio bwyd o'r oergell neu'r rhewgell defnyddiwch y rheol **Cyntaf i Mewn, Cyntaf Allan** (*FIFO: First In First Out*) fel eich bod yn defnyddio'r eitemau hynaf gyntaf. Gall hyn hefyd arbed gwastraff bwyd.

> ### GEIRIAU ALLWEDDOL
> **Nod dyddiad:** label dyddiad ar gynnyrch. Mae dyddiad 'defnyddio erbyn' a dyddiad 'ar ei orau cyn' yn fathau o nodau dyddiad.
>
> **Dyddiad 'defnyddio erbyn':** mae'r cynnyrch yn ddiogel i'w fwyta hyd at y dyddiad hwn.
>
> **Dyddiad 'ar ei orau cyn':** yr argymhelliad yw i chi fwyta cynnyrch erbyn y dyddiad hwn, pan mae ar ei orau.
>
> **Cyntaf i Mewn, Cyntaf Allan** (*FIFO: First In First Out*): rheol wrth storio bwyd, i ddefnyddio eitemau hŷn yn gyntaf.

Cwestiynau arholiad enghreifftiol

1 Esboniwch y gwahaniaethau rhwng dyddiad 'defnyddio erbyn' a dyddiad 'ar ei orau cyn'. [2 farc]

2 Esboniwch pam mae'n bwysig rhoi dyddiad clir ar fwyd wrth ei storio mewn rhewgell. [2 farc]

Amodau tyfu, sut i atal gweithgaredd ensymaidd tyfiant llwydni, cynhyrchu burum a bacteria, a'u rheoli

Amodau tyfu

Mae'r amodau sy'n galluogi micro-organebau i dyfu a difetha bwyd yn amrywio yn ôl y math o ficro-organeb. Gall micro-organebau wneud bwyd yn beryglus i'w fwyta:

- ddim ond drwy fod yn y bwyd
- drwy gynhyrchu cynnyrch gwastraff yn y bwyd
- drwy gynhyrchu tocsinau neu wenwyn yn y bwyd.

Y prif ficro-organebau yw:

- **Burum** – mae burum mewn pridd, yn yr aer ac ar groen rhai ffrwythau fel eirin. Mae'r rhain yn organebau un gell sy'n fath o ffwng. Mae burum yn atgenhedlu drwy flaguro; mae hyn yn golygu eu bod yn lluosogi ac mae'r un gell yn rhannu'n ddau.
- **Llwydni** – mae llwydni'n fath o ffwng sy'n dod o'r un teulu â madarch. Maen nhw'n gallu bod yn wyrddlas, yn wyn neu'n ddu. Mae llwydni'n atgenhedlu drwy gynhyrchu sborau, a fydd yn teithio yn yr aer ac yn glanio ar fwyd. Bydd y sborau'n tyfu os yw'r amodau'n iawn.
- **Bacteria** – mae bacteria yn organebau un gell mân iawn. Dim ond o dan ficrosgop y gallwch eu gweld. Mae bacteria yn yr aer, mewn bwyd a dŵr ac ar anifeiliaid a bacteria. Mae bacteria'n gallu atgenhedlu'n gyflym iawn drwy ymrannu'n ddwy bob rhyw 20 munud os yw'r amodau'n gywir; mae hyn yn golygu y gall miliynau gael eu cynhyrchu mewn 24 awr.

Mae'r amodau sydd eu hangen i alluogi micro-organebau i dyfu yn y tabl isod.

Ffigur 7.2 Burum yn blaguro

Micro-organeb	Amodau tyfu
Burum	Cynhesrwydd
	Dŵr/amodau llaith
	Cyflenwad bwyd (e.e. siwgr)
	Amser i atgenhedlu
Llwydni	Gwres
	Amodau llaith – mae tymheredd ystafell yn ddelfrydol
	Cyflenwad bwyd
Bacteria	Cyflenwad bwyd
	Lleithder
	Tymheredd addas; 37°C yw'r gorau; ond bydd bacteria'n tyfu mewn tymheredd rhwng 5°C a 63°C
	Gall ocsigen hefyd fod yn amod tyfiant

Tabl 7.1 Amodau tyfiant micro-organebau

Ffigur 7.3 Llwydni ar dorth

Ffigur 7.4 Brownio ensymaidd – afal yn troi'n frown pan fydd yn cael ei dorri ac yn dod i gysylltiad ag ocsigen

Gweithred ensymau

Moleciwlau protein yw ensymau sy'n rheoli adweithiau cemegol mewn bwyd. Maen nhw mewn planhigion ac anifeiliaid ac maen nhw'n anactif nes i'r bwyd gael ei gynaeafu neu ei ladd.

Ar ôl actifadu ensymau, maen nhw'n achosi newidiadau di-eisiau neu annymunol mewn bwydydd fel newid lliw. Enghraifft o hyn ydy arwyneb afal yn troi'n frown ar ôl ei dorri, wrth iddo ddod i gysylltiad ag ocsigen yn yr aer. Mae hyn oherwydd bod meinweoedd y ffrwyth yn ymddatod. Yn aml mae hyn yn cael ei alw'n frownio ensymaidd.

Mae ensymau hefyd yn troi startsh yn siwgrau mewn ffrwythau, sy'n gwneud iddyn nhw aeddfedu a gor-aeddfedu.

Sut i atal gweithgaredd ensymau a'i reoli

Dulliau i atal gweithgaredd ensymau:

- trin â gwres fel **blansio** – wrth baratoi llysiau fel tatws sydd wedi'u plicio a'u sleisio, os byddwch yn rhoi'r sleisiau tatws mewn dŵr berw bydd y tymheredd poeth iawn yn atal yr ensymau rhag effeithio ar y tatws; mae'n eu hanactifadu
- **amodau asidig** – wrth baratoi afalau, os ydych yn gorchuddio neu'n rhoi darnau afal wedi'u torri mewn sudd lemon, sy'n cynnwys asid citrig, gallai hyn atal yr afalau rhag brownio.

Tyfiant llwydni

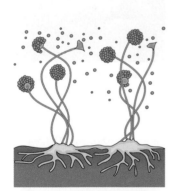

Ffigur 7.5 Llwydni'n tyfu

Mae llwydni'n blanhigion bach iawn sy'n gallu tyfu ar sawl math o fwyd. Mae ganddyn nhw edeifion sy'n tyfu i fyny a gwreiddiau sy'n tyfu i lawr i'r bwyd ac yn dwyn yr holl faetholion sydd ynddo.

Gallech ddweud bod llwydni yn edrych yn flewog; mae siapiau gwahanol iddo. Gallwch ei weld ar arwynebau bwydydd. Dydy bwyd ddim yn ddiogel i'w fwyta os oes llwydni ar y tu allan ond mae'n edrych yn normal y tu mewn. Gall llwydni gynhyrchu sylweddau niweidiol a allai ymledu i'r bwyd.

Mae rhai mathau o lwydni diberygl yn cael eu defnyddio i wneud cawsiau â gwythiennau glas, er enghraifft caws glas Danaidd. Maen nhw'n cael eu defnyddio i ychwanegu blas at fwydydd.

Sut i atal tyfiant llwydni a'i reoli

Gall llwydni dyfu ar fwydydd ychydig yn asidig, alcalïaidd, melys, hallt, llaith neu sych. Mae'n tyfu'n dda mewn amodau cynnes, llaith. Dulliau i atal tyfiant llwydni:

- storio bwydydd addas mewn man oer fel oergell
- storio bwydydd does dim angen eu cadw yn yr oergell mewn man claear, sych
- cynhesu bwydydd i dymheredd uchel iawn (e.e. dros 100°C) i atal cynhyrchu sborau sy'n gallu gwrthsefyll gwres
- os yw'n bosibl, storio bwydydd mewn amodau asidig iawn.

Ffigur 7.6 Caws glas Danaidd

Cynhyrchu burum

Mae burum yn cael ei ddefnyddio'n eang i gynhyrchu bara a rhai diodydd alcoholig fel cwrw. Does dim angen ocsigen ar gelloedd burum i atgenhedlu; mae hyn yn golygu eu bod yn **anaerobig**. Bydd celloedd burum yn atgenhedlu yn yr amodau canlynol:

- lleithder
- amgylchedd cynnes
- cyflenwad bwyd
- cyfnod o amser.

Sut i atal cynhyrchu burum a'i reoli

- Cadw burum yn oer gan ei fod yn anactif neu **ynghwsg** mewn tymereddau oer.
- Mae burum yn difetha bwydydd â llawer o siwgr ynddyn nhw, fel jam a ffrwythau; gallwch atal hyn drwy eu storio mewn amgylchedd oer.
- Cadw burum ffres neu furum sych oddi wrth leithder gan fod hyn yn gallu ei actifadu.
- Mae tymheredd uchel yn lladd burum (e.e. 100°C).

Bacteria

Mae sawl math gwahanol o facteria, ac mae siâp gwahanol gan bob un. Yn yr amodau iawn, bydd bacteria'n atgenhedlu yn gyflym iawn. Mae bacteria'n cynhyrchu **tocsinau** sy'n gallu bod yn niweidiol iawn i bobl, gan achosi gwenwyn bwyd.

Sut i atal a cynhyrchu bacteria a'i reoli

- Storio bwydydd mewn oergelloedd sy'n cael eu cadw rhwng 0°C a 5°C o leiaf; bydd hyn yn rhy oer i'r bacteria a dylai atal cynhyrchu bacteria.
- Oeri bwydydd sydd wedi'u coginio i'w bwyta'n ddiweddarach, neu sydd dros ben ar ôl pryd o fwyd, yn gyflym i rwng 0°C a 5°C i ladd bacteria niweidiol sydd wrth eu boddau mewn amodau cynnes, llaith. Fel arfer, dylech oeri'r bwydydd hyn o fewn 90 munud.
- Bwyta bwydydd sydd dros ben, er enghraifft saws bolognese gyda chig, o fewn 24 awr a'i ailwresogi ddim ond unwaith. Bydd ailwresogi yn actifadu'r bacteria ac yn gwneud iddyn nhw atgenhedlu.
- Mae'n bosibl dinistrio bacteria neu eu hatal rhag atgenhedlu drwy ddefnyddio asid cryf fel finegr, neu lawer iawn o siwgr a halen.

GEIRIAU ALLWEDDOL

Burum: organeb un gell sy'n dod o'r grŵp o organebau o'r enw ffyngau. Mae burum yn atgenhedlu drwy flaguro; hynny yw, mae'r un gell yn ymrannu'n ddwy.

Llwydni: math o ffwng. Mae llwydni'n atgenhedlu drwy gynhyrchu sborau, a fydd yn teithio yn yr awyr ac yn glanio ar fwyd.

Bacteria: organebau un gell mân iawn, sydd dim ond i'w gweld o dan ficrosgop. Mae bacteria yn yr aer, mewn bwyd a dŵr ac ar anifeiliaid a phobl. Mae bacteria'n gallu atgenhedlu'n gyflym iawn drwy ymrannu'n ddwy bob rhyw 20 munud os yw'r amodau'n gywir.

Anaerobig: heb angen ocsigen.

Ynghwsg: ddim yn actif, yn cysgu ond heb eu lladd.

Tocsinau: gwenwyn sy'n gallu achosi salwch.

PWYNTIAU ALLWEDDOL: AMODAU TYFU, DULLIAU O ATAL GWEITHGAREDD ENSYMAIDD TYFIANT LLWYDNI, CYNHYRCHU BURUM A BACTERIA, A'U RHEOLI

- Mae angen amodau penodol ar furum, llwydni a bacteria i gyd i'w galluogi i dyfu/ atgenhedlu (e.e. bwyd, gwres a lleithder).
- Gall ensymau achosi newidiadau annymunol mewn bwydydd, fel gwneud i ffrwythau aeddfedu'n gyflym. Mae'n bosibl rheoli ensymau gyda gwres a defnyddio asid.
- Mae'n bosibl gweld llwydni'n tyfu ar arwyneb bwydydd. Ni ddylech fwyta bwydydd a llwydni'n tyfu arnyn nhw. Rydym yn defnyddio rhai mathau o lwydni, sy'n cael eu hystyried yn ddiberygl, wrth gynhyrchu caws.
- Mae angen lleithder, gwres, bwyd ac amser ar furumau atgenhedlu. Maen nhw ynghwsg mewn tymheredd oer ac mae tymheredd uchel yn eu lladd.
- Mae bacteria'n cynhyrchu tocsinau sy'n gallu achosi gwenwyn bwyd. Mae'n rhaid storio bwydydd yn gywir i atal bacteria rhag atgenhedlu; mae tymheredd yn chwarae rôl hanfodol. Gall asidau neu grynodiadau uchel o siwgr neu halen atal bacteria rhag atgenhedlu.

Cwestiynau arholiad enghreifftiol

1 Enwch y **tri** math gwahanol o ficro-organebau.
[3 marc]

2 Pa ficro-organeb gallwch chi ei gweld ddim ond o dan ficrosgop?
[1 marc]

3 Enwch y ficro-organeb sydd ar groen rhai ffrwythau.
[1 marc]

4 Nodwch y **tri** amod mae'n rhaid i lwydni eu cael i atgenhedlu.
[3 marc]

5 Esboniwch ystyr ensym.
[2 farc]

6 Disgrifiwch sut mae ensymau'n gallu newid ymddangosiad bwyd.
[2 farc]

7 Esboniwch beth yw brownio ensymaidd a rhowch enghraifft o fwyd y mae'n effeithio arno.
[3 marc]

8 Disgrifiwch **un** dull sy'n atal gweithgaredd ensym.
[3 marc]

9 Esboniwch y gwahaniaethau rhwng llwydni a halogiad burum.
[2 farc]

10 Rhestrwch y **pedwar** amod sydd eu hangen gan furum i ddod yn actif.
[4 marc]

11 Pam mai dim ond unwaith y dylech chi ailwresogi bwydydd dros ben?
[1 marc]

12 Esboniwch pam mae tocsinau'n gallu bod yn niweidiol i fodau dynol.
[2 farc]

Arwyddion o ddirywiad bwyd

Gall bwyd ffres ddirywio yn eithaf cyflym wrth ei storio. Yn ystod y cyfnod hwn gallech weld newidiadau yng ngweadedd, blas, neu liw'r bwyd. Yn gyffredinol, micro-organebau fel bacteria, llwydni a burum sy'n achosi newidiadau mewn bwyd. Bydd ensymau yn gwneud i fwyd ddirywio hefyd. Hefyd, gall bwyd ddirywio wrth ei storio oherwydd dadfeiliad naturiol y bwyd ei hun. Yn aml rydym yn cyfeirio at fwyd sydd wedi dirywio fel bwyd sydd wedi 'mynd yn hen'.

Mae nifer o arwyddion sy'n gallu helpu i benderfynu a yw bwyd wedi dirywio. Mae'r rhain yn cynnwys:
- blas neu arogl sur
- darnau o lwydni ar y bwyd
- teimlad llysnafeddog (*slimy*) ar arwyneb y bwyd
- colli lleithder sy'n arwain at fwydydd crebachlyd sydd efallai'n newid eu lliw
- bwydydd yn edrych yn or-sych neu'n or-wlyb.

Mae'r canlynol hefyd yn gallu achosi dirywiad bwyd:
- bwyd wedi'i halogi
- bwyd wedi'i drafod yn wael
- storio'r bwyd yn anghywir neu'n wael.

> **PWYNTIAU ALLWEDDOL: ARWYDDION O DDIRYWIAD BWYD**
> - Mae micro-organebau, ensymau a dadfeiliad naturiol bwyd yn gallu achosi dirywiad bwyd.
> - Gall arogl, gweadedd ac ymddangosiad bwydydd helpu i benderfynu a ydyn nhw wedi'u difetha.

Cwestiynau arholiad enghreifftiol

1 Nodwch **dri** pheth sy'n achosi dirywiad bwyd. [3 marc]

2 Nodwch **dri** arwydd a allai awgrymu bod bwyd wedi'i ddifetha. [3 marc]

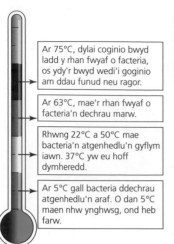

Ar 75°C, dylai coginio bwyd ladd y rhan fwyaf o facteria, os ydy'r bwyd wedi'i goginio am ddau funud neu ragor.

Ar 63°C, mae'r rhan fwyaf o facteria'n dechrau marw.

Rhwng 22°C a 50°C mae bacteria'n atgenhedlu'n gyflym iawn. 37°C yw eu hoff dymheredd.

Ar 5°C gall bacteria ddechrau atgenhedlu'n araf. O dan 5°C maen nhw ynghwsg, ond heb farw.

Ffigur 7.7 Tymereddau gwahanol a thyfiant bacteria

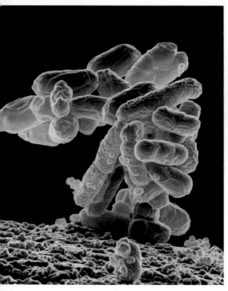

Ffigur 7.8 Celloedd bacteriol yn atgenhedlu

Rôl tymheredd, amser, pH a lleithder wrth reoli bacteria

Mae tymheredd ac amser yn ddau amod hanfodol mae'n rhaid eu rheoli i atal bacteria rhag tyfu neu atgenhedlu.

Tymheredd

Y tymheredd mae bacteria yn ei hoffi orau yw 37°C, sef tymheredd y corff. Maen nhw fwyaf actif yn yr ystod tymheredd rhwng 5°C a 63°C. Rydym yn cyfeirio at yr ystod tymheredd hwn fel y **parth peryglus**.

Ar dymereddau gwahanol bydd bacteria'n atgenhedlu yn gyflym iawn neu'n araf iawn.

Amser

Mae bacteria'n gallu atgenhedlu'n gyflym iawn; maen nhw'n gwneud hyn drwy ymrannu'n ddwy yn barhaus. Gall hyn fod mor aml â phob 10–20 munud. Gall un gell bacteriwm ddatblygu yn gytref gyfan o facteria cyn pen 12 awr. Mewn 24 awr, bydd miliynau o facteria wedi'u creu. Unwaith mae gan facteria amodau angenrheidiol eraill fel bwyd, gwres a lleithder, mae rhoi amser iddyn nhw yn gallu lladd.

Felly mae'n bwysig iawn storio bwyd ar y tymheredd cywir i atal bacteria rhag atgenhedlu a storio bwydydd â risg penodol – er enghraifft, cigoedd a physgod amrwd, cigoedd a physgod wedi'u coginio, a chynnyrch llaeth – am yr hyd cywir o amser yn yr amodau cywir.

pH

Rydym yn defnyddio graddfa pH i fesur pa mor asidig neu alcalïaidd yw sylwedd. Mae pH o dan 7 gan fwydydd asidig ac mae pH uwch na 7 gan fwydydd alcalïaidd. Mae'n well gan facteria amodau niwtral, fel pH7, ac maen nhw'n gallu tyfu'n gyflym iawn yn yr amodau niwtral hyn. Mae nifer o facteria pathogenig yn methu tyfu mewn amgylcheddau asidig neu alcalïaidd.

Lleithder

Mae cawl, sawsiau a grefi hefyd yn cael eu hystyried yn fwydydd risg uchel oherwydd eu cynnwys llaith gyda llawer o brotein (mae hyn yn dibynnu ar y cynhwysion a ddefnyddiwyd i'w gwneud). Mae bacteria yn ffynnu yn y mathau hyn o amgylchedd.

Cwestiynau arholiad enghreifftiol

1 Disgrifiwch sut mae bacteria'n lluosogi. [2 farc]
2 Enwch **dri** o fwydydd mae bacteria yn hoffi amlhau ynddyn nhw. [3 marc]
3 Esboniwch pam mae grefi yn cael ei ystyried yn fwyd risg uchel. [2 farc]
4 Esboniwch beth yw ystyr 'parth peryglus'. [2 farc]

Mathau o draws-halogi a sut i'w hatal

Wrth storio bwyd, ei baratoi a'i goginio mae nifer o gyfleoedd i **draws-halogi** ddigwydd. Traws-halogi yw trosglwyddo micro-organebau fel bacteria o'r naill ffynhonnell, fel bwyd amrwd, i'r llall, fel bwyd wedi'i goginio neu fwyd parod. Gall hyn arwain at wenwyn bwyd.

Mae'r achosion mwyaf cyffredin o draws-halogi gan facteria yn cynnwys:
- bwyd amrwd yn dod i gysylltiad â bwyd wedi'i goginio – er enghraifft cig amrwd ar yr un bwrdd torri â chyw iâr wedi'i goginio, a'r ddau'n cyffwrdd â'i gilydd
- sudd o gig amrwd yn diferu ar gig wedi'i goginio neu fwyd risg uchel arall – er enghraifft wrth storio steciau yn anghywir yn yr oergell ar y silff uchaf a'r gwaed yn diferu ohonyn nhw
- dwylo'n trosglwyddo bacteria o'r naill fath o fwyd i'r llall – er enghraifft rhywun yn cyffwrdd â bwyd amrwd a heb olchi ei ddwylo'n drylwyr cyn mynd at y dasg nesaf
- offer yn trosglwyddo bacteria o'r naill fath o fwyd i'r llall – er enghraifft defnyddio cyllell i dorri cyw iâr amrwd ac yna defnyddio'r un gyllell i dorri ham wedi'i goginio
- baw oddi ar lysiau sy'n dod i gysylltiad â bwydydd risg uchel – enghraifft o hyn yw defnyddio'r un bwrdd torri i dorri cennin heb eu golchi ac yna defnyddio'r un bwrdd a'r un gyllell heb eu golchi i dorri cig eidion wedi'i goginio.

Sut i atal traws-halogi bacteriol

Mae'n bosibl rheoli ac atal traws-halogi bacteriol drwy sicrhau arferion da a dilyn y rheolau sylfaenol canlynol:
- golchi eich dwylo cyn coginio yn ogystal ag ar ôl cyffwrdd â chig amrwd, pysgod a llysiau budr; hefyd dylech olchi eich dwylo ar ôl defnyddio'r toiled a chwythu eich trwyn
- gorchuddio a storio cigoedd amrwd ar silff waelod yr oergell ar blât neu hambwrdd addas, i ffwrdd oddi wrth gigoedd wedi'u coginio, i atal unrhyw sudd rhag diferu ar fwydydd eraill
- defnyddio offer glân i bob tasg, e.e. wrth baratoi bwydydd amrwd, bwydydd wedi'u coginio, neu wrth baratoi bwydydd does dim angen eu coginio
- wrth goginio cig amrwd, er enghraifft ffrio steciau, coginio'r holl gig ar yr un pryd, yn hytrach na rhoi cig amrwd yn y badell pan fydd y darnau eraill o gig wedi'u coginio
- defnyddio cadachau a llieiniau sychu llestri glân wrth baratoi bwydydd i atal trosglwyddo bacteria o gadachau budr i ddarnau o offer ac yna ar fwydydd i'w bwyta.

<table>
<tr><td>

GEIRIAU ALLWEDDOL

Traws-halogi:
trosglwyddo bacteria o'r naill ffynhonnell i'r llall.

</td></tr>
</table>

PWYNTIAU ALLWEDDOL: TRAWS-HALOGI

- Gall traws-halogi bacteriol arwain at wenwyn bwyd.
- Gall traws-halogi bacteriol ddigwydd wrth storio, paratoi, coginio a thrafod bwyd.
- Mae rheolau sylfaenol sy'n gallu helpu i atal traws-halogi bacteriol. Mae'r rhain yn cynnwys hylendid personol da, storio bwydydd yn gywir, defnyddio offer glân a thrafod bwyd a'i goginio'n gywir.

Cwestiynau arholiad enghreifftiol

1 Rhowch enghraifft o pryd mae traws-halogi'n gallu digwydd wrth baratoi bwyd. [3 marc]

2 Esboniwch sut dylech chi storio cig amrwd mewn oergell a pham mae lleoliad y cig mor bwysig. [3 marc]

3 Esboniwch pam mae'n bwysig rhoi pob darn o gig amrwd yn y badell ffrio ar yr un pryd. [2 farc]

Cyffeithio

Rydym yn cyffeithio bwyd i'w atal rhag dirywio neu 'fynd yn hen'. Wrth gyffeithio bwyd rydych chi'n atal micro-organebau fel bacteria a llwydni rhag tyfu ac yn ceisio gohirio pydredd y bwyd. Bwriad cyffeithio yw ehangu oes silff cynnyrch bwyd.

Rhewi

Wrth rewi bwydydd bydd y dŵr sydd ynddyn nhw'n mynd yn solet wrth iddyn nhw rewi. Mae tymheredd oer y bwyd yn golygu bod y micro-organebau yn tyfu llai, gan eu bod yn anactif yn yr amodau hyn. Gan fod y dŵr wedi rhewi does dim hylif ar gael, sydd hefyd yn ofynnol i dyfu.

Wrth ddadrewi neu ddadmer, bydd y micro-organebau'n dod yn actif yn araf ac yn dechrau atgenhedlu eto. Unwaith mae bwyd wedi dadrewi neu ddadmer, peidiwch â'i ail-rewi.

Mae'n well rhewi bwydydd pan maen nhw ar eu gorau gan y byddan nhw'n cadw eu blas o gymharu â bwydydd sy'n cael eu rhewi pan dydyn nhw ddim ar eu gorau.

Mae'n bosibl blansio rhai bwydydd fel llysiau cyn eu rhewi; bydd hyn yn actifadu ensymau yn y bwydydd, a bydd y tymheredd poeth sy'n cael ei ddefnyddio wrth blansio'r llysiau yn lleihau nifer y bacteria sy'n bresennol.

Dylai tymheredd rhewgell ddomestig gael ei gadw ar −18°C.

Llosg rhewgell

Mae'n rhaid pecynnu bwydydd i'w rhewi yn gywir i osgoi llosg rhewgell. Bydd llosg rhewgell yn dadhydradu'r bwyd, gan arwain at newid mewn lliw ac effaith ar y gweadedd a'r blas.

Mae rhai bwydydd ddim yn rhewi'n dda; gallai hyn fod oherwydd y gyfran fawr o ddŵr sydd ynddyn nhw. Mae enghreifftiau o fwydydd sydd ddim yn rhewi'n dda yn cynnwys bananas (bydd y rhain yn troi'n ddu) a hufen sengl (bydd hwn yn gwahanu).

Ffigur 7.9 Llosg rhewgell ar hambyrger

Piclo

Yn gyffredinol mae bwydydd sydd wedi'u piclo a'u gorchuddio'n llwyr gan finegr yn cael eu storio mewn jariau gwydr.

Mae enghreifftiau o fwydydd wedi'u piclo yn cynnwys:

- llysiau – nionod/winwns, gercinau
- bwydydd seiliedig ar brotein – wyau.
- pysgod – penwaig wedi'u piclo

Ffigur 7.10 Llosg rhewgell yn dangos newid lliw ar ddarn o gig

Mae'n rhaid i'r finegr piclo gynnwys asid asetig i atal micro-organebau rhag tyfu. Bydd y finegr yn gweithredu fel cyfrwng cyffeithio.

Wrth baratoi bwydydd fel llysiau i'w piclo, fel arfer maen nhw'n cael eu trin â halen yn gyntaf. Bydd hyn yn helpu i dynnu rhywfaint o'r dŵr o'r llysieuyn ac atal rhai mathau o facteria rhag tyfu.

Hefyd, mae sbeisys yn cael eu defnyddio i roi blas wrth biclo bwydydd gwahanol fel ffrwythau. Bydd rhai ffrwythau'n cael eu coginio am ychydig mewn finegr â sbeis, a bydd siwgr yn cael ei ychwanegu cyn rhoi'r ffrwythau yn y jariau. Gall y gwres helpu i ladd unrhyw ficro-organebau a bydd y siwgr yn rhoi blas mwy melys yn ogystal â helpu i atal tyfiant micro-organebau. Gall leihau gweithgaredd ensymaidd hefyd. Ar ôl selio'r jariau, yn aml maen nhw'n cael eu gadael i aeddfedu, a allai gymryd sawl wythnos.

Gweithgaredd

1. Mae piclo'n ddull poblogaidd o gyffeithio bwydydd. Gwnewch ychydig o ymchwil i biclo a dysgwch am yr holl fwydydd sy'n gallu cael eu piclo. Cyflwynwch eich canfyddiadau gan ddefnyddio map meddwl.

2. Mae piclau hefyd yn dod o dan yr un teitl â phiclo. Ymchwiliwch i'r holl fathau gwahanol o biclau rydych yn gallu eu prynu a gwnewch restr i gyflwyno eich canfyddiadau. Esboniwch sut mae gwneud piclau yn wahanol i biclo ffrwythau a llysiau.

Ffigur 7.11 Jar o nionod/ winwns wedi'u piclo

Gwneud jam

Mae gwneud jam yn ffordd dda o gyffeithio ffrwythau pan maen nhw yn eu tymor ac yn fwyaf rhad. Mae jamiau yn cael eu gwneud o ffrwyth, siwgr a dŵr.

Mae'r cynhwysion yn cael eu cynhesu i dymheredd uchel iawn; mae hyn yn dinistrio unrhyw ficro-organebau sy'n bresennol – fel arfer burum yw'r prif un yn y ffrwyth. Rydym yn defnyddio llawer o siwgr i wneud jam; mae'n gweithredu fel cyfrwng cyffeithio ac yn helpu i atal y micro-organebau rhag tyfu.

Mae'n rhaid diheintio'r jariau y byddwn ni'n eu defnyddio i storio'r jam, ac mae'n rhaid rhoi'r jam yn y jariau wedi'u diheintio pan mae'n dal i fod yn boeth iawn. Yna mae'n rhaid selio'r jariau ar unwaith i atal micro-organebau rhag eu halogi.

Potelu

I botelu bwydydd, rydych chi'n coginio bwydydd fel ffrwythau neu lysiau mewn jariau diheintiedig wedi'u selio. Mae'r broses goginio yn cynnwys cynhesu'r jariau a'u berwi am amser penodol i ladd unrhyw ficro-organebau niweidiol a allai fod yn y bwyd yn y jariau.

Mae'r bwydydd naill ai'n cael eu rhoi mewn sylwedd halen o'r enw heli neu sylwedd siwgr o'r enw surop. Gall y ddau sylwedd hyn helpu i atal micro-organebau rhag tyfu. Gall cau aer allan wrth selio'r jariau hefyd helpu i gyffeithio'r bwydydd.

Pan fydd y jariau wedi oeri bydd y bwyd sydd ynddyn nhw yn cadw am nifer o fisoedd cyhyd â bod y jariau heb eu hagor.

Pecynnu dan wactod

Mae pecynnu dan wactod yn ddull sy'n cynyddu oes silff cynnyrch bwyd drwy dynnu'r ocsigen allan. Mae'r dull yn cynnwys rhoi'r cynnyrch bwyd mewn pecyn aerglos, yna sugno'r aer allan a selio'r pecyn. Felly mae'r bwyd yn cael ei gadw mewn amodau anaerobig.

Mae'n rhaid rheoli'r broses hon yn ofalus drwy oeri, gan y bydd diffyg ocsigen yn golygu bydd micro-organebau pathogenig eraill yn tyfu. Drwy dynnu'r aer sydd o gwmpas y cynnyrch bwyd, mae llai o ocsigen yn y defnydd pecynnu, a fydd yn cyfyngu ar allu'r micro-organebau sy'n anadlu ocsigen i dyfu a difetha'r cynnyrch.

Enghreifftiau o fwydydd wedi'u pecynnu dan wactod:

Ffigur 7.12 Cig wedi'i becynnu dan wactod

- darnau o gig a chynnyrch cig
- pysgod a chynnyrch pysgod
- pasta ffres
- llysiau.

PWYNTIAU ALLWEDDOL: CYFFEITHIO

- Bwriad cyffeithio yw atal micro-organebau rhag tyfu ac ehangu oes silff bwydydd.
- Y prif ddulliau o gyffeithio bwydydd yw rhewi, piclo, gwneud jam, potelu a phecynnu dan wactod.
- Mae rhewi yn gostwng y tymheredd i atal micro-organebau.
- Gall piclo gynnwys defnyddio gwres a rhoi bwydydd mewn amodau asidig i atal micro-organebau rhag tyfu.
- Mae gwneud jam a photelu yn cynyddu'r tymheredd i atal micro-organebau rhag tyfu. Mae sylweddau uchel mewn halen a siwgr yn cael eu defnyddio hefyd.
- Mae pecynnu dan wactod yn tynnu'r ocsigen allan i ymestyn oes silff bwydydd.

Cwestiynau arholiad enghreifftiol

1 Esboniwch broses blansio. [3 marc] 2 Esboniwch beth yw ystyr 'llosg rhewgell'. [2 farc]

TGAU Bwyd a Maeth CBAC

Arwyddion a symptomau gwenwyn bwyd

Salwch yw gwenwyn bwyd sy'n cael ei achosi gan fwyta bwyd neu yfed dŵr sydd wedi'i halogi gan facteria pathogenig penodol neu eu tocsinau, neu gan ficro-organebau niweidiol eraill.

Mae nifer o resymau dros gael gwenwyn bwyd. Mae rhai o'r rhain yn cynnwys:

- arferion hylendid gwael gan gynnwys trin bwyd a glanhau ardaloedd bwyd
- rheoli tymheredd yn anghywir wrth ailwresogi bwydydd a chadw bwydydd yn boeth
- storio bwydydd yn anghywir
- paratoi a choginio bwydydd yn anghywir
- ailwresogi prydau parod yn y cartref ar dymheredd anghywir ac am amser annigonol.

Halogiad bacteriol

Yr achos mwyaf cyffredin o wenwyn bwyd yw halogiad bacteriol. Mae gan facteria bedwar angen i allu atgenhedlu:

- **Bwyd** – mae angen maetholion ar facteria i dyfu. Mae'r rhain mewn bwydydd, yn enwedig bwydydd risg uchel ac mae bacteria'n hoffi tyfu ar y rhain.
- **Gwres** – mae bacteria'n hoffi tymheredd cynnes, 37°C yn benodol. Bydd bacteria yn atgenhedlu yn bennaf pan mae'r tymheredd rhwng 5°C a 63°C.
- **Lleithder** – mae angen lleithder ar facteria i atgenhedlu. Mae bwydydd fel grefi yn ddelfrydol. Heb y lleithder, dydyn nhw ddim yn gallu atgenhedlu, felly byddai powdr grefi yn fwy diogel.
- **Amser** – mae angen amser ar facteria i atgenhedlu. Wrth iddyn nhw atgenhedlu, maen nhw'n ymrannu, felly bydd un bacteriwm yn mynd yn ddau a dau yn mynd yn bedwar. Ymholltiad deuaidd yw'r enw ar y dull hwn.

Gyda'r holl ofynion uchod, bydd bacteria'n atgenhedlu bob 10 i 20 munud.

Petaech chi'n tynnu un neu fwy o'r gofynion uchod i ffwrdd, yna gallech arafu twf y bacteria neu eu hatal rhag tyfu. Gallai hyn helpu i leihau'r risg o wenwyn bwyd.

Mae mathau gwahanol o facteria pathogenig sy'n achosi mathau gwahanol o symptomau gwenwyn bwyd. Anaml iawn y bydd y math hwn o facteria yn newid arogl, ymddangosiad neu flas bwyd. Mae'r tabl ar y dudalen nesaf yn dangos rhai enghreifftiau o wenwyn bwyd.

Math o facteria	Symptomau gwenwyn bwyd	Ffynonellau bwyd	Lle mae'r bacteria
Salmonella	Twymyn, cur pen, poen yn yr abdomen, dolur rhydd, cyfog, chwydu	Dofednod, cyw iâr a mathau eraill o gig, wyau amrwd neu wyau heb eu coginio digon, cynnyrch wyau a rhai cynnyrch llaeth	Bwydydd amrwd, dŵr budr, plâu a'u trosglwyddo gan bobl
Campylobacter	Dolur rhydd (gallai fod yn waedlyd), crampiau stumog, twymyn, a chwydu	Cig amrwd neu heb ei goginio ddigon, yn enwedig dofednod, llaeth heb ei basteureiddio a dŵr heb ei drin	Anifeiliaid, dŵr heb ei drin, carthion, plâu
E-coli	Cyfog neu chwydu Crampiau difrifol yn yr abdomen Dolur rhydd dyfrllyd neu waedlyd iawn Llesgedd Twymyn	Cig amrwd, seigiau a chynnyrch cig, e.e. grefi a chig wedi'i goginio, sudd, cawsiau a llaeth heb eu pasteureiddio, pysgod amrwd a wystrys	Dŵr budr, cig amrwd sydd wedi bod mewn cysylltiad â bacteria, a gwastraff o goluddion anifeiliaid wrth eu prosesu, gwastraff dynol
Staphylococcus	Poenau yn yr abdomen Chwydu, dolur rhydd, gall achosi i bobl lewygu	Llaeth, hufen, cig wedi'i goginio a chynnyrch cig, cynnyrch wyau, salad wy, tiwna neu gyw iâr, peth cynnyrch llaeth	Ar bobl (croen, trwyn, ceg, gwallt) o friwiau, llosgiadau, crafiadau a heintiau ar y croen, llaeth amrwd gwartheg a geifr, heb ei drin

Tabl 7.2 Achosion a symptomau gwenwyn bwyd

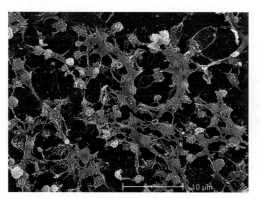

Ffigur 7.13 Bacteria staphylococcus

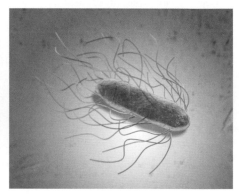

Ffigur 7.14 Bacteriwm salmonella

PWYNTIAU ALLWEDDOL: ARWYDDION A SYMPTOMAU GWENWYN BWYD

- Anaml iawn y bydd bacteria gwenwyn bwyd yn newid arogl, ymddangosiad neu flas bwyd.
- Mae salmonella, campylobacter, e-coli a staphylococcus i gyd yn fathau o facteria pathogenig sy'n achosi gwenwyn bwyd.
- Staphylococcus yw'r bacteria sydd ar groen dynol, yn y trwyn a'r geg, yn ogystal ag mewn briwiau a heintiau croen.
- Dau symptom o wenwyn bwyd yw dolur rhydd a chwydu.

Cwestiynau arholiad enghreifftiol

1 Rhowch **ddau** reswm pam mae gwenwyn bwyd yn digwydd. [2 farc]

2 Enwch **ddau** symptom gwenwyn bwyd salmonella. [2 farc]

3 Disgrifiwch yn fanwl **ddau** o'r gofynion sydd eu hangen ar facteria i allu atgenhedlu. [4 marc]

Gwastraff bwyd

Fel gwlad rydym yn gwastraffu llawer iawn o fwyd. Yn ôl gwefan 'Love Food Hate Waste' rydym yn taflu 7 miliwn tunnell fetrig o fwyd a diod o'n cartrefi bob blwyddyn yn y DU, a gallem fod wedi bwyta hanner hwn.

Mae'r prif fathau o fwydydd rydym yn eu taflu fel gwastraff yn cynnwys llysiau ffres a salad, ffrwythau ffres, bara, teisennau, bwydydd wedi'u paratoi fel pasta a reis, yn ogystal â phrydau cig a thecawê. Yn aml rydym yn taflu pecynnau cyfan, heb eu hagor.

Mae llawer o resymau pam rydym ni'n gwastraffu cymaint o fwyd. Mae'r rhain yn cynnwys:

- Y bwyd wedi mynd heibio'r dyddiad 'defnyddio erbyn'.
- Mae arogl, golwg neu flas annymunol ar y bwyd.
- Y bwyd wedi llwydo.
- Gormod o fwyd wedi'i goginio gan adael gwastraff.
- Bwyd wedi'i adael ar y plât – efallai oherwydd cyfran fawr, ddim yn hoffi'r bwyd, neu ddim yn teimlo'n llwglyd.

Effaith ar yr amgylchedd

I geisio lleihau effaith gwastraff bwyd ar yr amgylchedd, mae sawl rhan o'r DU wedi cyflwyno biniau gwastraff bwyd, fel rhan o'u cynlluniau ailgylchu. Mae cartrefi'n cael eu hannog i roi gwastraff neu fwyd dros ben yn y biniau; yna mae'r gwastraff yn cael ei droi'n gompost neu ei ddefnyddio i helpu i gynhyrchu egni.

Pan mae bwyd yn cael ei daflu drwy'r system arferol o gael gwared ar sbwriel, mae'n mynd i safle tirlenwi lle bydd yn pydru ac yn cynhyrchu methan, sef nwy tŷ gwydr sy'n fwy niweidiol na charbon deuocsid.

Ffigur 7.15 Safle tirlenwi yn orlawn gyda gwastraff bwyd bwytadwy

Goblygiadau ariannol gwastraff

Pan rydym ni'n gwastraffu bwyd, rydym ni'n gwastraffu arian yn ogystal ag yn taflu bwyd y gallem ni fod wedi'i fwyta. Mae 'Love Food Hate Waste' yn nodi bod gwastraff bwyd yn costio tua £470 i'r cartref cyffredin bob blwyddyn, gan godi i £700 i deulu â phlant (sy'n cyfateb i tua £60 y mis).

Hefyd mae'n rhaid i awdurdodau lleol dalu costau oherwydd bod rhaid iddyn nhw gyflogi pobl i gael gwared ar wastraff cartrefi a'i gludo i safleoedd tirlenwi.

Ffyrdd o wastraffu llai o fwyd

Rydym yn cael nifer o argymhellion ynglŷn â sut i wastraffu llai o fwyd; mae rhai o'r rhain yn cynnwys:

- cynllunio prydau ymlaen llaw fel eich bod yn prynu dim ond y bwydydd angenrheidiol
- defnyddio bwydydd sydd gennych gartref mewn cypyrddau neu yn y rhewgell yn gyntaf
- peidio â choginio ychydig yn ychwanegol

- defnyddio dyfais sy'n mesur maint cyfrannau i sicrhau eich bod yn coginio dim ond y cyfrannau angenrheidiol
- defnyddio bwydydd dros ben i greu prydau o fwyd gwahanol y diwrnod wedyn
- rhewi unrhyw gyfrannau sydd heb eu defnyddio ac sy'n addas i'w rhewi i arbed amser rywbryd eto ac i beidio â gwastraffu'r gyfran honno o stiw a oedd dros ben.

PWYNTIAU ALLWEDDOL: GWASTRAFF BWYD

- Mae gwastraff bwyd yn bryder mawr yn y DU.
- Gall gwastraffu bwyd gostio hyd at £700 y flwyddyn i deulu.
- Rydym yn gwastraffu amrywiaeth eang o fwydydd, gan gynnwys ffrwythau a llysiau, salad a chynnyrch bara.
- Mae bwydydd sy'n cael eu taflu yn mynd i safleoedd tirlenwi sy'n gallu effeithio ar yr amgylchedd.
- Gallai dilyn rhai rheolau syml, fel cynllunio prydau o fwyd a defnyddio dyfeisiau mesur maint cyfrannau, helpu i wastraffu llai o fwyd.

Cwestiynau arholiad enghreifftiol

1 Rhowch **dair** enghraifft o fwydydd rydym yn eu gwastraffu. [3 marc]

2 Rhowch **ddau** reswm pam rydym ni'n gwastraffu cymaint o fwyd. [2 farc]

3 Awgrymwch **ddwy** ffordd i atal gwastraffu bwyd. [2 farc]

O ble daw bwyd

Mae'r adran hon yn cynnwys y penodau canlynol:

Pennod 8 Tarddiad bwydydd

Pennod 9 Cynhyrchu bwyd

PENNOD 8
Tarddiad bwydydd

Amcanion dysgu

Yn y bennod hon byddwch yn dysgu am y canlynol:

- o ble daw bwydydd a sut maen nhw'n cael eu tyfu, eu magu a'u dal
- ystyr milltiroedd bwyd, eu heffaith ar yr ôl troed carbon, ac am brynu bwydydd yn lleol
- gwerth defnydd pecynnu a'i effaith ar yr amgylchedd
- cynaliadwyedd bwyd a sut i fod yn gynaliadwy
- effaith gwastraff bwyd ar yr amgylchedd
- y gwahaniaethau rhwng marchnadoedd a chymunedau lleol a byd-eang
- ystyr tlodi bwyd a'i effaith
- diogeledd bwyd a mynediad at fwyd diogel, digonol.

Tarddiadau bwyd: lle a sut mae bwydydd yn cael eu tyfu, eu magu, neu eu dal

Sut mae bwydydd yn cael eu tyfu

Mae sawl math o fwydydd yn cael eu tyfu yn y DU. Dyma rai o'r prif gnydau sy'n cael eu tyfu yn y DU:

- gwenith
- barlys
- ceirch
- tatws
- betysen siwgr

- llysiau (fel moron, bresych, ffa dringo, etc.)
- rêp
- ffrwythau (fel afalau, gellyg, eirin, eirin duon; a ffrwythau meddal fel mefus, mafon, mwyar duon a chyrens duon).

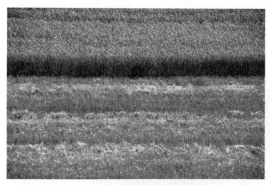

Ffigur 8.1 Gwenith yn tyfu mewn cae

Dydy'r DU ddim yn cynhyrchu'r holl fwyd sydd ei angen i fwydo pawb oherwydd maint y boblogaeth a'r hinsawdd, felly mae rhai bwydydd yn cael eu **mewnforio** o wledydd eraill. Enghraifft o hyn fyddai rhai ffrwythau a llysiau ffres (er enghraifft, ffrwythau egsotig) sydd ar gael mewn archfarchnadoedd.

Mae amrywiaeth o ddulliau yn cael eu defnyddio i dyfu bwyd. Bydd y dull o dyfu bwydydd yn dibynnu ar y math o fwydydd sy'n cael eu tyfu.

Mae ffermio'n enghraifft o sut mae bwydydd yn cael eu tyfu yn y DU. Y ddau brif fath o ffermio yw ffermio llaeth a ffermio cnydau cyffredinol.

Sut mae cnydau'n cael eu tyfu?

Wrth dyfu cnydau fel gwenith a barlys, mae'n rhaid i'r ffermwr ystyried nifer o bwyntiau. Mae rhai o'r rhain yn cynnwys:

- amodau tywydd cyffredinol yr ardal
- pa gnydau fydd yn tyfu'n dda gyda'i gilydd
- y maeth sydd eu hangen ar y cnydau
- yr adnoddau sydd gan y ffermwr, gan gynnwys adnoddau naturiol (tir, aer, golau'r haul), offer a chyfarpar, yn ogystal â gweithwyr.

Mae'r broses o dyfu cnydau yn cynnwys camau fel:

- paratoi'r pridd
- plannu hadau neu eginblanhigion
- eu dyfrio (rhoi dŵr iddyn nhw)
- rheoli plâu cnydau, gwrteithio, yn ogystal â rheoli chwyn
- cynaeafu.

Ffigur 8.2 Cynhyrchu cnydau

Rhannau dwyreiniol a deheuol Lloegr sy'n tueddu i fod orau i dyfu cnydau grawn oherwydd mae'r caeau yn fwy gwastad ac agored. Mae rhai ardaloedd yng Nghymru a Lloegr yn canolbwyntio mwy ar ffermio defaid a ffermio llaeth oherwydd mae'r tir yn fwy mynyddig ac felly'n anaddas i gynhyrchu cnydau.

Tyfu llysiau

Mae nifer o'r prif lysiau rydym ni'n eu bwyta yn tyfu mewn caeau ar ffermydd mawr. Mae rhai ffermydd yn arbenigo mewn cynhyrchu symiau mawr o un llysieuyn (er enghraifft, moron) ond yn cynnig sawl amrywiaeth wahanol, gan eu cyflenwi i nifer o archfarchnadoedd a siopau.

Tyfu ffrwythau meddal

Mae ffrwythau meddal yn fwydydd poblogaidd yn ystod misoedd yr haf pan maen nhw yn eu tymor. Mae ffermydd preifat, teuluol, yn tyfu nifer o fathau o ffrwythau meddal.

Ffigur 8.3 Moron yn tyfu mewn cae

Yn y DU, mae'r rhan fwyaf o ffrwythau meddal yn cael eu tyfu mewn **polydwnnel**. Twnnel polythen mawr yw polydwnnel sydd wedi'i ddylunio i warchod y ffrwythau rhag amodau gwael fel y tywydd. Bydd defnyddio polydwnnel hefyd yn sicrhau cynnyrch o ansawdd gwell ac yn lleihau'r angen am blaleiddiaid. Bydd defnyddio'r dull hwn i dyfu ffrwythau a bwydydd eraill fel letys, ciwcymbr a phupur yn golygu bod cyfnod tyfu'r cnydau yn hirach.

Tyfu ffrwythau carreg a ffrwythau caled

Mae llawer o ffrwythau carreg a ffrwythau caled yn cael eu tyfu yn y DU, ar raddfa fach, ar raddfa fawr neu yn fasnachol. Mae rhai siroedd yn y DU fel Caint, Swydd Gaerwrangon a Swydd Henffordd yn ardaloedd poblogaidd i dyfu coed ffrwythau oherwydd y cyfuniad cywir o bridd a golau haul. Mae coed ffrwythau'n tyfu'n llwyddiannus mewn llawer o erddi cartrefi.

Ffigur 8.4 Defnyddio polydwnnel i dyfu mefus

Ffigur 8.5 Afalau'n tyfu mewn perllan

Mae nifer o wahanol fathau a lliwiau o ffrwythau caled fel afalau. Mae nifer o afalau'n tyfu mewn perllannau sydd wedi'u dylunio i wneud y gorau o'r lle sydd ar gael a chynhyrchu'r nifer mwyaf posibl.

Ffermio dwys

Mae ffermio dwys yn ddull i gynhyrchu mwy o fwyd. Mewn ffermio dwys, mae gwrtaith a phlaleiddiaid yn cael eu defnyddio i dyfu cnydau **cynnyrch helaeth** fel gwenith, ac mae anifeiliaid yn cael eu cadw dan do, er enghraifft ffermio batri.

Ffermio organig

Ffigur 8.6 Fferm organig

Ffermio organig yw cynhyrchu bwyd a'i dyfu mor naturiol â phosibl o dan safonau llym. Mae pwyslais mawr ar ffermwyr i sicrhau eu bod yn amddiffyn bywyd gwyllt a'r amgylchedd.

Yn wahanol i ffermio dwys, dydy ffermwyr organig ddim yn defnyddio gwrtaith cemegol; yn hytrach maen nhw'n defnyddio defnydd organig i ddatblygu pridd mwy ffrwythlon ac iach, ac i annog bywyd gwyllt i helpu i reoli plâu a chlefydau.

Mae cylchdroi cnydau'n cael ei annog; hynny yw, bydd ffermwr yn plannu cnwd mewn cae un flwyddyn a'r flwyddyn wedyn mae anifeiliaid yn pori yn yr un cae, gan ychwanegu tail at y pridd a gwella'i ffrwythlondeb. Y flwyddyn nesaf gallai'r cae gael ei adael yn wag (braenar) gan adael i'r pridd adfer.

Sut mae bwydydd yn cael eu magu

Mae nifer o anifeiliaid yn cael eu magu ar raddfa fawr mewn ffermydd ffatri i roi bwyd i'w werthu mewn siopau ac archfarchnadoedd. Mae rhai anifeiliaid yn cael eu magu ar raddfa lai, mewn ffermydd teuluol neu ffermydd arbenigol un anifail.

Amcangyfrifir bod tua un filiwn o anifeiliaid yn cael eu lladd bob blwyddyn i roi bwyd i ni.

Rhai enghreifftiau o anifeiliaid sy'n cael eu magu i roi bwyd:

- gwartheg a lloi
- moch
- defaid ac ŵyn
- cywion ieir
- tyrcwn
- gwyddau
- hwyaid.

Ffigur 8.7 Magu cywion ieir mewn fferm ffatri

Ffermydd ffatri

Nod **fferm ffatri** yw magu cymaint o anifeiliaid ag sy'n bosibl. Mae ffermydd ffatri yn canolbwyntio ar elw ac effeithlonrwydd yn hytrach na lles yr anifeiliaid. Yn aml, sylfaenol neu gwael yw'r disgrifiad o'r amodau lle mae'r anifeiliaid yn cael eu magu. Efallai mai ychydig iawn o le sydd gan anifeiliaid i symud ynddo, dydyn nhw ddim yn cael crwydro, ac maen nhw'n cael eu pesgi'n gyflym; gallai hyn fod drwy ddefnyddio cyffuriau.

Mae nifer o anifeiliaid yn cael eu magu mewn ffermydd fel ffatrïoedd a'u cadw i gynhyrchu bwydydd. Er enghraifft, bydd gwartheg llaeth yn cynhyrchu llaeth i'w werthu mewn archfarchnadoedd yn ogystal â llaeth i'w ddefnyddio i gynhyrchu bwydydd eraill llaeth fel caws. Mae'r gwartheg yn byw mewn siediau mawr, ac weithiau heb ddim neu ddim ond ychydig bach iawn o olau haul a phorfa. Maen nhw'n cael eu godro mewn ciwbiclau cyfyng.

Ffermydd organig

Bydd gan anifeiliaid sy'n cael eu magu ar **fferm organig** amodau byw gwahanol iawn i anifeiliaid sy'n cael eu ffermio ar fferm ffatri; mae lles yr anifail yn cael blaenoriaeth bob amser ac mae safonau organig mae'n rhaid eu bodloni. Mae rhai o'r rhain yn cynnwys:

Ffigur 8.8 Moch allan ar fferm organig

- Mae'n rhaid i anifeiliaid fod yn rhydd ac yn gallu mynd i gaeau (os yw'r tywydd yn addas).
- Mae'n rhaid i'r amodau byw fodloni safonau lles uchel ac mae'n rhaid i'r anifeiliaid gael maint penodol o le.
- Mae'n rhaid i'r deiet fod mor naturiol â phosibl.
- I drin salwch yn unig y dylai'r anifeiliaid gael cyffuriau.
- Ni ddylid rhoi hormonau i'r anifeiliaid sy'n gwneud iddyn nhw dyfu'n gyflymach.

GEIRIAU ALLWEDDOL

Ffermydd ffatri: mae'r ffermydd hyn yn magu'r nifer mwyaf posibl o anifeiliaid. Mae ffermydd ffatri yn canolbwyntio ar elw ac effeithlonrwydd yn hytrach na lles yr anifeiliaid.

Ffermydd organig: mae'r ffermydd hyn yn rhoi blaenoriaeth bob amser i les yr anifail ac mae safonau penodol mae'n rhaid eu bodloni.

Sut mae bwydydd yn cael eu dal

Mae llawer o fathau gwahanol o bysgod yn cael eu dal i roi bwyd. Mae rhai o'r rhain yn cynnwys:

- pysgod olewog – macrell, pennog, eog, brithyll, tiwna
- pysgod gwyn – penfras, lleden, hadog, lleden chwithig, halibwt, draenog y môr
- pysgod cregyn – cimwch, cranc, corgimychiaid, cregyn gleision, cregyn bylchog.

Mae sawl dull gwahanol o ddal pysgod. Bydd y dull sy'n cael ei ddefnyddio yn dibynnu ar:

- y math (rhywogaeth) o bysgodyn sy'n cael ei ddal
- yr ardal lle mae'r pysgota'n digwydd
- graddfa'r pysgota – graddfa fechan neu raddfa fawr
- y dechnoleg sydd ar gael i'r pysgotwr.

Gall rhai dulliau pysgota, sydd ddim yn dal symiau mawr o bysgod, gael effaith fach ar yr amgylchedd o'u cymharu â physgota masnachol sydd ar raddfa fawr ac yn ceisio dal symiau enfawr o bysgod. Gall pysgota ar raddfa fawr achosi problemau yn yr amgylchedd morol.

Mae'r rhan fwyaf o bysgod rydym ni'n eu bwyta yn cael eu dal drwy **dreillio** (*trawling*). Mae hyn yn defnyddio rhwyd neu rwydi i ddal y pysgod. Mae sawl dull gwahanol o dreillio, er enghraifft, pysgota'r wyneb (*pelagic trawling*), pysgota ag estyllod rhwydi (*otter trawling*), treillio â thrawst a threillio mewn parau.

Dulliau eraill o ddal pysgod:

- **defnyddio rhwydi llusg** (*purse-seining*) – tynnu rhwyd enfawr o amgylch haig o bysgod, fel tiwna, pennog, macrell
- **tynnu rhwydi** (*dredging*) – llusgo cewyll metel ar draws gwelyau pysgod cregyn.

Ymestyn a herio ⇕

Gwnewch ychydig o ymchwil i'r dulliau treillio canlynol ac esboniwch sut maen nhw'n dal pysgod:

- pysgota'r wyneb
- treillio ag estyllod rhwydi
- treillio â thrawst
- treillio mewn parau.

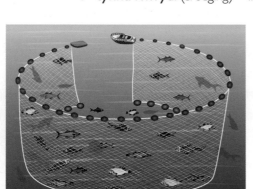

Ffigur 8.9 Treillio rhwydi llusg

Ffigur 8.10 Treillio ag estyllod rhwydi

Pysgod wedi'u ffermio

Mae nifer o rywogaethau o bysgod yn cael eu magu mewn ffermydd pysgod, oherwydd bod llai o bysgod gwyllt ar gael. Mae'r rhain yn cynnwys:

- eog
- brithyll
- penfras
- draenog y môr.

Ffigur 8.11 Fferm bysgod

Yn y dull hwn, mae nifer mawr o bysgod yn cael eu magu mewn afonydd, tanciau, dŵr caeedig, llynnoedd, neu yn y môr mewn cewyll môr, a gallai'r rhain fod wedi'u gorlenwi.

Bydd ffermydd pysgod yn defnyddio'r un safonau ar gyfer **pysgod sy'n cael eu ffermio** ag i anifeiliaid sy'n cael eu magu ar dir.

Cewyll cimychiaid a chrancod

Mae cewyll cimychiaid a chrancod yn ddull o ddal pysgod cregyn. Mae'n bosibl gwneud y cewyll o bren, rhaff neu fetel ac maen nhw'n cael eu gosod ar wely'r môr gan ddefnyddio rhaffau. Pysgod marw yw'r abwyd, sy'n annog crancod a chimychiaid i ddod mewn i'r gawell. Unwaith y maen nhw i mewn, dydyn nhw ddim yn gallu mynd allan. Bydd pysgotwyr yn defnyddio bwi (*buoy*) i farcio lleoliad y gawell ac yn casglu'r hyn maen nhw wedi'i ddal ar ôl diwrnod neu ddau. Mae'r dull hwn o bysgota'n cael ei ystyried yn fwy 'cyfeillgar', gan ei bod yn bosibl rhoi unrhyw bysgod eraill sy'n cael eu dal yn y cewyll yn ôl i'r môr.

Ffigur 8.12 Cewyll cimychiaid

GEIRIAU ALLWEDDOL

Treillio: defnyddio rhwyd neu rwydi i ddal pysgod.

Defnyddio rhwydi llusg: tynnu rhwyd enfawr o amgylch haig o bysgod – er enghraifft tiwna, pennog, macrell – i'w dal.

Tynnu rhwydi: llusgo cewyll metel ar draws gwelyau pysgod cregyn i ddal pysgod cregyn.

Pysgod sy'n cael eu ffermio: pysgod wedi'u magu mewn tanciau, mannau caeedig yn y môr neu gewyll.

PWYNTIAU ALLWEDDOL: SUT MAE BWYDYDD YN CAEL EU TYFU, EU MAGU A'U DAL

- Gwenith, barlys, ceirch, tatws, ffrwythau a llysiau yw rhai o'r prif gnydau sy'n cael eu tyfu yn y DU.
- Mae'n rhaid i ffermwyr ystyried nifer o bwyntiau allweddol cyn tyfu cnydau gan gynnwys amodau'r tywydd a'r maetholion gofynnol.
- Mae nifer o ffrwythau meddal yn cael eu tyfu mewn polydwnnel.
- Yn y DU, mae nifer o ffrwythau caled a ffrwythau carreg yn cael eu tyfu, gan gynnwys afalau, ceirios ac eirin.
- Mae ffermio dwys yn cynhyrchu bwydydd ar raddfa fawr.
- Mae ffermio organig yn tyfu ac yn cynhyrchu bwydydd mor naturiol â phosibl.
- Y ddau brif ddull o ffermio anifeiliaid yw ffermio ffatri a ffermio organig.
- Mae'r amodau a'r amgylcheddau byw yn wahanol iawn mewn ffermydd organig a ffermydd ffatri.
- Pysgod olewog, pysgod cregyn a physgod gwyn yw'r prif fathau o bysgod sy'n cael eu dal i roi bwyd.
- Mae nifer o ddulliau gwahanol o ddal pysgod. Mae'r rhan fwyaf yn cael eu dal drwy dreillio o ryw fath.
- Mae ffermydd pysgod yn cael eu defnyddio i fagu pysgod oherwydd bod llai o bysgod gwyllt ar gael.
- Mae cewyll cimychiaid a chrancod yn ddulliau o ddal pysgod cregyn.

Cwestiynau arholiad enghreifftiol

1 Enwch **dri** o'r prif gnydau sy'n cael eu tyfu yn y DU. [3 marc]
2 Esboniwch y gwahaniaeth rhwng ffermio dwys a ffermio organig. [4 marc]
3 Disgrifiwch pam bydd rhai cwsmeriaid yn dewis cynnyrch organig wrth brynu bwyd. [6 marc]
4 Enwch **dri** anifail gwahanol sy'n cael eu magu i roi bwyd. [3 marc]
5 Esboniwch pam y gallai cymaint o bobl fod yn erbyn ffermio ffatri i anifeiliaid. [2 farc]

6 Nodwch **ddwy** safon organig mae'n rhaid eu bodloni mewn ffermio organig. [2 farc]
7 Nodwch **ddau** bysgodyn olewog a **dau** bysgodyn cragen sy'n cael eu dal i roi bwyd. [4 marc]
8 Disgrifiwch **ddau** ddull gwahanol o ddal pysgod. [2 farc]
9 Esboniwch sut mae pysgod sydd wedi'u ffermio yn wahanol i bysgod sydd wedi'u dal yn y môr. [2 farc]

Milltiroedd bwyd

Mae **milltiroedd bwyd** yn derm i ddisgrifio'r pellter mae bwyd yn cael ei gludo o'r cae neu o'r cynhyrchydd bwyd at y defnyddiwr. Mae hyn hefyd yn cynnwys y milltiroedd mae'r defnyddiwr wedi'i deithio o'r cartref i'r siop i brynu'r bwyd.

Mae llawer o'r bwydydd sydd mewn siopau yn dod o ffermydd a ffatrïoedd sydd mewn trefi neu ardaloedd gwledig gannoedd o filltiroedd i ffwrdd o'r siop. Gallai hyn fod oherwydd nifer o resymau. Er enghraifft, gallai'r cnydau sydd eu hangen i gynhyrchu'r bwydydd fod wedi eu tyfu yn yr ardal benodol honno, neu efallai fod prif safle prosesu'r cynhyrchwyr bwyd yn yr ardal honno. Yna mae'r bwydydd neu'r cynnyrch bwyd hyn yn cael eu cludo ar hyd a lled y wlad i siopau amrywiol, fel y gall defnyddwyr eu prynu.

Mae rhai o'r ffrwythau a'r llysiau sydd ar gael yn ein siopau a'n harchfarchnadoedd yn dod o wledydd eraill. Mae hyn oherwydd dydy'r bwydydd hyn ddim yn eu tymor neu ddim yn tyfu yn y DU, felly fyddan nhw ddim ar gael i ni eu prynu oni bai ein bod yn eu mewnforio.

Mae mewnforio bwydydd o wledydd eraill yn golygu ein bod yn gallu prynu bwydydd fel mefus ac asbaragws ar nifer o adegau eraill yn y flwyddyn yn hytrach na dim ond pan maen nhw yn eu tymor.

Pan fydd bwydydd yn teithio neu'n cael eu mewnforio gallan nhw gael eu cludo mewn:
- cychod (ar y môr)
- awyrennau (yn yr awyr)
- lorïau (ar y ffordd)
- ceir (ar y ffordd).

Ôl troed carbon

Ystyr y term **ôl troed carbon** cynnyrch yw faint o allyriadau carbon sydd wedi'u cynhyrchu wrth dyfu, prosesu a dosbarthu (cludo) cynnyrch bwyd. Yn syml, mae hyn yn golygu'r holl brosesau mae'n rhaid mynd trwyddyn nhw i greu cynnyrch terfynol.

Mae'r ôl troed carbon yn cynnwys amcangyfrif o faint o garbon deuocsid (CO_2) sy'n cael ei allyrru o ganlyniad i deithio.

Gall mewnforio bwydydd effeithio'n fawr ar yr ôl troed carbon, ac mae cludo bwyd yn yr awyr yn cael mwy o effaith na chludo bwydydd yn y môr neu ar y ffordd – er bod y dulliau hyn yn parhau i gael eu hystyried yn broblem amgylcheddol.

Pan fydd bwydydd yn cael eu cludo mewn lorïau ar y ffordd, mae'r lorïau yn llosgi tanwydd, gan gynhyrchu llawer iawn o lygredd aer.

Wrth gludo bwydydd ar y ffordd, ar y môr neu yn yr awyr, mae tanwyddau ffosil yn cael eu llosgi. Mae hyn yn effeithio'r amgylchedd oherwydd mae llosgi tanwyddau ffosil yn rhyddhau allyriadau nwy carbon deuocsid. Mae hyn yn effeithio'n fawr ar **gynhesu byd-eang** sef wyneb, moroedd ac atmosffer y Ddaear yn cynhesu'n raddol.

Lleihau allyriadau cludiant yw un o'r camau pwysicaf i frwydro yn erbyn cynhesu byd-eang. Cam arall yw plannu rhagor o goed, gan y bydd y rhain yn amsugno'r carbon deuocsid. Gall prynu bwyd yn lleol hefyd helpu'r amgylchedd.

Ffigur 8.13 Cludo bwyd ar y ffordd

Prynu bwyd yn lleol

Mae prynu bwydydd yn lleol yn golygu prynu eitemau yn agos at eich cartref – gallai hyn fod o'r siop gornel, gan y gwerthwr llysiau yn y dref leol, neu o'r ffarm gerllaw sy'n gwerthu cig. Mae hyn yn golygu bod y bwydydd wedi cael eu tyfu, eu cydosod neu eu cynhyrchu gerllaw.

Drwy brynu bwydydd sy'n cael eu cynhyrchu a'u tyfu'n lleol rydych chi'n gallu gwneud y canlynol:

- cefnogi tyfwyr lleol
- helpu'r gymuned leol i ennill arian
- helpu i greu swyddi lleol
- prynu'r bwydydd yn rhatach
- prynu cynnyrch mwy ffres, o safon well
- prynu bwydydd gyda gwerth maethol uwch
- prynu nwyddau yn eu tymor pan fyddan nhw ar eu gorau
- gofyn cwestiynau i'r tyfwyr lleol am y bwyd yn uniongyrchol
- prynu bwydydd mwy diogel gan fod y gadwyn fwyd ar ei byrraf o'i chymharu â nwyddau wedi'u mewnforio.

Ffigur 8.14 Stondin fwyd mewn marchnad ffermwyr leol

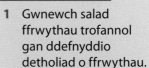

Gweithgaredd

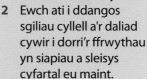

1 Ewch i'ch archfarchnad neu siop leol ac edrychwch ar y detholiad o ffrwythau trofannol sydd ar werth. Gwnewch nodyn o'r holl wledydd mae'r ffrwythau hyn wedi dod ohonyn nhw. Cofnodwch eich canlyniadau mewn tabl yn dangos y gwledydd agosaf at y DU yn gyntaf, gan orffen gyda'r gwledydd pellaf.
2 Cyfrifwch nifer y milltiroedd awyr mae'r ffrwyth o'r wlad bellaf wedi'u teithio.
3 Esboniwch sut gallai'r holl deithio niweidio'r amgylchedd.

Gweithgaredd ymarferol

1 Gwnewch salad ffrwythau trofannol gan ddefnyddio detholiad o ffrwythau.
2 Ewch ati i ddangos sgiliau cyllell a'r daliad cywir i dorri'r ffrwythau yn siapiau a sleisys cyfartal eu maint.
3 Cyflwynwch eich salad ffrwythau, gan wneud iddo edrych mor ddeniadol ag y gallwch.

PWYNTIAU ALLWEDDOL: MILLTIROEDD BWYD, ÔL TROED CARBON A PHRYNU BWYD YN LLEOL

- Milltiroedd bwyd yw'r pellter mae'r bwyd wedi'i deithio o'r cae neu o'i fan cynhyrchu i blât y defnyddiwr.
- Gallai bwydydd fod â llawer iawn o filltiroedd bwyd os ydyn nhw wedi'u prynu o wledydd tramor.
- Gall milltiroedd bwyd gyfeirio at fwydydd sydd wedi teithio mewn car, cwch, awyren neu lorri.
- Mae ôl troed carbon yn cyfeirio at faint o allyriadau carbon sydd wedi'u cynhyrchu wrth dyfu, prosesu a dosbarthu (cludo) cynnyrch bwyd.
- Rydym yn mesur ôl troed carbon yn ôl faint o garbon deuocsid sy'n cael ei allyrru, ac mae hyn yn effeithio ar gynhesu byd-eang.
- Cynhesu byd-eang yw arwyneb, moroedd ac atmosffer y Ddaear yn cynhesu'n raddol.

GEIRIAU ALLWEDDOL

Milltiroedd bwyd: y pellter mae'r bwyd wedi'i deithio o'r cae neu o'i fan cynhyrchu i blât y defnyddiwr.

Ôl troed carbon: faint o allyriadau carbon sydd wedi'u cynhyrchu wrth dyfu, prosesu a dosbarthu (cludo) cynnyrch bwyd.

Cynhesu byd-eang: arwyneb, moroedd ac atmosffer y Ddaear yn cynhesu'n raddol.

Cwestiynau arholiad enghreifftiol

1 Esboniwch fanteision prynu llysiau sydd wedi'u cynhyrchu'n lleol yn hytrach na llysiau ffres wedi'u mewnforio. [6 marc]

Mae'r rhan fwyaf o fwydydd mewn siopau yn cael eu gwerthu mewn rhyw fath o ddefnydd pecynnu. Rhai bwydydd sydd ddim yn cael eu gwerthu mewn defnydd pecynnu yw torth heb ei sleisio, rholiau bara, ffrwythau a llysiau rhydd. Pan mae defnyddwyr yn prynu'r cynhyrchion hyn, yn aml maen nhw'n eu rhoi mewn bagiau plastig neu fagiau papur gan y siop neu'r archfarchnad, felly mae ganddyn nhw ryw fath o ddefnydd pecynnu o hyd.

Mae nifer o fathau gwahanol o ddefnydd pecynnu'n cael eu defnyddio ar gyfer bwydydd a chynnyrch bwyd; yn aml bydd y math o ddefnydd pecynnu yn dibynnu ar y bwydydd neu'r cynnyrch bwyd sy'n cael eu gwerthu.

Pam mae bwydydd yn cael eu pecynnu?

Bydd cynhyrchwyr yn pecynnu bwyd am y rhesymau canlynol:

- cadw'r bwyd yn ddiogel ac yn hylan
- gwarchod y bwyd rhag difrod neu halogiad
- cyffeithio'r bwyd ac ehangu ei oes silff
- atal unrhyw **ymyrraeth** â'r bwyd
- denu cwsmeriaid i'w brynu
- gwneud y bwyd yn fwy taclus i'w werthu
- rhoi gwybodaeth am y bwyd
- gwneud trin, cludo a storio'n haws.

Gwerth defnydd pecynnu ar gyfer bwydydd wedi'u cynhyrchu a chynnyrch bwyd

Mae defnydd pecynnu bwyd yn cael ei ddefnyddio i farchnata cynnyrch. Mae'n ddull sy'n cael ei ddefnyddio i annog cwsmeriaid i brynu cynnyrch penodol. Bydd y defnydd pecynnu allanol hwn yn rhoi gwybodaeth hanfodol i gwsmeriaid fel:

- sut i storio'r cynnyrch bwyd ac am faint
- pa gynhwysion sydd yn y cynnyrch
- sut i'w goginio neu ei gynhesu
- sut mae'r cynnyrch yn edrych
- enw'r cynnyrch
- pwy sydd wedi'i gynhyrchu.

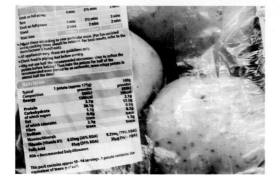

Ffigur 8.15 Gwybodaeth sy'n cael ei roi ar ddefnydd pecynnu cynnyrch bwyd

Mathau o ddefnyddiau pecynnu sy'n cael eu defnyddio

Math o ddefnydd pecynnu	Enghreifftiau o fwyd
Cerdyn/papur	Grawnfwydydd brecwast, bagiau blawd
Gwydr	Sawsiau, bwydydd wedi'u piclo
Plastig	Iogwrt, ffrwythau a llysiau
Metel, ffoil a thuniau	Llysiau tun, cawl, diodydd byrlymog
Cardfwrdd y gallwn ei roi yn y ffwrn	Prydau parod oer ac wedi'u rhewi, rhai pizzas

Tabl 8.1 Enghreifftiau o ba fwydydd sy'n defnyddio defnyddiau pecynnu penodol

Beth yw effaith defnydd pecynnu ar yr amgylchedd?

Gall defnydd pecynnu bwyd effeithio ar yr amgylchedd mewn sawl ffordd:

- Gall cynhyrchu'r defnydd pecynnu ddefnyddio llawer iawn o adnoddau naturiol, er enghraifft coed ac olew a llawer iawn o ynni.
- Gallai achosi lygredd – gallai hyn fod yn llygredd aer, llygredd tir neu'n llygredd môr.
- Dydy hi ddim bob amser yn bosibl ailgylchu'r defnydd pecynnu oherwydd y defnyddiau cymysg sydd ynddo. Er enghraifft, mae rhai cartonau sudd ffrwythau wedi'u gwneud o sawl haen wahanol **laminedig** gyda'i gilydd (e.e. cerdyn, plastig a ffoil).
- Os dydy'r pecyn ddim yn **fioddiraddadwy** gallai gymryd nifer o flynyddoedd i ymddatod. Ar gyfer plastigion sydd wedi'u gwneud o olew gallai hyn gymryd cannoedd o flynyddoedd.
- Mae defnydd pecynnu sy'n methu cael ei ailgylchu yn cael ei roi mewn safleoedd tirlenwi sy'n cymryd lle ac yn achosi llygredd.

GEIRIAU ALLWEDDOL

Ymyrraeth: ymyrryd â bwyd i achosi niwed.

Laminedig: nifer o haenau gwahanol o ddefnyddiau wedi'u rhwymo â'i gilydd.

Bioddiraddadwy: cynnyrch neu ddefnydd sy'n gallu hydoddi'n hawdd yn yr amgylchedd heb ddinistrio natur.

PWYNTIAU ALLWEDDOL: DEFNYDD PECYNNU

- Mae bwydydd yn cael eu pecynnu am nifer o resymau gan gynnwys amddiffyn, cyffeithio a chyflwyniad.
- Gall defnydd pecynnu roi gwybodaeth hanfodol am y cynnyrch i'r defnyddiwr.
- Mae sawl math gwahanol o ddefnyddiau pecynnu gan gynnwys gwydr, plastig, papur a cherdyn.
- Gall defnydd pecynnu niweidio'r amgylchedd oherwydd y defnyddiau a'r prosesau sy'n cael eu defnyddio i'w gwneud.

Cwestiynau arholiad enghreifftiol

1 Nodwch **dri** rheswm dros becynnu bwyd. [3 marc]

2 Rhowch **ddau** reswm pam y gallai'r pecynnu fod yn ddefnyddiol i ddefnyddiwr. [2 farc]

3 Esboniwch pam mae defnydd pecynnu'n cael ei ystyried yn niweidiol i'r amgylchedd. [4 marc]

Cynaliadwyedd bwyd

Mae cynaliadwyedd yn golygu bodloni amrywiaeth o anghenion i ni ac i eraill, ac i genedlaethau'r dyfodol. Mae'n golygu bodloni anghenion poblogaeth y wlad, yn ogystal ag yn fyd-eang, o ran argaeledd bwyd a thyfu bwyd drwy systemau cynaliadwy. Mae'n golygu ystyried o ble mae ein bwyd yn dod a'r broses o'r cae i'r plât, yr angen i beidio â gwastraffu bwyd a lleihau'r effaith ar yr amgylchedd, a phwysigrwydd prynu bwyd lleol ac yn ei dymor, gan ystyried y dulliau ffermio a thyfu i gynhyrchu'r bwyd mewn cylch parhaol a chynaliadwy.

Effaith gwastraff bwyd ar yr amgylchedd

Bob blwyddyn, rydym ni fel cenedl yn cael gwared ar werth biliynau o bunnoedd o fwyd heb ei ddefnyddio. Os yw'r bwyd rydym yn ei wastraffu yn mynd i safleoedd tirlenwi, bydd yn mynd trwy broses o ddadfeilio a phydru yn y pen draw. Pan fydd bwyd yn pydru mae'n cynhyrchu methan; mae hwn yn nwy tŷ gwydr pwerus.

Lleihau gwastraff bwyd

Felly rydym yn cael ein cynghori i geisio lleihau ein gwastraff bwyd. Mae llawer o ffyrdd i geisio lleihau faint o fwyd rydym ni'n ei wastraffu; mae'r rhain yn cael eu trafod ym Mhennod 7, Dirywiad bwyd.

Ailgylchu

Gallem ddefnyddio rhywfaint o'r plicion (*peelings*) neu'r bwyd dros ben drwy eu hailgylchu mewn tomen gompost neu mewn bin ailgylchu bwyd. Byddai hyn yn addas ar gyfer bwyd sydd dros ben fel:
- plicion ffrwythau a llysiau
- pasta neu reis wedi'u coginio
- hen fara.

Bydd hwn yn pydru i gynhyrchu gwrtaith y gallwn ei ddefnyddio yn yr ardd drwy ei ychwanegu at y pridd pan fyddwn yn plannu hadau.

Ail-ddefnyddio bwyd

Mae ail-ddefnyddio bwyd sydd dros ben yn gam cadarnhaol i leihau gwastraff bwyd, yn ogystal â lleihau ei effaith ar yr amgylchedd. Drwy ddefnyddio bwydydd dros ben, byddem yn gwario llai ar fwyd, a byddai'n bosibl defnyddio'r cynhwysion maethlon i gynhyrchu rhagor o brydau cartref. Dyma rai ffyrdd o ddefnyddio bwydydd dros ben:
- Gallech ddefnyddio llysiau dros ben o ginio rhost i wneud cawl neu stwnsh tatws a bresych.
- Gallech ddefnyddio pasta dros ben i wneud salad pasta.
- Gallech ddefnyddio hen fara i wneud pwdin bara menyn, neu friwsion bara i fynd ar ben seigiau pasta i wneud topin crensiog.
- Gallech roi tatws stwnsh ar ben llysiau sydd wedi'u cymysgu â saws caws i wneud pastai gyda thatws ar ei ben.
- Gallech ddefnyddio teisen sbwng dros ben i wneud treiffl.

Marchnadoedd lleol

Wrth i bobl ddod yn fwy ymwybodol o effaith mewnforio bwydydd ar yr amgylchedd, mae'r galw am farchnadoedd bwyd lleol yn cynyddu. Mae marchnadoedd ffermwyr wedi dod yn boblogaidd iawn; maen nhw'n gwerthu bwyd sy'n dod o ffermydd lleol yn ardal y farchnad, ac sydd wedi'i dyfu ar y ffermydd hyn.

Mae manteision defnyddio marchnad ffermwyr neu farchnad leol yn cynnwys y canlynol:

● mae defnyddwyr yn cael cynnyrch ffres, iach, fel arfer am brisiau cystadleuol
● mae'r marchnadoedd yn cynnig mwy o ddewis o fwydydd sy'n ffres iawn ac fel arfer yn fforddiadwy
● maen nhw'n atgyfnerthu'r gymuned leol
● maen nhw'n gallu helpu i leihau ôl troed carbon oherwydd llai o gludo a llygredd.

Marchnadoedd a chymunedau byd-eang

Fel cenedl rydym wedi arfer â chael digon o fwyd sy'n fforddiadwy. Mae rhywfaint o'r cyflenwad bwyd hwn yn dod o'r DU, a rhywfaint yn dod o'r tu allan i'r DU. Pan mae defnyddwyr yn mynd i archfarchnad i brynu cynnyrch bwyd, mae'r amrywiaeth o fwydydd a'r dewisiadau sydd ar gael iddyn nhw wedi cynyddu'n fawr iawn o'i gymharu â 40 mlynedd yn ôl.

Mae poblogaeth y byd yn cynyddu, ac felly mae faint o fwyd sydd ar gael yn lleihau. Mae galw byd-eang i fwydo'r boblogaeth hon sy'n tyfu. Gydag incymau pobl yn cynyddu, mae'r boblogaeth hefyd yn fwy cyfoethog ac mae rhagor o arian ar gael i wario ar fwyd. Mae llawer mwy o gystadlu am fwyd, ac wrth i hyn gynyddu, bydd llai o'r mathau o fwyd yr ydym wedi'u harfer â nhw ar gael i ni.

Mae'r gadwyn cyflenwi bwyd wedi newid dros y blynyddoedd a nawr mae'n cynnwys nifer mwy o wledydd. Er enghraifft, efallai bydd reis sydd wedi'i dyfu yng Ngwlad Thai yn cael ei becynnu yn India a'i werthu mewn archfarchnad yn y DU. Mae bwyd yn cael ei gludo i'r man lle mae'r galw.

Mae defnyddwyr yn cael eu hannog i ddefnyddio cynhwysion lleol a chyflenwyr lleol oherwydd y pwyslais cynyddol ar gynaliadwyedd bwyd.

Ffermio cymunedol

Mae ffermio cymunedol yn dod yn fwy poblogaidd mewn nifer o ardaloedd yn y DU. Mae tir yn aml yn cael ei osod ar rent gan ffermwr lleol. Y gymuned sydd biau'r fferm ac yn ei rhedeg a gallai nifer o bobl fuddsoddi yn y cynllun fel ei fod yn ymarferol. Gall ffermydd cymunedol hyrwyddo cymdeithasu, gan ddod â nifer o bobl wahanol at ei gilydd.

Mae'r bwyd sy'n cael ei dyfu yn organig a nod y fferm yw cynnig cynnyrch organig ffres, blasus yn uniongyrchol i'r defnyddwyr yn y gymuned leol. Mae danfon bocsys llysiau organig hefyd yn ffordd o werthu'r cynnyrch lleol. Mae ffermydd cymunedol yn ceisio cael pobl i ddeall o ble mae bwyd yn dod; maen nhw'n ceisio ail-gysylltu â'r tir lle mae eu bwyd yn tyfu, yn ogystal â dysgu mwy am ffermio cynaliadwy.

Effaith tlodi bwyd

Mae tlodi bwyd yn golygu bod unigolyn neu gartref yn methu cael bwyd iach, maethlon. Y bwyd mae'r math o bobl yn y sefyllfa hon yn dueddol o'i fwyta yw bwyd rhad sy'n uchel mewn braster a siwgr, a allai arwain at faterion sy'n gysylltiedig â deiet fel clefyd y galon a diabetes. Weithiau mae pobl yn gorfod mynd heb fwyd oherwydd does ganddyn nhw ddim digon o arian i'w brynu.

Yn ôl adroddiad y Joseph Rowntree Foundation, *Monitoring Poverty and Social Exclusion*, yn 2010 roedd 5.8 miliwn o bobl yn byw mewn tlodi bwyd yn y DU.

Mae llawer o elusennau gwahanol yn y DU sy'n rhoi gwybodaeth am y cynnydd mewn tlodi bwyd. Mae Oxfam a FareShare yn ddwy enghraifft yn unig. Mae FareShare, er enghraifft, yn tynnu sylw at y 3.9 miliwn tunnell o fwyd y mae'r diwydiant bwyd a diod yn ei wastraffu bob blwyddyn, gyda 10% o'r bwyd yn fwyd dros ben ac yn addas i'w fwyta. Nod yr elusen yw defnyddio'r bwyd dros ben drwy gysylltu â busnesau yn y diwydiant a'i ddosbarthu i bobl sydd mewn angen oherwydd tlodi bwyd.

Mae tlodi bwyd yn cynyddu am nifer o resymau:
- Mae incymau isel ac incymau sy'n lleihau yn golygu bod pobl yn methu fforddio prynu bwyd yn ogystal â thalu biliau eraill y cartref.
- Mae biliau tanwydd cynyddol yn golygu ei bod hi'n anodd i deuluoedd wresogi eu cartrefi a bwydo'u teuluoedd.
- Mae prisiau bwyd yn codi yn golygu bod teuluoedd yn gorfod prynu llai o fwyd oherwydd costau uwch.
- Toriadau a newidiadau i'r system fudd-daliadau.
- Pobl yn gorfod talu dyledion neu fenthyciadau yn ôl, heb arian i brynu bwyd.
- Pobl yn ddi-waith ac yn methu ennill arian i gadw'r teulu.

Problemau i blant

Bydd nifer o blant ddim yn bwyta'r bwydydd iawn i roi maetholion hanfodol sydd eu hangen arnyn nhw; gallai hyn arwain at ddiffygion a phatrymau gwael yn eu deiet. Yn ystod cyfnod tymor ysgol, bydd yr ysgol yn darparu pryd wedi'i goginio i nifer o blant. Yn y gwyliau mae'n golygu eu bod yn mynd heb fwyd ac yn profi newyn. Bydd nifer o rieni'n mynd heb fwyd er mwyn bwydo'u plant.

Banciau bwyd

Mae defnyddio banciau bwyd yn cynyddu, gan fod nifer o deuluoedd yn dibynnu ar yr 'help llaw' hwn. Gall busnesau, eglwysi ac ysgolion gyfrannu bwyd, yn ogystal ag unigolion sy'n prynu eitem ychwanegol wrth siopa. Dydy'r bwydydd ddim yn ddarfodus; mae hyn yn golygu bod ganddyn nhw oes silff hir a does dim angen eu storio yn yr oergell. Maen nhw'n cael eu rhoi i bobl anghenus sy'n cyflwyno taleb.

Ffigur 8.16 Banc bwyd

Gweithgaredd

1 Gwnewch beth gwaith ymchwil yn eich ardal leol i fanciau bwyd. Chwiliwch a oes rhai, ac os oes, faint, a lle mae'r un agosaf.

2 Edrychwch yn eich siop a'ch archfarchnad leol i weld a ydyn nhw'n casglu bwydydd fel rhoddion gan gwsmeriaid i roi i'r banciau bwyd.

   a) Ewch ati i ganfod pa fathau o fwydydd sy'n cael eu rhoi.

   b) Awgrymwch rai ryseitiau y gallech eu gwneud gyda'r bwydydd sydd wedi'u rhoi.

PWYNTIAU ALLWEDDOL: CYNALIADWYEDD BWYD

- Rydym yn gwastraffu llawer o fwyd a dylem ailgylchu neu ail-ddefnyddio i leihau effaith gwastraff bwyd ar yr amgylchedd.
- Mae marchnadoedd lleol a marchnadoedd ffermwyr yn dod yn fwy poblogaidd. Mae'r mathau hyn o farchnadoedd yn gwerthu cynnyrch sydd heb deithio'n ormodol.
- Mae poblogaeth y DU a'r byd yn cynyddu, sy'n golygu bod cyflenwadau bwyd yn lleihau.
- Erbyn hyn, gall y gadwyn cyflenwi bwyd gynnwys nifer o wledydd gwahanol, nid dim ond un wlad.
- Mae tlodi bwyd yn cynyddu am nifer o resymau, fel incwm isel, prisiau tanwydd cynyddol a phrisiau bwyd cynyddol.
- Mae faint o wastraff bwyd sy'n cael ei bennu'n 'addas i'w fwyta' yn cynyddu ac mae rhai elusennau'n ceisio defnyddio hwn i helpu pobl mewn angen.
- Mae banciau bwyd yn helpu nifer o bobl gyda bwydydd sydd heb basio eu dyddiad defnyddio erbyn ac sydd ddim yn ddarfodus.

Cwestiynau arholiad enghreifftiol

1 Nodwch **ddwy** saig y gallech eu gwneud gyda chyw iâr rhost sydd dros ben. [2 farc]

2 Awgrymwch **ddwy** ffordd o ddefnyddio reis wedi'i goginio sydd dros ben. [2 farc]

3 Esboniwch y materion diogelwch sy'n ymwneud ag ailwresogi reis wedi'i goginio. [2 farc]

4 Rhestrwch **dair** mantais siopa mewn marchnad leol. [3 marc]

5 Esboniwch pam mae'r galw am fwyd wedi cynyddu dros y blynyddoedd diwethaf. [2 farc]

6 Disgrifiwch fanteision ffermio cymunedol. [4 marc]

7 Nodwch **dair** rheswm pam mae tlodi bwyd wedi cynyddu. [3 marc]

Diogeledd bwyd

Diffiniad Uwchgynhadledd Bwyd y Byd 1996 o **ddiogeledd bwyd** yw 'pan mae pawb yn gallu cael digon o fwyd iach a maethlon bob amser, i gael bywyd iach a gweithgar'.

Mae Sefydliad Iechyd y Byd yn cynnwys mynediad corfforol ac economaidd at fwyd sy'n bodloni anghenion deietegol pobl yn ogystal â'u hoff ddewisiadau bwyd yn ei ddiffiniad o'r cysyniad o ddiogeledd bwyd.

Mae diogeledd bwyd yn seiliedig ar dair prif nodwedd ac mae'n rhaid iddyn nhw fod yn gyson drwy'r flwyddyn:
- argaeledd bwyd
- mynediad at fwyd
- defnyddio bwyd.

Argaeledd bwyd

Mae argaeledd bwyd yn ymwneud â gofalu bod digon o fwyd ar gael yn rheolaidd, yn ogystal â bod ffynhonnell y bwyd yn ddibynadwy. Mae argaeledd bwyd yn ystyried faint o fwyd mae'r wlad yn gallu ei gynhyrchu iddi hi ei hun, faint o fwyd sydd angen ei fewnforio a faint o fwyd sy'n cael ei allforio.

Mynediad at fwyd

Mae mynediad at fwyd yn ymwneud â chost bwyd a thyfiant a dosbarthiad bwyd.

Mae'n rhaid i fwyd fod ar gael i bobl am bris fforddiadwy. Efallai na fydd teuluoedd ar incymau llai neu incymau isel yn gallu fforddio bwyd o ansawdd da.

Mae'n rhaid bod digon o dir ar gael i dyfu cnydau neu fagu anifeiliaid er mwyn darparu bwyd sy'n bodloni'r galwadau gwahanol. Mae problemau sy'n codi oherwydd y tywydd – er enghraifft, mae gormod neu ddim digon o law yn gallu effeithio ar dyfiant cnydau.

Unwaith mae bwyd wedi'i gynhyrchu, mae ystyriaethau'n cynnwys sut y bydd yn cyrraedd lle mae ei angen, a oes cludiant addas, ac a fydd y bwyd yn cael ei rannu'n briodol.

Defnyddio bwyd

Mae defnyddio bwyd yn ymwneud â pha mor dda mae pobl yn gallu trin y bwyd. Faint mae pobl yn ei wybod am werth maethol bwydydd sy'n pennu sut maen nhw'n defnyddio bwyd, ac a ydyn nhw'n defnyddio'r wybodaeth hon wrth baratoi a gwneud prydau gwahanol. Dylai bwyd gael ei ddefnyddio i atal salwch a chlefydau ac i gadw iechyd da.

Ffactorau allweddol sy'n gallu effeithio ar ddiogeledd bwyd

Nid dim ond un elfen unigol yw diogeledd bwyd; mae'n nifer o elfennau gwahanol sy'n cysylltu â'i gilydd ac yn effeithio ar sawl gwlad.

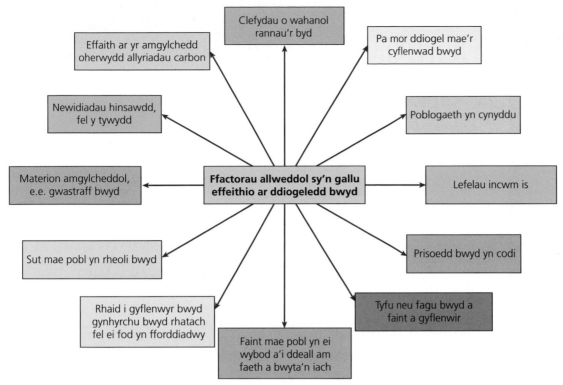

Ffigur 8.17 Ffactorau sy'n effeithio ar ddiogeledd bwyd

PWYNTIAU ALLWEDDOL: DIOGELEDD BWYD

- Mae diogeledd bwyd yn fater byd-eang sy'n berthnasol i nifer o wledydd.
- Mae diogeledd bwyd yn ymwneud â thair prif nodwedd: argaeledd bwyd, mynediad at fwyd a defnyddio bwyd.
- Gallai'r prif ffactorau sy'n effeithio ar ddiogeledd bwyd gynnwys hinsawdd, poblogaethau cynyddol, incymau llai a chlefydau o amgylch y byd.

Cwestiynau arholiad enghreifftiol

1 Esboniwch ystyr argaeledd bwyd. [4 marc]
2 Nodwch **ddau** ffactor sy'n ymwneud â defnyddio bwyd. [2 farc]
3 Nodwch **dri** ffactor sy'n gallu effeithio ar ddiogeledd bwyd. [3 marc]

Amcanion dysgu

Yn y bennod hon byddwch yn dysgu am y canlynol:

■ nodweddion, patrymau bwyta, ryseitiau a strwythurau prydau o fwyd o ddulliau coginio gwahanol, gan gynnwys dull coginio Prydeinig ac amrywiaeth o ddulliau coginio rhyngwladol

■ camau sylfaenol prosesu a chynhyrchu

■ camau eilaidd prosesu a chynhyrchu a sut mae cynhyrchion sylfaenol yn newid yn fathau eraill o gynhyrchion

■ sut mae prosesu'n effeithio ar briodweddau synhwyraidd cynhwysion

■ datblygiadau technolegol sy'n cefnogi prosesu a chynhyrchu bwyd

■ sut gallai addasu bwyd effeithio'n gadarnhaol ac yn negyddol ar iechyd

■ defnyddio ychwanegion.

Traddodiadau coginio

Wrth ddefnyddio'r term **dull coginio** (*cuisine*), rydym yn cyfeirio at draddodiadau gwlad o ran mathau o fwydydd, prydau, ryseitiau a'r arddulliau gwahanol o goginio sy'n gysylltiedig â'r wlad honno.

Dull coginio Prydeinig

Mae bwyd Prydeinig traddodiadol yn sylweddol, ac ar adegau yn syml o ran ei flasau, yn ogystal ag yn llesol i'w fwyta.

Seigiau traddodiadol

Rydym yn ystyried seigiau traddodiadol yn seigiau neu'n brydau nodweddiadol sy'n gysylltiedig â dull coginio. Gallai rhai ohonyn nhw fod o ran benodol o'r wlad; gallech wneud rhai gan ddefnyddio dull penodol neu gynhwysyn allweddol sy'n gysylltiedig â'r wlad, er enghraifft tatws, sydd yn un o **brif fwydydd** Prydain. Enghreifftiau eraill o brif fwydydd nodweddiadol Prydain yw bara, blawd a llaeth.

Mae enghreifftiau o seigiau traddodiadol Prydain yn cynnwys:

● pastai stêc ac arennau
● pysgod a sglodion
● selsig a thatws stwnsh
● brecwast Seisnig llawn
● cig eidion wedi'i rostio a phwdin Sir Efrog
● stiw cig eidion a thwmplenni
● pastai Cernyw
● pwdin sbwng wedi'i stemio a chwstard
● tarten driog.

Ffigur 9.1 Cinio rhost traddodiadol

Dull coginio Prydeinig modern

Mae dull coginio Prydeinig wedi newid dros y blynyddoedd
a nawr gallwn ddweud bod agwedd fwy modern ati, gyda
seigiau traddodiadol yn cael eu hail-ddyfeisio drwy'r arddull
coginio. Enghraifft o hyn fyddai coginio cig ar gyfer cinio rhost
traddodiadol. Yn draddodiadol, byddai hwn wedi'i goginio
yn y ffwrn, weithiau am amser hir, a allai arwain at weadedd
sych; neu petai wedi'i goginio am gyfnod byr, gallai'r cig fod
wedi'i dan-goginio. Dull mwy modern o goginio cig fyddai
defnyddio **sous vide**. Yn y dull hwn, mae'r bwyd yn cael
ei selio dan wactod mewn pecyn ac yna'i goginio'n araf ar
dymheredd isel. Mae'r bwyd yn mynd yn dyner heb golli ei
liw, ei faeth na'i weadedd gwreiddiol.

Mae'r arddull o gyflwyno bwydydd hefyd wedi newid wrth i
arddull coginio Prydain ddatblygu. Mae seigiau'n cael eu hail-
gyflwyno gyda thro modern i'w hymddangosiad a'u harddull.
Mae'r pryd o gyw iâr rhost yn enghraifft o'r agwedd fodern.

Strwythurau prydau o fwyd

Ym Mhrydain y patrwm bwyta yn gyffredinol yw tri phryd o
fwyd y dydd: brecwast, cinio a phryd nos; er bod rhai'n bwyta
te mawr yng nghanol y prynhawn hefyd ac yna'n bwyta'r pryd nos yn hwyrach.

Mae'r rhan fwyaf o bobl o wledydd eraill yn meddwl mai
wyau, cig moch/bacwn, selsig, bara wedi'i ffrio, madarch a ffa
pob yw brecwast Prydeinig nodweddiadol, gyda chwpanaid
o de neu goffi. Fodd bynnag, mae'n fwy cyffredin i ddisgrifio
brecwast Prydeinig fel powlen o rawnfwyd, sleisen o dost,
sudd oren a chwpanaid o de neu goffi.

Gall pryd nos traddodiadol gynnwys cig a dau fath o lysiau. Yn
aml, bydd grefi brown poeth wedi'i wneud o sudd y cig rhost
yn cael ei weini dros y cig. Un o'r llysiau sy'n cael eu bwyta
bron bob amser yw tatws, gan fod tatws yn un o brif fwydydd
Prydain.

Dulliau coginio rhyngwladol

Mae llawer o arddulliau rhyngwladol o fwydydd, seigiau a phrydau o fwyd ar gael
mewn archfarchnadoedd a bwytai i'w profi. Mae enghreifftiau o rai o'r dulliau coginio
y gallech eu gweld ar eich stryd fawr neu yn eich ardal yn Nhabl 9.1. Gall arddull y saig
a'r mathau o gynhwysion amrywio'n fawr yn ôl y rhanbarth a/neu'r dalaith.

Ffigur 9.2 Cymharu dulliau coginio

Ffigur 9.3 Cyw iâr wedi'i rostio

Math o ddull coginio	Enghreifftiau o seigiau	Cynhwysion allweddol	Dulliau coginio
Americanaidd	Byrgers, asennau barbeciw, sglodion a salad tatws, india-corn ar y cobyn, bara corn, cŵn poeth, cyw iâr wedi'i ffrio, cawl cregyn bylchog, torth gig	Cig eidion, asennau porc, tatws, hufen sur, caws, ffa pob, perlysiau e.e. rhosmari, picls	Ffrio ar blât poeth, ffrio dwfn, marinadu a choginio dros ddarnau o lo fel barbeciw, grilio, stiwio
Tsieineaidd	Chow mein cyw iâr, porc melys a sur, crempogau llysiau, hwyaden Pecin wedi'i rhostio, wonton, twmplenni	Reis, nwdls, llysiau, wyau, tofu, cig (porc yw'r mwyaf cyffredin), saws soi, sibols, egin ffa, bresych, gwreiddyn sinsir, had anis, sinamon	Tro ffrio gan ddefnyddio wok, stemio, blansio, ffrio dwfn
Ffrengig	Moules marinière (cregyn gleision mewn cawl gwin gwyn gyda sialóts/shibwns a phersli) Sole meunière (lleden chwithig wedi'i ffrio mewn menyn, gyda sudd lemon) Soufflé caws, stêc dartar, soupe à l'oignon, boeuf bourguignon, tarte tatin	Bwyd môr, cawsiau gwahanol, llysiau gan gynnwys nionod/winwns, bara (ffon fara), cymysgedd o berlysiau gan gynnwys teim, saets, rhosmari, basil, safri, ffenigl, mintys y graig, taragon, oregano a dail llawryf	Brwysio, fflamboethi, (ychwanegu alcohol at y bwyd yn y badell i greu fflamau sy'n llosgi i ffwrdd ar unwaith i adael yr aroma a'r blas), grilio, potsio, ffrio'n ysgafn
Eidalaidd	Cawl minestrone, pizza, lasagne, antipasto (darnau bach o fwyd cyn y pryd), olifau, cigoedd, bara, risoto madarch gwyllt, ravioli, panna cotta, biscotti	olew olewydd, pasta, tomatos, garlleg, reis, blawd india-corn (ar gyfer polenta), cawsiau er enghraifft; ricotta, parmesan, mascarpone a mozzarella, bwyd môr, cigoedd e.e. salami, prosciutto, pepperoni, perlysiau gan gynnwys basil, cnau pîn	Rhostio mewn padell, rhostio mewn ffwrn, ffrio'n ysgafn, brwysio, brwylio (coginio o dan wres uchel fel gril) grilio, deifio mewn padell, mudferwi a phobi
Indiaidd	Biryani (saig reis cymysg), chapathi, bara naan, dal (mathau cymysg o ffacbys), dum aloo (tatws wedi'u coginio mewn cyri), samosa, poppadoms Mathau gwahanol o gyris neu seigiau wedi'u henwi ar ôl y dulliau o'u gwneud: korma, jalfrezi, biryani	Perlysiau a sbeisys e.e. coriander, chilli cyfan neu bowdr pupur chilli, cwmin, tyrmerig, sinsir, hadau mwstard du, garam masala, yn ogystal ag almon, cnau coco, ffa mwng, ffacbys, gwygbys (*chickpeas*), reis, menyn gloyw, yn ogystal â phrif gynhwysion eraill fel cig, er enghraifft cig dafad, cig oen, cyw iâr, cig eidion	Mae nifer o seigiau'n cael eu paratoi drwy ffrio cynhwysion fel nionod/winwns a sbeisys yn fas ac yna brwysio'r cig am amser hir. Mae llawer o'r cigoedd yn cael eu marinadu i gael blas. Mae nifer o fwydydd wedi eu stemio neu yn fwydydd mwg. Mae karai yn cael ei ddefnyddio (tebyg i wok Asiaidd); a tava (gridyll fflat haearn bwrw); mae bhuno yn gyfuniad o ffrio'n ysgafn, tro ffrio a stiwio; mae'r tandoor yn ffwrn glai gron sy'n cael ei danio gan bren neu siarcol
Mecsicanaidd	Chilli con carne, tacos, guacamole, enchiladas, elote (india-corn ar y cobyn wedi'i weini mewn cwpanau gyda halen, powdr chilli, leim, menyn, caws, mayonnaise a hufen sur), chilaquiles (saig brecwast: tortilas corn wedi'u ffrio a'u torri'n bedair gyda salsa coch neu wyrdd ar eu pennau, neu wy wedi'i sgramblo), churros	Sbeisys fel oregano, cwmin, powdr chilli, coco, afocado, ffa (e.e. pinto) reis, perlysiau fel coriander, tortillas (corn a blawd gwyn) a chipotles (jalapenos mwg, sych), cigoedd traddodiadol (e.e. cig eidion a phorc), bwyd môr, llysiau tymhorol	Gall gynnwys tro ffrio, ffrio dwfn, pobi, grilio, berwi, mudferwi, marinadu. Mae padelli haearn bwrw'n cael eu defnyddio i wneud tortillas, a breuan a phestl i falu a stwnsio

Tabl 9.1 Mathau o ddulliau coginio rhyngwladol

TGAU Bwyd a Maeth CBAC

Strwythurau prydau o fwyd

Mae gan nifer o wledydd Ewropeaidd yr un patrwm bwyta â'r dull coginio Prydeinig: brecwast, cinio a phryd nos. Yn aml, cinio yw'r pryd pwysicaf ac mewn rhai gwledydd (er enghraifft yr Eidal) bydd nifer o leoedd fel siopau neu fanciau yn cau yn gynnar yn y prynhawn i adael i weithwyr fynd adref neu allan am ginio.

Bydd cinio Eidalaidd nodweddiadol yn cynnwys cwrs cyntaf – gallai hwn fod yn saig gyda phasta neu reis. Byddai'r ail gwrs yn cynnwys cig, pysgod neu lysiau. Yn aml mae ffrwythau'n cael eu bwyta i orffen y pryd.

Os yw'r pryd yn ymwneud â dathliadau neu achlysur dathlu yna gallai'r nifer o gyrsiau gynyddu a gallai'r pryd gynnwys:

- Aperitivo – i ddechrau'r pryd. Gallai'r cwrs hwn gynnwys gwydraid o ddiod fyrlymog fel prosecco neu ddysglaid bach o olifau.
- Antipasti – dyma'r cwrs dechreuol a gallai fod yn blât o gig oer traddodiadol sy'n cynnwys salami neu prosciutto. Mae'n bosibl ei weini gyda chawsiau a bara.
- Primi – dyma'r cwrs cyntaf i gynnwys bwyd poeth ac nid yw'n cynnwys cig bob amser; er enghraifft, risoto.
- Secondi – byddai'r cwrs hwn yn cynnig opsiynau gwahanol cig a bwyd môr i chi. Gallai cyfwydydd o lysiau gael eu gweini hefyd.
- Formaggi e frutta – bydd ffrwythau tymhorol a chaws wedi'i gynhyrchu'n lleol neu'n rhanbarthol yn cael ei weini yn y cwrs hwn.
- Dolce – dyma fyddai'r cwrs pwdin; er enghraifft, tiramisu.

Mewn diwylliannau gwahanol, er enghraifft Tsieina ac India, gall strwythur y pryd fod yn eithaf gwahanol i'r arddull Ewropeaidd. Gallech roi nifer o seigiau ar y bwrdd ar yr un adeg i bobl ddewis ohonyn nhw, gan gynnig amrywiaeth o flasau a bwydydd fel sydd i'w gweld yn y llun isod.

Ffigur 9.4 Detholiad o seigiau Indiaidd

1 Ewch i nôl bwydlen o fwyty rhyngwladol yn eich ardal. Darllenwch y fwydlen a chynlluniwch beth byddech chi'n ei fwyta fel pryd tri chwrs pe byddech yn cael pryd o fwyd yn y bwyty. Cofnodwch eich dewisiadau.

2 Cyfrifwch gost y pryd a chofnodwch y cyfanswm.

3 Chwiliwch ar y rhyngrwyd neu mewn llyfrau am rysáit ar gyfer y prif gwrs rydych chi wedi'i ddewis.

4 Cyfrifwch gost gwneud y saig gan ddefnyddio safle archfarchnad.

5 Esboniwch eich canfyddiadau – oedd hi'n costio mwy i wneud y saig eich hun, neu'n rhatach? Pam mae prisiau bwytai yn fwy na'r gost o gynhyrchu saig gartref?

1 Dewiswch saig o'r fwydlen rydych chi wedi'i nôl yr hoffech ei gwneud. Chwiliwch am rysáit y gallech ei defnyddio.

2 Ewch ati i goginio'r saig rydych chi wedi'i dewis a'i chyflwyno i'ch teulu. Gofynnwch iddyn nhw ei blasu ac awgrymu sut i wella'r saig a/neu ei haddasu.

3 Ystyriwch a oes angen gweini cyfwydydd gyda'r saig. Gallech ddatblygu rhagor ar eich sgiliau ymarferol drwy wneud ychydig o gyfwydydd i'w gweini gyda'r saig y tro nesaf y byddwch yn ei gwneud.

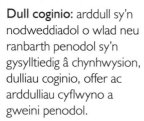

GEIRIAU ALLWEDDOL

Dull coginio: arddull sy'n nodweddiadol o wlad neu ranbarth penodol sy'n gysylltiedig â chynhwysion, dulliau coginio, offer ac arddulliau cyflwyno a gweini penodol.

Sous vide: dull coginio lle mae'r bwyd yn cael ei goginio'n araf ar dymheredd isel mewn pecyn wedi'i selio dan wactod.

PWYNTIAU ALLWEDDOL: TRADDODIADAU COGINIO

● Mae **dull coginio** yn cyfeirio at draddodiadau gwlad o ran y mathau o fwydydd, prydau, ryseitiau a'r arddulliau gwahanol o goginio sy'n gysylltiedig â'r wlad.

● Mae bwyd Prydeinig traddodiadol yn cynnwys seigiau sylweddol fel pysgodyn a sglodion, cig eidion rhost gyda phwdin Sir Efrog a brecwast Seisnig llawn.

● Mae patrymau bwyta Prydeinig yn dueddol o gynnwys tri phryd y dydd: brecwast, cinio a chinio nos.

● Mae amrywiadau modern ar ddulliau coginio Prydeinig yn cynnwys coginio ar dymereddau is (e.e. sous vide) a chyflwyno seigiau Prydeinig traddodiadol gyda thro modern.

● Gall arferion bwyta Ewropeaidd fod yn debyg iawn i arferion bwyta Prydeinig, gyda thri phryd y diwrnod.

● Mae dulliau coginio rhyngwladol eraill yn cynnwys Tsieineaidd, Indiaidd ac Americanaidd. Gall arddull y saig a'r mathau o gynhwysion amrywio'n fawr yn ôl y rhanbarth neu'r dalaith.

Cwestiynau arholiad enghreifftiol

1 Mae'r dull coginio Prydeinig wedi newid dros y degawdau diwethaf. Esboniwch sut mae'r arddull hwn o goginio wedi newid i gael agwedd fwy modern.

[4 marc]

Camau sylfaenol prosesu a chynhyrchu

Un o gamau cyntaf neu gamau sylfaenol prosesu bwydydd yw tyfu neu fagu bwyd fel y gallwch ei newid neu ei drawsffurfio yn gyflwr addas i'w fwyta neu ei ddefnyddio wrth gynhyrchu cynhyrchion eraill.

Nid yw **bwyd cynradd** yn fwytadwy yn ei gyflwr gwreiddiol; mae'n rhaid ei newid neu ei baratoi mewn rhyw ffordd cyn y gallwn ei fwyta. Mae taten amrwd yn enghraifft. Weithiau, gall y **prosesu cynradd** fod yn eithaf elfennol, er enghraifft plicio llysiau neu olchi dail salad.

Gallai enghreifftiau eraill o fwydydd cynradd gynnwys:

- gwenith
- india-corn
- ffa soia
- betysen siwgr
- llaeth.

Mae gwenith yn enghraifft o fwyd cynradd. Mae'n cael ei brosesu'n flawd, sy'n ffynhonnell eilaidd o fwyd. Mae camau prosesu gwenith yn cael eu dangos yn Ffigur 9.6.

Ffigur 9.5 Moron wedi'u prosesu'n gynradd

Tarddiad

Mae tarddiad bwyd yn gyffredinol yn golygu ble mae nodwedd hanfodol y bwyd wedi'i greu neu'i dyfu.

Er enghraifft, mae tatws yn brif fwyd sy'n gallu cael eu tyfu mewn caeau ar ffermydd, ar randir ac mewn gerddi. Mae tatws yn cael eu tyfu i'w gwerthu mewn rhannau amrywiol o'r DU, er enghraifft yng Nghernyw ac yn Ne-orllewin Cymru. Wrth nodi tarddiad y tatws, byddai'r ardaloedd hyn yn cael eu henwi, gan y byddai'r tatws wedi'u tyfu ar ffermydd neu randiroedd yn yr ardaloedd hyn.

Cludo bwydydd cynradd

Unwaith maen nhw wedi'u tyfu neu eu magu, mae bwydydd cynradd yn cael eu cludo i'r safle neu i'r ffatri brosesu. Gallai hyn gael ei wneud gan ddefnyddio nifer o ddulliau neu gyfuniad o ddulliau. Bydd y dull neu'r dulliau sy'n cael eu dewis yn dibynnu ar leoliad y fferm neu'r rhandir lle tyfwyd neu magwyd y nwyddau a lle mae prosesu'n digwydd. Gallai cludo fod ar ffurf:

- offer cynaeafu mecanyddol neu â llaw – mae'n bosibl casglu nwyddau â llaw neu'n fecanyddol (er enghraifft gan ddefnyddio tractorau, dyrnwyr medi, pladurwyr, cynaeafwyr india-corn)
- tryciau ag oergell i gadw ffresni a safon ac atal bwydydd rhag 'mynd yn hen'
- trelar cludo da byw.

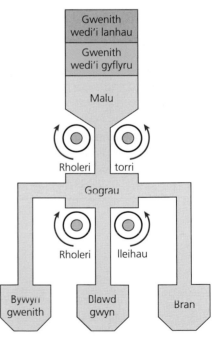

Ffigur 9.6 Camau prosesu gwenith

Golchi a didoli bwydydd amrwd

Mae camau sylfaenol prosesu a chynhyrchu hefyd yn cynnwys golchi a didoli'r deunyddiau amrwd. Gallai hyn gael ei gynnal i gael gwared ar unrhyw weddillion diangen, i lanhau mwd neu laid, neu i gael gwared ar nwyddau sydd wedi cael niwed. Mae Ffigur 9.7 yn nodi camau'r broses hon ar gyfer tatws.

Ffigur 9.7 Didoli tatws

Cwestiynau arholiad enghreifftiol

1 Esboniwch beth yw bwyd cynradd a rhowch enghraifft o **un**. [2 farc]

2 Enwch **ddau** fwyd cynradd arall. [2 farc]

3 Esboniwch ystyr tarddiad. [1 marc]

4 Nodwch **ddwy** ffordd o gludo bwydydd cynradd. [2 farc]

Camau eilaidd prosesu

Prosesu eilaidd yw newid neu drosi'r bwyd cynradd yn gynhwysyn y gallwch ei ddefnyddio wedyn i wneud cynnyrch bwyd.

Gall prosesu eilaidd roi cyfle i greu amrywiaeth eang o fwydydd. Mae blawd wedi'i brosesu o wenith yn gynnyrch eilaidd; mae wedi'i newid neu ei drawsnewid yn gynhwysyn y gallwch ei ddefnyddio i wneud nifer o gynhyrchion bwyd gwahanol, er enghraifft, bara.

I ddatblygu'n gynnyrch bwyd terfynol byddai sawl cam gwahanol o brosesu'n digwydd.

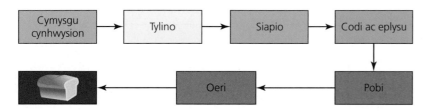

Ffigur 9.8 **Y broses o wneud bara**

Mae Ffigur 9.9 yn dangos sut gallwch ddefnyddio blawd fel prif gynhwysyn i wneud amrywiaeth o gynhyrchion bwyd gwahanol.

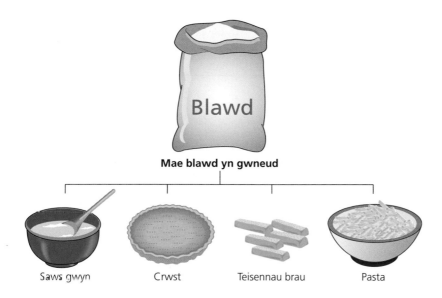

Ffigur 9.9 **Gallwch ddefnyddio blawd i wneud y cynhyrchion hyn**

Mae nifer o enghreifftiau eraill o fwydydd cynradd sy'n cael eu prosesu yn fwydydd eilaidd ac yna'n cael eu defnyddio i gynhyrchu cynhyrchion eraill. Mae'r tabl nesaf yn dangos dwy enghraifft o'r rhain.

Bwyd cynradd	Proses eilaidd	Y cynnyrch ar ôl y prosesu eilaidd
Llaeth Wedi'i gael gan fuwch drwy odro	**Pasteureiddio** Triniaeth wres fer i wneud y llaeth yn ddiogel i'w yfed a'i ddefnyddio	**Caws** Mae **meithriniad cychwyn** (sawl hil sengl o facteria wedi'u cyfuno) yn cael ei ychwanegu; mae hwn yn newid y lactos yn y llaeth yn asid lactig sy'n setio'r protein yn y llaeth **Iogwrt** Mae meithriniad bacteria byw yn cael ei ychwanegu; mae hwn yn ymddatod y lactos i ffurfio asid lactig a fydd yn tewychu'r iogwrt
Ffrwythau Wedi'u casglu oddi ar goed/perthi/planhigion, rydym yn eu glanhau ac efallai yn eu sleisio neu'n tynnu eu craidd	**Cynhesu/stiwio** Mae ffrwythau'n cael eu cynhesu i dymheredd uchel gyda siwgr a dŵr	**Jam** Ar ôl eu cynhesu, mae'r ffrwythau, y siwgr a'r pectin (carbohydrad yn y ffrwythau) yn oeri i ffurfio gel sy'n setio'r jam **Jeli** Ar ôl ei gynhesu, rydym yn gogru'r cymysgedd i dynnu'r mwydion (e.e. darnau ffrwyth) fel mai dim ond sudd sy'n weddill cyn iddo oeri a setio

Tabl 9.2 Enghreifftiau o fwydydd cynradd sy'n cael eu prosesu'n fwydydd eilaidd

GEIRIAU ALLWEDDOL

Prosesau eilaidd: newid bwyd cynradd neu ei drosi'n gynhwysyn sydd yna'n gallu cael ei ddefnyddio i wneud cynnyrch bwyd.

Meithriniad cychwyn: sawl hil sengl o facteria wedi'u cyfuno.

PWYNTIAU ALLWEDDOL: CAMAU EILAIDD PROSESU

- Mae prosesu eilaidd yn cynnwys newid neu drosi bwydydd cynradd yn gynhwysion y gallwch eu defnyddio i wneud cynnyrch bwyd.
- Mae'n bosibl prosesu blawd a'i ddefnyddio i wneud bara, pasta, crwst a bisgedi.
- Mae'n bosibl pasteureiddio llaeth ac ychwanegu meithriniadau cychwyn ato i wneud caws ac iogwrt.
- Gallwch gynhesu ffrwythau gyda siwgr, dŵr a phectin i wneud jam (neu eu gogru cyn eu hoeri i wneud jeli).

Cwestiynau arholiad enghreifftiol

1 Esboniwch y gwahaniaeth rhwng prosesu cynradd a phrosesu eilaidd. [2 farc]

Sut mae prosesu'n effeithio ar briodweddau synhwyraidd cynhwysion

Pan fydd bwydydd penodol, er enghraifft rhai cigoedd, yn mynd trwy'r cam prosesu eilaidd gallan nhw hefyd fynd trwy driniaethau cyffeithio, a allai effeithio ar **briodweddau synhwyraidd** y bwyd. Mae triniaethau cyffeithio yn atal bacteria niweidiol rhag tyfu. Gallai hyn achosi dirywiad bwyd a gwenwyn bwyd. Mae triniaethau cyffeithio hefyd yn ymestyn oes silff y bwyd. Mae oes silff cigoedd sy'n cael triniaethau cyffeithio ddyddiau, wythnosau hyd yn oed neu fisoedd yn hirach na chigoedd arferol. Mae **cyweirio** yn enghraifft o driniaeth cyffeithio.

Ffigur 9.10 Enghreifftiau o gigoedd wedi'u cyweirio

Cyweirio (*curing*) yw pan fydd cig yn cael ei drin â chemegion cyffeithio, er enghraifft halen, mwg a sodiwm nitrid/nitrad. Enghreifftiau o gigoedd sydd wedi'u cyweirio yw cig moch/bacwn, torth gig (*luncheon meat*) a salami. Gall rhai o'r dulliau prosesu hyn newid priodweddau synhwyraidd y bwyd, yn enwedig blas a lliw'r cig. Er enghraifft, gall cig moch/bacwn fod â blas hallt iawn; gall cigoedd mwg fod â blas myglyd, cryf iawn a gallai torth gig fod â lliw pinc llachar.

GEIRIAU ALLWEDDOL

Priodweddau synhwyraidd: nodweddion bwyd sy'n ymwneud ag arogl, golwg, blas a theimlad.

Cyweirio: trin cig â chemegion fel sodiwm nitrid i'w gadw am gyfnod hirach.

PWYNTIAU ALLWEDDOL: SUT MAE PROSESU'N EFFEITHIO AR BRIODWEDDAU SYNHWYRAIDD BWYD

● Pan fydd rhai bwydydd yn mynd drwy'r cam prosesu eilaidd, gall y dulliau prosesu newid priodweddau synhwyraidd y bwyd. Er enghraifft, mae cyweirio yn effeithio ar flas a lliw'r cig.

Datblygiadau technolegol sy'n cynnal cynhyrchu a phrosesu bwyd

Mae nifer o ddatblygiadau technolegol sy'n cynnal prosesu a chynhyrchu bwyd.

Defnyddio mwy ar gyfrifiaduron wrth gynhyrchu

Mae cyfrifiaduron yn cael eu defnyddio'n fwyfwy i reoli systemau cynhyrchu. Mae hyn yn golygu bod defnyddio cyfrifiaduron drwy gydol y camau o gynhyrchu cynnyrch bwyd wedi cynyddu. Mae nifer o wneuthurwyr yn defnyddio cyfrifiaduron i gynyddu cynhyrchedd a safonau cyffredinol. Yn aml, yr enw sy'n cael ei roi ar ddefnyddio cyfrifiaduron yn y broses gynhyrchu yw **Gweithgynhyrchu drwy Gymorth Cyfrifiadur** (*CAM: Computer Aided Manufacture*).

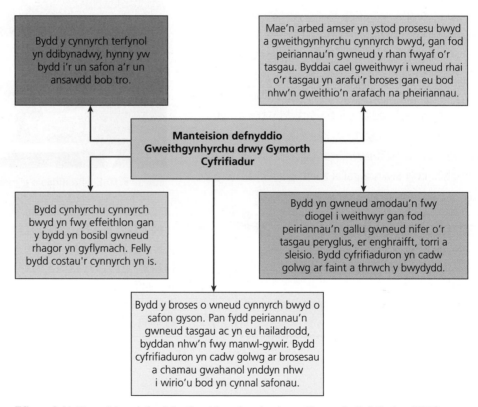

Ffigur 9.11 Manteision defnyddio Gweithgynhyrchu drwy Gymorth Cyfrifiadur (*CAM*)

Sut mae cyfrifiaduron yn cael eu defnyddio wrth brosesu cynnyrch bwyd?

Mae'n bosibl defnyddio cyfrifiaduron yn ystod camau amrywiol prosesu cynnyrch bwyd. Mae rhai o'r camau wedi'u nodi yn Ffigur 9.12.

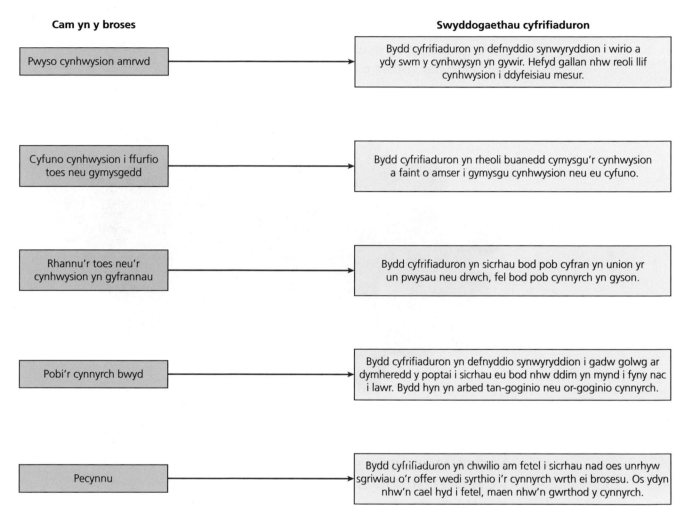

Cam yn y broses

| Pwyso cynhwysion amrwd |

Swyddogaethau cyfrifiaduron

Bydd cyfrifiaduron yn defnyddio synwyryddion i wirio a ydy swm y cynhwysyn yn gywir. Hefyd gallan nhw reoli llif cynhwysion i ddyfeisiau mesur.

| Cyfuno cynhwysion i ffurfio toes neu gymysgedd |

Bydd cyfrifiaduron yn rheoli buanedd cymysgu'r cynhwysion a faint o amser i gymysgu cynhwysion neu eu cyfuno.

| Rhannu'r toes neu'r cynhwysion yn gyfrannau |

Bydd cyfrifiaduron yn sicrhau bod pob cyfran yn union yr un pwysau neu drwch, fel bod pob cynnyrch yn gyson.

| Pobi'r cynnyrch bwyd |

Bydd cyfrifiaduron yn defnyddio synwyryddion i gadw golwg ar dymheredd y poptai i sicrhau eu bod nhw ddim yn mynd i fyny nac i lawr. Bydd hyn yn arbed tan-goginio neu or-goginio cynnyrch.

| Pecynnu |

Bydd cyfrifiaduron yn chwilio am fetel i sicrhau nad oes unrhyw sgriwiau o'r offer wedi syrthio i'r cynnyrch wrth ei brosesu. Os ydyn nhw'n cael hyd i fetel, maen nhw'n gwrthod y cynnyrch.

Ffigur 9.12 Camau lle bydd cyfrifiaduron yn cael eu defnyddio wrth brosesu cynnyrch bwyd

Cyflwyno prosesau newydd

Mae **sychrewi** yn enghraifft o broses newydd. Pan mae bwyd wedi'i sychrewi mae'r holl leithder ynddo wedi'i dynnu allan drwy fath arbennig o sychu. Mae'r bwyd yn cael ei rewi yn gyntaf yna'n cael ei osod mewn gwactod cryf. Bydd y dŵr sydd yn y bwyd yn **sychdarthu (sublimate)** – hynny yw, bydd yn troi'n syth o rew i anwedd. Mae enghreifftiau o fwydydd y gallwch eu sychrewi yn cynnwys rhai ffrwythau fel mefus, afalau a gellyg; mae coffi yn gynnyrch poblogaidd eraill i'w sychrewi. Ni fydd sychrewi'n cael gymaint o effaith ar flas y bwyd â sychu arferol.

Ffigur 9.13 Mefus wedi'u sychrewi

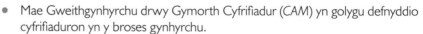

PWYNTIAU ALLWEDDOL: DATBLYGIADAU TECHNOLEGOL SY'N CEFNOGI PROSESU A CHYNHYRCHU BWYD

- Mae Gweithgynhyrchu drwy Gymorth Cyfrifiadur (*CAM*) yn golygu defnyddio cyfrifiaduron yn y broses gynhyrchu.
- Mae manteision defnyddio Gweithgynhyrchu drwy Gymorth Cyfrifiadur yn cynnwys safonau a chynhyrchedd gwell, mwy o ddiogelwch i weithwyr ac arbed amser.
- Mae sychrewi'n broses newydd mewn cynhyrchu bwyd.

Cwestiynau arholiad enghreifftiol

1. Esboniwch yn fanwl sut mae defnyddio Gweithgynhyrchu drwy Gymorth Cyfrifiadur (*CAM*) yn arbed amser. [2 farc]

2. Esboniwch pam byddai cyfrifiaduron yn cael eu defnyddio yn ystod y broses o gynhyrchu cynnyrch bwyd i rannu cynhwysion yn gyfrannau neu i rannu cymysgedd. [2 farc]

3. Enwch **ddau** fath o fwyd y gallwch eu sychrewi. [2 farc]

4. Bydd gwneuthurwyr yn defnyddio cyfrifiaduron wrth brosesu nifer o gynhyrchion bwyd gwahanol. Esboniwch pam byddai gwneuthurwr yn defnyddio synwyryddion wrth bobi cynnyrch bara. [3 marc]

Effeithiau cadarnhaol a negyddol addasu bwyd ar iechyd

Wrth brosesu bwyd, bydd gwneuthurwyr weithiau'n defnyddio **ychwanegion**.

Mae tri grŵp gwahanol o ychwanegion:

- Artiffisial – wedi'u gwneud yn llwyr o gemegion.
- Naturiol – wedi'u cael o fwyd yn naturiol (e.e. sudd betysen).
- Unfath â natur – synthetig (wedi'u gwneud yn gemegol i fod yr un fath â chynnyrch naturiol).

Mae Tabl 9.3 yn cynnwys enghreifftiau o ychwanegion a pham eu bod yn cael eu defnyddio. Mae'n rhaid i ychwanegyn sy'n cael ei ddefnyddio yn y DU gael ei brofi'n drylwyr a'i gymeradwyo. Mae ychwanegion yn cael rhifau unwaith y maen nhw wedi'u cymeradwyo er mwyn gallu eu hadnabod. Os oes gan ychwanegyn 'rif E' mae hyn yn golygu bod gwledydd yr Undeb Ewropeaidd wedi derbyn ei fod yn ddiogel ei ddefnyddio.

Math o ychwanegyn	Pam ei ddefnyddio	Bwydydd enghreifftiol
Cyffeithydd	• Ymestyn oes silff.	Sudd ffrwythau, ffrwythau sych, dresin salad
Cryfhäwr blas	• Gwella blas bwyd drwy ychwanegu blas. • Adfer blasau sydd wedi'u colli yn ystod y prosesu.	Byrbrydau a bwydydd sawrus, iogwrt fanila
Sefydlogyddion ac emwlsyddion	• Helpu bwydydd i gymysgu â'i gilydd ac atal cynhwysion rhag gwahanu yn y cynnyrch wrth ei storio. • Rhoi gweadedd llyfn a hufennog i fwydydd. • Ymestyn oes silff nwyddau wedi'u pobi.	Dresins salad, bwyd taenu isel mewn braster, nwyddau wedi'u pobi
Lliwiau	• Gwneud i fwydydd edrych yn ddeniadol. • Rhoi hwb i liwiau sydd yn y bwyd eisocs. • Ychwanegu lliw sydd wedi'i golli wrth brosesu bwyd.	Diodydd byrlymog, iogwrt mefus, pys tun

Tabl 9.3 Enghreifftiau o ychwanegion, rhesymau dros eu defnyddio ac enghreifftiau o fwydydd sy'n eu cynnwys

Manteision defnyddio ychwanegion

Mae'r rhesymau cadarnhaol dros ddefnyddio ychwanegion wrth gynhyrchu bwyd yn cynnwys:

- rhoi dewis eang o fwydydd i ddefnyddwyr
- cadw bwydydd yn ddiogel am gyfnod hirach
- gwella nodwedd benodol mewn bwyd, e.e. blas allweddol cynnyrch bwyd
- adfer nodweddion gwreiddiol cynnyrch bwyd, e.e. rhoi lliw yn ôl i fwyd i'w wneud i edrych yn normal
- cynhyrchu amrywiaeth o gynnyrch, e.e. creision â blasau gwahanol
- cynhyrchu'r effaith a ddymunir, e.e. teimlad llyfn neu hufennog yn y geg wrth fwyta cynnyrch.

Anfanteision defnyddio ychwanegion

Mae rhai anfanteision i ddefnyddio ychwanegion. Mae'r rhain yn cynnwys:

- defnyddio ychwanegion i guddio cynhwysion o safon isel
- maen nhw'n gallu achosi adwaith alergaidd, e.e. brech ar y croen
- maen nhw'n gallu achosi gorfywiogrwydd.

Oherwydd faint o ychwanegion sy'n cael eu defnyddio mewn cynnyrch bwyd a'r mathau gwahanol sy'n cael eu defnyddio, mae pryder y gallai bwyta'r rhain yn ddyddiol effeithio ar iechyd, yn enwedig iechyd plant. Enghraifft o hyn ydy cysylltu ychwanegion ag ymddygiad gorfywiog mewn plant.

Gweithgaredd

1 Edrychwch ar amrywiaeth o gynhyrchion bwyd gwahanol i ganfod faint ohonyn nhw sy'n cynnwys ychwanegion, yn ogystal â'r mathau gwahanol o ychwanegion sydd ynddyn nhw.

2 Lluniwch siart i gofnodi eich canfyddiadau, gan wneud nodyn o'r mathau o ychwanegion sydd wedi'u defnyddio a pham maen nhw wedi'u defnyddio.

GAIR ALLWEDDOL

Ychwanegion: sylweddau sy'n cael eu hychwanegu at fwyd i gadw blas, gwella blas ac ymddangosiad, neu ymestyn oes silff.

PWYNTIAU ALLWEDDOL: ADDASU BWYD A DEFNYDDIO YCHWANEGION

- Weithiau bydd gwneuthurwyr yn rhoi ychwanegion wrth brosesu bwyd i ymestyn oes silff y bwydydd neu i wella neu newid eu blas neu eu hymddangosiad.
- Mae cyffeithyddion, cryfhawyr blas, sefydlogyddion, emwlsyddion a lliwiau i gyd yn enghreifftiau o ychwanegion.
- Mae pryder y gallai rhai ychwanegion gael effaith negyddol ar iechyd, fel achosi alergeddau neu fod yn gysylltiedig ag ymddygiad gorfywiog mewn plant.

Cwestiynau arholiad enghreifftiol

1 Mae rhai mathau o gynnyrch bwyd yn cynnwys ychwanegion. Disgrifiwch fanteision defnyddio ychwanegion wrth weithgynhyrchu cynnyrch bwyd. [6 marc]

ADRAN 6

Coginio a pharatoi bwyd

Mae'r adran hon yn cynnwys y penodau canlynol:

Amcanion dysgu

Yn y bennod hon byddwch yn dysgu am y canlynol:

- sut mae canfyddiad synhwyraidd yn arwain dewisiadau pobl, a sut mae derbynyddion blas a systemau arogleuol yn gweithio
- rhinweddau synhwyraidd amrywiaeth o fwydydd a chyfuniadau a sut i sefydlu paneli profi hoff ddewis
- yr amrywiaeth o ffactorau sy'n dylanwadu ar ddewis bwyd, yn cynnwys mwynhad, hoff ddewisiadau, natur dymhorol, costau, argaeledd, amser y dydd, gweithgaredd, a dathliadau, achlysur a diwylliant
- y dewis y mae pobl yn ei wneud ynglŷn â bwydydd penodol yn ôl crefydd, diwylliant, cred foesol, rhesymau meddygol neu ddewis personol
- sut i wneud penderfyniadau gwybodus ynglŷn â bwyd a diod i gael deiet amrywiol a chytbwys, gan gynnwys ymwybyddiaeth o faint cyfrannau a chostau
- sut mae gwybodaeth am fwyd ar gael i'r cwsmer, gan gynnwys labelu bwyd a marchnata a sut mae hyn yn dylanwadu ar ddewis bwydydd.

Sut mae canfyddiad synhwyraidd yn arwain dewisiadau pobl

Canfyddiad synhwyraidd yw'r ffordd rydym ni'n adnabod blas mewn bwyd. Blas yw canlyniad yr hyn sy'n dod o'r holl ysgogwyr synhwyraidd, sydd i'w gweld yn Ffigur 10.1. Mae ein hymennydd yn derbyn blas fel cymysgedd o sut mae'r bwyd yn blasu, arogli, edrych ac yn teimlo mewn un synhwyriad unigol. Mae'r ysgogwyr synhwyraidd hyn yn dylanwadu ar ein dewisiadau bwyd.

Ffigur 10.1 Synhwyrau sy'n rhan o ganfyddiad synhwyraidd

Blas

Mae blas bob amser yn cael ei ystyried yn brif ddylanwad ar sut y byddwn yn dewis ac yn mwynhau bwyd.

O oedran cynnar, mae blas a bwydydd cyfarwydd yn dylanwadu ar ein dewisiadau. Credir bod hoffter am fwydydd melys ac anhoffter o fwydydd chwerw yn rhan gynhenid o'r natur ddynol – h.y. nodwedd sydd ynoch ers eich geni.

- Mae hoff ddewisiadau blas yn datblygu drwy brofiad.
- Mae gwahaniaethau genetig yn rhoi galluoedd gwahanol o ran canfod blasau chwerw.
- Mae pobl sy'n cael eu hadnabod fel 'archflaswyr' (*supertasters*). Mae'r bobl hyn yn profi blas yn gryfach o lawer na phobl arferol. Maen nhw'n fwy tebygol o fod yn ferched ac yn dod o Dde America, Asia ac Affrica.

Sut mae derbynyddion blas yn gweithio

Mae blasbwyntiau ar ein tafod. Mae eich tafod wedi'i orchuddio mewn ffurfiadau fel tethi neu debyg i wallt, o'r enw **papila tafodol**. Mae pedwar math o bapila ar dafodau dynol; mae tri o'r rhain yn gysylltiedig â blasbwyntiau.

Mae nifer o dderbynyddion ar gyfer blas yn eich ceg, ac mae'r rhain ar arwyneb uwch y tafod, ar y daflod feddal, y tu mewn i'r foch, yn rhan uchaf yr oesoffagws (y bibell fwyd i'ch stumog) ac ar eich epiglotis (fflap o gartilag y tu ôl i wraidd eich tafod).

Mae tyllau bach, neu mandyllau, yn arwyneb y tafod. Wrth i chi gnoi eich bwyd, mae'n hydoddi yn y poer rydych chi'n ei gynhyrchu. Mae'n mynd i mewn i'r mandyllau ac yn cyffwrdd â'r **derbynyddion blas**. Mae'r rhain wedi'u lleoli ar ben y blasbwyntiau. Mae'r derbynyddion blas yn anfon gwybodaeth drwy'r system nerfol i'r ymennydd, ac mae adflasau yn cael eu hadnabod.

Ar gyfartaledd, mae blasbwynt yn byw am ddeg diwrnod, felly mae'r corff yn creu rhai newydd yn eu lle drwy'r amser.

Mae Ffigur 10.3 yn dangos y lleoliad yn eich ceg a'ch pibell wynt.

Mae'r blasbwyntiau'n canfod y pum elfen o flas:

1 **Melyster**: yr holl fwydydd melys.
2 **Surni**: dyma'r blas sy'n canfod asidedd. Mae'r blas hwn i'w gael mewn bwydydd fel lemon, grawnwin, oren a melon weithiau.
3 **Halltineb**: bydd unrhyw fwydydd sy'n cynnwys sodiwm, sodiwm clorid neu botasiwm yn rhoi blas hallt.
4 **Chwerwder**: dyma'r mwyaf sensitif o'r mathau o flas, gan fod nifer o bobl yn ei deimlo'n annymunol neu'n siarp. Mae bwydydd chwerw cyffredin yn cynnwys coffi, olifau, croen ffrwythau citrig, rhannau gwyrdd dant y llew a sicori (*chicory*). Mae cwinin, sydd i'w gael mewn dŵr tonig, hefyd yn adnabyddus am ei flas chwerw.
5 **Umami**: Mae'r blas hwn yn cael ei ddisgrifio'n sawrus neu'n gigog. Mae'n bosibl ei flasu mewn caws a saws soi. Mae'n bresennol mewn bwydydd wedi'u heplesu neu wedi heneiddio, ac mewn tomatos, grawn a ffa. Mae monosodiwm glwtamad, ychwanegyn bwyd, yn cynhyrchu blas umami cryf.

Drwy'r cyfuniad o'r pum elfen hyn, rydym yn canfod **blas**.

Roedd rhai'n credu ers talwm bod rhannau gwahanol ar y tafod yn canfod elfennau gwahanol ar flas, ond nawr rydym yn gwybod bod y tafod yn gallu canfod yr holl elfennau hyn o flas ar draws y tafod.

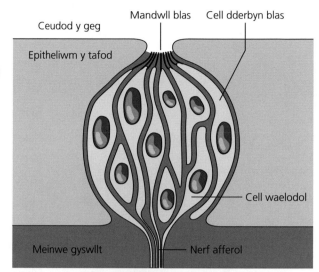

Ffigur 10.2 Papila tafodol yn dangos lleoliad y blasbwyntiau

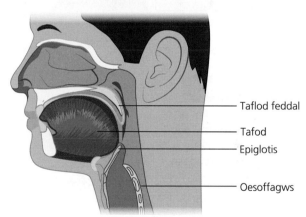

Ffigur 10.3 Y geg a'r oesoffagws

Arogl

Mae arogl bwyd yn cyfrannu'n fawr at y profiad o flasau. Meddyliwch am arogl bara newydd ei bobi, neu arogl cinio rhost yn cael ei goginio, er enghraifft. Dydy pobl sydd â llai o synnwyr arogli neu â synnwyr arogli wedi'i niweidio ddim yn gallu mwynhau blas bwyd i'r un graddau â'r rheiny sydd â synnwyr arogli cyflawn. Arogl yw 80% o'r hyn rydym ni'n ei ganfod fel blas bwyd, a dim ond 20% yw'r blas.

Bydd arogl yn cynyddu faint o boer sy'n cael ei gynhyrchu, ac yn rhyddhau sudd gastrig ac inswlin i'n system dreulio.

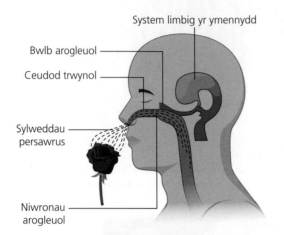

System limbig yr ymennydd

Bwlb arogleuol

Ceudod trwynol

Sylweddau persawrus

Niwronau arogleuol

Ffigur 10.4 Y system arogleuol

Gweithgaredd

1 I ddangos faint o arogl sy'n ymwneud â chanfod blas, gwnewch yr arbrawf canlynol:

Cymerwch fefus neu felysion blas ffrwyth. Rhowch hwn yn eich ceg a gwasgwch eich trwyn ar gau. Byddwch yn blasu'r melyster a'r surni ac yn teimlo teimlad caled y melysion. Os byddwch yn agor eich trwyn, bydd yr arogl yn teithio drwy eich ceudod trwynol a byddwch yn arogli mefus neu ffrwyth. Yna byddwch yn blasu'r mefus neu'r blas ffrwyth.

Sut mae'r system arogleuol yn gweithio

Mae'r **system arogleuol** yn eich trwyn. Cemegion penodol mewn bwyd ar ffurf nwy yn ysgogi derbynyddion arogleuol sy'n achosi i ni ganfod arogl.

Mae celloedd gwallt bach iawn yn y system arogleuol, sy'n ymateb i gemegion penodol. Mae gan fodau dynol tua 40 miliwn o dderbynyddion. (Mae gan gŵn tua 2 biliwn o dderbynyddion!)

Mae'r gweithgaredd trydanol o'r derbynyddion hyn yn cael eu pasio i'r bwlb arogleuol. Yna mae hwn yn cludo'r wybodaeth i ran limbig yr ymennydd, lle mae arogl yn cael ei adnabod.

Os oes gennych annwyd a'ch trwyn yn llawn, dydych chi ddim yn gallu arogli pethau gystal.

Mae'r ceudod trwynol a'r geg wedi'u cysylltu. Dyma pam mae arogl yn gysylltiedig â blas wrth ei ganfod.

Golwg

Mae'r dywediad 'bwyta â'n llygaid' yn wir i ryw raddau. Os dydy'r bwyd o'n blaen ddim yn edrych yn atyniadol nac yn flasus, yn aml fyddwch chi ddim hyd yn oed yn ei flasu, ac yn bendant fyddwch chi ddim yn ei fwynhau gymaint. Mae trafodaeth fwy manwl o lawer ar gyflwyno bwyd ym Mhennod 11.

Mae lliw hefyd yn gysylltiedig â blasau disgwyliedig. Er enghraifft, mae bwydydd coch fel arfer yn cael eu cysylltu â blas ffrwythau. Petai rhywun yn rhoi jeli coch i chi, byddwch chi'n disgwyl blas mefus neu fafon, a byddech chi wedi'ch synnu'n fawr petai blas mint neu gig arno.

Teimlad

Gweadedd bwyd yw un o'r rhai hawsaf o gydrannau blas i'w trafod. Mae hufennog, olewog, crensiog, meddal o gnoadwy a gronynnog i gyd yn fathau gwahanol o weadeddau amlwg. Mae'r rhan o'r ymennydd sy'n delio ag aroma neu arogl (y **cortecs arogleuol**) yn gysylltiedig â'r rhan o'r ymennydd sy'n delio â chyffyrddiad (y **cortecs corfforol-synhwyraidd**).

Yn 2008, enillodd Athro o Brifysgol Rhydychen, Charles Spence, Wobr Nobel IG am brofi pa mor bwysig yw sŵn wrth fwyta byrbrydau crensiog. Dangosodd yr astudiaeth fod pobl a oedd yn bwyta Pringles® yn meddwl bod y creision yn blasu'n hen pan oedden nhw'n llai crensiog, er bod y blas a'r arogl yn normal. Dangosodd yr astudiaeth hefyd, yr uchaf yr oedd sŵn Pringles®, y mwyaf ffres a chreisionllyd yr oedd y creision yn ymddangos. Dyma un rheswm pam mae creision erbyn hyn yn cael eu gwneud i fod mor swnllyd, gan eu bod yn gwneud i'r ymennydd feddwl eu bod yn ffres iawn!

GEIRIAU ALLWEDDOL

Canfyddiad synhwyraidd: adnabod blas mewn bwyd, cyfuno blas, arogl, teimlad a golwg.

Papila tafodol: y ffurfiadau tebyg i wallt sydd ar eich tafod sy'n cynnwys y blasbwyntiau.

Derbynyddion blas: mae'r rhain ar ben ein blasbwyntiau ac yn anfon gwybodaeth drwy'r system nerfol i'r ymennydd i adnabod blasau.

Umami: un o'r pum elfen o flas sydd â blas sawrus neu gigog.

System arogleuol: y rhan o'r trwyn sy'n canfod arogl ac aroma.

Cortecs arogleuol: y rhan o'r ymennydd sy'n delio ag arogleuon ac aroma.

Cortecs corfforol-synhwyraidd: y rhan o'r ymennydd sy'n delio â chyffwrdd.

PWYNTIAU ALLWEDDOL: CANFYDDIAD SYNHWYRAIDD, DERBYNYDDION BLAS A'R SYSTEM AROGLEUOL

- Mae canfyddiad synhwyraidd bwyd yn cynnwys arogl, blas, golwg a theimlad.
- Mae'r tafod wedi'i orchuddio mewn papila sy'n cynnwys blasbwyntiau.
- Mae pum elfen i flas: melyster, surni, halltineb, chwerwder ac umami.
- Mae arogl yn gyfrifol am 80% o'r hyn rydym i'n ei ganfod fel blas.
- Mae'r ceudod trwynol yn gysylltiedig â cheudod y geg, felly mae arogl bwyd yn cael ei gyfuno â'r blas.

Cwestiynau arholiad enghreifftiol

1 Esboniwch pam mae rhywun â llai o synnwyr arogli yn methu profi synnwyr blasu mor gryf â rhywun â synnwyr arogli arferol. [3 marc]

2 Disgrifiwch sut mae'r blasbwyntiau yn y geg yn canfod y cyflasynnau yn y bwyd rydych chi'n ei fwyta. [3 marc]

3 Enwch y **pum** elfen o flas a rhowch enghraifft o fwyd o bob un. [5 marc]

Rhinweddau synhwyraidd bwydydd a phrofi blas

Pan fyddwn yn sôn am rinweddau synhwyraidd bwyd rydym ni'n cyfeirio at olwg neu ymddangosiad, yr arogl neu'r aroma, y blas a'r gweadedd (sydd hefyd yn cael ei alw'n deimlad yn y geg) ac os yw'n berthnasol, sŵn bwyd. Mae'r rhain i gyd wedi eu hesbonio yn gynharach yn y bennod.

Mewn ysgolion bydd nifer o fyfyrwyr yn gwerthuso rhinweddau synhwyraidd y cynnyrch bwyd maen nhw wedi'i wneud; **dadansoddiad synhwyraidd** yw'r enw ar hyn ac mae'n cynnwys rhoi prawf blasu ar y cynnyrch bwyd. Drwy wneud prawf blasu rydych chi'n gallu:

- adnabod nodweddion allweddol cynnyrch
- pennu a oes angen unrhyw welliannau
- cadarnhau a yw cynnyrch yn addas/derbyniol
- cymharu tebygolrwydd a gwahaniaethau mewn cynnyrch bwyd
- profi safon y cynnyrch bwyd.

Profion blasu

Mae llawer o brofion blasu gwahanol i werthuso rhinweddau synhwyraidd cynnyrch bwyd yn ogystal â chadarnhau a yw pobl eraill yn eu hoffi neu ddim yn eu hoffi. Mae rhai o'r rhain wedi'u hesbonio isod.

Prawf sgorio

Mewn **prawf sgorio** bydd y blaswyr yn sgorio cynnyrch bwyd am nodwedd benodol fel pa mor greisionllyd neu pa mor hallt yw'r bwyd, ac yn rhoi barn am y cynnyrch drwy ei sgorio â graddfa. Mae hwn yn canfod a oeddent yn ei hoffi'n fawr neu ddim yn ei hoffi. Mae enghraifft o brawf sgorio i'w gweld isod. Mae gofyn i blaswyr roi tic mewn blwch i nodi faint oedden nhw'n hoffi'r cynnyrch bwyd.

Sampl	Hoffi'n fawr iawn	Hoffi	Dim barn	Ddim yn ei hoffi	Ddim yn ei hoffi o gwbl

Hefyd, os yw'r blaswyr yn profi mwy nag un cynnyrch bwyd, gallwch ofyn iddyn nhw eu rhoi nhw yn eu trefn o ran dewis. Er enghraifft, bara wedi'i wneud o fathau gwahanol o flawd, gan ofyn i'r blaswyr eu graddio o'r un roedden nhw'n ei hoffi fwyaf i'r un roedden nhw'n ei hoffi leiaf. Bydden nhw'n ysgrifennu enw pob sampl o fara mewn blwch yn ôl faint roedden nhw'n ei hoffi neu ddim yn ei hoffi. Byddai'r samplau'n cael codau ar hap i'w hadnabod.

1 (hoffi orau)	2	3	4	5 (hoffi leiaf)

Prawf proffilio

Byddai **prawf proffilio** yn canfod beth mae pobl yn ei hoffi'n arbennig am gynnyrch bwyd. Byddai'r math hwn o brawf yn helpu i ddatblygu proffil yn unol ag amrywiaeth o rinweddau synhwyraidd, er enghraifft, pa mor hufennog, meddal o gnoadwy neu hallt yw cynnyrch. Byddai'r blaswyr yn cael eu gofyn i sgorio'r cynnyrch bwyd allan o bump – un fyddai'r isaf a phump fyddai'r uchaf. Pan fydd mwy nag un blaswr, mae'r sgorau'n cael eu hadio a'u rhannu gan nifer y blaswyr i roi cyfartaledd y sgôr. Mae'r enghraifft isod yn broffil o saws lemon a gafodd ei brofi gan bump blaswr.

Allwedd sgôr: 1 = gwael, 2 = canolig, 3 = da, 4 = da iawn, 5 = gwych.

Geiriau blasu	Sgorau wedi'u dyfarnu gan y panel blasu					Cyfanswm	Cyfartaledd
Blas lemon	3	2	3	4	3	15	3
Lliw	2	1	2	1	2	8	1.6
Llyfnder	5	5	4	5	4	23	4.6
Tewychedd	4	4	3	5	4	20	4

Proffil seren

Gall blaswyr ddefnyddio **proffil seren** (sydd hefyd yn cael ei alw'n siart seren) wrth asesu rhinweddau synhwyraidd allweddol cynnyrch fel ymddangosiad, gweadedd, blas ac aroma. Mae'r blaswyr yn graddio'r cynnyrch yn unol â'r rhinweddau ac yn marcio'u sgorau ar y proffil seren. Yna mae'r sgorau'n cael eu cyfuno i greu proffil. Wedyn mae'n bosibl defnyddio hwn i weld sut i wella'r cynnyrch.

Mae'r enghraifft yn Ffigur 10.5 yn broffil seren ar gyfer cwcis almon.

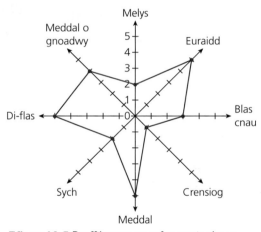

Ffigur 10.5 Proffil seren ar gyfer cwcis almon

Creu paneli blasu ar gyfer profi hoff ddewis

Y diwydiant cynhyrchu bwyd

Mae'n rhaid dilyn rheolau llym iawn wrth greu paneli blasu yn y diwydiant cynhyrchu bwyd. Mae hyn yn bwysig i gael canlyniadau dibynadwy. Mae nifer o agweddau sy'n cael eu rheoli, gan gynnwys:

- goleuo safle'r profion
- tymheredd y safle
- atal blaswyr rhag siarad â'i gilydd na dylanwadu ar ei gilydd
- defnyddio blaswyr sydd wedi'u hyfforddi
- codio samplau o fwyd gyda rhifau ar hap
- gweini samplau o fwyd ar blatiau neu mewn cynwysyddion sydd yn union yr un maint, yr un lliw a'r un siâp
- tymheredd y bwyd sy'n cael ei weini i sicrhau ei fod union yr un fath i bob blaswr
- nifer y samplau sy'n cael eu cyflwyno i'r blaswr

- y blaswyr yn glanhau eu cegau rhwng profi samplau, drwy yfed dŵr neu fwyta bisgedi/cracer plaen
- rhoi cyfarwyddiadau clir i'r blaswr
- defnyddio taflenni canlyniadau sy'n glir ac yn hawdd eu defnyddio.

Ystafell ddosbarth yn yr ysgol

Wrth greu paneli blasu mewn ysgol mae'n bwysig eich bod yn gofyn i gymaint o bobl ag y gallwch fel y bydd gennych farn amrywiol gan bobl am y cynnyrch bwyd. Mae hefyd yn bwysig gofyn i bobl sy'n addas ar gyfer y grŵp targed rydych chi'n canolbwyntio arno; er enghraifft plant yn eu harddegau, neu lysieuwyr.

Cyn y sesiwn blasu bydd angen i chi benderfynu pa fath o brawf a fyddai orau i'r blaswyr a llunio siart profi neu broffil yn barod iddyn nhw ei lenwi wrth iddyn nhw flasu'r bwyd. Bydd angen rhoi cyfarwyddiadau clir iddyn nhw a cheisio gofalu nad ydyn nhw'n siarad nac yn rhannu syniadau gyda phrofwyr eraill er mwyn i'ch canlyniadau fod yn deg. Ar ôl y sesiwn blasu mae'n bwysig dadansoddi eich canlyniadau a nodi lle gallwch wella neu newid rhywbeth.

GEIRIAU ALLWEDDOL

Dadansoddiad synhwyraidd: pan fydd rhinweddau synhwyraidd cynnyrch bwyd yn cael eu gwerthuso ac yn cael prawf blasu.

Prawf sgorio: pan fydd cynnyrch bwyd yn cael ei raddio am nodwedd benodol gan ddefnyddio graddfa.

Prawf proffilio: yn cael ei ddefnyddio i ganfod beth mae pobl yn ei hoffi'n benodol am gynnyrch bwyd i helpu i ddatblygu proffil cynnyrch.

Proffil seren: yn cael ei ddefnyddio i bennu rhinweddau synhwyraidd cynnyrch drwy farcio sgorau ar broffil a'u cysylltu â'i gilydd.

PWYNTIAU ALLWEDDOL: RHINWEDDAU SYNHWYRAIDD BWYD A PHROFI BLAS

- Mae rhinweddau synhwyraidd yn cyfeirio at ymddangosiad, arogl/aroma, blas, gweadedd a sŵn cynnyrch bwyd.
- Mae dadansoddiad synhwyraidd yn ymwneud â blasu cynnyrch bwyd ac yn eich galluogi i bennu nifer o nodweddion pwysig am gynnyrch bwyd.
- Mae profion graddio, profion proffilio a phroffiliau seren yn enghreifftiau o ddulliau profion blasu y gallwch eu defnyddio.
- Mae gwneuthurwyr bwyd yn dadansoddi bwyd yn synhwyraidd o dan amodau a rheolau llym iawn.
- Mae dadansoddiad synhwyraidd yn cael ei ddefnyddio yn yr ystafell ddosbarth i gasglu barn pobl am gynnyrch bwyd ac i ganfod ble mae lle i wella.

Cwestiynau arholiad enghreifftiol

1 Nodwch **ddau** reswm dros gynnal profion blasu.

[2 farc]

2 Esboniwch y gwahaniaeth rhwng prawf graddio a phroffil seren.

[4 marc]

3 Rhestrwch **dri** amod rheoledig y byddai'n rhaid i gynhyrchwr bwyd eu hystyried wrth greu panel blasu.

[3 marc]

Yr amrywiaeth o ffactorau sy'n dylanwadu ar ddewis bwyd

Y prif benderfynyddion o ran dewis bwyd yw:

- **Biolegol**: chwant bwyd, archwaeth a blas.
- **Economaidd**: cost, incwm, argaeledd.
- **Corfforol**: mynediad, sgiliau, addysg ac amser sydd ar gael.
- **Cymdeithasol**: teulu, diwylliant, patrwm prydau a chyfoedion.
- **Agweddau**: gwybodaeth am fwyd a chredoau.

Mae'r prif ddylanwadau mae angen i chi wybod amdanyn nhw yn cael eu harchwilio isod.

Mwynhad

Mae mwynhau bwyd yn un o bleserau bywyd. Mae ffactorau amrywiol a fydd yn dylanwadu ar faint y byddwch yn mwynhau'ch bwyd.

Mae eich blasbwyntiau yn amrywio o ran sensitifrwydd ar adegau gwahanol. Os ydych chi'n llwglyd iawn, mae eich blasbwyntiau'n mynd yn fwy a mwy sensitif, felly mae bwyd yn fwy blasus. Wrth fwyta, mae'r blasbwyntiau'n mynd yn llai sensitif i'r bwyd. Efallai byddwch chi'n sylwi nad ydych chi'n mwynhau'r bwyd gymaint ar ôl sawl cegaid. Fodd bynnag, bydd blas arall yn gallu cyffroi'ch blasbwyntiau. Hyd yn oed os nad ydych am orffen y prif gwrs, gallech gael eich temtio gan bwdin!

Mae **blasusrwydd** bwyd hefyd yn dylanwadu ar fwynhad bwyd. Mae'n dibynnu ar briodweddau synhwyraidd y bwyd, fel blas, arogl, gweadedd ac ymddangosiad. Mae apêl synhwyraidd uchel gan fwydydd melys a bwydydd â llawer o fraster.

Gall eich hwyl ddylanwadu ar eich mwynhad. Bydd hapusrwydd yn cynyddu mwynhad. Gall y bobl rydych chi'n bwyta gyda nhw newid eich mwynhad. Bydd teimlo'n euog am fwyta bwydydd penodol yn effeithio ar sut rydych chi'n teimlo.

Mae ychydig o reolau a allai wneud i chi fwynhau bwyd yn well:

- Gadewch i chi'ch hun fynd yn llwglyd cyn i chi fwyta pryd; os nad ydych chi'n llwglyd wrth ddechrau bwyta, fyddwch chi ddim yn mwynhau'r bwyd gymaint.
- Y rhan fwyaf blasus o bryd o fwyd yw'r rhan gyntaf, pan fydd eich blasbwyntiau fwyaf sensitif, felly bwytewch yn araf i fwynhau'r blas.
- Cadwch eich prydau yn faint rhesymol, fel y gallwch fwynhau pwdin wedi hynny.

Hoff ddewisiadau

Mae'n debyg fod gan fodau dynol allu cynhenid (h.y. wedi'u geni â'r gallu) i ddewis bwydydd melys.

Wrth ddiddyfnu babi (dechrau rhoi bwyd solet iddo) bydd y bwydydd mae'n eu cael yn dylanwadu ar ei hoff ddewisiadau am weddill ei oes.

Ffigur 10.6 Babi'n bwyta bwyd solet

Ffigur 10.7 Dim ond ym mis Mai a mis Mehefin bob blwyddyn mae asbaragws o Brydain ar gael

Ffigur 10.8a–b Mae siopwr incwm isel yn fwy tebygol o brynu torth rad na bag o afalau

Yn aml mae'n rhaid i fabi flasu bwyd newydd sawl gwaith cyn iddo'i hoffi.

Mae hoffi a pheidio â hoffi bwydydd penodol hefyd yn datblygu drwy brofiadau. Efallai byddwch yn teimlo'n sâl ar ôl bwyta saig benodol. Efallai mai'r saig a wnaeth i chi deimlo'n sâl, ond efallai hefyd does dim cysylltiad o gwbl â'r bwyd. Ond, rydych chi'n fwy tebygol o gysylltu teimlo'n sâl â'r bwyd, ac mae'n debyg na fyddwch yn bwyta'r saig honno eto.

Mae hoff ddewisiadau blas hefyd yn datblygu drwy agweddau, credoau a disgwyliadau. Os dydy'ch rhieni chi ddim yn hoffi bwydydd penodol, fyddan nhw ddim yn eu prynu, yn eu coginio nac yn eu gweini i chi; mae hyn yn golygu fyddwch chi ddim yn cael blasu'r bwyd hwnnw, ac rydych yn fwy tebygol o ddweud eich bod ddim yn ei hoffi oherwydd dydy'ch teulu ddim yn ei hoffi.

Natur dymhorol

Mae ffrwythau a llysiau ffres yn cael eu tyfu yn y DU, ond dim ond ar adegau penodol o'r flwyddyn maen nhw ar gael yn ffres pan mae'r cnwd yn aeddfedu. Enghraifft o hyn yw asbaragws Prydeinig, sydd ar gael o ddechrau mis Mai hyd at ddiwedd mis Mehefin.

Os oes rhywun yn dymuno bwyta ffrwythau a llysiau sydd wedi'u tyfu ym Mhrydain yn hytrach na ffrwythau a llysiau o dramor, neu gynnyrch sydd wedi'i storio am nifer o fisoedd, bydd **natur dymhorol** y ffrwythau a'r llysiau yn eu cyfyngu.

Y dyddiau hyn, mae'r rhan fwyaf o fwydydd ar gael drwy gydol y flwyddyn, oherwydd eu bod yn cael eu mewnforio o wledydd eraill. Mae defnyddwyr Prydeinig yn disgwyl gallu prynu unrhyw fwyd ar unrhyw adeg y flwyddyn. Mae hyn yn golygu bod nifer o fwydydd wedi teithio pellteroedd maith i gyrraedd y silffoedd yn y siopau a'r archfarchnadoedd. (Mae effaith hyn ar yr amgylchedd, a milltiroedd bwyd, yn cael eu trafod ym Mhennod 8.)

Gall natur dymhorol hefyd olygu amserau'r flwyddyn. Rydym yn bwyta bwydydd gwahanol yn yr haf a'r gaeaf. Rydych chi'n fwy tebygol o fwyta seigiau ysgafnach, fel salad, mewn tywydd poeth. Pan mae'n braf rydym yn coginio bwyd ar y barbeciw, yn bwyta hufen iâ ac yn yfed diodydd oer. Yn y gaeaf, rydym yn fwy tebygol o fwyta cawl, stiw a phasteiod i'n llenwi ac i'n cadw ni'n gynnes. Rydym yn hoffi diodydd poeth a chinio rhost.

Costau

Mae cost bwyd yn brif ffactor sy'n effeithio ar ddewis bwyd. Incwm unigolyn neu faint o arian sydd ganddo i'w wario ar fwyd sy'n rheoli ei ddewisiadau bwyd.

Mae grwpiau ar incwm isel yn debygol o fwyta deiet anghytbwys sy'n seiliedig ar fwydydd rhatach, sy'n tueddu i fod yn uwch o ran braster a siwgr. Mae astudiaethau'n dangos bod grwpiau ar incwm isel yn bwyta llai o ffrwythau a llysiau ffres, neu ychydig iawn ohonyn nhw. Gallai enghraifft o hyn fod fel a ganlyn: pan fydd siopwr ar incwm isel yn gorfod dewis rhwng torth am 50 ceiniog neu fag o afalau am £1, mae'n fwy tebygol o brynu dwy dorth a fydd yn rhoi brecwast o dost i'r teulu am sawl diwrnod, ond fydd yr afalau ddim yn llenwi'r plant gymaint â bara sy'n seiliedig ar garbohydrad.

Rheswm arall posibl dros gyfyngu ar ddewis yw y gallai rhywun ar incwm isel fod yn amharod i roi cynnig ar fwydydd gwahanol rhag ofn iddyn nhw gael eu gwrthod a'u taflu. Bydd hyn yn gwastraffu arian prin.

Nid yw gallu gwario mwy o arian ar fwyd o anghenraid yn gwneud deiet yn fwy iach, ond mae'n ehangu'r amrywiaeth o fwyd mae pobl yn gallu ei fforddio. Mae hyn oherwydd hoff ddewisiadau a phrofiadau pobl â'r arian.

Gweithgaredd

Edrychwch ar y ddwy restr siopa isod.

Rhestr siopa rhif un

- Torth wen 'rad'
- Bocs o greision ŷd brand y siop
- Bag mawr o geirch uwd brand y siop
- Potel fawr o laeth
- Pecyn o daeniad 'tebyg i fenyn' brand y siop
- Jar o jam rhad.

Rhestr siopa rhif dau

- Bag o afalau
- Bag o orennau
- Bwnsiaid mawr o fananas
- Bocs neu fag o rawnwin.

1 Gan ddefnyddio gwefan archfarchnad, gwiriwch brisiau'r eitemau bwyd ar y ddwy restr siopa.

2 Cyfrifwch gyfanswm cost y ddwy restr siopa.

3 Cymharwch gyfanswm cost y ddwy restr siopa.

4 Esboniwch pam y byddai rhiant ar incwm isel yn debygol o brynu'r eitemau ar y rhestr siopa gyntaf yn hytrach na'r ffrwythau ar yr ail restr siopa.

Argaeledd

Bydd argaeledd bwyd i siopwr hefyd yn cyfyngu ar beth mae'n gallu ei brynu a'i fwyta. Rydym wedi trafod natur dymhorol eisoes, a allai gyfyngu argaeledd i ddefnyddiwr. Bydd argaeledd i siopau hefyd yn gwneud gwahaniaeth i'r hyn bydd defnyddiwr yn gallu ei brynu. Mae hyn yn dibynnu ar gludiant a lleoliad daearyddol.

- Os ydych chi'n byw gerllaw dewis eang o archfarchnadoedd, yn berchen ar gar ac yn gallu gyrru, byddwch yn gallu prynu unrhyw beth, yn hawdd ac yn gyflym.

- Os ydych chi'n byw ar ystâd dai fawr, neu y tu allan i'r dref ac yn dibynnu ar gludiant cyhoeddus, bydd yn fwy anodd i chi brynu a chludo nwyddau. Efallai bydd rhaid i chi ddibynu ar siopau bach, lleol sydd ddim yn cadw amrywiaeth mor eang o gynhyrchion ag archfarchnadoedd mawr.

- Os ydych chi'n byw mewn pentref yn nghefn gwlad, neu ar ynys anghysbell yn yr Alban, bydd eich dewis yn fwy cyfyngedig o lawer.

Ffigur 10.9 Bwyd sydd ar gael mewn siop bentref

Amser y diwrnod

Gall amser y diwrnod pan fyddwch yn siopa, yn paratoi neu'n coginio ddylanwadu ar beth byddwch chi'n ei ddewis.

Mae astudiaethau'n dangos os ydych chi'n siopa pan rydych chi'n llwglyd, rydych chi'n fwy tebygol o wario mwy o arian a dewis bwydydd sy'n apelio am eu bod yn uchel o ran braster a siwgr ac yn eich gwneud chi'n llai llwglyd ar unwaith.

Wrth baratoi a choginio bwydydd, bydd amser prydau'n dylanwadu ar beth rydych chi'n penderfynu ei fwyta. Mae'n debyg mai grawnfwydydd neu frecwast wedi'i goginio fydd i frecwast, brechdanau neu bryd wedi'i goginio fydd i ginio, ac mae'n debyg mai pryd wedi'i goginio fydd y pryd gyda'r nos.

Bydd eistedd wrth fwrdd a bwyta prydau ar amserau rheolaidd hefyd yn rheoli beth rydych chi'n dewis ei fwyta. Os ydych chi'n cael prydau wedi'u coginio'n ffres ar adegau penodol, bydd y math o fwyd a faint ohono'n wahanol i sefyllfa arall – er enghraifft wrth ddewis pryd McDonald's i'w fwyta wrth gerdded lawr y stryd.

Mae cael byrbrydau yn hwyr y nos, neu fwyta ar eich ffordd adref ar ôl noson allan yn llawer mwy tebygol o gynnwys cynnyrch neu seigiau â llawer o siwgr a braster.

Pa weithgareddau rydych chi wedi cynllunio eu gwneud

Mae eich dewis o fwyd hefyd yn dibynnu ar beth rydych chi'n bwriadu ei wneud yn ystod y dydd. Os ydych chi ar frys yn y bore, byddwch yn methu brecwast, yn cael bar brecwast neu efallai'n prynu brechdan cig moch/bacwn ar eich ffordd i'r gwaith neu i'r ysgol.

Mae nifer o deuluoedd yn bwyta brecwast neu frecwast hwyr allan ar y penwythnos, pan fydd ganddyn nhw amser i'w fwynhau gyda'i gilydd fel teulu.

Os ydych chi'n cymryd rhan mewn gweithgaredd chwaraeon, bydd eich dewis o fwyd yn adlewyrchu'r gweithgaredd. Bydd gweithgaredd maith, fel ras farathon, neu gêm bêl-droed, rygbi neu hoci yn golygu bod angen egni arnoch chi sy'n cael ei ryddhau'n araf, felly byddai pryd startsh yn ddewis da. Bydd angen cyflenwad o egni ar unwaith wrth redeg ras sbrint fyrrach.

Mae bywydau nifer o deuluoedd yn brysur a dydyn nhw ddim yn bwyta gyda'i gilydd bob dydd; mae hyn yn effeithio ar ddewis bwyd, un ai prynu prydau parod neu wneud seigiau ffres a'u rhewi, neu eu rhannu'n gyfrannau a'u cadw yn yr oergell i'w hailwresogi.

Ffigur 10.10 Eitem braster uchel o fwyd tecawê

Dathliadau, achlysuron a diwylliant

Yn aml mae dathliad o unrhyw fath yn cynnwys pryd arbennig. Mae pen-blwydd, priodas a phen-blwydd priodas yn aml yn cael eu dathlu gyda pharti, sy'n golygu prynu a pharatoi bwydydd a seigiau arbennig.

Mae'r Nadolig yn achlysur teuluol mawr pan fydd bwydydd traddodiadol fel twrci wedi'i rostio a phwdin Nadolig yn cael eu bwyta.

Mae gan nifer o grefyddau eu dathliadau a'u bwydydd traddodiadol eu hunain sy'n cael eu bwyta ar adegau penodol o'r flwyddyn. (Mae crefyddau gwahanol yn cael eu trafod ym Mhennod 4, Cynllunio deietau cytbwys.)

Gweithgaredd

1 Dewiswch un o'r crefyddau canlynol: Iddewiaeth, Hindŵaeth neu Islam.

   a) Chwiliwch am un o ddathliadau'r grefydd honno ac ymchwiliwch i'r seigiau arbennig sy'n cael eu coginio ar gyfer y dathliad hwnnw.

   b) Gwnewch gyflwyniad i'ch dosbarth yn dangos y seigiau a'u harwyddocâd arbennig.

Ffigur 10.11 Cinio Nadolig traddodiadol

GEIRIAU ALLWEDDOL

Natur dymhorol: adegau'r flwyddyn pan mae cynnyrch penodol ar gael oherwydd yr adeg mae'n aeddfedu. Fel arfer, mae'r bwyd ar ei rataf yn ystod yr adeg hon hefyd. Enghraifft o hyn yw asbaragws o Brydain, sydd ond ar gael ym misoedd Mai a Mehefin, oherwydd dyma pryd mae'n barod i'w gynaeafu.

PWYNTIAU ALLWEDDOL: FFACTORAU SY'N DYLANWADU AR DDEWIS BWYD

- Y prif ffactorau sy'n dylanwadu ar ddewis bwyd yw ffactorau biolegol, economaidd, corfforol, cymdeithasol, eich agweddau a'ch gwybodaeth am fwyd, a'ch credoau.
- Yn aml, mae mwynhau bwyd yn dibynnu ar ba mor llwglyd yr ydych chi.
- Fel arfer, mae eich hoff ddewisiadau bwyd yn cael eu pennu yn eich plentyndod.
- Bydd eich incwm ac argaeledd bwyd yn dylanwadu ar eich dewis o gynhyrchion i'w prynu a'u bwyta.
- Bydd amser y diwrnod a'r gweithgareddau rydych chi'n bwriadu eu gwneud yn gwneud gwahaniaeth i'ch dewis o fwyd.
- Mae dathliadau, achlysuron a diwylliant yn aml yn gofyn am brynu prydau a chynhwysion arbennig.

Cwestiynau arholiad enghreifftiol

1 Esboniwch pam y bydd rhywun sy'n byw mewn pentref bychan, sy'n dibynnu ar wasanaeth bws dyddiol i fynd i'r dref leol, yn cael llai o gyfle i brynu amrywiaeth fawr o fwydydd. **[6 marc]**

2 Nodwch y math o fyrbryd y byddai rhywun sy'n cerdded adref ar ôl noson allan gyda'i ffrindiau yn ei brynu. Trafodwch pam mae'n dewis cynnyrch fel hyn i'w brynu. **[4 marc]**

Crefyddau a diwylliannau

Mae trafodaeth ym Mhennod 4 am y crefyddau gwahanol mae angen i chi wybod amdanyn nhw. Yn Nhabl 4.2 mae rhestr o'r holl fwydydd mae Mwslimiaid, Iddewon a Hindŵiaid yn cael eu bwyta a'r rhai mae'n rhaid iddyn nhw eu hosgoi oherwydd eu rheolau crefyddol.

Yn gryno:

- Mae Mwslimiaid yn bwyta bwyd halal sy'n cael ei ladd a'i baratoi mewn ffordd arbennig.
- Dim ond bwyd kosher mae Iddewon yn ei fwyta.
- Mae Hindŵiaid yn llysieuwyr yn bennaf, ond os ydyn nhw'n bwyta cig, fyddan nhw ddim yn bwyta cig eidion na phorc.

Mae diwylliannau gwahanol yn dathlu gwyliau a digwyddiadau sy'n gofyn am fwyd arbennig.

Mae enghraifft o hyn i'w gweld isod.

Y Pasg Iddewig

Mae pobl Iddewig yn dathlu'r Pasg Iddewig.

Mae'r Pasg Iddewig yn cael ei ddathlu i gofio sut gadawodd plant Israel gaethwasiaeth ar eu holau pan arweiniodd Moses nhw o'r Aifft dros 3,000 o flynyddoedd yn ôl.

Mae'r Pasg Iddewig yn cael ei ddathlu am wyth diwrnod rhwng mis Mawrth a mis Ebrill, gan ddibynnu ar galendr y flwyddyn honno.

Y noson cyn y Pasg Iddewig, mae gwasanaeth arbennig o'r enw Seder yn cael ei gynnal dros bryd o fwyd teuluol.

Mae plât Seder yn cael ei osod ar y bwrdd gydag asgwrn oen, wy wedi'i rostio, llysieuyn gwyrdd i'w roi mewn dŵr halen, perlysiau chwerw wedi'u gwneud o ruddygl a charoset (past wedi'i wneud o afalau wedi'u torri, cnau Ffrengig a gwin).

Ar y bwrdd mae tri mazot (bara croyw – heb lefain) ar ben ei gilydd. Mae pedwar cwpanaid o win hefyd yn cael eu gosod ar y bwrdd.

- Mae asgwrn yr oen yn symbol o'r aberth a gludwyd i'r deml yn Jerwsalem ar y prynhawn cyn y Pasg Iddewig.
- Mae'r wy'n caledu wrth ei goginio, felly mae'n symbol o benderfyniad yr Iddewon i beidio ag ildio pan oedden nhw'n gaethweision.
- Mae'r llysiau gwyrdd sy'n cael eu rhoi mewn dŵr halen yn atgoffa'r Iddewon o ddagrau'r caethweision.
- Mae'r perlysiau chwerw'n symbol o ddioddefaint yr Iddewon yn yr Aifft.
- Mae'r charoset yn symbol o'r morter a ddefnyddiwyd gan yr Iddewon i wneud brics tra'r oedden nhw'n gaethweision yn yr Aifft.
- Mae'r pedwar cwpanaid o win yn atgoffa'r Iddewon o'r pedair gwaith yr addawodd Duw ryddid i'r Iddewon.

Dyma ŵyl a dathliad sy'n benodol i'r grefydd Iddewig.

Gall gwahaniaethau diwylliannol newid, fodd bynnag. Pan mae pobl yn symud i wlad newydd yn aml maen nhw'n mabwysiadu arferion bwyd y diwylliant lleol.

Credoau moesegol

Mae'r rhain hefyd yn cael eu trafod yn fwy manwl ym Mhennod 4.

Mae nifer o bobl yn troi'n llysieuwyr neu'n feganiaid oherwydd credoau moesegol.

Ymhlith rhai o'r enghreifftiau sy'n cael eu defnyddio mae'r canlynol:
- Dydyn nhw ddim yn cytuno â lladd anifeiliaid i fodau dynol eu bwyta neu ddim yn hoffi'r ffordd o drin anifeiliaid yn ystod y prosesau magu a lladd.
- Dydyn nhw ddim yn cytuno â defnyddio tir i fagu anifeiliaid pan allai'r tir gynnal llawer mwy o gnydau i fodau dynol eu bwyta.
- Dydyn nhw ddim am fwyta hormonau, cemegion nac ychwanegion mewn cig.

Ffigur 10.12 Un o'r symbolau sy'n dangos bod cynnyrch bwyd yn addas i lysieuwyr

Dewisiadau pobl o ran bwydydd yn ôl problemau meddygol neu ddewis personol

Rhesymau meddygol

Mae trafodaeth fwy manwl ym Mhennod 4 am gyflyrau meddygol sy'n dylanwadu ar ddewisiadau bwyd.

Y cyflyrau meddygol sy'n gofyn am ddeiet arbennig neu ddeiet cyfyngedig yw:
- **Beichiogrwydd**: mae bwydydd penodol y dylech eu bwyta i sicrhau bod y babi'n datblygu'n iawn, a rhai bwydydd y dylech eu hosgoi.
- **Clefyd coeliag**: alergedd i glwten sy'n gofyn am ddewis bwydydd yn ofalus.
- **Diabetes Math 2**: cyflwr sy'n cael ei fonitro'n ofalus a'i reoli gan ddeiet a phigiadau inswlin.
- **Clefyd cardiofasgwlar**: cyflwr sy'n gofyn am ddeiet braster isel.
- **Clefyd coronaidd y galon**: cyflwr sy'n gofyn am ddeiet colesterol isel.
- **Strôc**: yn gofyn am ddeiet tebyg i rywun â chlefyd coronaidd y galon.
- **Gordewdra**: yn gofyn am fwydydd isel mewn calorïau i helpu i golli pwysau.
- **Alergedd ac anoddefedd**, fel alergedd i gnau neu anoddefedd lactos sy'n gofyn am osgoi bwydydd penodol, neu gynhyrchion arbennig.

Hoff ddewisiadau personol

Gall hoff ddewisiadau personol fod yn amrywiol iawn ac yn seiliedig ar fagwraeth, crefydd, pwysau gan gyfoedion a'r holl bwyntiau eraill sydd wedi'u trafod uchod.

PWYNTIAU ALLWEDDOL: SUT MAE CREFYDD, DIWYLLIANT, CRED MOESEGOL, RHESYMAU MEDDYGOL A HOFF DDEWISIADAU PERSONOL YN EFFEITHIO AR DDEWIS BWYD

- Bydd gan bobl o grefyddau a diwylliannau penodol, fel Iddewon, Mwslimiaid a Hindŵiaid, ddeietau arbennig a bwydydd cyfyngedig oherwydd cyfreithiau eu crefydd, gan ddylanwadu ar eu hoff ddewisiadau bwyd.
- Bydd cyflyrau meddygol yn pennu bwydydd i'w bwyta, gan newid y dewisiadau bwyd posibl i ddioddefwyr y cyflyrau hyn.

Sut mae gwneud dewisiadau gwybodus am fwyd a diod i gael deiet amrywiol a chytbwys, gydag ymwybyddiaeth o faint cyfrannau a chostau

Mae manylion ym Mhennod 2 y llyfr hwn am faetholion angenrheidiol mewn deiet cytbwys a fydd yn sicrhau bod eich corff yn gweithio'n iawn a'ch bod mor iach â phosibl.

Y prif grwpiau maeth yw:

● Macrofaetholion: proteinau, braster a charbohydradau.
● Microfaetholion: fitaminau, mwynau ac elfennau hybrin.

Bydd deiet cytbwys yn cynnwys amrywiaeth o fwydydd i roi'r maetholion angenrheidiol.

Mae gwybodaeth ym Mhennod 3 am sut i gyfrifo faint o galorïau sydd eu hangen i gadw'ch pwysau'n gyson, drwy roi manylion am gyfrifo Cyfradd Metabolaeth Waelodol (*BMR*), Lefelau Gweithgaredd Corfforol (*PAL*) a Gofyniad Cyfartalog a Amcangyfrifir (*EAR*).

Mae Pennod 4 yn edrych ar awgrymiadau'r llywodraeth am ddeiet iach, gan gynnwys y Canllaw Bwyta'n Dda. Hefyd, mae gwybodaeth ynddo am anghenion maeth grwpiau oedran a chrefyddau gwahanol, a phobl â chlefydau sy'n ymwneud â deiet.

Ffigur 10.13 Label bwyd yn dangos gwybodaeth am gynnwys maethol

Mae labeli â gwybodaeth ar bob math o fwydydd sydd wedi'u prosesu, i helpu'r defnyddiwr i wneud penderfyniad gwybodus am beth i'w fwyta.

Mae trafodaeth fwy manwl am labelu bwyd yn yr adran nesaf.

Mae Pennod 12 yn trafod datblygu ryseitiau i fodloni gofynion penodol, a sut i leihau cost bwydydd.

Mae'n bosibl cyfrifo maint cyfran drwy edrych ar ryseitiau, sydd fel arfer yn nodi i faint o bobl mae'r rysáit, neu drwy wirio defnydd pecynnu pryd parod, a fydd yn nodi i faint o bobl mae'r pryd. Mae'n bosibl cyfrifo cyfanswm y calorïau fesul cyfran drwy gyfrifo cyfanswm gwerth calorïau'r bwydydd sy'n cael eu defnyddio yn y rysáit a'u rhannu gyda nifer y cyfrannau rydych chi'n eu gweini.

Gallwch ddefnyddio'r holl wybodaeth hon i ddod o hyd i ddeiet cytbwys i unigolion, a'i gynllunio.

Sut mae gwybodaeth am fwyd ar gael i'r defnyddiwr

Mae niferoedd mawr iawn o raglenni teledu, gwefannau, erthyglau, colofnau cylchgronau a phapurau newydd sy'n rhoi gwybodaeth am fwyd i'r defnyddiwr.

Mae gwybodaeth newydd am yr hyn y dylem ac na ddylem ei fwyta yn ymddangos bron bob wythnos, felly mae ceisio penderfynu beth yw bwyta'n iach neu beidio yn gallu'ch drysu.

Fel arfer, mae gwybodaeth wyddonol yn ategu cyngor gan y llywodraeth, sydd hefyd wedi'i gofnodi'n drylwyr, felly bydd defnyddio canllawiau'r llywodraeth yn ffynhonnell ddibynadwy o wybodaeth. Mae hyn yn cynnwys y Canllaw Bwyta'n Dda a faint o faetholion sy'n cael eu hargymell.

Gallwch ddod o hyd i ragor o wybodaeth ddibynadwy ar wefan y GIG (**www.nhs.uk**), gan sefydliadau sy'n gysylltiedig ag un math o gyflwr deietegol yn benodol, fel Sefydliad Diabetes Prydain (**www.diabetes.org.uk**) neu Sefydliad Prydeinig y Galon (**www.bhf.org.uk**), ac elusennau penodol eraill sy'n awgrymu cynlluniau bwyta a ryseitiau ar gyfer cyflyrau penodol.

Labelu bwyd

Ym mis Rhagfyr 2014, newidiodd y rheoliadau labelu bwyd i orfodi cynhyrchwyr i gynnwys rhagor o wybodaeth ar labeli bwyd yn unol â'r gyfraith.

Mae'n rhaid i'r wybodaeth ganlynol fod ar labeli bwyd, yn unol â'r gyfraith:

- **Enw'r bwyd** – er enghraifft 'blawd cyflawn' neu 'bastai'r bwthyn'.
- **Dyddiad 'ar ei orau cyn' neu ddyddiad 'defnyddio erbyn'**:
  - Mae **'ar ei orau cyn'** yn golygu y bydd y bwyd ar ei orau cyn y dyddiad hwnnw, ond mae'n bosibl ei ddefnyddio ar ôl y dyddiad hwnnw, ond efallai na fydd mewn cystal cyflwr.
  - Mae **'defnyddio erbyn'** yn golygu na fydd bwyd yn ddiogel i'w ddefnyddio ar ôl y dyddiad hwnnw.
- **Gwybodaeth am faint** – mae'n rhaid i hon fod mewn gramau, cilogramau, mililitrau neu litrau ar labeli bwyd wedi'i becynnu sydd dros 5 g neu 5 ml. Mae'n rhaid i fwydydd solet wedi'u pecynnu mewn hylif ddangos pwysau'r cynnwys wedi'i hidlo, h.y. y pwysau heb yr hylif. Mae'n rhaid i chi allu gweld gwybodaeth am faint wrth ddarllen enw'r bwyd ar y label. Does dim rhaid i chi ddangos pwysau neu gyfaint bwydydd sy'n cael eu gwerthu mewn niferoedd, e.e. 2 rolyn bara, cyhyd ag y gallwch weld yn glir nifer yr eitemau sydd y tu mewn i'r defnydd pecynnu.
- **Rhestr o gynhwysion** (os oes mwy na dau) – mae'n rhaid rhestru cynhwysion yn nhrefn eu pwysau, gyda'r trymaf wedi'i restru gyntaf. Mae'n rhaid i chi ddangos canran y cynhwysyn os yw wedi'i amlygu gan y labelu neu gan lun e.e. 'caws ychwanegol', neu'n cael ei grybwyll yn enw'r cynnyrch e.e. 'pastai caws a nionyn/winwnsyn', neu fel arfer yn gysylltiedig ag enw'r cynnyrch, e.e. y ffrwyth mewn pwdin haf.
- **Alergenau** – os yw'ch cynnyrch yn cynnwys rhai o'r alergenau canlynol mae'n rhaid i chi nodi hynny'n glir ar y label a'u rhestru yn y cynhwysion:
  - seleri
  - grawnfwydydd sy'n cynnwys glwten – gan gynnwys gwenith, rhyg, barlys a cheirch
  - cramenogion (*crustaceans*) – gan gynnwys corgimychiaid, cranc a chimwch
  - wyau
  - pysgod
  - bysedd y blaidd (*lupin*)
  - llaeth
  - molysgiaid – gan gynnwys môr-lawes (*squid*), cregyn gleision, cocos, gwichiaid moch (*whelks*) a malwod
  - mwstard
  - cnau
  - cnau mwnci

- ○ hadau sesame
- ○ ffa soia
- ○ sylffwr deuocsid neu sylffidau ar lefelau dros 10 mg y cilogram neu y litr.
- **Enw a chyfeiriad y cynhyrchwr, y paciwr neu'r gwerthwr** – mae hyn er mwyn cael manylion cyswllt rhag ofn bod problem gyda'r bwyd.
- **Rhif lot y bwyd** – mae hyn yn golygu ei bod yn bosibl ei olrhain i'w ddyddiad cynhyrchu.
- **Unrhyw amodau storio arbennig** – e.e. storio yn yr oergell.
- **Cyfarwyddiadau coginio os oes angen**.
- **Gwlad tarddiad** – os yw'r canlynol yn eich bwyd wedi'u mewnforio o'r tu allan i'r UE: cig llo, cig eidion, pysgod, pysgod cregyn, mêl, olew olewydd, gwin, y rhan fwyaf o ffrwythau a llysiau, dofednod.
- **Rhybudd os oes cynhwysion wedi'u haddasu'n enynnol yn y cynnyrch** oni bai eu bod yn llai na 0.9% o'r cynnyrch terfynol.
- **Rhybudd os yw'r cynnyrch wedi'i arbelydru** (*irradiate*).
- **Y geiriau 'wedi'i becynnu mewn atmosffer amddiffynnol'** os yw'r bwyd wedi'i becynnu gan ddefnyddio nwy pecynnu – gallai hyn fod mewn defnydd pecynnu mewn atmosffer wedi'i addasu (*modified atmosphere packaging*), er enghraifft.
- **Unrhyw rybuddion angenrheidiol** – mae'r rhestr isod yn dangos deddfwriaeth y llywodraeth o ran pa gynhwysion a chemegion mae'n rhaid eu rhestru, a'r union eiriad sy'n rhaid ei ddefnyddio ar gyfer pob cynhwysyn.

Cynhwysyn	Geiriad mae'n rhaid i chi ei ddefnyddio
Alwra Coch (E129)	'Gallai gael effaith andwyol ar weithgarwch a sylw mewn plant'
Asbartam	'Yn cynnwys ffynhonnell o ffenylalanin'
Caffein dros 150 mg/l	'Ddim yn addas i blant, merched beichiog na phobl sy'n sensitif i gaffein'
Carmoisin (E122)	'Gallai gael effaith andwyol ar weithgarwch a sylw mewn plant'
Licris	'Yn cynnwys licris' (efallai y bydd angen mwy o eiriau ar gyfer melysion neu alcohol sy'n cynnwys licris)
Llaeth amrwd:	'Nid yw'r llaeth hwn wedi'i drin â gwres ac felly gallai gynnwys organebau sy'n niweidiol i iechyd'
Llaeth sgim gyda braster nad yw'n deillio o laeth	Does dim geiriad penodol, ond mae'n rhaid i chi ddangos rhybudd nad yw'r cynnyrch yn addas i'w roi i fabanod.
Melyn cwinolin (E104)	'Gallai gael effaith andwyol ar weithgarwch a sylw mewn plant'
Melyn machlud haul (E110)	'Gallai gael effaith andwyol ar weithgarwch a sylw mewn plant'
Melysyddion	'Gyda melysydd(ion)'
Melysyddion a siwgr	'Gyda siwgr a melysydd(ion)'
Polyolau	'Gallai bwyta gormod achosi effaith carthydd (*laxative*)'
Ponceau 4R (E124)	'Gallai gael effaith andwyol ar weithgarwch a sylw mewn plant'
Sylffwr deuocsid dros 10 mg/l	'Yn cynnwys sylffwr deuocsid (neu sylffitau)'
Tartrasin (E102)	'Gallai gael effaith andwyol ar weithgarwch a sylw mewn plant'

Tabl 10.1 Cemegion a chynhwysion i'w rhestru

Er mis Rhagfyr 2016, mae'r gyfraith yn datgan bod rhaid cynnwys gwybodaeth faethol orfodol ar labeli bwyd.

Pa wybodaeth arall sydd ar labeli bwyd a pham?

Mae nifer o gynhyrchwyr yn dewis rhoi gwybodaeth ychwanegol ar labeli bwyd. Mae hyn i roi gwybodaeth i ddefnyddwyr, ond hefyd i ddenu cwsmeriaid at eu cynnyrch a'u perswadio i brynu'r cynnyrch hwnnw.

Gwybodaeth faethol

- Egni fesul 100 g a fesul cyfran.
- Cymeriant maetholion cyfeiriol (*RNI: Reference nutrient intake*).
- Mae % *RNI* yn cael ei ddefnyddio ar gyfer braster, braster dirlawn, siwgrau a halen.
- Symbolau goleuadau traffig: mae symbolau goleuadau traffig yn cael eu defnyddio i nodi a yw cynnyrch yn uchel (coch), yn ganolig (oren) neu'n isel (gwyrdd) mewn braster, braster dirlawn, siwgrau a halen. Hefyd, mae'r rhain yn dangos faint o faetholion sydd mewn cyfran o fwyd a diod, a'r ganran o'ch *RNI* y bydd cyfran o'r cynnyrch yn ei rhoi i chi. Mae hyn yn caniatáu i ddefnyddiwr wneud penderfyniad gwybodus am y cynnyrch.

DIGON I 2 – MAE HANNER PECYN YN RHOI				
Egni 1046kJ 250kcal	Braster **3g** ISEL	Brasterau Dirlawn **1.3g** ISEL	Siwgrau **34g** UCHEL	Halen **0.9g** CANOLIG
13%	4%	6.5%	38%	15%
O'R HYN A ARGYMHELLIR YN DDYDDIOL				

Ffigur 10.14 Enghraifft o labelu goleuadau traffig ar gynnyrch

'Gallai gynnwys'

Mae rhai cynhyrchion yn nodi y 'gallai gynnwys' cynnyrch, er enghraifft, cnau. Mae hyn oherwydd bod y gwneuthurwr yn methu sicrhau nad yw'r alergen hwnnw yn y cynnyrch.

Honiadau maeth ac iechyd

Mae'r rhain hefyd yn cael sylw gan reoliadau Ewropeaidd, ond yn rheoliad ar wahân i'r cyfreithiau labelu bwyd. I ddefnyddio honiad iechyd ar fwyd neu ddiod, mae'n rhaid iddo gael ei gymeradwyo a'i restru ar y gofrestr Ewropeaidd o honiadau, ac mae'n rhaid iddo fodloni amodau penodol. Er enghraifft, os yw bwyd yn dweud ei fod yn ffynhonnell dda o ffibr, mae'n rhaid iddo gael o leiaf 3 g o ffibr am bob 100 g o'r cynnyrch.

Enghreifftiau o honiadau maethol yw:

- Dim siwgr (mae'n rhaid iddo gynnwys llai na 0.5 g o siwgr am bob 100 g o'r cynnyrch).
- Braster isel (mae'n rhaid iddo gynnwys llai na 3 g o fraster am bob 100 g o'r cynnyrch).
- Uchel mewn ffibr (mae'n rhaid iddo gynnwys mwy na 6 g o ffibr am bob 100 g o'r cynnyrch).
- Ffynhonnell o fitamin D (mae'n rhaid iddo gynnwys o leiaf 15% o'r *RNI* ar gyfer fitamin D am bob 100 g o'r cynnyrch).

Honiadau sy'n awgrymu bod perthynas rhwng y cynnyrch ac iechyd da yw honiadau iechyd. Enghreifftiau o honiadau iechyd yw:

- Mae angen calsiwm i gynnal a chadw esgyrn normal.
- Mae tystiolaeth bod sterolau planhigion yn lleihau/gostwng colesterol y gwaed. Mae colesterol gwaed uchel yn ffactor risg mewn datblygu clefyd coronaidd y galon.

Gweithgaredd

1 Ewch ati i gasglu amrywiaeth o labeli bwyd. Edrychwch a allwch gael hyd i'r holl wybodaeth ar y labeli sy'n ofynnol yn unol â'r gyfraith.

2 Pa wybodaeth arall sydd wedi'i gynnwys **nad** yw'n ofynnol gan y gyfraith? Allwch chi feddwl am resymau pam mae'r wybodaeth ychwanegol hon wedi'i chynnwys?

Gweithgaredd ✎

Pam ydych chi'n credu bod Awdurdod Ewropeaidd yn gorfod rheoleiddio honiadau yn ymwneud ag iechyd a maeth?

Mae'n rhaid i banel o arbenigwyr (yr Awdurdod Diogelwch Bwyd Ewropeaidd) adolygu honiad iechyd y cwmni. Mae'r panel yn asesu a oes tystiolaeth wyddonol yn ategu'r honiad. Yna maen nhw'n penderfynu a ydyn nhw am awdurdodi'r honiad a sut y dylid ei eirio.

Rhifau E, gwrthocsidyddion a chyffeithyddion

Mae'r rhain wedi'u rhestru yn y cynhwysion. Mae'n bosibl eu gwirio yn erbyn rhestri ar y rhyngrwyd sy'n nodi enwau'r cemegion sy'n cael eu defnyddio (bydd **www.ukfoodguide.net** yn rhoi'r wybodaeth angenrheidiol i chi). Mae gan wefan Sefydliad Maeth Prydain (**www.nutrition.org.uk**) wybodaeth am rifau E hefyd.

Cyflasynnau, sylweddau gwella blas, melysyddion, emwlsyddion a chyfryngau gelio

- Mae cyflasynnau a sylweddau gwella blas yn cael eu defnyddio i ychwanegu blas at fwyd neu i wella blas bwyd. Dydy cyflasynnau ddim yn cael rhifau E, ond bydd 'cyflasyn' ar restr y cynhwysion.
- Mae melysyddion yn cael eu defnyddio'n aml i ychwanegu blas at gynnyrch isel mewn calorïau. Mae melysyddion cyffredin yn cynnwys asbartam (E951) a sacarin (E954).
- Mae emwlsyddion yn caniatáu i fraster a dŵr gymysgu, pan fydden nhw'n gwahanu yn naturiol, e.e. mewn mayonnaise. Mae lecithin (E322) yn emwlsydd cyffredin, sydd ar gael yn naturiol mewn nifer o fwydydd. Mae sefydlogyddion fel gwm cneuen garob (E410) wedi'i wneud o ffa carob, yn helpu i gadw'r cymysgeddau hyn rhag gwahanu eto.
- Mae cyfryngau gelio fel pectin (E440), sy'n fath o ffibr hydawdd mewn ffrwythau fel afalau, yn rhoi gweadedd i gynnyrch, ac mae tewychwyr yn tewychu cynnyrch fel sawsiau a chawl.

Mae'n rhaid i'r holl ychwanegion yn y DU fynd drwy brofion diogelwch llym.

Termau marchnata

Mae termau fel 'ffres', 'pur' a 'thraddodiadol' yn cael eu defnyddio'n aml i ddisgrifio bwydydd, ond does ganddyn nhw ddim diffiniadau cyfreithiol, a dydyn nhw ddim yn golygu unrhyw beth mewn gwirionedd. Mae defnyddio'r termau yn cael ei wirio, felly allwch chi ddim defnyddio 'naturiol' am gynnyrch sy'n cynnwys ychwanegion artiffisial, neu 'ffres' am sudd wedi'i wneud o grynodiadau ffrwythau.

Labelu llysieuol a feganaidd

Os yw bwyd wedi'i labelu'n llysieuol, ni ddylai gynnwys unrhyw gig, pysgod na dofednod, nac unrhyw ychwanegion sy'n dod o anifeiliaid, fel gelatin.

Ni ddylai cynnyrch sydd wedi'i labelu'n gynnyrch feganaidd gynnwys unrhyw gynnyrch anifeiliaid.

Wedi'i wneud o ffrwythau go iawn neu'n cynnwys sudd ffrwythau go iawn

Does dim cyfraith sy'n dweud faint o ffrwyth ddylai fod mewn cynnyrch, felly bydd angen i chi wirio'r rhestr cynhwysion i weld faint o ffrwythau sydd yn y cynnyrch.

Grawn cyflawn

Gall blawd gwyn gydag ychydig o rawn cyflawn wedi'i ychwanegu ato gael ei restru fel grawn cyflawn. Bydd rhaid i chi wirio'r rhestr gynhwysion i weld faint o rawn cyflawn sydd yn y cynnyrch.

Mae amrywiadau o hyn yn cynnwys:

- 'Wedi'i wneud gyda chynnyrch grawn cyflawn' – edrychwch ar y disgrifiad gyferbyn.
- 'Blawd gwenith' neu '100% o wenith' – mae angen i chi chwilio am flawd gwenith *cyflawn*.
- 'Amlrawn' – mae hyn yn golygu bod nifer o fathau gwahanol o rawn, nid grawn cyflawn yn unig o reidrwydd.
- 'Grawn cyflawn' – gwiriwch y cynhwysion ac osgowch geiriau fel wedi'i gannu neu ei gyfoethogi. 100% o rawn cyflawn yw'r gorau.

Cymeradwyaeth gan bobl enwog

Bydd nifer o gwmnïau'n talu sêr adnabyddus i hysbysebu eu cynnyrch ac ymddangos ar eu defnydd pecynnu. Mae hyn yn cael ei ddefnyddio fel teclyn marchnata i berswadio pobl i brynu eu cynnyrch.

Cartwnau

Bydd nifer o gynhyrchion sydd wedi'u hanelu at blant yn defnyddio cymeriadau cartŵn i addurno defnydd pecynnu'r cynnyrch. Mae hyn i geisio denu plant at y cynnyrch, a gwneud iddyn nhw blagio'u rhieni i brynu'r cynnyrch pan fyddan nhw'n siopa.

Anrhegion am ddim

Bydd llawer o wneuthurwyr yn cynnig anrhegion am ddim ar gynnyrch i blant, fel gostyngiad ar bris mynediad i barciau thema neu leoliadau sy'n addas i blant; offer ffitrwydd ar gynnyrch sy'n eich helpu i golli pwysau; teganau am ddim y tu mewn i'r defnydd pecynnu, neu unrhyw ymgyrchoedd marchnata eraill i'ch annog i brynu cynnyrch penodol yn lle cynnyrch sy'n cystadlu yn ei erbyn.

Honiadau am ryseitiau neu gynhwysion 'newydd' neu 'well'

Unwaith mae cynnyrch wedi ennill ei blwyf, gallai cynhyrchwr newid y rysáit neu'r cynhwysion rywfaint i geisio denu cwsmeriaid newydd.

> ### PWYNTIAU ALLWEDDOL: GWYBODAETH SYDD AR GAEL I'R CWSMER AM FWYD
>
> - Mae cyfreithiau labelu bwyd Ewropeaidd yn bod sy'n ei gwneud yn ofynnol i bob label bwyd gynnwys gwybodaeth benodol.
> - Mae nifer o gynhyrchwyr yn rhoi gwybodaeth ychwanegol ar eu labeli i roi gwybodaeth i'w cwsmeriaid ac i ddenu cwsmeriaid at eu cynnyrch.
> - Gallai marchnata bwydydd gynnwys cefnogaeth gan bobl enwog neu gartwnau i hyrwyddo'r cynnyrch, gan annog oedolion a phlant i brynu'r cynnyrch hwnnw.

Cwestiynau arholiad enghreifftiol

1 Rhestrwch **dri** pheth mae'r gyfraith yn datgan sy'n rhaid eu cael ar label bwyd. [3 marc]

2 Esboniwch pam mae'n hanfodol rhoi cyfarwyddiadau storio a chyfarwyddiadau coginio ar fwyd wedi'i becynnu. [4 marc]

3 Trafodwch resymau pam mae cynhyrchwyr yn rhoi symbolau goleuadau traffig ar eu cynnyrch pan dydy hyn ddim yn ofyniad cyfreithiol. [4 marc]

4 Nodwch **un** cynnyrch rydych chi'n gwybod sydd wedi'i gefnogi gan berson enwog, neu sy'n defnyddio cymeriad cartŵn i hysbysebu cynnyrch, ac esboniwch pam rydych chi'n meddwl y byddai hyn yn annog rhywun i brynu'r cynnyrch. [4 marc]

PENNOD 11
Paratoi a thechnegau coginio

Amcanion dysgu

Yn y bennod hon byddwch yn dysgu am y canlynol:

- sut i gynllunio a choginio un saig
- sut i gynllunio a choginio nifer o seigiau mewn un sesiwn, gan gynhyrchu cynllun sy'n dangos cydweddu
- yr holl sgiliau mae angen i chi allu eu harddangos
- sut i baratoi gwahanol gynhwysion ar gyfer rysáit
- sut i goginio a chyflwyno detholiad o ryseitiau, gan gynnwys technegau coginio a gweini
- sut i weithio'n ddiogel ac yn hylan wrth weithio'n annibynnol
- sut i ddefnyddio disgrifwyr synhwyraidd yn briodol ac yn gywir.

Cynllunio i goginio un saig

Bydd nifer o'ch sesiynau ymarferol yn cynnwys gwaith grŵp neu waith annibynnol, gan goginio un rysáit. Mae hyn yn mynd i'ch paratoi chi a gwella eich sgiliau coginio, gan ganiatáu i chi ennill yr holl sgiliau angenrheidiol (edrychwch ar y rhestr yn Nhabl 11.3).

Wrth ddewis rysáit, mae nifer o ffactorau mae angen i chi eu hystyried.

1 Edrychwch ar eich tasg

Mae'n bwysig iawn eich bod yn darllen y dasg yn ofalus i wneud yn siŵr bod eich dewis o rysáit, neu ryseitiau, yn bodloni'r meini prawf.

Gallai enghraifft o dasg gynnwys: 'Paratoi pwdin sy'n addas i rywun ag anoddefedd lactos'.

Byddech naill ai yn:

- chwilio am rysáit sydd ar gyfer rhywun ag anoddefedd lactos; neu
- gallech addasu rysáit arferol i gyfnewid cynhwysion sy'n cynnwys lactos, â chynhwysion sydd ddim yn cynnwys lactos.

2 Edrychwch ar faint o amser sydd gennych i baratoi a choginio'r saig

Dim ond awr yw hyd nifer o wersi mewn ysgolion. Mae hyn yn golygu, erbyn i chi olchi eich dwylo, rhoi trefn ar eich cynhwysion a dod o hyd i'r offer, mae'n debyg mai dim ond 50 munud fydd gennych i baratoi, coginio a thacluso wedyn.

Rhaid i chi ddewis rysáit y gallwch ei choginio yn yr amser hwn.

Y ffordd orau o benderfynu hyn yw ysgrifennu cynllun amser i weld a yw'ch rysáit yn addas.

Mae Tabl 11.1 yn dangos enghraifft o gynllun amser i wneud teisen Fictoria.

Amser	Cam gweithredu	Pwyntiau iechyd a diogelwch
11.00	Golchi dwylo, gwisgo ffedog. Troi'r ffwrn ymlaen ar 180°C. Iro a leinio'r tuniau teisen.	Lladd bacteria ac atal halogi. Cynhesu'r ffwrn ymlaen llaw.
11.05	Pwyso'r cynhwysion.	Sicrhau pwyso symiau cywir.
11.10	Hufennu'r menyn a'r siwgr. Ychwanegu wyau a churo'r cymysgedd yn dda. Plygu'r blawd i mewn.	
11.15	Rhannu'r cymysgedd rhwng tuniau a'i wneud yn wastad.	
11.20	Rhoi'r deisen yn y ffwrn am 20 munud.	Defnyddio cadach ffwrn i atal llosgi.
11.25	Tra mae'r deisen yn coginio, clirio a glanhau'r ardaloedd gweithio.	Cadw baw a bacteria oddi ar yr arwyneb gweithio.
11.40	Gwirio bod y deisen wedi'i choginio ac os ydy, ei thynnu o'r ffwrn. Gadael i oeri.	Defnyddio cadach ffwrn i atal llosgi.
11.50	Taenu jam ar un o'r teisennau a gwneud brechdan gyda'r ddwy.	
11.55	Ysgeintio ychydig o siwgr eisin ar ben y deisen. Glanhau'r darnau olaf o offer, a'u cadw.	

Tabl 11.1 Enghraifft o gynllun amser i wneud teisen Fictoria

Drwy ysgrifennu cynllun amser gallwch weld bod y rysáit hon yn ffitio i'r wers awr sydd gennych chi.

Mae ysgrifennu'r cynllun amser hefyd yn rhoi cyfle i chi ofalu eich bod yn deall y rysáit a'ch bod chi'n gwybod beth sy'n rhaid i chi ei wneud cyn i chi ddechrau.

Gweithgaredd

1 Dewiswch rysáit syml o lyfr ryseitiau neu wefan.
2 Gwnewch gynllun amser ar gyfer y rysáit, mewn ffurf debyg i Dabl 11.1. Edrychwch ar faint o amser y bydd yn ei gymryd.
3 Nawr edrychwch ar y rysáit i weld a oes amser wedi'i nodi i baratoi ac i goginio. Ydy'ch amseriadau chi'n cyd-fynd â'r amseriadau maen nhw wedi'u rhoi? Os dydyn nhw ddim, pam?

3 Gwirio cost cynhwysion

Dylech wybod a ydy'ch teulu'n gallu fforddio pethau drud ai peidio. Mae'n bwysig iawn eich bod yn dewis ryseitiau sy'n cynnwys cynhwysion y gallai eich teulu eu fforddio.

Mae'n debyg fod gan eich ysgol halen, pupur a rhai perlysiau a sbeisys, felly gwiriwch cyn i chi brynu jar cyfan o rywbeth fyddwch chi efallai ddim yn ei ddefnyddio eto. Enghraifft o hyn yw os byddwch yn gwneud cyri, sy'n gofyn am nifer o sbeisys gwahanol.

Mae nifer o wefannau archfarchnadoedd yn gadael i chi wirio prisiau os nad ydych chi'n siŵr faint yw cost pethau.

Gweithgaredd

Edrychwch ar y rhestr ganlynol o gynhwysion teisen meringue lemon.

Teisen meringue lemon

250 g o flawd plaen	275 g o siwgr mân	30 g blawd corn
125 g o fenyn	2 lemon mawr	4 wy

Defnyddiwch wefan archfarchnad i gymharu cost y cynhwysion, drwy ddewis cynhwysion 'sylfaenol' ei brand ei hunan i gael un pris, a chynhwysion drutach â brand am bris arall. Cymharwch gostau'r ddau.

(Cofiwch, bydd yn rhaid i chi gyfrifo'r union symiau y bydd eu hangen arnoch). Byddwch yn prynu rhai o'r cynhwysion mewn symiau mawr, er enghraifft bydd y blawd mewn bag 1.5 kg, ond dim ond 250 g sydd ei angen arnoch chi, felly bydd rhaid i chi gyfrifo cost 250 g o flawd.)

4 Coginio'r saig

- Gofalwch eich bod yn dilyn y cynllun amser rydych chi wedi'i ysgrifennu. Os yw eich cynllun amser yn y drefn gywir, bydd coginio'r saig yn iawn yn haws o lawer. Ydych chi wedi troi'r ffwrn ymlaen?
- Blaswch y bwyd wrth i chi fynd yn eich blaen, i wirio bod y sesnin yn gywir.
- Oes angen rhoi sglein ar eich saig fel ei bod yn troi'n lliw brown euraidd hyfryd yn y ffwrn? Enghraifft o hyn yw pan fyddwch yn gwneud pastai crwst neu roliau selsig.
- Os ydych chi'n gwneud teisen, ydy'r cymysgedd yn wastad yn y tuniau? Ydy'r ffwrn ar y tymheredd iawn?

5 Meddyliwch am gyflwyniad y saig

Mae rhai o'r marciau am eich gwaith ymarferol am ba mor ddeniadol yw eich saig, a pha mor dda rydych wedi'i chyflwyno.

Rydym ni i gyd yn 'bwyta â'n llygaid' cyn i ni flasu'r pryd. Mae pobl yn fwy tebygol o lawer o fwynhau saig ddeniadol.

- Meddyliwch am unrhyw garneisiau i wneud y saig yn fwy lliwgar.
- Oes angen sglein ar y saig?
- Ydych chi wedi dewis dysgl o'r maint cywir ar gyfer faint o gynhwysion sydd gennych?
- Ydych chi wedi gweini'r gyfran ar y plât yn daclus?

Ffigur 11.1 Saig gyda garnais hardd ac wedi'i chyflwyno'n hyfryd

6 Gwerthuswch eich saig gan ddefnyddio disgrifwyr synhwyraidd

Unwaith y byddwch wedi gorffen eich saig, ewch i'r arfer o edrych arni'n feirniadol a gofynnwch i bobl eraill wneud yr un peth.

Gofynnwch i chi eich hun: Ydy'r saig yn edrych yn ddeniadol? Pam, neu pam lai?

Defnyddiwch liw, ymddangosiad ac arogl i ddechrau, er enghraifft 'mae fy nheisen yn edrych yn frown euraidd; mae wedi codi'n dda. Mae'n arogli'n felys ond gydag awgrym o arogl wy.'

Yna blaswch y deisen: e.e. 'mae fy saig yn feddal ac yn felys gyda chrwstyn siwgraidd'.

Meddyliwch am eiriau disgrifiadol, fel y gall rhywun sydd ddim yn yr un ystafell â chi ddychmygu sut mae'n edrych, yn arogli ac yn blasu.

Ar ddiwedd y bennod hon, mae Tabl 11.4 yn rhoi rhestr o eiriau disgrifiadol y gallwch eu defnyddio.

7 Yn olaf, oes unrhyw ffordd o wella'r saig hon petaech yn ei gwneud eto?

Efallai fod eich saig yn union fel y disgwyl. Efallai ei bod yn edrych yn anhygoel.

Fodd bynnag, efallai eich bod yn meddwl y gallai edrych yn well o lawer, felly gofynnwch i chi'ch hun: 'Beth byddwn i'n ei wneud yn wahanol y tro nesaf? Allwn i wella ymddangosiad y saig? Allwn i ychwanegu garnais i gael lliw?'

Yn olaf, awgrymwch rai gwelliannau i'ch saig y tro nesaf y byddwch chi'n ei choginio.

Cofnodwch bopeth, a chyflwynwch eich adroddiad gorffenedig i weddill eich dosbarth.

Gofynnwch i fyfyrwyr eraill farcio eich gwaith, gan roi adborth i chi.

Gweithgaredd ymarferol

1 Dewiswch rysáit i'w choginio sy'n bodloni tasg rydych chi wedi'i chael. Gwiriwch fod y rysáit yn bodloni'r briff.
2 Gwnewch gynllun amser ar gyfer eich saig.
3 Defnyddiwch wefan archfarchnad i wirio cost cynhwysion. Gwiriwch gyda'ch athro i weld a oes unrhyw berlysiau neu sbeisys yng nghwpwrdd storio'r ysgol.
4 Coginiwch y saig, gan ddilyn eich cynllun amser.
5 Gwerthuswch eich saig, a gofynnwch i'ch ffrindiau wneud yr un fath.
6 Yn olaf, gwnewch rywfaint o awgrymiadau i wella eich saig y tro nesaf y byddwch chi'n ei choginio.
7 Cofnodwch bopeth, a chyflwynwch eich adroddiad terfynol i weddill eich dosbarth.
8 Gofynnwch i fyfyrwyr eraill farcio eich gwaith, gan roi adborth i chi.

Awgrym: Cadwch eich ryseitiau a'ch cynlluniau amser llwyddiannus mewn ffolder, i'w defnyddio ar gyfer eich asesiadau yn nes ymlaen yn eich cwrs.

PWYNTIAU ALLWEDDOL: CYNLLUNIO I GOGINIO UN SAIG

- Gwiriwch fod y rysáit rydych chi wedi'i dewis yn addas i'r dasg a faint o amser sydd gennych chi i goginio.
- Meddyliwch bob amser am gost y rysáit.
- Cynlluniwch y cyflwyniad a'r garncisiau i wneud i'r saig edrych yn ddeniadol.
- Gwerthuswch eich saig gan ddefnyddio disgrifwyr synhwyraidd, a meddyliwch am ffyrdd i'w gwella y tro nesaf.

Cwestiynau arholiad enghreifftiol

1 Rhowch **ddau** reswm pam mae'n bwysig ysgrifennu cynllun amser ar gyfer eich sesiynau coginio.
[2 farc]

2 Nodwch **dri** pheth mae'n rhaid i chi feddwl amdanyn nhw wrth ddewis rysáit ar gyfer briff penodol.
[3 marc]

Cynllunio i goginio nifer o seigiau mewn un sesiwn

Unwaith y byddwch yn hyderus yn cynllunio ac yn coginio seigiau unigol, byddwch yn symud ymlaen i goginio mwy nag un saig ar y tro.

Bydd eich asesiad di-arholiad yn gofyn i chi gynhyrchu nifer o seigiau ar yr un pryd.

Os gallwch chi ddechrau ymarfer gwneud hyn, byddwch yn fwy hyderus o lawer wrth i amser fynd ei flaen. Hefyd, byddwch yn gweithio'n gyflymach.

Gallech wneud rhai o'r seigiau gan ddefnyddio'r un rysáit sylfaenol. Er enghraifft, gallech orfod gwneud cyfres o seigiau gan ddefnyddio crwst brau. Byddech yn gwneud swp mawr o does, yn ei rannu'n nifer o gyfrannau ac yn gwneud rhywbeth gwahanol â phob cyfran, gan ddangos pa mor amlbwrpas yw'r crwst.

Gallai tasgau eraill ofyn i chi baratoi detholiad o seigiau addas ar gyfer un achlysur, fel dathliad neu bryd tri chwrs. Byddech yn cynllunio ac yn coginio'r seigiau hynny, ac yn eu gweini i gyd ar yr un pryd ar ddiwedd y sesiwn goginio.

Wrth gynllunio i goginio mwy nag un saig ar y tro, mae angen i chi feddwl am y pwyntiau canlynol:

1 Edrychwch ar y dasg rydych chi wedi'i chael

Yn union fel roeddech chi'n dewis un saig, mae angen i chi wneud yn siŵr bod eich dewis o seigiau'n addas ar gyfer y dasg.

2 Edrychwch ar faint o amser sydd gennych i baratoi a choginio'r seigiau

Fel arfer, fydd dim disgwyl i chi goginio mwy nag un saig mewn gwers fer. Byddwch yn cael mwy o amser i goginio detholiad o seigiau. Ond, mae angen i chi ofalu bod yr amser sydd gennych chi yn ddigon i wneud yr holl seigiau rydych chi wedi'u dewis.

Bydd angen i chi wneud cynllun amser manwl, i wirio ei bod yn bosibl gwneud y cyfan.

Gan y byddwch yn fwy hyderus, dylech fod yn gallu defnyddio technegau'n gyflymach, ac amcangyfrif faint o amser y byddwch chi'n ei gymryd i bob saig.

Bydd angen i'ch cynlluniau amser ddangos **cydweddu**. Mae hyn yn golygu bod eich cynllun yn dangos eich bod yn delio â mwy nag un peth ar y tro – er enghraifft, 'tra bydd y pasta'n coginio, byddaf yn gwneud y saws'. Mae hyn yn dangos i'r arholwr eich bod yn gallu cynllunio'n ofalus ac ymdopi â choginio mwy nag un saig ar y tro.

Beth sy'n rhaid i mi ei ystyried?

1 Dewiswch y saig sy'n cymryd yr amser hiraf i'w choginio, a gwnewch hon yn gyntaf.
2 Dylech wneud unrhyw beth sydd angen setio yn yr oergell yn ail.

3 Gofalwch eich bod yn cadw golwg ar unrhyw beth sydd yn y ffwrn, felly rhowch nodyn atgoffa i chi'ch hun yn eich cynllun amser pan fydd yr amser coginio bron â dod i ben.

4 Gadewch amser i dacluso rhwng seigiau.

5 Gweinwch bopeth ar yr un pryd ar ddiwedd y sesiwn.

Mae'r cynllun amser isod yn dangos cydweddu. Gallwch ddefnyddio geiriau a brawddegau fel 'tra mae'r crwst yn pobi'n wag, gwnewch y llenwad'.

Y dasg: gwnewch ddetholiad o seigiau addas i ginio bwffe.

Mae'r cynllun amser am ddwy awr, gan wneud y seigiau canlynol:

● Quiche madarch, pupur a nionyn/winwnsyn.

● Sgons caws, gyda llenwad caws hufen a jam chilli.

● Brechdanau troell (*pinwheel*) eog mwg.

● Darnau pizza.

● Salad gwyrdd cymysg.

Amser	Cam gweithredu	Pwyntiau iechyd a diogelwch
11.00	Golchi dwylo, gwisgo ffedog, estyn yr offer.	Lladd bacteria a gwarchod dillad a bwyd.
11.05	Gwneud crwst brau ar gyfer y quiche: ● Pwyso cynhwysion, rhwbio'r braster a'r blawd. ● Ychwanegu'r dŵr, cymysgu'n does. Lapio'r toes mewn haenen lynu a'i roi yn yr oergell i orffwys am 10 munud. Cynhesu'r ffwrn i 180°C.	Gwirio bod yr offer yn lân. Pwyso'r cynhwysion yn ofalus. Cynhesu'r ffwrn.
11.10	Tra bod y crwst yn ymlacio, gwnewch y toes ar gyfer y pizza: ● Pwyso'r blawd; ychwanegu burum a halen. ● Mesur ac ychwanegu dŵr; cymysgu'n does. ● Tylino am 5 munud. Ei orchuddio a'i roi mewn man cynnes i godi.	
11.20	Iro'r ddysgl quiche. Tynnu'r toes o'r oergell, ei rolio allan a'i roi yn y ddysgl quiche. Gwneud tyllau drosto gyda fforc; rhoi papur gwrthsaim drosto a ffa pobi. Ei roi yn y ffwrn am 15 munud i'w bobi'n wag.	Defnyddio cadach ffwrn i atal llosgi.
11.30	Golchi'r holl offer a sychu'r holl arwynebau.	Atal baw a halogiad.
11.35	Plicio a sleisio'r nionyn/winwnsyn, tynnu'r hadau o'r pupur a'i sleisio, sleisio'r madarch. Cymysgu wyau, llaeth a sesnin mewn jwg. Gratio caws.	
11.45	Tynnu cas y quiche o'r ffwrn, tynnu'r ffa pobi a'i roi yn ôl yn y ffwrn am 5 munud.	Defnyddio cadach ffwrn i atal llosgi.
11.50	Tynnu cas y quiche allan eto: gosod y llysiau wedi'u sleisio yn y cas; tywallt y cymysgedd wy drostyn nhw a gorffen gyda'r caws. Ei roi yn ôl yn y ffwrn am 30 munud.	Defnyddio cadach ffwrn i atal llosgi.
11.55	Taro toes y pizza yn ei ôl a'i rolio allan ar silff bobi wedi'i hiro. Taenu piwrî tomato. Sleisio tomatos; eu gosod ar ei ben. Tynnu'r hadau o'r pupur melyn a'i sleisio; ei roi ar ben y pizza gyda'r olifau. Ei orchuddio gyda chaws wedi gratio. Rhoi'r pizza mewn man cynnes i godi eto am 15–20 munud.	Defnyddio cadach ffwrn.

12.05	Sychu'r arwyneb gweithio.	
12.10	Tra mae'r pizza a'r quiche yn coginio, gwneud toes ar gyfer sgons: • Gratio caws. • Gogru'r blawd, rhwbio'r braster i mewn, ychwanegu caws wedi'i gratio a llaeth i wneud toes. • Rholio'r toes allan, torri sgons allan a'u gosod ar silff bobi. • Eu sgleinio ag wy wedi'i guro.	Gwirio bod yr offer yn lân.
12.20	Tynnu'r quiche o'r ffwrn. Codi gwres y ffwrn i 200°C. Pobi'r pizza – 20 munud. Pobi sgons – 10 i 15 munud.	Defnyddio cadach ffwrn.
12.30	Gwneud y brechdanau: Taenu hufen rhuddygl poeth ar dafelli o fara. Rhoi eog mwg ar ei ben. Torri'r crystiau i ffwrdd a'u rholio. Torri'r brechdanau'n groeslinol a'u rhoi ar blât. Rhoi dil a thomato fel garnais.	Bod yn ofalus gyda chyllell finiog.
12.35	Tynnu'r sgons allan o'r ffwrn a'u rhoi i oeri.	Defnyddio cadach ffwrn.
12.40	Tynnu'r pizza allan o'r ffwrn a'i roi i oeri.	Defnyddio cadach ffwrn.
12.45	Torri'r sgons yn eu hanner, taenu caws hufen a rhoi jam chilli ar ei ben. Sleisio'r pizza a'i osod ar blât gweini.	Bod yn ofalus gyda chyllell finiog.
12.55	Gweini'r holl fwyd. Golchi a chlirio.	

Tabl 11.2 Cynllun amser yn dangos cydweddu

Gallwch weld eich bod yn ymwybodol o'r holl seigiau sy'n coginio, yn gorffwys ac yn codi a'ch bod yn delio â nhw yn y drefn gywir.

Gweithgaredd

Gwnewch gynllun amser wedi'i gydweddu ar gyfer detholiad o seigiau a fyddai'n addas i'r dasg uchod o ginio bwffe. Cofiwch ystyried yr holl bwyntiau sydd wedi'u rhestru uwchben y dasg.

GAIR ALLWEDDOL

Cydweddu: lle mae eich cynllun yn dangos eich bod yn rheoli mwy nag un peth ar y tro, a'ch bod yn ymwybodol bod un peth yn coginio wrth i chi wneud rhywbeth arall. Mae hyn yn enghraifft o amldasgio.

PWYNTIAU ALLWEDDOL: CYNLLUNIO I GOGINIO NIFER O SEIGIAU MEWN UN SESIWN

* Gwiriwch fod eich detholiad o seigiau yn bodloni gofynion y dasg ac y gallwch eu paratoi yn yr amser sydd gennych chi i goginio.
* Gwnewch yn siŵr eich bod yn gwneud y saig sy'n cymryd hiraf i goginio yn gyntaf.
* Gwnewch yn siŵr fod unrhyw seigiau sydd angen oeri neu setio yn cael digon o amser yn y rhewgell neu'r oergell.
* Dangoswch gydweddu yn eich cynllun amser, fel bod yr arholwr yn gallu gweld eich bod yn ymwybodol o'r seigiau yn y ffwrn, neu eich bod yn coginio dau neu dri pheth ar y tro.

Sgiliau mae angen i chi eu dangos wrth baratoi cynhwysion a choginio seigiau a'u cyflwyno

Mae 20 o grwpiau sgiliau gwahanol yn eich TGAU. Efallai eich bod wedi dysgu gwneud rhai ohonyn nhw yn eich gwersi, neu gartref yn barod.

Mae'r tabl canlynol yn rhestru'r holl sgiliau mae angen i chi eu dangos yn ystod eich cwrs TGAU.

Rhif sgil	Grŵp Sgiliau	Technegau mae angen i chi eu dangos
1	Sgiliau cyllell	Gallu: • ffiledu brest cyw iâr • rhannu cyw iâr yn ddarnau • cael gwared ar fraster a chrawen/crofen oddi ar gig • ffiledu pysgodyn • sleisio cig neu bysgodyn amrwd ac wedi'i goginio, a dewisiadau amgen fel tofu a halloumi, yn gyson ac yn gywir • torri a sleisio ffrwythau a llysiau gan ddefnyddio'r daliad pont a'r daliad crafanc • plicio, sleisio, deisio a thorri ffrwythau a llysiau yn dameidiau o'r un maint.
2	Paratoi ffrwythau a llysiau	Gallu: • stwnsio, mân-dorri, snipio â siswrn, sgwpio, malu, gratio, plicio a segmentu ffrwythau a llysiau • tynnu croen, tynnu hadau, blansio, siapio, peipio, blendio, a throi ffrwythau a llysiau yn sudd • paratoi garneisiau. Mae'n rhaid gwneud y rhain i gyd gan ddangos sgiliau rheoli brownio ensymaidd (edrychwch ar Bennod 6 am ddisgrifiad o hyn) a rheoli gwastraff, ac atal gwenwyn bwyd.
3	Paratoi, cyfuno a siapio	Gallu: • rholio, lapio, sgiweru, cymysgu, caenu a haenu cig, pysgod a dewisiadau amgen • siapio a beindio cymysgeddau gwlyb, fel cacennau pysgod a pheli cig. Mae'n rhaid gwneud y rhain i gyd gan ddangos eich bod yn atal traws-halogiad, ac yn gallu trin a thrafod bwydydd risg uchel yn ddiogel.
4	Tyneru a marinadu	Gallu: • dangos sut mae asidau yn dadnatureiddio proteinau drwy ddefnyddio marinad • dangos sut mae marinadau'n ychwanegu blas a lleithder wrth baratoi cig, pysgod, llysiau a dewisiadau amgen.
5	Dewis ac addasu prosesau coginio	Gallu: • dewis ac addasu prosesau coginio a hyd amser sy'n addas i'r cynhwysyn. Enghraifft o hyn yw y gallai eich darn o gig neu bysgodyn fod yn deneuach, felly bydd angen llai o amser na'r hyn mae'r rysáit yn ei ddweud.
6	Pwyso a mesur	Gallu: • pwyso a mesur cynhwysion solet a hylif yn gywir.
7	Paratoi cynhwysion ac offer	Dangos eich bod yn gallu: • iro, oelio, leinio a blawdio yn gyson. Mae angen i chi ddangos eich gallu i wneud hyn fel bod eich cynnyrch terfynol yn edrych gystal â phosibl.
8	Defnyddio offer	Mae angen i chi ddangos y gallwch ddefnyddio'r offer canlynol yn ddiogel ac yn gywir: • blendiwr • prosesydd bwyd • cymysgydd • ffwrn ficrodonnau.

9	Dulliau defnyddio dŵr ar yr hob	Mae angen i chi ddangos eich bod yn gwybod sut i:
		• stemio bwydydd (e.e. llysiau)
		• berwi a mudferwi bwydydd (e.e. llysiau)
		• blansio bwydydd (e.e. llysiau)
		• potsio bwydydd (e.e. eog neu wyau).
10	Dulliau coginio gwres sych a braster ar yr hob	Mae angen i chi ddangos eich bod yn gwybod sut i:
		• ffrio'n sych (e.e. briwgig cig eidion)
		• ffrio mewn padell neu ffrio'n fas (e.e. darn o bysgodyn)
		• tro ffrio (e.e. pryd tro ffrio madarch mewn wok).
11	Defnyddio'r gril	Mae angen i chi allu dangos eich bod yn gallu defnyddio'r gril i wneud y canlynol:
		• golosgi (mae hyn yn golygu duo arwyneb bwyd fel pupur)
		• tostio a grilio.
		Gallwch wneud hyn gydag amrywiaeth o fwydydd fel llysiau, cig, pysgod neu ddewisiadau amgen fel caws halloumi, neu hadau a chnau.
12	Defnyddio'r ffwrn	Mae angen i chi ddangos eich bod yn gwybod sut i wneud y canlynol:
		• pobi (e.e. gwneud teisennau neu fisgedi)
		• rhostio (e.e. rhostio darn o gig)
		• gwneud caserol neu ddefnyddio tagine (e.e. caserol cyw iâr)
		• brwysio (e.e. cig eidion wedi'i frwysio).
13	Gwneud sawsiau	Bydd angen i chi ddangos eich bod yn gwybod sut i ddangos bod gelatineiddio startsh wedi digwydd drwy wneud y canlynol:
		• gwneud saws roux
		• gwneud saws popeth ynghyd
		• gwneud saws trwythog fel saws velouté neu béchamel.
		Bydd hyn yn dangos eich bod yn deall sut mae cymarebau hylif/startsh yn effeithio ar ba mor drwchus yw saws, a sut mae ceryntau dargludiad a darfudiad yn gweithio i goginio'r saws. Hefyd, mae angen i chi ddangos eich bod yn deall yr angen i droi'r saws yn barhaol i atal glynu, llosgi neu lympiau yn y saws.
		• Gwneud saws wedi'i leihau, pan mae'r saws yn mudferwi i'w dewychu. Enghreifftiau o hyn yw saws cyri, saws pasta a saws cig (gan gynnwys dewisiadau amgen cig fel Quorn™).
		Bydd hyn yn dangos eich bod yn deall bod gadael i saws fudferwi yn gwneud i'r hylif anweddu, a bod hynny'n tewychu'r saws.
		• Gwneud saws emwlsiwn fel mayonnaise neu hollandaise.
		Bydd hyn yn dangos eich bod yn gwybod sut i wneud emwlsiwn sefydlog.
14	Setio cymysgedd drwy dynnu gwres (geliad)	Dangos eich bod yn gallu:
		• defnyddio startsh i setio cymysgedd drwy oeri, e.e. pwdinau fel cacen gaws neu gwstard.
15	Setio cymysgedd drwy gynhesu (ceulo)	Dangos eich bod yn gallu:
		• defnyddio protein i setio cymysgedd drwy gynhesu (e.e. defnyddio dadnatureiddio'r protein mewn wyau i setio'r tu mewn i quiche, neu i wneud byns choux).
16	Defnyddio codyddion	Gallu dangos y technegau canlynol:
		• defnyddio wy (**ewyn coloid**) fel codydd, drwy greu cynnyrch nwy-mewn-aer, (e.e. sbwng wedi'i chwisgio neu meringues)
		• defnyddio codyddion cemegol fel blawd codi, powdr codi a soda pobi
		• defnyddio stêm mewn cymysgedd fel codydd (e.e. byns choux).
17	Gwneud toes	Gallu dangos eich bod yn gwybod sut i ddefnyddio sgiliau technegol:
		• breuo (e.e. defnyddio braster i gaenu blawd i fyrhau darnau glwten mewn crwst brau)
		• ffurfio glwten (e.e. tylino bara)
		• eplesiad (e.e. pan fyddwch yn gadael bara i godi).

18	Siapio a gorffen toes	Dangos eich bod yn gwybod sut i wneud y canlynol:
		• rholio crwst allan yn gywir
		• defnyddio peiriant pasta
		• defnyddio crwst yn gywir i leinio cylch neu ddysgl fflan
		• creu haenau (e.e. defnyddio crwst pwff i wneud palmiers neu sleisiau fanila)
		• caniatáu i does godi neu orffwys yn yr oergell i ymlacio
		• sgleinio a gorffen toes drwy:
		  ○ beipio crwst choux (e.e. éclairs)
		  ○ sgleinio rholiau bara ag wy
		  ○ gwneud pasta cartref
		  ○ gwneud bara fflat, troellau (*pinwheels*), rholiau bara, pizza neu calzone.

19	Profi parodrwydd	Dangos eich bod yn gwybod sut i ddefnyddio'r holl ddulliau hyn i weld a yw saig neu fwyd wedi'i goginio'n iawn: • defnyddio prôb tymheredd (e.e. i weld a yw tu mewn i ddarn o gig wedi cyrraedd y tymheredd cywir i ladd bacteria) • defnyddio cyllell neu sgiwer (e.e. i weld a yw canol teisen ffrwythau wedi'i goginio) • gwirio a yw'r 'brathiad' yn iawn – al dente (e.e. os yw pasta wedi'i goginio) • gwirio a yw'r lliw'n iawn (e.e. bod crwstyn pastai wedi brownio ddigon) • a oes sŵn wedi'i goginio arno (e.e. taro gwaelod y bara i weld a oes sŵn gwag arno).
20	Barnu a thrin priodweddau synhwyraidd	Dangos eich bod yn gwybod sut mae gwneud y canlynol: • blasu a sesno wrth goginio i sicrhau blas da ar y bwyd • newid y blas a'r arogl drwy ddefnyddio perlysiau, sbeisys, past, jus a lleihad (*reduction*) • newid gweadedd a blas drwy ddefnyddio brownio (**decstrineiddio**) a sgleinio. Hefyd, drwy ychwanegu crwstyn, creision a briwsion i wneud cynnyrch crensiog • cyflwyno a steilio bwyd drwy ddefnyddio garneisiau a thechnegau addurno (fel peipio), i wella rhinweddau esthetig (sut mae'r bwyd yn edrych) • rhannu'ch seigiau yn gyfrannau a'u cyflwyno'n iawn.

Tabl 11.3 Rhestr o'r sgiliau angenrheidiol

Gweithgaredd

1 Gofynnwch i'ch athro lungopïo'r rhestr yn Nhabl 11.3 i chi.

   Edrychwch ar y rhestr:

   a) Ticiwch yr holl sgiliau rydych chi'n eu gwybod yn barod, neu sydd wedi'u trafod yn eich gwersi.
   (Byddwch yn gwybod sut i wneud nifer yn barod.)

   b) Amlygwch y rhai rydych chi heb eu trafod eto.

   c) Rhowch y rhestr yn eich llyfr ymarfer neu yn eich ffolder, ac wrth i chi drafod pob sgìl, gallwch ei farcio oddi ar eich rhestr.

   Cynlluniwch eich sesiynau ymarferol fel eich bod yn gallu rhoi sylw i'r sgiliau sydd angen sylw.

2 Chwiliwch am ddwy rysáit sy'n dangos y cyfuniad canlynol o sgiliau.

   a) Y rysáit gyntaf: sgiliau cyllell, pwyso a mesur, paratoi ffrwythau a llysiau, tyneru a marinadu, dulliau coginio gwres sych a gydag olew gan ddefnyddio'r hob.

   b) Yr ail rysáit: defnyddio offer, defnyddio cymysgydd, pwyso a mesur, gwneud toes a'i siapio, defnyddio'r ffwrn, profi parodrwydd.

   Ysgrifennwch eich rysáit mewn camau a dywedwch lle mae pob un o'r sgiliau angenrheidiol yn cael eu defnyddio.

GAIR ALLWEDDOL

Ewyn coloid: cymysgu dau gynhwysyn gyda'i gilydd i wneud ewyn, e.e. wyau a siwgr.

Sgìl 1: Sgiliau cyllell

Byddwch yn defnyddio cyllyll o feintiau gwahanol ar gyfer sgiliau gwahanol. Y prif gyllyll y byddwch chi'n eu defnyddio fydd:

- cyllell lysiau
- cyllell gogydd neu gyllell dorri
- cyllell balet
- cyllell ffiledu
- pliciwr llysiau.

Ffigur 11.2 Mathau gwahanol o gyllyll

Bydd y **gyllell lysiau** yn cael ei defnyddio i baratoi ffrwythau a llysiau, gan gynnwys torri coesau a blaenau llysiau, plicio ffrwythau a llysiau penodol sydd â chrwyn trwchus, a thorri'r ffrwythau a'r llysiau hyn gan ddefnyddio'r **daliad pont**. Dylech fod wedi dysgu hyn ar ddechrau'ch gwersi bwyd.

I wneud y daliad pont:

1 Rhowch y ffrwyth neu'r llysieuyn ar y bwrdd torri.
2 Gwnewch bont dros y ffrwyth neu'r llysieuyn â'ch llaw; dylai eich bysedd fod ar y naill ochr a'ch bawd ar y llall.
3 Dylech arwain y gyllell o dan y bont a thorri'r ffrwyth neu'r llysieuyn yn ei hanner.
4 Defnyddiwch yr un dechneg i dorri'r ffrwyth neu'r llysieuyn yn chwarteri os oes angen.

Rydych yn defnyddio'r **gyllell gogydd** i wneud y **daliad crafanc**, i dorri ffrwythau a llysiau mwy, fel bresych.

Ffigur 11.3 Y daliad pont

I wneud y daliad crafanc:

1 Rhowch y ffrwyth neu'r llysieuyn ar y bwrdd torri.
2 Gwnewch grafanc â'ch llaw drwy gyrlio eich bysedd gyda'i gilydd yn rhannol, gan bwyso'n ysgafn ar ben y ffrwyth neu'r llysieuyn.
3 Rhowch y gyllell ar ogwydd a sleisiwch drwy'r ffrwyth neu'r llysieuyn, gan ddefnyddio'ch bysedd i'ch arwain.
4 Llithrwch eich bysedd yn ôl, gan ddal eich gafael ar y ffrwyth neu'r llysieuyn a pharhau i sleisio'n ofalus.

> ## GEIRIAU ALLWEDDOL
>
> **Daliad pont:** y ffordd ddiogel o afael mewn ffrwythau a llysiau bach wrth eu torri'n ddarnau, drwy wneud eich llaw yn bont dros y llysieuyn neu'r ffrwyth a thorri rhwng eich bys a'ch bawd.
>
> **Daliad crafanc:** y ffordd ddiogel o ddal llysiau a ffrwythau wrth eu sleisio yn ddarnau bach, drwy wneud crafanc â'ch bysedd i arwain y gyllell.

Byddwch yn defnyddio'r **gyllell ffiledu** i dorri cig a physgod. Bydd angen i chi wybod sut i:

- ffiledu pysgod crwn a physgod fflat
- rhannu cyw iâr cyfan yn ddarnau, gan dynnu ffiledau'r frest a'r coesau
- tynnu'r braster a'r grawen/crofen oddi ar gig
- torri cigoedd amrwd a chigoedd wedi'u coginio yn gyson ac yn gywir.

Ffigur 11.4 Y daliad crafanc

Canllaw gam wrth gam: ffiledu pysgodyn crwn

Cam 1: Rhowch y pysgodyn cennog ar fwrdd torri a thorrwch i ffwrdd yr esgyll ger y pen ar y ddwy ochr â siswrn, ac unrhyw esgyll sy'n rhedeg hyd ei waelod a'i gefn.

Cam 2: Tynnwch y pen a'i lanhau'n drylwyr.

Cam 3: Defnyddiwch gyllell ffiledu i dynnu'r ffiled gyntaf drwy dorri ar hyd yr asgwrn cefn o'r pen i'r cynffon. Cadwch y gyllell yn agos at yr asgwrn.

Cam 4: Trowch y pysgodyn y ffordd arall, a thynnwch yr ail ffiled, y tro hwn gan dorri o'r cynffon i'r pen.

Cam 5: Torrwch y ffiledau i'w tacluso a thynnwch y croen gan ddefnyddio'r gyllell ffiledu.

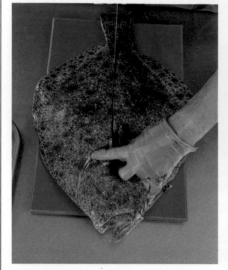

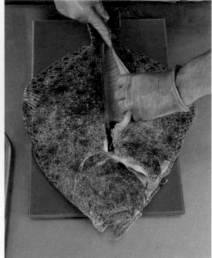

Cam 1: Rhowch y pysgodyn yn fflat ar y bwrdd a thorrwch i lawr yr asgwrn cefn o'r pen i'r gynffon â'r gyllell ffiledu, ar hyd y llinell sydd union hanner ffordd ac yn marcio'r asgwrn cefn. Torrwch o amgylch y tagellau a'r asgwrn cefn.

Cam 2: Gan gadw'r gyllell bron yn baralel â'r arwyneb gweithio, llithrwch y gyllell yn ofalus yn erbyn yr esgyrn oddi tano, gan sleisio drwy'r croen a chodi'r ffiled gyntaf oddi wrth esgyrn y pysgodyn yn ofalus.

Cam 3: Gwnewch hyn eto i dynnu'r ail ffiled.

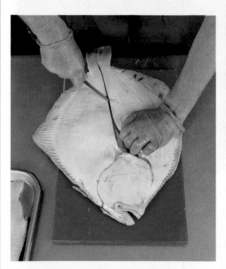

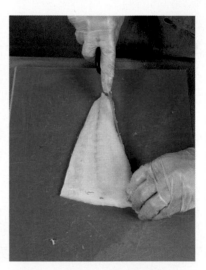

Cam 4: Trowch y pysgodyn drosodd a gwnewch gamau 1 i 4 uchod eto i dynnu'r drydedd a'r bedwaredd ffiled.

Cam 5: Gafaelwch yn y ffiled yn dynn wrth y gynffon a thorrwch y cnawd mor agos at y croen â phosibl, gan gadw'r gyllell yn baralel â'r arwyneb gweithio, gafael yn y croen a llithro'r gyllell yn ôl ac ymlaen i dynnu'r cnawd oddi ar y croen.

Cam 6: Torrwch y ffiledau'n daclus.

Canllaw gam wrth gam: rhannu cyw iâr cyfan yn ddarnau

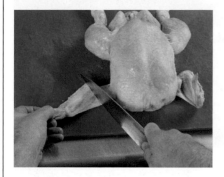

Cam 1: Dechreuwch drwy dynnu'r coesau a'r cluniau oddi ar y cyw. Torrwch drwy'r croen rhwng y glun a'r corff. Plygwch y goes yn ôl fel ei bod yn gorwedd yn wastad.

Cam 2: Trowch y glun a'r goes yn ôl er mwyn i'r asgwrn ddod allan o'r cymal a thorrwch drwyddo i wahanu'r goes oddi wrth y frest. Gwnewch hyn ar yr ochr arall. Torrwch drwy'r croen i ddatgysylltu'r ddwy goes.

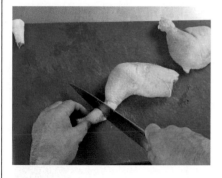

Cam 3: Torrwch drwy'r cymal ar waelod y ddwy goes i dynnu'r traed.

Cam 4: Nawr gwahanwch y goes a'r glun. Rhowch y goes gyda'r croen am i lawr a thorrwch drwy'r cymal gyda'r gyllell. Gwnewch hyn gyda'r goes a'r glun arall. Nawr, mae gennych bedwar darn.

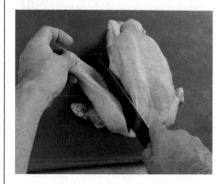

Cam 5: Nawr tynnwch y frest a'r adenydd. Torrwch ar hyd asgwrn y frest ac i lawr drwy gawell yr asennau gan gadw'n agos at yr asgwrn. Yna, gan gadw'r asgell a'r frest yn un darn, torrwch drwy'r cymal ar y gwaelod. Gwnewch yn union yr un fath yr ochr arall.

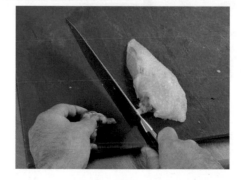

Cam 6: Torrwch drwy ganol y ddwy frest, gan dorri'r frest, a gadael traean o'r cig ynghlwm wrth yr adain. Torrwch y frest a'r adain arall yn yr un modd. Nawr, mae gennych wyth darn.

Canllaw gam wrth gam: ffiledu brest cyw iâr

Cam 1: Rhowch frest y cyw iâr gyda'r croen am i lawr ar y bwrdd torri a thynnwch yr holl fraster oddi arni.

Cam 2: Trowch y frest drosodd a thynnwch y tyner-lwyn a'r bilen sy'n cysylltu'r tyner-lwyn, fel y gwelwch yn y llun.

Cam 3: Tynnwch y croen oddi ar frest y cyw iâr.

Cam 4: Gosodwch y cyw iâr yn wastad ar y bwrdd torri. Rhowch y llaw dydych chi ddim yn ei defnyddio i dorri yn fflat ar frest y cyw iâr. Yn ofalus iawn, dechreuwch dorri hanner ffordd drwy'r cyw iâr yn llorweddol, gan gadw eich cyllell yn baralel â'r bwrdd torri. Torrwch y frest yn ffiledau o faint cyfartal.

Ffigur 11.9a–b Sut i dorri perlysiau

Rydych yn defnyddio'r **gyllell dorri** i dorri, sleisio, mân-dorri a deisio llysiau, neu i dorri perlysiau.

Rydych chi'n torri perlysiau fel a ganlyn:
1. Casglwch y perlysiau at ei gilydd mewn pelen ar flaenau eich bysedd.
2. Gan ddefnyddio'r daliad crafanc, torrwch drwy'r perlysiau ychydig o weithiau.
3. Nawr rhowch y gyllell dorri ar ben y perlysiau sydd wedi'u torri'n rhannol, gan ddal blaen y llafn yn erbyn y bwrdd torri gyda rhan wastad y llaw sydd ddim yn gafael yn y gyllell. Gorffennwch dorri'r perlysiau drwy siglo'r llafn i fyny ac i lawr drostyn nhw nes eu bod wedi'u torri'n fân, fel y gwelwch yn yr ail lun.

Byddwch hefyd yn defnyddio'r gyllell hon i sleisio, deisio a thorri.

Canllaw gam wrth gam: sleisio stribedi (*julienne*)

Cam 1 Torrwch y llysiau yn hydoedd 2 cm.

Cam 2 Torrwch yr hydoedd yn sleisys tenau.

Cam 3 Torrwch y sleisys yn stribedi tenau.

Canllaw gam wrth gam: deisio

Cam 1 Torrwch y llysiau yn hydoedd o faint cyfleus.

Cam 2 Torrwch yr hydoedd yn sleisys 2 mm.

Cam 3 Torrwch y sleisys yn stribedi 2 mm.

Cam 4 Torrwch y stribedi yn sgwariau 2 mm

Canllaw gam wrth gam: torri batonau

Cam 1 Torrwch y llysiau yn hydoedd 1.5 cm.

Cam 2 Torrwch yr hydoedd yn sleisys 3 mm.

Cam 3 Torrwch y sleisys yn fatonau (3 mm x 3 mm x 18 mm).

Gweithgaredd ymarferol

1 Dangoswch eich bod yn gallu ffiledu pysgodyn fflat, fel lleden lefn (*lemon sole*), lleden y llaid (*dab*) neu leden frech (*plaice*).

2 Defnyddiwch y ffiledau i wneud rysáit o'ch dewis chi. (Petaech yn caenu'r ffiledau mewn blawd, wy a briwsion bara cyn eu ffrio'n fas, byddwch yn mynd i'r afael â nifer o sgiliau yn y sesiwn goginio hon.)

Sgìl 2: Paratoi ffrwythau a llysiau

Byddwch wedi defnyddio'r rhan fwyaf o'r sgiliau y mae angen i chi eu dangos yn barod.

Byddwch wedi stwnshio tatws, malu garlleg, mân-dorri bresych neu letys, a gratio a phlicio ffrwythau a llysiau.

Efallai eich bod wedi tynnu croen tomatos gan ddefnyddio'r dull canlynol:

1 Berwi llond tegell o ddŵr.
2 Gosod y tomatos mewn powlen sy'n gwrthsefyll gwres. Eu gorchuddio â dŵr berw. Eu gadael am ddau funud.
3 Tynnu'r tomatos allan yn ofalus a'u rhoi mewn dŵr oer. Dylech weld fod y croen yn dod i ffwrdd yn hawdd.

Ffigur 11.13 Plicio tomatos gan ddefnyddio dŵr berw

Dylech fod wedi tynnu hadau allan o ffrwythau a llysiau. Er enghraifft, tynnu hadau allan o bupur cyfan, neu dynnu hadau o afal.

Mae'n debygol eich bod wedi defnyddio blendiwr a gwasgwr lemon i droi oren neu lemon yn sudd. Efallai eich bod wedi defnyddio peiriant gwneud sudd.

Mae snipio â siswrn i'w weld yn Ffigur 11.15.

Blansio yw rhoi ffrwyth neu lysieuyn mewn dŵr berw am ddau funud, yna'i roi mewn dŵr rhew i stopio'r broses goginio. Mae hyn yn atal actifadu'r ensymau sy'n dinistrio'r fitaminau ac yn newid lliw'r ffrwyth neu'r llysiau (yr enw ar hyn yw **brownio ensymaidd** – byddwch wedi dysgu am y broses hon ym Mhennod 6). Rydym yn blansio llysiau cyn eu rhewi, fel eu bod nhw ddim yn newid eu lliw yn y rhewgell.

Ffigur 11.14 Tynnu hadau o bupur cyfan

Rydym hefyd yn gwneud y broses hon i goginio'r llysiau yn rhannol cyn eu gweini. Wedyn mae'n bosibl eu hailwresogi heb golli eu lliw, ac felly'n edrych yn fwy deniadol.

Y ffordd arall o arafu brownio ensymaidd yw rhoi sudd lemon ar yr arwyneb sydd wedi'i dorri i atal yr ensymau rhag newid lliw'r ffrwythau neu'r llysiau.

(Mae gweithio'n ddiogel wrth baratoi ffrwythau a llysiau, ac atal gwenwyn bwyd, yn cael eu trafod yn ddiweddarach yn y bennod hon).

Ffigur 11.15 Snipio â siswrn   **Ffigur 11.16** Blansio llysiau

Ffigur 11.17 Sgiwerau llysiau

Sgìl 3: Paratoi, cyfuno a siapio

Mae'n bosibl trin neu gymysgu nifer o gynhwysion â chynhwysion eraill i greu canlyniadau mewn siapiau gwahanol.

Efallai eich bod wedi gwneud cacennau pysgod, neu wedi paratoi sgiwerau cig, pysgod neu lysiau. Byddai hyn yn cwmpasu nifer o'r sgiliau angenrheidiol yn yr adran hon, gan gynnwys sgiweru, cymysgu, siapio a beindio cymysgeddau gwlyb.

Gweithgaredd ymarferol

Gwnewch gacennau pysgod gan ddefnyddio'r rysáit ganlynol.

Cacennau pysgod hawdd eu gwneud

Cynhwysion

400 g o bysgod (e.e. eog, penfras neu facrell)

5 taten fawr

20 g o fenyn

1 nionyn/winwnsyn

1 wy

25 g o flawd

Halen a phupur

Ffigur 11.18 Cacennau pysgod

Dull

1 Pliciwch y tatws, eu torri'n ddarnau a'u berwi am 20 munud nes eu bod yn feddal.
2 Tra mae'r tatws yn berwi, ewch ati i botsio'r pysgodyn mewn ychydig o ddŵr nes ei fod wedi'i goginio ac yn haenog.
3 Torrwch y nionyn/winwnsyn yn fân.
4 Pan mae'r tatws yn feddal, draeniwch y rhain a'u stwnsio gyda'r menyn.
5 Draeniwch y pysgod a'u haenu, ac ychwanegwch nhw at y tatws gyda'r nionyn/winwnsyn wedi'i dorri a'r wy. Cymysgwch yn dda. Rhowch sesnin halen a phupur ynddo.
6 Ffurfiwch y cymysgedd yn gacennau pysgod, a rhowch y cacennau pysgod yn y blawd.
7 Ffriwch nhw mewn ychydig o olew am wyth i ddeg munud nes eu bod yn frown euraidd ar y gwaelod, yna trowch nhw a ffrio'r ochr arall am bum munud nes eu bod yn frown euraidd.

Gallech gaenu pysgodyn ag wy a briwsion bara neu gytew cyn ei goginio.

Gweithgaredd ymarferol

1 Chwiliwch am rysáit ar gyfer fajitas.
2 Gwnewch y rysáit.
   Bydd gwneud fajitas yn dangos eich bod wedi rholio a lapio cynhwysion.
3 Ticiwch unrhyw sgiliau eraill o'r blychau yn Nhabl 11.3 rydych chi wedi mynd i'r afael â nhw wrth wneud y fajitas.

Ffigur 11.19 Caenu pysgodyn ag wy a briwsion bara

(Mae atal traws-halogiad a thrin a thrafod bwyd risg uchel yn ddiogel wrth baratoi, cyfuno a siapio cynhwysion yn cael eu trafod yn ddiweddarach yn y bennod hon).

Sgìl 4: Tyneru a marinadu

Ym Mhennod 6, fe fuom ni'n edrych ar y broses o **dyneru**, drwy daro cig â gordd cig, a **marinadu**, drwy socian cig, pysgod a dewisiadau amgen mewn sylwedd asid gwan. Bydd y prosesau hyn yn **dadnatureiddio**'r proteinau, gan wneud y proteinau'n haws eu treulio.

Os ydych chi'n coginio cig ar y barbeciw, bydd angen iddo fod yn dyner, felly bydd ei farinadu cyn ei roi ar y barbeciw yn gwneud hyn.

Sgìl 5: Dewis proses goginio a'i haddasu

Bydd cyfarwyddiadau rysáit yn amcangyfrif hyd yr amser coginio, yn seiliedig ar faint neu gyfran benodol o gig, pysgodyn neu ffynhonnell arall o brotein, fel Quorn™ neu gaws halloumi.

Mae bron yn sicr y bydd maint y gyfran yn amrywio. Felly, mae angen i chi allu addasu'r amser coginio i sicrhau nad yw'r gyfran wedi'i choginio rhy ychydig neu wedi llosgi.

Yn ystod yr amser coginio, bydd angen i chi wirio a yw darn o gig wedi'i goginio, naill ai gan ddefnyddio thermomedr cig, neu drwy roi cyllell ynddo i weld a oes unrhyw waed yn diferu allan.

Mae pysgod yn cymryd llai o amser o lawer i goginio, felly bydd angen gwirio hyn yn ofalus drwy roi fforc yn ysgafn i mewn i'r cnawd. Dylai fod yn afloyw ac yn haenu (*flake*) oddi ar y fforc.

Sgìl 6: Pwyso a mesur

Bydd defnyddio clorian ac offer mesur hylifau yn fanwl gywir yn eich helpu i sicrhau bod eich ryseitiau'n llwyddiannus.

Bydd angen i chi allu defnyddio mesuriadau llwy de, llwy bwdin a llwy fwrdd, a gwybod y gwahaniaeth rhwng llwyaid orlawn (*heaped*) a llwyaid wastad. Efallai y bydd gan eich ysgol setiau o lwyau mesur.

Ffigur 11.21 Llwy fwrdd orlawn a llwy fwrdd wastad o gynhwysyn

Sgìl 7: Paratoi cynhwysion ac offer

I atal bwyd rhag glynu wrth duniau efallai bydd gofyn iro, oelio, leinio neu flawdio tuniau teisen neu silffoedd pobi cyn eu defnyddio.

Ffigur 11.20 Pysgodyn gwyn wedi'i goginio'n berffaith

Ffigur 11.22 Tun teisen wedi'i iro a thun teisen wedi'i leinio

Ffigur 11.23 Stemiwr

Sgìl 8: Defnyddio offer

Mae defnyddio blendiwr, prosesydd bwyd, cymysgydd bwyd a ffwrn ficrodonnau yn rhan o broses paratoi neu goginio nifer o ryseitiau. Ni ddylai fod yn anodd ymgorffori'r offer hyn yn eich gwaith ymarferol.

Coginio detholiad o ryseitiau

Mae technegau coginio yn rhan o ofynion y sgiliau canlynol.

Sgìl 9: Dulliau defnyddio dŵr ar yr hob

Y pedwar dull coginio sy'n seiliedig ar ddŵr yw stemio, berwi a mudferwi, blansio a photsio.

Stemio

Coginio bwydydd wedi'u paratoi gan ddefnyddio stêm (gwres llaith) o dan raddau amrywiol o wasgedd yw hyn.

Mae dau ddull o stemio: gwasgedd isel a gwasgedd uchel.

Mae stemio gwasgedd uchel yn cael ei wneud mewn sosban frys, lle mae'r sosban wedi'i selio, gyda phwysau ar ei phen, i gynyddu'r gwasgedd y tu mewn i'r stemiwr. Mae'r bwyd yn coginio'n gyflymach o dan wasgedd.

Mewn stemio gwasgedd isel, gallai bwyd gael ei goginio mewn cysylltiad uniongyrchol neu anuniongyrchol â'r stêm.
- **Cysylltiad anuniongyrchol** yw gosod y bwyd mewn cynhwysydd â thyllau ynddo dros ddŵr berw, a'r stêm yn codi drwy'r tyllau ac yn coginio'r bwyd. Enghraifft o hyn yw stemio llysiau neu bysgod.
- **Cysylltiad uniongyrchol** yw gosod cynhwysydd yn y dŵr berw. Enghraifft o hyn yw coginio pwdin stêc ac arennau.

Berwi a mudferwi

Coginio bwydydd yn uniongyrchol mewn dŵr berw neu ddŵr sy'n mudferwi mewn sosban yw hyn. Rydych yn coginio nifer o lysiau a ffrwythau fel hyn. Rydych chi'n defnyddio'r dull hwn i goginio tatws, pasta, reis a stiw.

Blansio

Dangoswyd hwn yn Sgìl 2 ar dudalen 221. Rydych yn blansio llysiau cyn eu rhewi a'u coginio'n rhannol i'w hailwresogi a'u gweini'n ddiweddarach.

Potsio

Mae hyn yn golygu coginio rhywbeth mewn hylif gyda thymheredd yn amrywio rhwng 60°C ac 82°C (140–180°F). Fel arfer rydych ond yn potsio eitemau ysgafn iawn fel wyau a physgod. Ond mae'n bosibl potsio bwydydd eraill fel cyw iâr, ynghyd â rhai llysiau.

Sgìl 10: Defnyddio dulliau gwres sych a braster ar yr hob

Ffrio sych, ffrio mewn padell/ffrio bas, a thro ffrio yw'r tri dull yn y grŵp sgiliau hwn.

Ffrio sych

Rhoi cynhwysyn, fel briwgig neu gig moch/bacwn, sy'n cynnwys braster, mewn padell ffrio sych yw hyn. Rydych yn cynhesu'r badell yn ysgafn nes bydd rhywfaint o'r braster yn y cig yn dechrau toddi ac yn coginio'r bwyd.

Gallwch ddefnyddio hyn wrth goginio briwgig cig eidion neu gig oen fel sail i bastai'r bugail neu bastai'r bwthyn.

Ffrio mewn padell/ffrio bas

Rhoi ychydig o fraster neu olew mewn padell ffrio, ei gynhesu ac yna rhoi'r bwyd yn y braster poeth a'i goginio yw hyn.

Tro ffrio

Fel arfer rydych yn gwneud hyn mewn wok. Mae nifer o wledydd Asiaidd yn defnyddio'r dull hwn o goginio sy'n defnyddio ychydig iawn o olew. Rydych yn cynhesu'r wok i dymheredd uchel ac yn ychwanegu'r bwyd a'i goginio'n gyflym, gan ei fod wedi'i fân-dorri'n ddarnau tenau.

Ffigur 11.24 Pysgodyn yn cael ei ffrio'n fas

Sgìl 11: Defnyddio'r gril

Gallwch ddefnyddio'r gril i goginio cigoedd, pysgod, llysiau, a ffynonellau amgen o brotein fel caws halloumi. Hefyd, gallwch dostio hadau a chnau o dan y gril.

Mae angen i chi ddangos eich bod yn gallu golosgi llysiau. Enghraifft o hyn yw pothellu croen pupur cyn ei dynnu oddi arno.

Sgìl 12: Defnyddio'r ffwrn

Mae angen i chi arddangos pedwar sgìl gwahanol wrth ddefnyddio'r ffwrn: pobi, rhostio, gwneud caserol neu tagine, a brwysio.

Pobi

Bydd pobi teisennau a bisgedi'n dangos y sgìl hwn.

Rhostio

Gallwch rostio cig, pysgod neu lysiau.

Ffigur 11.25 Pupur yn golosgi o dan y gril

Caserol neu tagine

Rydych yn coginio caserol ar dymheredd isel am amser hirach, gan ei fod wedi'i wneud yn aml o ddarnau rhatach o gig sydd angen eu coginio'n araf am amser hir i'w tyneru.

Mae tagine yn saig o Ogledd Affrica, sydd wedi'i enwi ar ôl y llestr mae'n cael ei choginio ynddo.

TERMAU ALLWEDDOL

Saws wedi'i leihau: saws sy'n cael ei fudferwi'n ysgafn i adael i'r hylif anweddu, gan dewychu'r saws.

Saws roux: cymysgedd o fraster a blawd sy'n cael ei gynhesu cyn ychwanegu'r hylif yn araf i wneud y saws.

Saws trwythog: coginio'r llaeth, neu'r hylif gyda chynhwysyn ychwanegol, fel perlysiau neu nionyn/winwnsyn, cyn ei ychwanegu at gynhwysion eraill y saws.

Emwlsydd: cynhwysyn sy'n cael ei ychwanegu at gymysgedd o fraster a hylif sy'n atal y braster a'r hylif rhag gwahanu. Enghraifft yw melynwy mewn mayonnaise.

Fel arfer rydych yn coginio tagine ar dân agored, ond gallwch ei goginio mewn ffwrn. Mae'r caead yn dal y cyddwysiad sy'n codi o'r bwyd wrth iddo goginio, ac mae'r lleithder yn hidlo'n ôl i'r saig.

Brwysio

Ffrio'r bwyd, fel arfer darn rhatach o gig (e.e. brisged), yn ysgafn cyn ei roi mewn dysgl caserol a'i stiwio mewn hylif yw hyn. Yn aml mae'r hylif yn cyrraedd hanner ffordd i fyny'r darn o gig, fel bod y darn uchaf yn troi'n frown ac yn greisionllyd.

Sgìl 13: Gwneud sawsiau

Mae tri math o saws mae angen i chi wybod amdanyn nhw a dangos eich bod yn gallu eu gwneud. Sawsiau gwyn cyfun, **sawsiau wedi'u lleihau** a sawsiau **emwlsiwn** yw'r rhain.

Sawsiau gwyn cyfun

Mae sawsiau gwyn **cyfun** yn dangos **gelatineiddio**. (Cofiwch, o Bennod 6, fod gelatineiddio'n digwydd wrth i'r gronynnau startsh amsugno lleithder, chwyddo a thorri, gan adael i'r polysacarid, sef amylos, ollwng a dal y dŵr mewn gel; mae hyn yn tewychu'r saws).

Mae sawsiau cyfun sy'n cael eu cynhesu'n dangos enghreifftiau o geryntau dargludiad a darfudiad. Mae'n rhaid eu troi drwy'r amser wrth eu cynhesu, fel nad ydyn nhw'n mynd yn lympiau i gyd.

Mae mathau gwahanol o sawsiau gwyn cyfun.

Saws gwyn gyda sail roux

I wneud **saws roux** rydych yn cymysgu braster a blawd (i ffurfio'r sylfaen roux) ac yn ychwanegu hylif, sef llaeth fel arfer.

Saws gwyn: rysáit sylfaenol

Cynhwysion

- 40 g o flawd
- 40 g o fenyn neu fargarîn
- 450 ml o laeth

Dull

1. Rhowch y menyn neu'r margarîn yn y sosban a'i doddi. Ychwanegwch y blawd.
2. Trowch y cymysgedd dros y gwres nes iddo ffurfio pelen. Gadewch iddo goginio am ddau neu dri munud, tra rydych chi'n ei droi, i goginio'r blawd.
3. Tynnwch y sosban oddi ar y gwres, a dechreuwch ychwanegu llaeth yn araf iawn, gan droi'n dda rhwng pob ychwanegiad fel nad oes unrhyw dalpiau'n ffurfio, a bod gennych saws llyfn ar ôl ychwanegu'r llaeth i gyd.
4. Rhowch y sosban yn ôl ar wres isel a gadael i'r saws ferwi, gan ei droi drwy'r amser. Bydd y saws yn tewychu.
5. Daliwch ati i droi a mudferwi'r saws am ddau i dri munud i goginio'r blawd yn llwyr.
6. Yna gallwch ychwanegu unrhyw gyflasynnau, fel caws wedi'i gratio.

Saws popeth ynghyd

Mae **saws popeth ynghyd** yn defnyddio'r un rysáit â saws roux, ond rydych yn rhoi popeth yn y sosban ar yr un adeg, yn cynhesu'r cymysgedd ac yn ei droi drwy'r amser, nes ei fod yn berwi ac yn tewychu. Bydd angen coginio'r saws hwn am tua phum munud, gan ei droi neu ei chwisgio drwy'r amser, i goginio'r blawd.

Sawsiau trwythog gan ddefnyddio sail roux

Mae saws velouté neu saws béchamel yn enghreifftiau o **sawsiau trwythog**.

Rydych yn gwneud velouté gyda stoc gwyn ond yn aml wrth ei weini gyda chyw iâr, rydych yn ei 'orffen' gyda hufen.

Velouté: rysáit sylfaenol

Cynhwysion
- 40 g o flawd
- 40 g o fenyn neu fargarîn
- 450 ml o stoc cyw iâr, stoc llysiau neu stoc pysgod

Dull
Gwnewch y saws yn yr un ffordd â'r saws roux, ond defnyddiwch y stoc yn lle'r llaeth.

Ffigur 11.27 Saws velouté

Rydych yn gwneud saws béchamel fel saws roux, ond yn cynhesu'r llaeth yn ysgafn gyda nionyn/winwnsyn, dail llawryf (*bay leaves*) a chlofau neu binsiad o bowdr pergibyn (*powdered mace*), a'i adael i gymryd blas y rhain cyn ei ddefnyddio yn y saws.

Saws Béchamel: rysáit sylfaenol

Cynhwysion
- 450 ml o laeth
- 1 ddeilen llawryf
- 10 o rawn pupur du
- 1 sleisen o nionyn/winwnsyn

- 4 clof neu binsiad o bowdr pergibyn
- 40 g o fenyn
- 40 g o flawd plaen

Dull
1. Rhowch y llaeth yn y sosban gyda'r nionyn/winwnsyn, y ddeilen llawryf, clofau neu bowdr pergibyn, a'r grawn pupur du. Rhowch ar yr hob nes ei fod yn mudferwi.
2. Diffoddwch y gwres, a gadewch i'r llaeth a'r cyflasynnau fwydo am 30 munud.
3. Hidlwch y llaeth i dynnu'r nionyn/winwnsyn, y grawn pupur du a'r clofau.
4. Gwnewch y saws yn yr un ffordd â'r saws roux uchod, gan ddefnyddio'r llaeth trwythog.

Gweithgaredd ymarferol

1 Wrth gynllunio'ch sesiynau ymarferol, ceisiwch weld a allwch chi ddefnyddio'r ryseitiau hyn fel rhan o'ch gwaith. Er enghraifft, gallech ddewis wneud saws béchamel ar gyfer lasagne yn hytrach na saws popeth ynghyd, i ychwanegu rhagor o flas.

2 Cynlluniwch rysáit arall gan ddefnyddio naill ai saws béchamel neu velouté, a gwnewch hi. Tynnwch lun o'ch gwaith a'i osod yn eich ffolder fel tystiolaeth o arddangos gwneud un o'r sawsiau hyn.

Sawsiau wedi'u lleihau

Mae saws pasta, saws cyri, grefi neu saws cig yn enghreifftiau o sawsiau wedi'u lleihau.

Yn aml rydych yn gwneud grefi gyda'r sudd wedi'i dewychu sy'n weddill ar ôl rhostio darn o gig. Mae lleihad yn golygu bod yr hylif yn cael ei adael i goginio'n araf iawn, tra mae'r dŵr yn anweddu, gan adael saws wedi'i dewychu sy'n llawn blas.

Saws cig wedi'i leihau

Cynhwysion

2 lwy fwrdd o fraster dros ben ar ôl coginio eich cig
1 nionyn/winwnsyn neu sialotsyn/shibwnsyn wedi'i dorri
250 ml o stoc cig eidion neu gyw iâr
Halen a phupur

Dull

1 Ychwanegwch y stoc at y braster ym mhadell y cig.
2 Ychwanegwch y nionyn winwnsyn neu'r sialotsyn/shibwnsyn wedi'i dorri a'i roi yn y badell ar y gwres ar yr hob.
3 Parhewch i'w droi nes bod gwaelod y badell yn lân.
4 Trowch y gwres i lawr a'i fudferwi, gan ei droi weithiau, nes bod faint o stoc sydd yno'n haneru, a bod y saws wedi tewychu.
5 Rhowch sesnin halen a phupur ynddo.

Gweithgaredd ymarferol

Mae'n hawdd gwneud grefi o'r sudd sydd dros ben pan fyddwch wedi rhostio neu ffrio eich cyw iâr.

Defnyddiwch y rysáit uchod i ddangos y sgìl hwn.

 Gallwch ddefnyddio sudd cig, gwin a finegr balsamaidd yn sail i saws wedi'i leihau.

Sawsiau emwlsiwn

Emwlsiwn yw'r hyn sy'n digwydd pan mae **emwlsydd** yn dal braster, olew a dŵr at ei gilydd. Fel arfer dydy olew a dŵr ddim yn cymysgu nac yn aros yn gymysg. Gallwch eu hysgwyd gyda'i gilydd, ac ar ôl llonyddu byddan nhw'n gwahanu eto.

Mae mayonnaise, hollandaise a vinaigrette yn sawsiau sy'n dangos emylsiad.

● Mewn saws hollandaise a mayonnaise, mae melynwy'n dal yr olew a'r finegr gyda'i gilydd.
● Mewn vinaigrette, rydych yn ychwanegu mwstard i ddal yr olew a'r finegr gyda'i gilydd. Bydd angen ysgwyd y saws hwn cyn ei weini.

Mayonnaise

Cynhwysion

300 ml o olew llysiau
2 felynwy
1 llwy de orlawn o bowdr mwstard
1 llwy fwrdd o finegr
Pinsiad o halen a phupur

Dull

1 Rhowch y melynwy mewn powlen lân.
2 Ychwanegwch y mwstard a'r finegr a'u chwisgio'n dda.
3 Ychwanegwch ambell ddiferyn o olew a'i chwisgio'n dda.
4 Parhewch i ychwanegu'r olew, fesul diferyn, a chwisgio'n dda bob tro. Bydd y saws yn emwlsio ac yn tewychu.
5 Stopiwch ychwanegu'r olew wrth i'r saws gyrraedd y trwch rydych ei angen.
6 Rhowch sesnin halen a phupur ynddo.

Saws hollandaise

Mae hollandaise yn saws hufennog, bras sydd wedi'i wneud o fenyn, melynwy a sudd lemon neu finegr; yn aml bydd yn cael ei weini gyda llysiau, asbaragws neu bysgod.

Cynhwysion

3 melynwy
1 llwy fwrdd o sudd lemon ffres
100 g o fenyn
Halen a phupur

Dull

1 Toddwch y menyn mewn sosban, a'i roi i'r naill ochr.
2 Rhowch y melynwy mewn powlen, a'r bowlen dros sosban o ddŵr sy'n mudferwi. Gofalwch nad yw gwaelod y bowlen yn cyffwrdd â'r dŵr.
3 Ychwanegwch y sudd lemon a chwisgiwch y cyfan gyda'i gilydd.
4 Yn araf ychwanegwch y menyn wedi toddi, gan chwisgio bob tro ar ôl ychwanegu mwy.
5 Ar ôl ychwanegu'r menyn i gyd, dylech gael saws llyfn, wedi tewychu, yn barod i'w weini ar unwaith.
6 Rhowch sesnin halen a phupur ynddo.

Gweithgaredd ymarferol

Dewiswch ddwy rysáit sy'n defnyddio'r sawsiau hyn. Gwnewch y sawsiau a'u ticio oddi ar eich rhestr o sgiliau.
- Gallwch ddefnyddio'r mayonnaise fel cyfwyd gyda salad, neu fel sail i saws Marie Rose ar gyfer coctel bwyd môr.
- Gallwch ddefnyddio'r saws hollandaise ar gyfer wyau Benedict neu wyau Fflorens fel saig i frecwast.

Sgìl 14: Setio cymysgedd drwy dynnu gwres ohono (geliad)

Mae **geliad** yn golygu caledu drwy rewi neu oeri.

Os yw cymysgedd yn oer neu wedi rhewi, bydd yn setio. Gallwch weld hyn yn digwydd mewn rysáit cacen gaws, neu mewn blancmange neu gwstard ar dreiffl. Mae hufen iâ yn caledu wrth iddo rewi.

Ffigur 11.28 Cacen gaws yn dangos geliad

GAIR ALLWEDDOL

Geliad: caledu cymysgedd drwy oeri neu rewi.

Gweithgaredd ymarferol

Gwnewch gacen gaws oer gan ddefnyddio'r rysáit ganlynol, neu dewiswch un eich hun.

Rysáit cacen gaws yw'r canlynol, sy'n cael ei hoeri wedyn.

Cacen gaws

Cynhwysion

100 g o fisgedi digestive, wedi'u malu'n friwsion	500 g o gaws hufen
	100 g o siwgr eisin
50 g o siwgr demerara	1 llwy de o echdyniad fanila
50 g o fenyn wedi toddi	200 ml o hufen dwbl wedi'i chwisgio

Dull

1 Cymysgwch y siwgr demerara, briwsion y bisgedi a'r menyn wedi toddi gyda'i gilydd mewn powlen.
2 Defnyddiwch lwy i roi'r cymysgedd mewn tun teisen *springform* 20 cm sydd wedi'i leinio â phapur gwrthsaim.
3 Gwasgwch y cymysgedd i lawr yn galed a'i roi yn yr oergell i setio.
4 Curwch y caws hufen, y siwgr eisin a'r echdyniad fanila gyda'i gilydd.
5 Ychwanegwch yr hufen wedi'i chwisgio a'i gymysgu'n dda.
6 Defnyddiwch lwy i roi cymysgedd y gacen gaws ar y bisgedi, a'i wneud yn llyfn.
7 Oerwch y gacen am ddwy awr nes iddi setio.
8 Ewch ati i'w haddurno gyda ffrwythau ffres fel mafon os hoffech chi.

Ticiwch y sgiliau rydych chi wedi'u defnyddio oddi ar eich rhestr.

Cwestiynau arholiad enghreifftiol

1 Nodwch y **tri** phrif ddull o goginio gyda braster ar yr hob a rhowch enghraifft o fwyd i'w goginio drwy bob un o'r dulliau hyn. [6 marc]

2 Nodwch gamau gwneud saws roux. Esboniwch beth sy'n digwydd wrth i'r saws dewychu. [6 marc]

3 Disgrifiwch y gwahaniaeth rhwng saws gwyn gyda sail roux a saws popeth ynghyd. [2 farc]

Sgìl 15: Setio cymysgedd drwy gynhesu

Ym Mhennod 6, fe fuom ni'n edrych ar swyddogaethau wyau. Un swyddogaeth oedd **ceulo**, sef beth sy'n digwydd pan mae'r protein yn yr wy yn dadnatureiddio drwy gynhesu, ac mae'n caledu.

Mae'r swyddogaeth hon yn cael ei defnyddio wrth wneud quiche, byns choux neu éclairs.

Gweithgaredd ymarferol

Mae gwneud éclairs yn dangos nifer o'r sgiliau angenrheidiol. Dilynwch y rysáit isod i wneud éclairs, ac yna rhestrwch yr holl sgiliau rydych chi wedi'u defnyddio o'r rhestr.

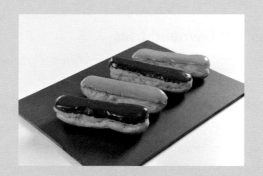

Ffigur 11.29 Éclairs siocled

Éclairs siocled

Cynhwysion

65 g o flawd plaen
50 g o fenyn
120 ml o ddŵr
2 wy
200 ml o hufen wedi'i chwisgio
5 llwy de o siwgr eisin
100 g o siocled

Dull

1 Cynheswch y ffwrn i 200°C, Marc Nwy 6.
2 Ewch ati i iro silff bobi.
3 Toddwch y menyn gyda'r dŵr mewn sosban. Codwch y gwres unwaith mae'r menyn wedi toddi.
4 Codwch i'r berw ac ychwanegwch y blawd ar unwaith. Curwch y cymysgedd yn dda dros wres nes iddo ddod yn does llyfn.
5 Coginiwch y cymysgedd am ddau funud, gan ei droi, nes bod pelen sgleiniog yn ffurfio.
6 Tynnwch y cymysgedd oddi ar y gwres a'i adael i oeri nes ei fod ychydig yn gynnes wrth ei gyffwrdd.
7 Curwch yr wyau mewn powlen, yna ychwanegwch nhw fesul tipyn at y cymysgedd blawd, gan guro'n dda nes bod yr wyau wedi'u cyfuno i gyd a'r cymysgedd yn llyfn ac yn sgleiniog.
8 Gyda bag peipio, peipiwch y cymysgedd yn hyd éclair, neu gyda llwy de, gwnewch fyns bach crwn gyda'r cymysgedd.
9 Pobwch nhw yn y ffwrn am 15 munud ar 200°C, wedyn ar 170°C am ddeng munud arall nes eu bod yn frown euraidd ac yn greisionllyd. **(Peidiwch ag agor drws y ffwrn yn ystod yr amser hwn neu bydd yr éclairs yn mynd yn fflat.)**
10 Tynnwch y silff bobi o'r ffwrn a gwnewch dwll bach yn ochr pob éclair i adael y stêm allan. Rhowch nhw yn ôl yn y ffwrn am bum munud i'w sychu.
11 Tynnwch nhw o'r ffwrn, a'u rhoi ar resel oeri nes eu bod yn oer.
12 Chwisgiwch yr hufen nes ei fod yn anhyblyg ac ychwanegwch y siwgr eisin.
13 Torrwch yr éclairs i lawr yr ochr a pheipiwch yr hufen i mewn iddyn nhw.
14 Toddwch y siocled mewn powlen dros ddŵr sy'n mudferwi a'i ddefnyddio fel caen ar ben yr éclairs.
15 Gadewch i'r siocled sychu a gweinwch yr éclairs.

Sgìl 16: Defnyddio codyddion

Mae angen i gynnyrch godi mewn nifer o ryseitiau wrth ei goginio, i roi cynnyrch terfynol ysgafnach.

Gall cymysgeddau godi drwy:

- **ymgorffori aer**, a fydd yn ehangu wrth ei gynhesu a'i ddal mewn cymysgedd wrth i'r glwten setio, fel mewn cymysgedd sbwng hufennog neu gymysgedd meringue wedi'i chwisgio
- **defnyddio codyddion cemegol**, fel blawd codi, powdr codi, soda pobi neu furum
- **defnyddio stêm** mewn cymysgedd, fel byns choux neu éclairs siocled.

Sgìl 17: Gwneud toes

Mae'n bosibl dangos y sgiliau sy'n ofynnol i hyn drwy wneud crwst brau neu deisen frau, bara a thoes pasta cartref.

Cafodd **breuo** ei drafod ym Mhennod 6, sef gallu braster i orchuddio'r gronynnau blawd, gan ffurfio haen wrth-ddŵr ac atal y glwten rhag ffurfio darnau hir. Felly mae gweadedd 'brau', briwsionllyd gan y cynnyrch terfynol. Mae hyn yn digwydd wrth greu cymysgedd 'rhwbio i mewn' ar gyfer crwst brau neu deisen frau.

Mae **glwten yn ffurfio** wrth dylino toes bara. Mae'r protein o'r enw glwten yn y blawd yn cael ei ymestyn yn ystod y tylino ac yn ffurfio ceinciau (*strands*) hir o brotein a fydd yn gweithredu fel adeiledd y bara. Mae hyn yn caledu wrth i'r bara goginio, ac yn dal yr aer i ffurfio'r cynnyrch terfynol.

Eplesiad yw pan mae'r burum mewn toes bara yn dechrau tyfu, gan fwydo ar y siwgr, ac yn rhyddhau carbon deuocsid gan achosi i'r bara godi.

Toes pasta cartref

Mae'r rhan fwyaf yn prynu pasta ffres neu basta sych wedi'u gwneud yn barod. Mae hyn yn gyflymach ac yn haws ei ddefnyddio. Ond, mae angen i chi allu dangos eich bod yn gallu gwneud eich pasta eich hun.

Ffigur 11.30 Toes bara'n codi gan ddangos eplesiad

Ffigur 11.31 Pasta sych a phasta ffres wedi'u gwneud yn barod

Gweithgaredd

Edrychwch drwy eich ryseitiau a nodwch pryd rydych chi wedi defnyddio'r codyddion hyn i gyd. Ticiwch y rhain oddi ar eich rhestr wirio, gan wneud nodyn o'r ryseitiau.

Dyma eich tystiolaeth.

Gweithgaredd ymarferol

Gwnewch y pasta canlynol a'i ddefnyddio mewn saig o'ch dewis. Gallwch ddewis gwneud saws tomato cartref i weini gyda'ch pasta.

Toes pasta ffres

Cynhwysion

300 g o flawd plaen neu flawd '00' Eidalaidd

3 wy

Chwarter llwy de o halen

Dull

1 Cyfunwch y blawd a'r halen mewn powlen.
2 Torrwch yr wyau mewn powlen fach a'u curo gyda fforc nes eu bod wedi eu cymysgu'n dda.
3 Gwnewch dwll yng nghanol y blawd a thywalltwch yr wyau i mewn iddo.
4 Dewch â'r cymysgedd at ei gilydd gan ddefnyddio eich bysedd nes bydd toes meddal yn ffurfio. Ychwanegwch rywfaint o flawd os yw'n rhy ludiog.
5 Tylinwch yn dda nes bod y toes ddim yn ludiog, ac yn elastig wrth ei gyffwrdd.
6 Ewch ati i'w lapio mewn haenen lynu a'i roi yn yr oergell am 30 munud i orffwys.
7 Tra bydd y pasta yn gorffwys gallwch wneud y saws o'ch dewis.
8 Yna gallwch ddefnyddio peiriant pasta i rolio'r toes allan nes ei fod yn denau iawn, neu gallwch ddefnyddio rholbren.
9 Torrwch y toes tenau i'r siapiau rydych chi eisiau.
10 Bydd y pasta hwn yn coginio mewn pedwar neu bum munud mewn dŵr berw.
11 Draeniwch eich pasta a rhowch y saws ar ei ben.

Tynnwch lun o'ch saig orffenedig a'i gwerthuso gan ddefnyddio disgrifwyr synhwyraidd.

Cyflwyno detholiad o ryseitiau

Sgìl 18: Siapio toes

Rholio crwst, defnyddio peiriant pasta, leinio cylch fflan, codi/gorffwys

- Os ydych wedi gwneud quiche, tartenni jam neu roliau selsig, rydych chi wedi dangos sgiliau rholio crwst yn barod.
- Byddwch wedi leinio cylch fflan neu gasyn wrth wneud quiche.
- Gallech fod wedi defnyddio peiriant pasta pan oeddech chi'n gwneud y rysáit uchod.
- Byddwch hefyd wedi gadael i fara godi a'ch toes pasta i orffwys.

Creu haenau

Dyma'r dechneg o rolio a phlygu crwst, fel crwst pwff, i greu haenau. Wrth i'r crwst goginio, bydd yr aer sydd wedi'i ddal rhwng bob haen yn codi, gan greu cynnyrch ysgafn, haenog.

Ffigur 11.32 Defnyddio peiriant pasta

Gwnewch y rysáit ganlynol ar gyfer palmiers.

Yn gyntaf mae angen i chi wneud y crwst pwff.

Crwst pwff

Cynhwysion

250 g o flawd plaen

Chwarter llwy de o halen

250 g o fenyn, ar dymheredd ystafell, ond ddim yn feddal

Tua 150 ml o ddŵr oer

Dull

1 Gogrwch y blawd i bowlen gyda halen.

2 Torrwch y menyn yn ddarnau, rhowch nhw yn y bowlen ac yna rhwbiwch y menyn i'r blawd.

3 Gwnewch dwll yn y bowlen ac ychwanegwch tua dwy ran o dair o'r dŵr. Cymysgwch nes bod gennych does cadarn, gan ychwanegu rhagor o ddŵr os oes angen. Gorchuddiwch y toes â haenen lynu a'i roi i orffwys yn yr oergell am 20 munud.

4 Ar ôl 20 munud, rhowch y toes ar arwyneb gweithio gydag ychydig o flawd arno. Tylinwch yn ysgafn a'i ffurfio'n betryal. Rholiwch y toes i un cyfeiriad yn unig, nes bod y petryal tua 50 cm o hyd a 20 cm o led.

5 Plygwch y traean uchaf lawr i'r canol, a'r traean isaf fyny a thros hwnnw.

Ffigur 11.33 Plygu i wneud crwst pwff

6 Rhowch chwarter tro i'r toes a'i rolio eto i betryal 50 cm o hyd wrth 20 cm o led. Pygwch y traean gwaelod i fyny a'r traean uchaf i lawr fel o'r blaen.

7 Gorchuddiwch hwn gyda haenen lynu a rhoi'r toes i orffwys yn yr oergell am 20 munud.

8 Ar ôl 20 munud, gwnewch y camau uchod eto. Nawr rydych wedi creu nifer o haenau yn eich crwst.

9 Gallwch storio'r crwst yn yr oergell, ei lapio mewn haenen lynu am hyd at ddau ddiwrnod, neu ei rewi.

Palmiers

Cynhwysion

Y crwst pwff rydych chi wedi'i wneud uchod

50 g o siwgr mân

2 lwy de o sinamon mân

Dull

1 Cynheswch y ffwrn i 220°C, Marc Nwy 7.

2 Rholiwch eich crwst pwff yn betryal 50 cm wrth 20 cm.

3 Ysgeintiwch y siwgr mân a'r sinamon dros arwyneb y crwst.

Ffigur 11.34 Rholio palmiers i fyny

4 Nawr rholiwch un ochr o'r crwst, o'r ochr hir, yn dynn iawn nes i chi gyrraedd canol y petryal.
5 Yna rholiwch ochr arall y crwst nes i chi gyrraedd y canol.
6 Torrwch y crwst yn ddarnau.
7 Rhowch nhw ar silff bobi wedi'i hiro ychydig a'u rhoi yn y ffwrn am ddeng munud nes eu bod yn frown euraidd ac wedi codi'n dda.

Ffigur 11.35 Bisgedi palmiers wedi'u coginio

Sgleinio a gorffen

Mae ychwanegu sglein, fel wy wedi'i guro, yn creu gorffeniad brown euraidd, sgleiniog i gynnyrch, fel rholiau bara neu roliau selsig.

Gallech fod wedi **peipio**'r éclairs siocled a wnaethoch chi yn Sgìl 15.

Byddwch wedi gwneud y rysáit pasta, a'i weini gyda'ch saws cartref. Hefyd, gallwch ddefnyddio'r pasta i wneud ravioli, a fyddai'n cynnwys siapio'r toes.

Gwneud bara fflat

Mae gwneud **bara fflat** yn cynnwys siapio toes eich bara. Mae bara naan, tortillas a chapattis yn enghreifftiau o fara fflat.

Fel arfer mae bara fflat yn cael ei siapio ar ôl gadael i'r bara godi. Maen nhw'n cael eu ffrio neu eu pobi ar ôl eu siapio.

Ffigur 11.36 Rholiau selsig wedi'u sgleinio

Gweithgaredd ymarferol

Dyma rysáit ar gyfer bara naan.
Gwnewch y bara i gyd-fynd â chyri rydych chi wedi'i wneud.

Bara naan

Cynhwysion

250 g o flawd bara cryf
1 llwy de o furum sych
1 llwy de o siwgr
150 ml o ddŵr cynnes
1 llwy fwrdd o olew

Ffigur 11.37 Bara naan

Dull

1 Cymysgwch yr holl gynhwysion mewn powlen, a'i weithio gyda'ch dwylo nes i chi gael toes, gan ychwanegu ychydig mwy o ddŵr os oes angen.
2 Tylinwch y toes am bum munud nes bod toes llyfn, elastig yn ffurfio.
3 Gorchuddiwch y bowlen a gadewch y toes i godi mewn man cynnes am awr.
4 Torrwch y toes yn chwe darn cyfartal, rholiwch bob darn allan i gylch crwn tua 1 cm o drwch.
5 Ffriwch y naan mewn padell ffrio boeth gydag ychydig o fenyn nes eu bod yn frown ac wedi codi rhywfaint.

Gweithgaredd ymarferol

Chwiliwch am rysáit ar gyfer ravioli gyda llenwad, gwnewch eich pasta cartref a saig ravioli gyda'ch pasta.

Ffigur 11.38 Bisgedi troell

Ffigur 11.39 Pizza

Ffigur 11.40 Calzone

Ffigur 11.41 Defnyddio prôb tymheredd i wirio cyw iâr

Gwneud troellau

Gallwch wneud **troellau** gyda chrwst pwff neu does bisgedi. Rydych yn ysgeintio eich llenwad o ddewis ar arwyneb y toes ac yn ei rolio, gan ddefnyddio'r un dechneg â'r un i wneud y palmiers.

Rydych yn gwneud bisgedi troell drwy wneud dau does bisged â blas gwahanol, rhoi un ar ben y llall a'u rholio. Yna rydych yn eu sleisio ar i lawr i wneud bisgedi unigol i'w pobi.

Gweithgaredd ymarferol

1 Chwiliwch am rysáit bisgedi troell a'u gwneud.
2 Tynnwch lun o'ch bisgedi terfynol a'i osod yn eich ffolder.

Gwneud pizza a calzone

Rydych yn defnyddio toes bara fel gwaelod wrth wneud pizza a calzone cartref.
- **Pizza**: Rydych yn rholio'r toes bara yn gylch ar ôl iddo godi'r tro cyntaf, ac yn rhoi topin ar arwyneb y toes.
- **Calzone**: pizza wedi'i blygu yw calzone, wedi'i siapio ar ffurf pastai (*pasty*).

Gweithgaredd ymarferol

1 Dewiswch rysáit pizza.
2 Rhannwch eich toes pizza'n ddau ddarn cyfartal. Defnyddiwch y naill ddarn i wneud pizza arferol a'r llall i wneud calzone. Cymharwch y canlyniadau.
3 Penderfynwch pa un sydd orau gennych chi.

Sgìl 19: Profi parodrwydd

Weithiau mae'n anodd gwybod a yw cynnyrch wedi'i goginio ai peidio. Gallai edrych fel ei fod yn barod, ond mae amryw o dechnegau mae angen i chi allu eu defnyddio i weld a yw'r cynnyrch wedi'i goginio'n llwyr ac yn ddiogel.

Defnyddio prôb tymheredd

Mae cig yn fwyd risg uchel. Mae hyn yn golygu y gallai achosi gwenwyn bwyd os nad yw'n cael ei goginio'n iawn.

Un ffordd o ofalu bod saig sy'n cynnwys cig wedi'i goginio yw defnyddio prôb tymheredd i wneud yn siŵr bod canol y cig, neu saig sy'n cynnwys cig, wedi cyrraedd tymheredd diogel i ladd y bacteria niweidiol.

Dylai'r tu mewn i gyw iâr, cig eidion, cig oen neu borc, neu unrhyw saig sy'n cynnwys y rhain, gyrraedd 74–75°C i sicrhau bod yr holl facteria niweidiol wedi'u lladd.

Defnyddio cyllell neu sgiwer

Gallwch wirio a yw teisen wedi'i choginio drwy roi cyllell neu sgiwer ynddi a gweld a fydd yn dod allan yn lân, heb unrhyw gymysgedd yn glynu wrthi. Mae hyn yn golygu bod y deisen wedi'i choginio.

Os rhowch chi gyllell neu sgiwer yn y rhan fwyaf trwchus o goes cyw iâr, a'r sudd yn dod allan yn glir heb unrhyw waed ynddo, mae'n golygu bod y cyw iâr wedi'i goginio.

Bydd llysiau'n teimlo'n feddal wrth roi cyllell ynddyn nhw.

Defnyddio bys neu'r prawf 'procio'

Yn aml rydych yn defnyddio hwn wrth goginio teisen i weld a yw'r deisen yn codi'n ôl wrth ei chyffwrdd yn ysgafn. Mae hefyd yn cael ei ddefnyddio wrth dylino toes a bara i weld a yw'n elastig ac yn codi'n ôl.

Defnyddio prawf 'brathiad' – *al dente*

Fel arfer mae hyn yn cael ei ddefnyddio wrth goginio pasta, i weld a ydy wedi'i goginio'n iawn.

Gwirio lliw neu sŵn

Yn aml mae lliw cynnyrch yn dangos a yw wedi'i goginio. Bydd bisgedi, teisennau a chynnyrch crwst yn troi'n frown euraidd pan maen nhw wedi'u coginio.

Gallwch wneud prawf sŵn i weld a yw rholyn bara neu dorth wedi'u pobi, gan y byddwch yn clywed sŵn gwag wrth daro'r gwaelod.

Sgil 20: Barnu a thrin priodweddau synhwyraidd

Sut i flasu a sesno yn ystod y broses goginio

Petaech yn gwrando ar gogyddion gorau'r byd, neu'n darllen unrhyw beth ganddyn nhw, bydden nhw'n sôn am bwysigrwydd blasu eich ryseitiau wrth goginio i ofalu bod y sesnin yn iawn.

Bydd angen i chi ddangos eich bod yn gallu gwneud hyn. Mae'n hawdd mynd i'r arfer o wneud hyn yn ystod eich holl sesiynau ymarferol. Cofiwch flasu gyda llwy fetel sy'n hawdd ei glanhau ac NID llwy bren.

Newidiwch y blas a'r arogl drwy ddefnyddio trwythau (*infusions*), perlysiau a sbeisys, past, jus a lleihad

Bydd y ryseitiau rydych chi'n eu dewis i'ch sesiynau ymarferol yn defnyddio cynhwysion gwahanol i ychwanegu blas, aroma a lliw i'ch cynnyrch terfynol.

Trwyth yw'r blas sy'n cael ei echdynnu o unrhyw gynhwysyn drwy ei fwydo neu ei socian mewn olew, finegr neu ddŵr. Mae gwneud paned o de yn enghraifft o drwyth.

Mae'n bosibl defnyddio olew trwythog, fel olew gyda blas perlysiau, mewn ryseitiau.

Bydd **perlysiau a sbeisys** yn cael eu defnyddio'n aml mewn ryseitiau.

Mae'n bosibl prynu **past** fel past cyri gwyrdd Thai mewn archfarchnadoedd i'w ddefnyddio mewn ryseitiau.

Jus yw'r sudd y byddwch chi'n ei gael wrth goginio cynhwysyn fel cig. Mae hwn yn cael ei wneud yn grefi tenau neu'n saws a'i weini gyda'r cig.

Cafodd saws **wedi'i leihau** ei ddisgrifio yn Sgìl 13. Dyma pryd mae'r dŵr yn cael anweddu o saws, gan ddwysáu'r blasau. Gallwch ddefnyddio hwn wrth wneud grefi ar gyfer saig â chig.

Ffigur 11.42 Olew wedi'i drwytho gyda pherlysiau

Newid gweadedd a blas drwy ddefnyddio brownio (decstrineiddio) a sgleinio; ychwanegu crwstyn, creision a briwsion

Mae **decstrineiddio** wedi'i drafod ym Mhennod 6. Dyma pryd mae gwres yn newid startsh ar arwyneb cynnyrch yn siwgr, ac yn troi'n frown.

Gallwch ysgeintio siwgr ar ben pastai afal i wneud topin brown deniadol i'r crwst.

Bydd brwsio crwst ag wy cyn coginio saig yn rhoi gweadedd brown euraidd, sgleiniog i arwyneb y saig, ac yn ei gwneud yn fwy deniadol. **Sgleinio** yw'r enw ar hyn. Edrychwch ar Ffigur 11.36 sy'n dangos rholiau selsig wedi'u sgleinio.

Mae enghreifftiau o sut y gallwch ychwanegu crwstyn, creision a briwsion yn cynnwys:

- Caenu bwyd, fel pysgod, cynnyrch cig fel risolau, neu lysiau, mewn blawd, wy a briwsion cyn ffrio neu bobi i ychwanegu gweadedd creisionllyd i'r cynnyrch terfynol. Caenau eraill y gallwch eu defnyddio i greu gorffeniad crensiog yw blawd matzo mân, blawd corn (*cornmeal*) mân, polenta neu semolina, a panko, sef briwsion bara Japaneaidd.
- Caenu pysgodyn mewn cytew cyn ei ffrio'n ddwfn i greu crwstyn crensiog i'r pysgodyn.

Efallai eich bod wedi arddangos rhai o'r technegau hyn yn Sgìl 3 'Paratoi, cyfuno a siapio' a Sgìl 10 'Defnyddio dulliau coginio gwres sych a braster ar yr hob'.

Ffigur 11.43 Tarten afal yn dangos decstrineiddio

Ffigur 11.44 Briwsion bara panko

Gweithgaredd

Chwiliwch am ryseitiau sy'n defnyddio caenau anarferol ar gyfer cig, pysgod a llysiau. Rhowch nhw yn eich ffolder ryseitiau nes i chi gael cyfle i roi cynnig arnyn nhw mewn sesiynau ymarferol.

GEIRIAU ALLWEDDOL

Trwyth: echdynnu blasau o unrhyw gynhwysyn drwy ei socian neu ei fwydo mewn dŵr neu olew.

Jus: y sudd rydych chi'n ei gael wrth goginio cynhwysyn; cig yw hwn yn aml.

Lleihad: anweddu dŵr o saws neu hylif, gan ddwysáu'r blasau.

Cyflwyno a steilio bwyd

Y mwyaf deniadol yw bwyd, y mwyaf tebygol y bydd pobl o'i fwyta. Rydym i gyd yn 'bwyta â'n llygaid' cyn i ni flasu'r bwyd.

Eitem neu sylwedd sy'n addurno neu'n harddu saig, i roi lliw neu flas ychwanegol, yw **garnais**. Fel arfer rydych yn gallu bwyta garnais. Dyma rai syniadau ar gyfer garnais.

Garneisiau ffrwythau

Blodyn ffrwyth citrws: torrwch groen lemon, leim neu oren yn denau a rholiwch y croen yn flodyn.

Blodyn mefus: rhowch fefusen ar fwrdd torri gyda'r pen pigog yn wynebu ar i fyny. Torrwch y fefusen sawl gwaith yn gyfartal ac yn fertigol o'r pen, heb dorri drwyddi. Yna lledwch y toriadau tenau fel ei bod yn edrych fel blodyn.

Ffan mefus: torrwch drwy gnawd y fefusen a'i lledu fel ffan.

Ffigur 11.45 Blodyn ffrwyth citrws

Ffigur 11.46 Ffan mefus

Garneisiau llysiau

Blodyn moron: rhowch sleisen o foronen ar fwrdd torri gyda'r pen mwyaf sydd wedi'i dorri yn wynebu ar i fyny. Gyda chyllell lysiau finiog, torrwch y foronen yn fertigol tua dwy ran o dair o'r ffordd i lawr iddi, peidiwch â thorri'n gyfan gwbl ar ei hyd. Yn ofalus, cerfiwch bob rhan yn betalau crwn ac yna torrwch ganol y sleisys moron allan i'w gwneud yn debyg i flodyn. Efallai bydd angen i chi dorri darn bach oddi ar waelod y moron ar rywfaint o ongl fel y bydd yn eistedd ar y plât.

Cyrlen giwcymbr: mae hwn yn garnais syml ond deniadol iawn. Cymerwch sleisen o giwcymbr tua 0.5 cm o drwch. Torrwch hollt yn y sleisen giwcymbr o'r croen hyd at y canol. Gan ddefnyddio eich bysedd, troellwch y darnau sydd wedi'u torri o'r ciwcymbr mewn cyfeiriadau dirgroes gan greu 'cyrlen'.

Ffigur 11.47 Blodyn moron

Rhosyn tatws: mae'n rhaid gwneud y rhain ymlaen llaw.

Cynheswch y ffwrn i 180°C. Torrwch y daten wedi'i phlicio yn sleisys 0.25 cm o drwch. Gallwch ddefnyddio mandolin os oes gennych un o'r rhain, neu gyllell finiog iawn. Rhowch y sleisys mewn dŵr berw am funud i'w blansio, ac yna mewn dŵr rhew i'w stopio rhag coginio.

Rholiwch y sleisys, gyda phob sleisen yn gorgyffwrdd, i ffurfio'r blodyn. Cadwch bob blodyn yn ei le gyda phren coctel, brwsiwch ben bob un gyda menyn wedi toddi a'u pobi yn y ffwrn am 45 munud.

Blodyn tomato ceirios: rhowch y tomato ceirios ar fwrdd torri, a thorrwch i lawr y canol mewn croes gyda chyllell lysiau, heb dorri'r holl ffordd drwy'r tomato. Nawr, mae gennych bedwar petal. Tynnwch yr hadau allan yn ofalus a rhowch y tomato ar y plât.

Rhosyn tomato: pliciwch y croen yn ofalus oddi ar y tomato a'i rolio fel rhosyn.

Ychydig o syniadau'n unig yw'r rhain ar gyfer rhoi garnais. Mae llawer mwy o syniadau ar y rhyngrwyd, gyda fideo yn dangos sut i'w gwneud.

Ffigur 11.48 Rhosyn tatws

Ffigur 11.49 Rhosyn tomato

Technegau addurnol eraill

- **Peipio**: gallwch beipio eisin neu hufen ar deisennau neu bwdinau i'w gorffen yn ddeniadol.
- **Sgleinio**: gallwch sgleinio seigiau cyn eu coginio i'w gwneud yn sgleiniog ac yn frown euraidd, neu ar ôl eu coginio, er enghraifft gyda menyn wedi toddi.
  - ○ Gallwch ddefnyddio jeli neu asbig i gaenu bwydydd sawrus i roi caen clir, sgleiniog iddyn nhw.
  - ○ Weithiau byddwn yn defnyddio jam bricyll i roi caen sgleiniog i bwdinau a theisennau.

Meddyliwch am sut i gyflwyno eich saig mor ddeniadol â phosibl.

Gweithio'n ofalus

Yn ystod pob sesiwn ymarferol mae'n hynod bwysig eich bod yn gweithio mewn ffordd sy'n atal unrhyw niwed i chi eich hun, ac i'r bobl sy'n bwyta eich saig orffenedig.

Mae hyn yn golygu bod rhaid i chi fod yn ymwybodol o unrhyw beth a allai achosi niwed yn ystod y broses goginio.

Hylendid personol

Mae'n rhaid i chi ddilyn rheolau hylendid sylfaenol wrth baratoi a choginio bwyd:

1 **Clymu gwallt hir yn ôl**: mae hyn yn atal gwallt rhag syrthio i'r bwyd a'i halogi.
2 **Golchi eich dwylo**: golchwch eich dwylo bob amser cyn dechrau coginio, ar ôl trin a thrafod cig a physgod amrwd, ar ôl defnyddio'r toiled ac ar ôl chwythu eich trwyn neu disian ar eich dwylo. Mae cig amrwd a physgod amrwd yn fwydydd risg uchel sy'n cynnwys bacteria niweidiol. Gall bacteria o'r cig neu'r pysgod amrwd fynd ar eich dwylo a chael eu lledaenu i fwydydd neu i arwynebau gweithio eraill. Yr enw ar hyn yw **traws-halogiad**. Bydd golchi eich dwylo cyn i chi gyffwrdd mewn bwydydd eraill yn lleihau'r risg o hyn yn digwydd.
Golchwch eich dwylo ar ôl i chi ddefnyddio cyfryngau glanhau i olchi'r arwynebau gan y gallai'r cemegion fod yn beryglus petaen nhw'n mynd i mewn i fwyd.
3 **Tynnwch unrhyw emwaith**: gall modrwyau ar fysedd ddal bacteria oddi tanyn nhw. Dylech dynnu pob modrwy cyn coginio.
4 **Gwisgwch ffedog lân, amddiffynnol**: mae bacteria ar eich dillad. Mae angen i chi warchod y bwyd rhag y bacteria hyn.
5 **Cadw eich ewinedd yn fyr ac yn lân, heb unrhyw farnais ewinedd**: gall ewinedd ddal bacteria; gall darnau o farnais ewinedd ddisgyn i mewn i fwyd, gan ei halogi.
6 **Gorchuddiwch unrhyw friwiau neu gornwydydd** (boils) **gyda phlastr cegin glas**: gall briwiau neu gornwydydd gynnwys bacteria niweidiol. Mae plasteri glas yn cael eu defnyddio gan y byddai'n hawdd eu gweld petaen nhw'n disgyn i'r bwyd.
7 **Peidiwch â phesychu na thisian dros fwyd**: bydd hyn yn halogi'r bwyd â bacteria.
8 **Peidiwch â choginio os dydych chi ddim yn teimlo'n dda, yn enwedig os oes gennych anhwylder ar eich stumog**: gallai'r bacteria sy'n achosi'r salwch gael ei drosglwyddo i'r bwyd a'i ledaenu i bobl eraill sy'n bwyta'r bwyd.

Ffigur 11.50 Mae golchi dwylo'n drylwyr yn lleihau'r risg o draws-halogi

Storio bwydydd ac atal traws-halogiad wrth goginio

Ym Mhennod 7, mae'r pwnc dirywiad bwyd yn cael ei drafod yn fanylach. Edrychwch yn ôl ar Bennod 7 i weld sut i storio bwydydd yn gywir.

Defnyddio offer yn ddiogel

Gall pob cegin fod yn fan peryglus. Gallai cyllell, offer trydanol, ffwrn a hob poeth, gollyngiadau, ac offer a chemegion glanhau i gyd achosi niwed.

Defnyddio cyllyll

Yn gynharach yn y bennod hon fe fuom ni'n edrych ar fathau gwahanol o gyllyll ar gyfer pob swyddogaeth. Fe fuom ni hefyd yn edrych ar ddefnyddio'r daliad pont a'r daliad crafanc i dorri llysiau.

- Gwnewch yn siŵr eich bod yn defnyddio'r gyllell iawn a'r daliad iawn wrth baratoi bwyd.
- Defnyddiwch gyllyll gwahanol ar gyfer bwydydd amrwd a bwydydd wedi'u coginio i osgoi traws-halogiad.
- Mae cyllyll heb fin yn fwy peryglus na chyllyll miniog, gan fod angen rhoi mwy o bwysau ar y rhain ac maen nhw'n gallu llithro a thorri.
- Peidiwch â rhoi cyllyll mewn powlen golchi llestri a'u gadael, gan y byddai'n hawdd i rywun arall roi ei ddwylo yn y dŵr a thorri ei hunan.
- Gofalwch eich bod yn cadw carnau cyllyll yn lân a heb unrhyw saim arnyn nhw fel dydyn nhw ddim yn llithro wrth eu defnyddio.
- Peidiwch byth â cherdded o amgylch y gegin yn cario cyllell gyda'r llafn yn wynebu allan.
- Ar ôl golchi a sychu'r gyllell, rhowch hi yn ôl yn y lle iawn.

Defnyddio offer trydanol

- Gwiriwch fod pob peiriant yn gweithio'n iawn, heb unrhyw geblau wedi rhaflo na phlygiau rhydd.
- Peidiwch â gafael mewn offer trydanol â dwylo gwlyb – gallech gael sioc drydanol.
- Peidiwch â rhoi ceblau trydanol mewn dŵr, dros ddŵr nac ar rannau gwlyb ar yr arwynebau gweithio.
- Dim ond un person sy'n defnyddio'r offer ar y tro.
- Peidiwch â rhoi'ch dwylo'n agos at rannau sy'n symud.
- Golchwch y llafn a'r curwr, sychwch nhw'n ofalus a rhowch nhw'n ôl ar yr offer.
- Rhowch yr offer ar arwyneb gweithio fel bod y cyfan yn sefydlog, ac nid yn debygol o ddisgyn neu syrthio.
- Diffoddwch yr holl offer a thynnwch y plwg allan pan dydych chi ddim yn eu defnyddio.

Ffyrnau, hobiau ac offer poeth

- Defnyddiwch fenig neu gadach ffwrn, yn hytrach na lliain sychu llestri, i roi bwyd yn y ffwrn a'i dynnu allan, i arbed cael eich llosgi.
- Trowch handlenni padelli i ffwrdd oddi wrth blatiau poeth eraill os ydyn nhw'n cael eu defnyddio, fel nad yw'r handlenni'n mynd yn boeth ac yn eich llosgi.
- Byddwch yn ofalus wrth symud padelli neu ddysglau poeth; gofynnwch i bobl symud allan o'r ffordd os ydych chi'n rhannu cwcer.
- Peidiwch byth â rhoi dysglau poeth yn syth ar arwyneb gweithio nac ar fwrdd torri; defnyddiwch resel oeri neu drybedd.
- Peidiwch â gadael drysau'r ffwrn ar agor na phlatiau poeth ymlaen pan dydych chi ddim yn eu defnyddio. Cadwch lygaid ar y gril bob amser.
- Peidiwch â glanhau'r ffwrn na'r hob tra mae'n dal i fod yn boeth.

Gorlifiadau

- Sychwch unrhyw hylif ar y llawr neu ar arwynebau gweithio ar unwaith, i atal pobl rhag llithro neu losgi gyda hylifau poeth.
- Defnyddiwch y cadachau llawr neu gadachau llestri priodol i atal traws-halogiad.

Offer glanhau

- Ceisiwch lanhau wrth fynd yn eich blaen fel nad oes pentwr o lestri budr ar eich arwyneb gweithio neu yn ardal y sinc. Golchwch sosbenni a phadelli budr a'u sychu a'u cadw yn y man cywir.
- Sychwch arwynebau'n rheolaidd i atal halogiad.
- Defnyddiwch y cadachau a'r hylifau glanhau priodol ar gyfer pob man. Peidiwch â chymysgu hylifau glanhau.
- Gofalwch fod papur lapio bwyd a phlicion llysiau a ffrwythau wedi'u clirio yn y bin cywir cyn i chi ddechrau paratoi bwyd.
- Gofalwch fod y biniau wedi'u gorchuddio. Os oes rhaid i chi gyffwrdd â bin i dynnu'r caead, gofalwch eich bod yn golchi'ch dwylo cyn paratoi eich bwyd.

PWYNTIAU ALLWEDDOL: GWEITHIO'N OFALUS

- Dilynwch y rheolau hylendid personol i sicrhau eich bod yn eich gwarchod eich hun a'ch cwsmeriaid, neu'r bobl sy'n bwyta eich bwyd parod – byddan nhw yn eich cadw'n ddiogel ac yn atal traws-halogi bwyd.
- Gofalwch fod y bwyd rydych chi'n ei ddefnyddio wedi'i storio'n iawn a'i fod heb basio ei ddyddiad 'defnyddio erbyn'.
- Byddwch yn ofalus wrth ddefnyddio offer a chyllyll miniog.
- Gwiriwch fod yr holl offer trydanol yn ddiogel cyn i chi ei ddefnyddio.
- Gofalwch eich bod yn eich amddiffyn eich hun wrth ddelio ag arwynebau poeth ac yn tynnu bwyd allan o'r ffwrn neu'n ei roi ynddo, gan ddefnyddio cadach ffwrn.
- Cofiwch sychu unrhyw hylif sydd wedi'i ollwng, a golchi a glanhau'r holl offer yn iawn cyn eu cadw.

Gweithgaredd

Mae nifer o gwisiau a gweithgareddau am ddiogelwch bwyd a hylendid ar gael ar y rhyngrwyd.

Ewch i wefan yr Asiantaeth Safonau Bwyd a gwnewch y ddau gwis hyn:

- **Cwis Hylendid Bwyd:** www.food.gov.uk/sites/default/files/multimedia/pdfs/hygienequiz.pdf
- **Diogelwch bwyd: what do you know?** www.food.gov.uk/news-updates/campaigns/germwatch/fsq

Cwestiynau arholiad enghreifftiol

1. Nodwch **dair** rheol hylendid personol y dylech eu dilyn wrth goginio. [3 marc]

2. Esboniwch beth yw traws-halogiad, a thrafodwch sut y gallwch ei atal wrth goginio bwydydd risg uchel. [6 marc]

3. Trafodwch pam na ddylai rhywun ag anhwylder ar y stumog baratoi bwyd. [4 marc]

Gweithio'n annibynnol

Wrth i chi ddod yn fwy hyderus yn eich gwaith ymarferol, bydd disgwyl i chi weithio'n annibynnol. Yr unig ffordd o gael y marciau uchaf mewn sesiynau ymarferol yw peidio â gofyn am gymorth drwy'r amser.

I allu gweithio'n annibynnol, mae'n rhaid i chi:

- gael yr holl sgiliau angenrheidiol i wneud eich tasg benodol
- bod yn drefnus, drwy gael cynllun amser manwl a'r holl offer a chynhwysion yn barod
- glanhau a golchi wrth i chi fynd yn eich blaen
- bod yn hylan wrth weithio a pharatoi bwyd.

Defnyddio disgrifyddion synhwyraidd yn briodol a chywir

Wrth wneud eich dewis o rysáit mewn sesiwn ymarferol, neu ar gyfer eich asesiadau terfynol, byddwch yn tynnu llun y bwyd. Mae'n bwysig eich bod yn mynd i'r arfer o ddisgrifio sut mae eich bwyd yn edrych, yn arogli ac yn blasu.

Mae'r disgrifyddion synhwyraidd isod yn rhoi'r holl eiriau i chi y dylech fod yn eu defnyddio i ddisgrifio eich bwyd.

Disgrifio blas ac arogl	Disgrifio ymddangosiad	Disgrifio gweadedd	
• Asidaidd	• Blasus	• Anhyblyg	• Meddal o gnoadwy
• Cyfoglyd	• Braster	• Brau	• Oer
• Chwerw	• Briwsionllyd	• Briwsionllyd	• Powdrog
• Di-flas	• Cellog	• Byrlymog	• Sbonciog
• Egr (*astringent*)	• Clir	• Cadarn	• Sbringlyd
• Hallt	• Cymylog	• Cellog	• Sbwngaidd
• Hen	• Deniadol	• Creisionllyd	• Slwtshlyd
• Hufennog	• Di-liw	• Crisialaidd	• Soeglyd
• Llawn blas	• Ewynnog	• Elastig	• Sych
• Llawn braster	• Fflat	• Ewynnog	• Talpiog
• Metelig	• Ffres	• Ffibrog	• Tenau
• Ôl-flas	• Garw	• Garw	• Tewychedd caeedig
• Poeth	• Gronynnog	• Gludiog	• Triagllyd
• Sawrus	• Iach	• Haenog	• Trwchus
• Sbeislyd	• Llawn swigod	• Llaith	• Tyner
• Siarp	• Lliwgar	• Llawn sudd	• Ymestynnol
• Soeglyd	• Seimllyd	• Llawn swigod	
• Sur	• Sych	• Llinynnog	
• Sych		• Llipa	
• Wedi llosgi		• Llyfn	
		• Llysnafeddog	
		• Meddal	

Tabl 11.4 Rhestr o eiriau disgrifiadol

Cwestiynau arholiad enghreifftiol

1 Nodwch **dri** rheswm pam mae'n bwysig gwneud cynllun amser manwl ar gyfer eich gwaith ymarferol
[3 marc]

2 Rhestrwch **bedwar** gair disgrifiadol y gallech eu defnyddio i ddisgrifio ymddangosiad teisen Fictoria wrth ei thynnu o'r ffwrn cyn ei haddurno. [4 marc]

3 Trafodwch pam mae'n bwysig defnyddio geiriau disgrifiadol yng ngwaith eich Asesiad di-arholiad.
[4 marc]

PENNOD 12
Datblygu ryseitiau a phrydau

Amcanion dysgu

Yn y bennod hon byddwch yn dysgu am y canlynol:

- sut i ystyried dylanwad dewisiadau ffordd o fyw a dewisiadau defnyddwyr wrth ddatblygu prydau o fwyd a ryseitiau, a sut i addasu ryseitiau i fynd i'r afael â chyngor deietegol cyfredol a phatrymau byw
- sut i ystyried anghenion maeth a dewisiadau bwyd wrth ddewis ryseitiau
- sut i ddatblygu eich ryseitiau, eu hadolygu a'u gwella
- sut i reoli eich amser a chostau ryseitiau
- sut i ddefnyddio'ch gwerthusiadau profi a synhwyraidd i wella eich ryseitiau neu eu haddasu
- sut i esbonio a chyfiawnhau eich dewisiadau a sut i gyflwyno eich syniadau am eich ryseitiau a'ch dulliau coginio o ddewis
- sut i benderfynu pa dechnegau sy'n briodol i'w defnyddio, gan ddefnyddio eich dealltwriaeth o faeth, traddodiadau coginio a pharatoi bwyd.

Ystyried dylanwad dewisiadau ffordd o fyw a dewisiadau defnyddwyr wrth ddatblygu prydau o fwyd a ryseitiau

Ym Mhennod 4, Cynllunio deietau cytbwys, fe fuom ni'n edrych ar gredoau crefyddol, credoau moesegol, clefydau, alergeddau a chyflyrau deietegol penodol sy'n dylanwadu ar yr hyn mae pobl yn dewis neu'n gallu ei fwyta.

Wrth ddewis ryseitiau ar gyfer tasg benodol efallai y bydd gofyn i chi ystyried unrhyw un o'r meini prawf canlynol; neu efallai bydd rhaid i chi ddatblygu neu newid rysáit oherwydd bod aelod o'r teulu'n dioddef o gyflwr deietegol.

Credoau crefyddol

I grynhoi, mae gan grefyddau penodol gyfyngiadau ar yr hyn y maen nhw'n cael ei fwyta, neu ddim ond bwyd sydd wedi'i ladd mewn ffordd benodol maen nhw'n cael ei fwyta (e.e. mae gan Fwslimiaid fwydydd halal ac Iddewon fwydydd kosher). Byddai arlwyo ar gyfer un o'r crefyddau hyn yn golygu y byddai'n rhaid i chi ddod o hyd i gigydd penodol fyddai'n gwerthu cig halal, neu gig kosher.

Ffigur 12.1 Siop cig halal

Dewisiadau moesegol

Mae dewisiadau moesegol yn cynnwys y rhai hynny sy'n dilyn deiet llysieuol, gan gynnwys llysieuwyr lacto-ofo, llysieuwyr lacto a feganiaid. Mae gan y rhain ofynion gwahanol:

● Mae llysieuwyr lacto-ofo yn bwyta wyau a chynnyrch llaeth ond ddim yn bwyta cig na physgod.
● Mae llysieuwyr lacto yn bwyta cynnyrch llaeth ond ddim wyau, cig na physgod.
● Nid yw feganiaid yn bwyta unrhyw gynnyrch anifeiliaid (gan gynnwys dim cynnyrch llaeth, wyau, cig na physgod).

Mae'r tabl yn dangos sut mae'n bosibl addasu rysáit i fodloni'r holl gategorïau deietegol hyn.

Rysáit ac eitem bwyd ar gyfer pastai'r bwthyn i rywun sydd ddim yn llysieuwr	Llysieuwr lacto-ofo	Llysieuwr lacto	Fegan
250 g o friwgig cig eidion	250 g o friwgig Quorn™	200 g o Brotein Llysiau Gweadog	200 g o Brotein Llysiau Gweadog
1 nionyn/winwnsyn	1 nionyn/winwnsyn	1 nionyn/winwnsyn	1 nionyn/winwnsyn
Ciwb stoc cig eidion	Ciwb stoc llysiau	Ciwb stoc llysiau	Ciwb stoc llysiau
Perlysiau, halen a phupur	Perlysiau, halen a phupur	Perlysiau, halen a phupur	Perlysiau, halen a phupur
150 g o foron	150 g o foron	150 g o foron	150 g o foron
1 tun o domatos wedi'u torri	1 tun o domatos wedi'u torri	1 tun o domatos wedi'u torri	1 tun o domatos wedi'u torri
350 g o datws	350 g o datws	350 g o datws	350 g o datws
25 g o fenyn	25 g o fenyn	25 g o fenyn	25 g o daeniad sydd ddim yn cynnwys cynnyrch llaeth
25 ml o laeth	25 ml o laeth	25 ml o laeth	25 ml llaeth soia

Tabl 12.1 Addasu rysáit i fathau gwahanol o lysieuwyr

Gweithgaredd

Edrychwch ar y newidiadau i'r rysáit yn Nhabl 12.1 ac atebwch y cwestiynau canlynol:

1 Nodwch yr holl newidiadau yn y rysáit.
2 Pam mae'r llysieuwr lacto-ofo yn gallu bwyta Quorn™, ond ddim y llysieuwr lacto?
3 Pam mae'r menyn wedi'i amnewid am daeniad sydd ddim yn cynnwys cynnyrch llaeth i'r fegan?

Roedd yn eithaf hawdd newid y rysáit hon ar gyfer pastai'r bwthyn i fod yn addas i dri deiet gwahanol. Bydd rhai ryseitiau'n anoddach, gan fod rhaid gwirio cynhwysion yn ofalus, yn enwedig os ydych chi'n defnyddio bwydydd wedi'u prosesu.

Gall dewis defnyddiwr olygu defnyddio cynhwysyn penodol neu fath penodol o gynhwysyn. Mae'n well gan rai pobl ddefnyddio bwydydd **organig** pan mae'n bosibl; mae eraill yn hoffi prynu cynnyrch **Masnach Deg** neu gynnyrch lleol.

Ffigur 12.2 Logo organig y Gymdeithas Pridd

Beichiogrwydd

Nid yw beichiogrwydd yn salwch, ond fel y gwelwyd ym Mhennod 4, mae nifer o fwydydd y mae angen i ferch feichiog eu hosgoi. Mae'n bwysig gwirio ryseitiau wrth goginio i ferched beichiog.

Clefydau a chyflyrau

Mae clefydau a chyflyrau eraill yn cynnwys diabetes Math 2, clefyd cardiofasgwlar, clefyd coronaidd y galon a chlefyd coeliag. Mae'r holl gyflyrau hyn yn gofyn am addasiadau penodol i ddeiet, ac yn aml mae'n gofyn am amnewid cynhwysion i fodloni gofynion y cyflwr.

Mae **diabetes Math 2** yn broblem gynyddol yn y DU. Ar hyn o bryd mae dros 3 miliwn o bobl â diabetes, ac mae 95% o'r rhain â diabetes Math 2.

Nid oes unrhyw fwydydd wedi'u 'gwahardd' i rywun sydd â diabetes, ond mae dewisiadau bwyd yn bwysig. Mae bwyta deiet cytbwys yn bwysig, yn ogystal â bwyta prydau rheolaidd i gadw lefel y siwgr yn y gwaed yn gyson. Gall rhai sydd â diabetes Math 2 reoli eu cyflwr drwy ddim ond bwyta'r bwydydd iawn.

Gweithgaredd

1   Mae gan y wefan **www.diabetes.co.uk** nifer mawr o awgrymiadau a ryseitiau'n benodol ar gyfer y cyflwr hwn.

Edrychwch ar y wefan a gwnewch fwydlen am ddiwrnod i rywun sydd â diabetes Math 2.

2   Gofalwch eich bod yn darparu deiet cytbwys sy'n cynnwys yr holl faetholion angenrheidiol i gadw'n iach.

Mae **clefyd cardiofasgwlar** a **chlefyd coronaidd y galon** yn gyflyrau cysylltiedig. Deiet cytbwys, iach yw'r ffordd orau o leihau colesterol neu o gynnal cyflyrau colesterol isel, gan leihau'r risg o drawiad ar y galon neu strôc.

1   Dysgwch sut mae cynhyrchwr yn gorfod newid ei ddull o ffermio neu gynhyrchu cynnyrch fel ei fod yn cael ei gydnabod yn **organig**.

2   Gwnewch gyflwyniad i weddill eich dosbarth i ddangos beth sy'n rhaid ei wneud, a faint o amser mae'n ei gymryd i gydnabod fferm yn un sy'n cynhyrchu cynnyrch organig.

Gweithgaredd ymarferol

1   Mae gan wefan Sefydliad Prydeinig y Galon (**www.bhf.org.uk**) nifer o awgrymiadau a ryseitiau i rai sydd â'r clefydau hyn.

    Chwiliwch ar y wefan uchod am rysáit ar gyfer prif gwrs addas i rywun sydd ag un o'r cyflyrau hyn.

2   Ewch ati i gynllunio a choginio'r rysáit, a gwerthuso'r canlyniad gan ddefnyddio disgrifyddion synhwyraidd.

Mae'n rhaid i'r rhai sydd â **chlefyd coeliag** osgoi unrhyw fwydydd sy'n cynnwys glwten, felly bydd defnyddio unrhyw gynnyrch arbennig heb glwten fel amnewidyn yn gwneud y bwyd yn addas. Ond, petaech yn defnyddio blawd heb glwten, mae angen i chi gofio bod ei briodweddau'n wahanol i flawd arferol, ac ni fydd yn cynnal adeiledd, fel mewn bara neu deisennau sy'n cael eu gwneud o flawd arferol. Mae ryseitiau arbennig ar gyfer bara a theisennau heb glwten sy'n defnyddio cynhwysion eraill i helpu i ddarparu adeiledd i gynnal y toes sydd wedi codi.

Bara cyflawn arferol	Bara brown heb glwten
500 g o flawd bara cyflawn	325 ml o laeth hanner sgim
1 bag bychan o furum sych	2 wy mawr
1 llwy de o siwgr	1 llwy de o finegr gwin gwyn
Pinsiad o halen	450 g o flawd bara brown heb glwten
325 ml o ddŵr cynnes	2 lwy fwrdd o siwgr mân
1 llwy fwrdd o olew llysiau	1 bag bychan o furum sych
	3 llwy fwrdd o olew olewydd
	Pinsiad o halen
Dull	**Dull**
1 Cymysgwch y blawd, yr halen, y siwgr a'r burum mewn powlen.	1 Cynheswch y llaeth ychydig.
2 Ychwanegwch y blawd a'i gymysgu yn does.	2 Torrwch yr wyau mewn powlen fawr, ac ychwanegwch y finegr a'r llaeth cynnes a'u cymysgu.
3 Ychwanegwch yr olew a'i dylino am ddeng munud nes bod y toes yn feddal, yn ystwyth ac yn elastig.	3 Rhowch y blawd, yr halen, y siwgr a'r burum mewn powlen a'u cymysgu.
4 Rhowch y toes yn ôl yn y bowlen, ei orchuddio â lliain sychu llestri a'i adael mewn lle cynnes nes ei fod wedi dyblu mewn maint.	4 Ychwanegwch y cymysgedd llaeth a'i gyfuno nes ffurfio toes gludiog.
5 Rhowch y toes ar fwrdd a blawd arno a'i dylino eto nes ei fod yn llyfn ac yn elastig.	5 Ychwanegwch yr olew olewydd a dod â'r cyfan at ei gilydd yn belen yn eich dwylo.
6 Siapiwch y toes a'i roi ar silff bobi wedi'i hiro neu mewn tun torth wedi'i iro.	6 Rhowch y toes ar silff bobi wedi'i hiro a'i orchuddio â lliain sychu llestri llaith.
7 Gorchuddiwch â lliain sychu llestri a'i adael i godi mewn man cynnes am 35 munud.	7 Gadewch iddo godi mewn man cynnes am awr, neu nes y bydd wedi dyblu mewn maint.
8 Cynheswch y ffwrn i 200°C, Marc Nwy 6.	8 Cynheswch y ffwrn i 200°C, Marc Nwy 6.
9 Ar ôl i'r toes godi, pobwch y dorth am 35 i 40 munud nes ei bod yn frown euraidd ac wedi'i choginio drwyddi. Dylech glywed sŵn gwag wrth daro'r gwaelod yn ysgafn.	9 Ar ôl i'r toes godi, rhowch y dorth yn y ffwrn am 35 munud, neu nes ei bod yn frown euraidd ac wedi'i choginio drwyddi.

Tabl 12.2 Rysáit bara cyflawn arferol a rysáit bara brown heb glwten.

Ffigur 12.3a-b Bara cyflawn arferol a bara brown heb glwten

Gweithgaredd ymarferol

1 Gweithiwch gyda phartner. Mae un ohonoch yn gwneud y bara arferol a'r llall yn gwneud y bara heb glwten.
2 Cymharwch y canlyniadau. Gofynnwch i banel o flaswyr ddefnyddio disgrifyddion synhwyraidd i ddisgrifio'r ddau fath o fara.
3 Ydych chi'n credu bod y bara heb glwten yn ddewis amgen derbyniol i rywun â chlefyd coeliag?

Patrymau byw'r teulu

- Mae gan nifer o deuluoedd ddau riant sy'n gweithio, neu maen nhw'n deuluoedd un rhiant gyda'r rhiant yn gweithio.
- Mae gan rai teuluoedd gyllideb lai, sy'n gofyn am fod yn ofalus wrth gynllunio prydau oherwydd faint o arian sydd ganddyn nhw i'w wario.
- Anaml y bydd rhai teuluoedd yn bwyta gyda'i gilydd, gan fod gan aelodau o'r teulu ddiddordebau neu ymrwymiadau cymdeithasol gwahanol ar adegau gwahanol. Hefyd, mae llai o bwyslais ar fwyta gyda'i gilydd fel teulu y dyddiau hyn.

Efallai fod gan **rieni sy'n gweithio** lai o amser i'w dreulio ar goginio prydau. Mae'n hawdd iawn iddyn nhw ddechrau dibynnu ar fwyd parod wedi'i brosesu sydd ddim ond angen ei gynhesu pan fyddan nhw'n dod adref o'r gwaith, yn flinedig a heb amser i baratoi prydau cartref, iach.

Ond, mae'n bosibl gwneud bwyd o gynhwysion ffres, hyd yn oed os ydych chi'n gweithio amser llawn.

- Gallwch goginio swp o fwyd ar y penwythnos, yna rhewi cyfrannau o fwyd y gallwch eu hailwresogi ar noson waith a'u gweini gyda llysiau wedi'u coginio'n ffres. Enghreifftiau o fwydydd sy'n hawdd eu coginio mewn sypiau mawr yw saws pasta cartref, lasagne, chilli, pastai'r bwthyn, cawl, stiw, peli cig, cacennau pysgod, pastai pysgod, pasteiod, cannelloni, torth gig a byrgers cig eidion cartref. Mae nifer o wefannau sy'n cynnig ryseitiau y gallwch eu rhewi:
  ○ **www.bbcgoodfood.com/recipes/collection/freezable**
  ○ **www.bbcgoodfood.com/recipes/collection/batch-cooking**
  ○ **www.foodnetwork.co.uk**, yna chwiliwch am *Batch Cooking Recipes*.
- Hefyd, mae nifer o wefannau'n cynnig ryseitiau 20 munud neu 30 munud, fel ryseitiau 30 munud Jamie Oliver (**www.jamieoliver.com**).
- Yn aml mae gan archfarchnadoedd gardiau ryseitiau neu gylchgronau sy'n cynnwys ryseitiau cyflym.

Mae'n rhaid i **deuluoedd ar gyllideb gyfyngedig** edrych yn ofalus ar faint o arian y maen nhw'n gallu ei wario ar fwyd.

Mae nifer o ffyrdd i arbed arian, a pharhau â deiet iach, cytbwys:

1 Edrych am gynnyrch sydd ar gynnig arbennig mewn archfarchnad. Cynlluniwch bryd o fwyd o amgylch y cynnig hwn.

2 Prynu cynnyrch fel cig, pysgod a llysiau o'r adran 'rhatach', lle mae'r bwydydd yn agos at eu dyddiad 'gwerthu erbyn' neu 'defnyddio erbyn'. Gallwch naill ai eu defnyddio'r diwrnod hwnnw, neu rewi'r darnau cig neu bysgod i'w bwyta yn ddiweddarach yn yr wythnos. Defnyddiwch y ffrwythau neu'r llysiau y noson honno, neu gwnewch gawl, sawsiau neu bwdinau o'r rhain ar gyfer y diwrnod wedyn.

3 Prynu cynnyrch brand y siop ei hun yn hytrach na'r brandiau drutach. Gall y gwahaniaeth mewn pris fod yn fawr, ond fel arfer nid yw'r safon yn wahanol iawn.

4 Siopa mewn archfarchnadoedd rhatach fel Lidl ac Aldi, lle mae cynnyrch o safon uchel ar gael am brisiau llawer is.

5 Defnyddio ffrwythau neu lysiau tun neu wedi'u rhewi yn hytrach na rhai ffres. Yn aml mae ganddyn nhw'r un gwerth maethol ond maen nhw'n rhatach.

6 Siopa mewn marchnadoedd yn hytrach nag archfarchnadoedd – yn aml, gallwch brynu symiau llai o gynhwysion yn hytrach na phecyn mawr.

7 Defnyddio bwyd sydd dros ben i wneud pryd arall. Gall cyw iâr cyfan wneud cinio rhost, cyri cyw iâr y diwrnod wedyn a naill ai cawl cyw iâr neu stiw o'r sgerbwd ar gyfer y trydydd diwrnod.

8 Weithiau fe gewch chi siopau 'Pwyso ac Arbed' sy'n gwerthu nwyddau sych, rhydd y gallwch eu prynu mewn symiau bach ar gyfer ryseitiau.

Mae **teuluoedd sydd ddim yn bwyta gyda'i gilydd yn aml** yn dal i allu cael bwydydd iach os ydyn nhw'n rhewi cyfrannau unigol o fwyd. Mae hyn yn golygu bod pob un yn gallu ailwresogi'r bwyd pan mae angen.

Ffigur 12.4 Gall cyw iâr cyfan greu tri phryd gwahanol

Cyngor deietegol cyfredol

Ym Mhennod 4, fe fuom ni'n edrych ar gyngor cyfredol gan y llywodraeth am ddeiet iach. I'ch atgoffa o'r wyth rheol sy'n cael eu hawgrymu:

1 Dylai eich prydau o fwyd fod yn seiliedig ar fwydydd startsh.
2 Dylech fwyta o leiaf pum dogn o ffrwythau a llysiau bob dydd.
3 Dylech fwyta o leiaf ddau ddogn o bysgod yr wythnos, a dylai un o'r rhain fod yn bysgod olewog.
4 Dylech geisio lleihau faint o fraster dirlawn a siwgr rydych chi'n ei fwyta.
5 Dylech geisio bwyta llai o halen, dim mwy na 6 gram y dydd ar gyfer oedolion.
6 Dylech yfed digon o ddŵr.
7 Peidiwch â mynd heb frecwast.
8 Ceisiwch wneud ymarfer corff a bod â phwysau iach.

Hefyd, mae Cymeriant Dyddiol Argymelledig (*RDI: Recommended Daily Intake*) ar gyfer yr holl facrofaetholion a microfaetholion.

I gadw pobl yn iach, mae angen i bobl wneud nodyn o'r rheolau hyn wrth gynllunio prydau. Mae'n hawdd cyfeirio at ddiagram y Canllaw Bwyta'n Dda.

Mae'n bosibl addasu a newid ryseitiau i gyd-fynd â'r cyngor hwn.

Gweithgaredd

Dewiswch ddwy rysáit – y naill ar gyfer prif gwrs a'r llall ar gyfer pwdin. Awgrymwch addasiadau a newidiadau i wneud i'r ryseitiau gyd-fynd â'r wyth rheol uchod sydd wedi'u hargymell ar gyfer patrwm bwyta iach.

PWYNTIAU ALLWEDDOL: YSTYRIED DYLANWAD DEWISIADAU FFORDD O FYW A DEWISIADAU DEFNYDDWYR

* Bydd credoau moesegol a chrefyddol yn effeithio ar y dewis o gynhwysion ar gyfer ryseitiau.
* Bydd angen ystyried clefydau, cyflyrau ac alergeddau wrth ddewis cynhwysion ar gyfer eich ryseitiau.
* Bydd ffordd deuluol o fyw, gan gynnwys patrymau gwaith a chyllideb yn effeithio'n fawr ar y dewis o rysáit a chynhwysion.
* Bydd angen ystyried cyngor deietegol cyfredol wrth gynllunio deiet cytbwys, iach.

Cwestiynau arholiad enghreifftiol

1 Awgrymwch **dair** ffordd i deulu ar gyllideb gyfyngedig wario llai o arian ar fwyd. [3 marc]

2 Esboniwch pam y bydd blawd heb glwten yn cynhyrchu torth sy'n wahanol i un sydd wedi'i gwneud o flawd bara arferol. [6 marc]

Ystyried anghenion maeth a dewisiadau bwyd wrth ddewis ryseitiau

Ym Mhennod 4, fe fuom ni'n edrych ar anghenion maeth grwpiau oed gwahanol, a thrafod faint o faetholion mae'n rhaid i bob grŵp oedran eu cael.

Hefyd fe fuom ni'n edrych ar bobl â diffygion yn eu deiet, sy'n achosi cyflyrau fel **anaemia**, pobl ag **anoddefeddau** neu **alergeddau**, a phobl ag **anghenion egni uchel**.

Wrth ddewis ryseitiau, bydd angen i chi benderfynu ar y cynhwysion yn seiliedig ar ofynion y briff.

Anoddefeddau

Bydd angen i chi wirio cynhwysion yn ofalus, ac amnewid unrhyw gynhwysyn a allai fod yn beryglus neu achosi salwch neu anghysur. Gwiriwch gyda'r bobl rydych chi'n coginio ar eu cyfer cyn i chi ddechrau cynllunio'r saig, a ydyn nhw'n dioddef o unrhyw alergeddau neu anoddefeddau.

- Cofiwch: gall alergeddau i gnau fygwth bywyd.
- Mae anoddefedd lactos yn achosi anghysur i'r dioddefwr, ac mae nifer o ddewisiadau heb lactos ar gael.
- Gall rhai pobl fod ag alergedd i wyau neu bysgod cregyn.

Dewisiadau o ran ffordd o fyw

Os ydych chi'n coginio i lysieuwyr, bydd angen i chi ganfod pa fath o lysieuwyr ydyn nhw. Ym Mhennod 4, fe fuom ni'n edrych ar wahanol fathau o lysieuwyr.

Mae nifer o gynhwysion y gallwch eu defnyddio'n llwyddiannus fel dewisiadau amgen mewn ryseitiau i fodloni gofynion y grwpiau gwahanol hyn. Mae enghraifft o sut i addasu rysáit i'w gweld yn Nhabl 12.1.

Prosesau a dulliau coginio

Ym Mhennod 6, fe fuom ni'n edrych ar effaith coginio ar fwyd, a sut mae dulliau coginio'n dinistrio rhai maetholion.

Os ydych chi'n ceisio cadw maetholion, mae angen i chi wirio sut mae rhai dulliau coginio'n dinistrio maetholion penodol.

Mae Tabl 6.2 yn dangos effaith coginio ar y prif facrofaetholion a microfaetholion.

Mae Tabl 6.3 yn dangos pa fitaminau mae dulliau coginio yn eu dinistrio.

Mae'n bwysig colli cyn lleied â phosibl o faetholion wrth goginio, felly mae'n rhaid bod yn ofalus wrth ddewis y dull coginio cywir.

Hefyd, efallai eich bod yn coginio ar gyfer pobl hŷn sy'n ei chael hi'n anodd cnoi. Felly, mae angen i chi ofalu eich bod chi ddim yn cynnwys bwydydd caled neu anodd eu cnoi y maen nhw'n methu eu bwyta. Efallai bydd pobl hŷn ag arthritis yn ei chael hi'n anodd dal cyllell a fforc, a thorri bwydydd.

Os ydych chi'n coginio i blant ifanc iawn, mae **rheoli cyfrannau** yn bwysig iawn. Does dim angen cymaint o fwyd ar blant ifanc â phlant hŷn neu oedolion, ac mae bwyd bach, hawdd ei fwyta yn aml yn fwy atyniadol i annog plant i fwyta.

Ffigur 12.5 Pryd sy'n addas i berson hŷn sy'n ei chael hi'n anodd cnoi neu dorri bwyd

Gweithgaredd ymarferol

Ewch ati i gynllunio a choginio prif gwrs addas i blentyn 5 mlwydd oed.
1 Edrychwch yn ôl ar Bennod 4 i weld pa fwydydd sy'n angenrheidiol, a faint sy'n cael ei argymell fel *RDI* y grŵp oedran hwnnw (edrychwch ar Dabl 4.1).
2 Esboniwch pam rydych wedi dewis y rysáit honno, a nodwch lle mae'r holl faetholion angenrheidiol.
3 Gwnewch y saig a thynnwch lun ohoni.
4 Gwnewch siart o eiriau disgrifiadol synhwyraidd, neu siart 'gwenoglun' (*smiley face*) i'r plentyn ei lenwi ac, os yw'n bosibl, gofynnwch i blentyn 5 mlwydd oed ei fwyta a'i werthuso i chi.

Ffigur 12.6 Maint cyfran plant o'i gymharu â maint cyfran oedolion.

Mae rheoli cyfrannau yn bwysig wrth arlwyo i rywun sy'n **ceisio colli pwysau neu gadw'r un pwysau**.

Ym Mhennod 4, fe fuom ni'n trafod ffyrdd i helpu rhywun i golli pwysau. Mae rheoli cyfrannau yn bwysig, yn enwedig os ydych chi'n lleihau faint o galorïau rydych chi'n eu bwyta. Bydd pwyso cynhwysion a chyfrifo calorïau'n ofalus, gan ddefnyddio Tabl 5.1, yn golygu y byddwch yn fwy tebygol o lawer o gynnig pryd â'r nifer union o galorïau i alluogi'r unigolyn i golli pwysau neu gadw'r un pwysau. Mae gan fwydydd brasterog werth caloriffig uwch o lawer na bwydydd startsh.

Mae faint o galorïau hefyd yn bwysig i rywun ag **anghenion egni uchel**. Os yw'r person rydych chi'n coginio ar ei gyfer wedi bod yn wael, neu os oes ganddo gyflwr deietegol sy'n golygu ei fod ddim yn amsugno egni mor hawdd, neu ei fod yn athletwr neu'n berson chwaraeon, bydd angen i chi gyfrifo ei **BMR** a'i lefelau **PAL** i gyfrifo faint o galorïau sy'n ofynnol yn ei ddeiet, ac yna defnyddio'r cyfrifiadau yn Nhabl 5.1 i gyfrifo faint o galorïau sydd yn y pryd neu'r saig rydych chi'n bwriadu ei choginio.

Cwestiynau arholiad enghreifftiol

1 Nodwch **ddau** gyflwr deietegol pan fyddai'n rhaid i chi ddefnyddio cynhwysion amgen, ac esboniwch pam mae'n rhaid amnewid y cynhwysion hyn gyda dewisiadau eraill. [4 marc]

2 Trafodwch resymau pam y gallai fod angen deiet mwy meddal ar bobl hŷn na phobl iau, a rhowch **ddau** awgrym ar gyfer prif gwrs a phwdin i rywun hŷn. [6 marc]

Datblygu, adolygu a gwella eich ryseitiau

Os oes gennych chi arfer o werthuso eich holl goginio, a'ch bod yn defnyddio disgrifyddion synhwyraidd o Dabl 11.4 i i esbonio'n llawn sut olwg, arogl a blas sydd ar eich saig, byddwch yn gallu awgrymu gwelliannau ar gyfer eich saig neu'ch pryd petaech yn ei goginio eto.

Hefyd, efallai eich bod wedi defnyddio **profion blasu** i ganfod barn pobl am eich bwydydd. Gall y rhain eich helpu i awgrymu addasiadau neu welliannau. Mae profion blasu'n cael eu trafod ym Mhennod 10, Ffactorau sy'n effeithio ar ddewis bwyd.

Cam cyn hynny yw gallu edrych ar rysáit o'ch dewis a nodi unrhyw newidiadau neu welliannau y gallwch eu gwneud wrth gynllunio **cyn i chi ei gwneud**, i sicrhau bod y saig yn bodloni'ch briff.

Hefyd, mae angen edrych ar y pwyntiau canlynol:

- **Ydych chi'n defnyddio cynhwysion priodol?** Os yw'r saig ar gyfer oedran, cyflwr deietegol, clefyd neu anoddefedd penodol, ydych chi wedi gwirio bod yr holl gynhwysion yn addas i'r unigolyn hwnnw? Os na, pa newidiadau mae angen i chi eu gwneud?
- **Ydych chi'n defnyddio'r broses a'r dull coginio cywir?** A fydd y prosesau paratoi a choginio'n cadw maetholion? A fydd y bwyd yn newid ei liw wrth ddisgwyl

i gael ei goginio? A fydd y bwyd yn cael ei goginio ar amser? Ydy hi'n bosibl ei ailwresogi'n ddiogel? A fydd yn edrych yn ddeniadol?

- **Ydy maint y cyfrannau'n gywir?** I bwy rydych chi'n coginio'r bwyd? Ydych chi wedi cyfrifo'r cynnwys egni os yw'r bwyd i ddeiet isel mewn caloriau neu ddeiet egni uchel?

Rheoli eich amser a chost eich ryseitiau

Ym Mhennod 11, roedd Tabl 11.1 a Thabl 11.2 yn rhoi enghreifftiau o gynlluniau amser y gallech eu paratoi wrth gynllunio eich saig neu'ch pryd. Mae hyn yn bwysig i weld a yw'r saig neu'r seigiau rydych wedi'u dewis yn cyd-fynd â'r amser coginio. Mae hefyd yn dangos eich gallu i reoli coginio nifer o seigiau ar yr un adeg.

Mae cost ryseitiau hefyd yn bwysig, nid dim ond os yw'r briff yn gofyn am bryd rhad, ond hefyd i sicrhau nad yw eich teulu eich hun yn gwario gormod o arian ar gynhwysion eich seigiau.

Mae angen i chi fod yn ymwybodol o gost cynhwysion, sy'n gallu bod yn ddrud. Mae llawer o gigoedd, pysgod a chawsiau yn ddrud, ac mae'n bosibl dewis opsiynau rhatach.

Edrychwch ar y rhestr o awgrymiadau ar dudalen 250 (Patrymau byw'r teulu) am ffyrdd o arbed arian i deuluoedd ar gyllideb gyfyngedig. Ewch ati i ymgorffori'r rhain yn eich prosesau cynllunio. Nodwch lle'r ydych wedi dewis cynhwysyn amgen sy'n rhatach.

Defnyddio eich sgiliau profi a gwerthuso synhwyraidd

Mae angen i chi allu gwirio a yw bwyd wedi'i goginio, gan ddefnyddio'r technegau a drafodwyd ym Mhennod 11, Sgìl 19, tudalennau 236–237. Mae'r rhain yn cynnwys defnyddio prôb tymheredd, cyllell neu sgiwer, defnyddio bys neu'r prawf 'procio', defnyddio prawf 'brathiad' a gwirio lliw neu sŵn.

Wrth goginio, mae angen i chi flasu'r bwyd i sicrhau bod y sesnin yn iawn ac addasu faint sy'n cael ei ychwanegu i gael y canlyniad mwyaf blasus. Mae hyn yn cael ei drafod ym Mhennod 11, Sgìl 20, tudalennau 237–238. Cofiwch ei bod yn hawdd ychwanegu mwy o sesnin, ond mae'n anodd iawn cywiro gormod o sesnin.

Hefyd efallai bydd angen i chi addasu amserau coginio. Er enghraifft, os ydych chi'n newid maint cyfrannau'r rysáit, drwy ei gwncud i ddau yn lle pedwar, yn ogystal â haneru maint y cynhwysion, efallai bydd angen lleihau'r amser coginio.

Efallai bydd angen i chi ychwanegu rhagor o liw neu weadedd i'r saig. Gallwch wneud hyn drwy ychwanegu cyfwydydd lliwgar neu garnais syml.

Mae'n rhaid i chi allu cyflwyno eich bwyd yn ddeniadol, gan ddefnyddio garnais yn y ffordd sy'n edrych orau.

Cwestiynau arholiad enghreifftiol

1 Awgrymwch **ddau** fath gwahanol o sesnin y gallech eu hychwanegu i roi blas ar saig yn lle halen os ydych yn cynllunio saig ar gyfer deiet isel mewn halen. **[2 farc]**

2 Nodwch **un** ffordd o ostwng cost saig gyda physgod ac esboniwch sut byddai hyn yn gostwng pris y cyfan. **[2 farc]**

3 Trafodwch fanteision rhoi garnais ar fwyd i wneud iddo edrych yn fwy deniadol. **[4 marc]**

Esbonio, cyfiawnhau a chyflwyno eich syniadau

Mae angen i chi allu awgrymu cynhwysion amgen, prosesau, dulliau coginio a chyfrifo maint cyfrannau, a gallu **esbonio** a **chyfiawnhau** y newidiadau hyn.

Mae angen i'r arholwr wybod eich bod yn deall pam rydych wedi newid unrhyw beth. Dylai eich **cyfiawnhad** a'ch **esboniad** gynnwys:

- Cyfeiriad at unrhyw sail wyddonol i'r newid. Dyma enghraifft o hyn:

> Mae gan y rysáit hon ar gyfer tarten ffenigl lenwad o crème fraiche ac mae'r velouté wedi'i wneud o stoc y ffenigl. Yna mae'n cael ei bobi yn y ffwrn. Rwyf i'n credu y bydd y llenwad yn rhy wlyb, ac na fydd yn edrych yn ddeniadol, gan y bydd yn gollwng o'r darten wrth ei thorri. Rwyf am ychwanegu wy wedi'i guro at y velouté, gan y bydd hwn yn dadnatureiddio wrth goginio ac yn ceulo, gan achosi i'r llenwad setio ychydig. Felly bydd y cyflwyniad yn fwy deniadol.

- Cyfeiriad at unrhyw angen deietegol am y newid. Dyma enghraifft o hyn:

> Rwyf yn gwneud y saig hon i rywun ag anoddefedd lactos. Mae hyn yn golygu nad oes ganddyn nhw'r ensym i dreulio siwgr llaeth, neu lactos. Rwy'n mynd i amnewid y llaeth hanner sgim am laeth heb lactos.

- Cyfeiriad at unrhyw sesiynau ymarfer neu brawf blasu rydych chi wedi'u cynnal. Gallai enghraifft o hyn gynnwys:

> Wrth ddewis fy sawsiau pasta fe ddefnyddiais i brawf graddio gyda blaswyr i gael hyd i'r un mwyaf poblogaidd. Yr un gyda'r perlysiau ychwanegol oedd hwn, felly dyma fy newis terfynol.
>
> Yn ystod fy sesiynau ymarfer, fe welais fod y crwst yn crebachu wrth ei goginio gan ei fod heb gael digon o amser i orffwys. Byddaf yn rhoi deng munud ychwanegol iddo yn yr oergell i ofalu ei fod yn oeri digon.

- Cyfeiriad at unrhyw newidiadau oherwydd amseru neu gost. Dyma enghraifft o hyn:

> Mae fy saig yn rhy ddrud i deulu ar gyllideb isel, felly rwyf am ddefnyddio pysgodyn gwyn rhatach, o'r enw celog (coley), yn hytrach na phenfras (cod). Mae hwn yn hanner pris penfras.

- Cyfeiriad at unrhyw gynhwysion ychwanegol, sesnin neu unrhyw liw neu weadedd rydych chi wedi'u hychwanegu. Dyma enghraifft o hyn:

> Yn ystod y sesiynau ymarferol dywedodd yr holl flaswyr nad oedd y bwyd yn edrych yn ddeniadol, gan nad oedd yn lliwgar iawn. Rwyf am wneud ychydig o flodau tomato i'w rhoi ar ben y saig, sgleinio'r saig â melynwy cyn ei choginio fel y bydd yn frown euraidd, sgleiniog ar ôl ei choginio, a'i gweini gydag ychydig o mangetout wedi'u stemio i ychwanegu cyferbyniad o ran lliw.

Bydd angen i'r arholwr weld eich bod yn deall yr angen o ran pryd a sut i newid technegau rydych chi'n eu defnyddio wrth baratoi bwyd a choginio.

- Mae angen i chi ddefnyddio gwybodaeth flaenorol i esbonio a chyfiawnhau eich penderfyniadau ac addasiadau i rysáit neu bryd.
- Bydd cadw cofnod o'ch sesiynau ymarferol a'r gwerthusiadau yn eich helpu i ddod yn fwy hyderus, ac yn gallu gwella eich coginio a chyflwyniad eich bwyd.
- Dylech sicrhau eich bod yn cyfeirio at faeth, gwyddor bwyd, credoau crefyddol a moesegol a phrosesau coginio unrhyw adeg y byddwch yn gwneud addasiad, gan ddefnyddio pa un bynnag sy'n briodol.

Penderfynu pa dechnegau sy'n briodol i'w defnyddio wrth baratoi a choginio

Dylai'r rhain fod yn seiliedig ar y canlynol:

- Eich dealltwriaeth o faeth.
  - Mae Pennod 2 yn y llyfr hwn yn esbonio'r mathau o facrofaetholion a microfaetholion, eu rolau a'u swyddogaethau. Mae hefyd yn egluro sut mae'r maetholion hyn yn gweithio yn ein cyrff, a beth sy'n digwydd os ydym yn bwyta gormod neu ddim digon o'r rhain. Bydd angen i'ch cynllunio ddangos eich bod wedi ystyried y wybodaeth hon wrth benderfynu beth i'w goginio.
  - Mae Penodau 3, 4 a 5 yn edrych ar ofynion egni gwahanol unigolion, cynllunio deietau cytbwys a chyfrifo faint o egni a maeth sydd mewn seigiau a phrydau o fwyd. Mae'n rhaid i chi ddefnyddio'r wybodaeth hon a chyfeirio ati wrth gynllunio.
  - Mae Pennod 6 yn edrych ar sut mae gwres yn effeithio ar faetholion gwahanol. Mae angen i chi ddangos eich bod yn gallu defnyddio'r holl wybodaeth hon wrth benderfynu sut i goginio eich cynhwysion a'u paratoi ar gyfer eich sesiwn ymarferol. Os ydych yn ceisio cadw maetholion, nodwch pa ddull coginio sy'n gwneud hyn, er enghraifft stemio llysiau yn hytrach na'u berwi i gadw fitamin C.
- **Eich dealltwriaeth o fwyd.** Mae Pennod 6 yn edrych ar wyddor bwyd, beth sy'n digwydd wrth ei goginio a sut mae priodweddau gwahanol faetholion yn cael eu defnyddio i greu ein seigiau. Mae angen i chi ddangos eich bod yn gallu addasu technegau neu'r math o gynhwysyn i fodloni'r briff neu'r rysáit.
- **Eich dealltwriaeth o draddodiadau coginio.** Mae angen i chi allu addasu rysáit neu gynhwysyn ar gyfer crefydd neu ddiwylliant gwahanol sydd â chyfres o reolau ar gyfer y bwyd y mae'r dilynwyr yn gallu ei fwyta.
- **Eich dealltwriaeth o baratoi a choginio bwyd.** Byddwch wedi rhoi cynnig ar nifer o ryseitiau a thechnegau wrth wneud bwyd. Bob tro, dylai eich gwerthusiad gynnwys beth aeth yn dda, beth weithiodd i chi, a beth oedd angen ei wella. Bydd cadw cofnod o'r rhain yn help i gynhyrchu canlyniadau gwell, bod yn fwy hyderus a gallu newid cynhwysion neu brosesau coginio i sicrhau eich bod yn cael canlyniad llwyddiannus. Os byddwch yn cynnwys gwybodaeth i'r arholwr am yr hyn rydych chi wedi'i wneud, a pham rydych wedi'i wneud, rydych yn dangos eich dealltwriaeth.

Cwestiynau arholiad enghreifftiol

1 Ysgrifennwch esboniad o'r hyn sy'n digwydd i'r protein mewn wy pan mae'n cael ei ffrio. Defnyddiwch y derminoleg wyddonol gywir. [4 marc]

2 Esboniwch sut y byddech yn newid y cynhwysion mewn rysáit i fodloni anghenion rhywun sydd ag anoddefedd lactos. Rhowch enghreifftiau o gynhwysion amgen. [4 marc]

3 Awgrymwch **ddau** welliant y gallech eu gwneud i saig o basta cyw iâr sydd wedi'i beirniadu am beidio â bod yn ddigon lliwgar. [2 farc]

ADRAN 7

Asesu di-arholiad: Bwyd a Maeth ar Waith

Mae'r adran hon yn cynnwys y penodau canlynol:

Pennod 13 Asesiad 1: Asesiad ymchwiliad bwyd

Pennod 14 Asesiad 2: Asesiad paratoi bwyd

Fel rhan o'ch cwrs TGAU, bydd angen i chi gynhyrchu dau asesiad: yr Asesiad ymchwiliad bwyd a'r Asesiad paratoi bwyd, a fydd yn dangos eich bod yn gallu ymchwilio, cynllunio, rhagbrofi a chyfiawnhau dewisiadau yn ogystal â gweithio'n ddiogel ac yn hylan, gan gynhyrchu canlyniadau ymarferol gwych. Hefyd bydd angen i chi ddangos eich bod yn gallu gwerthuso eich gwaith ymarferol.

Mae'r ddau asesiad hyn werth 60% o gyfanswm eich marc TGAU. Mae 120 o farciau ar gael ar gyfer y ddau asesiad.

Ymchwiliad gwyddonol fydd yr asesiad cyntaf.

Bydd angen i chi gynnwys tystiolaeth sy'n dangos eich bod yn gallu:

- **ymchwilio ac archwilio** eich asesiad o ddewis, creu cynllun gweithredu a dyfalu'n ddeallus beth, yn eich barn chi, fydd y canlyniad
- **gweithredu eich cynllun gweithredu** gyda rhagbrofi, datblygu a phrofi, a chofnodi'r canlyniadau
- **dadansoddi**'r data a'r canlyniadau a dod i gasgliadau, gan gynnwys cyfiawnhau rhesymau dros lwyddiant neu fethiant y cynhwysion i weithio
- **esbonio** a brofwyd eich rhagfynegiad ai peidio, a'i **werthuso**.

Bydd angen i chi gyfyngu'r darn hwn o waith i **2,000–2,500 o eiriau**, sy'n cynnwys yr holl destun a'r blychau testun.

Mae'r asesiad hwn yn 20% o gyfanswm eich marciau TGAU.

- Byddwch yn cael hyd at **ddeg awr** i wneud yr asesiad hwn.
- Byddwch yn gallu cael cyfanswm o **40 marc** ar gyfer yr asesiad hwn.
- Byddwch yn cael dewis o **ddwy** dasg asesu wahanol.

Mae'r marcio'n cael ei rannu fel a ganlyn:

- **10 marc** ar gyfer yr ymchwilio a'r archwilio.
- **20 marc** ar gyfer gweithredu'r cynllun gweithredu, y rhagbrofi, y datblygu a'r profi.
- **10 marc** ar gyfer y dadansoddiad a'r esboniadau.

Bydd yr asesiad hwn yn gofyn i chi edrych ar nodweddion gweithredol a phriodweddau swyddogaethol a chemegol cynhwysyn neu gynhwysion penodol.

Bydd disgwyl i chi weithio'n hylan ac yn ddiogel bob amser.

Mae Adran 4 y llyfr hwn yn edrych ar wyddor bwyd ac yn ei disgrifio. Efallai y bydd yn ddefnyddiol i chi gyfeirio'n ôl at yr adran hon wrth baratoi ar gyfer eich Asesiad ymchwiliad bwyd.

Gallai enghraifft o dasg ymchwiliad bwyd edrych fel a ganlyn:

Ffigur 13.1 Bydd gofyn i chi ymchwilio i nodweddion gweithredol a phriodweddau swyddogaethol a chemegol cynhwysyn neu gynhwysion penodol – blawd, er enghraifft

> Mae nifer o fathau gwahanol o flawd ar gael.
>
> Ymchwiliwch i nodweddion gweithredol a phriodweddau swyddogaethol a chemegol *tri* math gwahanol o flawd, gan greu cynnyrch o'r tri math sy'n dangos y ffordd orau i ddefnyddio'r blawd hwnnw.
>
> Mae'n rhaid i waith ymchwiliol ategu'r asesiad hwn.

Adran A: Ymchwilio ac archwilio (10 marc)

- Dechreuwch drwy edrych ar beth yw blawd. Ysgrifennwch baragraff yn esbonio o beth mae blawd wedi'i wneud, i beth mae'n cael ei ddefnyddio, ei fod yn cynnwys startsh ac unrhyw wybodaeth berthnasol arall.

- Yna edrychwch ar yr holl fathau gwahanol o flawd sydd ar werth. Enghreifftiau o'r rhain yw:
  - blawd codi gwyn, blawd codi cyflawn
  - blawd plaen gwyn, blawd plaen cyflawn
  - blawd bara cryf gwyn, blawd bara cyflawn
  - blawd '00' Eidalaidd
  - blawd heb glwten.

- Ymchwiliwch i briodweddau'r mathau hyn o flawd ac i beth rydych chi'n eu defnyddio, yna cofnodwch beth rydych chi'n ei ddysgu. Bydd angen i chi gynnwys rhai disgrifiadau gwyddonol, a defnyddio'r derminoleg gywir i ddisgrifio beth sy'n digwydd wrth ddefnyddio'r mathau gwahanol hyn o flawd.

  Gallai enghraifft o hyn gynnwys:

> *Mae blawd codi yn cynnwys codyddion, a fydd yn cynhyrchu nwy carbon deuocsid wrth gymysgu blawd gyda hylif. Wrth i'r cynnyrch gael ei goginio, mae'r swigod nwy yn chwyddo ac yn achosi i'r cynnyrch godi. Gallwch weld hyn pan fyddwch yn gwneud teisen. Mae blawd codi yn flawd meddal, sy'n cael ei wneud o wenith y gwanwyn. Does dim llawer o glwten ynddo. Mae glwten yn brotein sydd mewn blawd cryfach, ac mae'n datblygu'n adeileddau hir wrth weithio'r blawd. Bydd yn caledu wrth ei goginio, gan ddal unrhyw swigod aer. Gallwch weld hyn wrth wneud bara. Mae blawd codi'n creu cynnyrch terfynol meddalach, ac rydym yn ei ddefnyddio i bobi teisennau.*

- Dewiswch dri math o flawd rydych chi am eu defnyddio. Gofalwch fod gennych esboniadau manwl o beth yw'r tri blawd hyn, beth sydd ynddyn nhw a beth yw eu priodweddau. Defnyddiwch nifer o ffynonellau gwahanol i gael eich gwybodaeth – er enghraifft cyfeirlyfrau neu wefannau. Gwnewch nodyn yn eich gwaith o ble rydych chi wedi cael y wybodaeth (**cyfeirnodi** eich gwaith yw'r enw ar hyn).

- Rhowch enghreifftiau o pryd rydych yn defnyddio'r mathau hyn o flawd mewn ryseitiau. Trafodwch bob rysáit, gan ddefnyddio terminoleg wyddonol pan allwch chi i esbonio beth yw rôl y blawd ym mhob rysáit.

  Gallai enghraifft o hyn gynnwys:

> *Mae blawd bara cryf yn cael ei ddefnyddio yn y rysáit hon ar gyfer bara oherwydd bod llawer o brotein a glwten ynddo. Mae wedi'i wneud o wenith caled, neu wenith y gaeaf, sy'n cael ei hau yn yr hydref ac ar ôl egino mae ynghwsg yn ystod y gaeaf ac yn tyfu eto yn y gwanwyn.*

> *Glwten yw'r protein sy'n cael ei ymestyn yn ystod y broses o dylino wrth wneud bara. Mae'n rhoi adeiledd i'r bara, ac yn dal y swigod carbon deuocsid sy'n cael eu cynhyrchu pan fydd y burum yn tyfu wrth i'r toes godi.*
>
> *Pan fydd y bara wedi'i goginio, mae gwres o'r ffwrn yn dadnatureiddio'r protein sydd yn y glwten ac mae'n creu adeiledd solet wrth bobi, sy'n cynhyrchu'r bara.*

- Cyfyngwch eich dewis i dair rysáit, ac esboniwch yn fanwl sut rydych yn ymchwilio i briodwedd pob math o flawd yn eich rysáit o ddewis.
- Gwnewch gynllun gweithredu. Nodwch eich **rhagdybiaeth**. Mae hyn yn golygu ysgrifennu am yr hyn rydych chi'n meddwl fydd yn digwydd wrth wneud a choginio eich seigiau. Gwnewch hyn mor fanwl â phosibl i gael y marciau uchaf. Defnyddiwch eiriau gwyddonol os gallwch chi.
  Gallai enghraifft o hyn gynnwys:

> *Rwyf yn credu mai'r blawd gwyn plaen fydd yn cynhyrchu'r canlyniad gorau mewn crwst brau oherwydd ei fod yn flawd meddal a does dim llawer o glwten ynddo. Mae angen i grwst brau fod yn greisionllyd, felly bydd y blawd plaen, meddal yn caniatáu i'r braster orchuddio'r blawd wrth ei rwbio i mewn, gan atal ffurfio darnau hir o glwten. Dydw i ddim am i'r crwst godi wrth iddo goginio, felly fydd hyn ddim yn digwydd oherwydd dydy blawd plaen ddim yn cynnwys codyddion.*

- Hefyd mae angen i chi gyfiawnhau eich rheswm dros gynnal yr ymchwiliadau sydd yn eich cynllun gweithredu.

I gael y marciau uchaf yn yr adran hon bydd angen i chi ddangos:
- Eich bod yn deall y dasg yn llawn drwy roi dehongliad manwl.
- Bod gennych ymchwil fanwl o nifer o ffynonellau gwahanol.
- Eich bod wedi cynhyrchu cynllun cynhwysfawr, gan ystyried nifer o ryseitiau a rhagdybiaethau gwahanol i bob dewis a nodwyd.
- Eich bod wedi defnyddio'r holl derminoleg wyddonol yn briodol.
- Eich bod wedi rhoi rheswm clir dros benderfynu gwneud y gwaith.

Adran B: Cynnal eich cynllun gweithredu (20 marc)

Dyma'r adran lle byddwch yn gwneud eich holl waith ymarferol, ac mae'n rhaid iddi gynnwys treialu ryseitiau, datblygu a phrofi, ac edrych ar briodweddau swyddogaeth a chemegol y cynhwysion rydych chi wedi dewis eu defnyddio.

- I'r dasg enghreifftiol, byddai angen i chi gael cynllun i wneud pob un o'r tair rysáit, gan ddefnyddio'r tri blawd. Bydd hyn yn golygu eich bod yn gwneud cyfanswm o naw cynnyrch. *(Wrth wneud eich ryseitiau does dim angen i chi wneud cynnyrch llawn, maint teulu – er enghraifft, os ydych chi'n gwneud crwst brau, gallech ddilyn rysáit i gynhyrchu sampl bach o'r crwst yn unig, e.e.100 g o flawd, 50 g o fraster.)*

Bydd angen i chi ddisgrifio'n fanwl y dulliau gweithredu rydych wedi'u defnyddio, gan esbonio beth wnaethoch chi. Rhaid i chi gynnal profion blasu gyda phanel o flaswyr, gan ddefnyddio profi synhwyraidd, siartiau, ac adborth cwsmer drwy asesiad cyfoedion.

Tynnwch luniau o'ch holl gynhyrchion i roi tystiolaeth i'r arholwr, gan gynnwys lluniau a dynnwyd yn ystod y broses wneud.

Ffigur 13.2 Cynnyrch bara wedi codi

- I'r dasg enghreifftiol, dechreuwch drwy wneud eich rysáit gyntaf gyda phob un o'r tri blawd. Efallai eich bod wedi dewis gwneud cynnyrch bara sy'n codi, ac felly mae angen blawd cryf sy'n cynnwys glwten i wneud adeiledd y bara. Byddech yn gwneud y cynnyrch bara gan ddefnyddio blawd bara gwyn cryf, blawd plaen a blawd codi. Byddai eich rhagdybiaeth ar gyfer y rysáit hon yn debyg i'r enghraifft a nodwyd uchod. Dydy'r blawd plaen na'r blawd codi ddim yn cynnwys cymaint o glwten, felly fydd canlyniad y ddau flawd hyn ddim yn codi gymaint, nac yn rhoi adeiledd digon cryf i gynnal swigod aer pan fydd y bara wedi'i goginio.
- Gwnewch y tair rysáit, a thynnwch luniau wrth eu gwneud ac o'r canlyniadau terfynol.
- Trefnwch brawf hoff ddewis gyda phanel blasu o'ch cyfoedion. (Mae manylion o fathau gwahanol o brofion hoff ddewis wedi'u cynnwys ym Mhennod 10, Ffactorau sy'n effeithio ar ddewis bwyd – edrychwch ar dudalen 184. Efallai bydd yn ddefnyddiol i chi gyfeirio'n ôl at y bennod hon i'ch helpu).
- Cofnodwch yr holl hoff ddewisiadau, a rhowch y canlyniadau ar siart o'ch dewis. Os yw'n bosibl, defnyddiwch raglen TG fel Excel i gynhyrchu'r siartiau.
- Nawr, ewch ymlaen gyda'r ddwy rysáit arall yn yr un ffordd.

I gael y marciau uchaf yn yr adran hon bydd angen i chi ddangos:

- Eich bod wedi rhagbrofi ac wedi addasu'r cynhwysion gan ddilyn eich cynllun gweithredu wrth baratoi a choginio. Gallai hyn olygu eich bod yn gorfod newid y math o fraster rydych yn ei ddefnyddio, neu frand y blawd.
- Bod gennych ddealltwriaeth ardderchog o nodweddion gweithredol a phriodweddau swyddogaethol a chemegol y cynhwysion rydych chi'n eu defnyddio, a bod eich dewisiadau terfynol yn seiliedig ar eich dealltwriaeth.
- Eich bod wedi cofnodi'n fanwl unrhyw newidiadau rydych chi wedi'u gwneud wrth baratoi a choginio. Enghraifft o hyn yw eich bod yn defnyddio taeniad gyda llai o fraster a chanran uchel o ddŵr, felly doedd y canlyniad ddim mor llwyddiannus.

- Eich bod wedi cynnal profion manwl ar eich cynnyrch, ac wedi eu cofnodi. Mae angen i chi drefnu prawf ffoff ddewis mewn ffordd sy'n gofalu bod y profion yn cael eu cynnal yn deg. Mae angen i chi esbonio beth rydych chi wedi'i wneud i sicrhau bod y profi'n deg. Efallai mai dim ond un ar y tro rydych chi wedi'i adael i mewn i'r ystafell i brofi'r cynnyrch, a bod y blaswyr eraill ddim yn cael trafod eu hoff ddewisiadau gyda'i gilydd.
- Eich bod wedi tynnu lluniau o bob cam o'ch paratoi a'ch coginio, ac wedi anodi pob llun gydag esboniadau manwl. Eich bod wedi esbonio'n fanwl beth mae pob llun yn ei ddangos.
- Eich bod wedi cyflwyno eich canlyniadau'n glir ac yn rhesymegol gan ddefnyddio amrywiaeth o fformatau. Gallai hyn gynnwys mathau gwahanol o siartiau, fel siartiau cylch, histograffau a diagramau corryn.

Adran C: Dadansoddi eich data a'ch canlyniadau (10 marc)

Dyma'r adran lle byddwch yn cyflwyno canlyniadau eich prawf hoff ddewis. Byddwch yn cyfiawnhau'r hyn wnaethoch chi a'r rhesymau dros lwyddiant neu fethiant eich rysáit, gan esbonio'r rhesymau. Byddwch yn dweud a oedd eich rhagdybiaeth yn gywir ai peidio.

Mae'n rhaid i ddadansoddiad eich canlyniadau fod yn glir a'ch ymchwil yn ei gefnogi. Mae'n rhaid i chi gyfeirio'n ôl at eich rhagdybiaeth neu'ch dyfalu gwybodus. Nodwch pam oedd y rysáit yn llwyddiannus neu'n aflwyddiannus, gan ddefnyddio geiriau gwyddonol pan mae angen.

I gael y marciau uchaf yn yr adran hon bydd angen i chi ddangos:
- Eich bod wedi dadansoddi'r dasg yn fanwl, ac wedi dod i gasgliadau ar sail gwybodaeth wyddonol a dealltwriaeth o'r cynhwysion rydych wedi dewis eu defnyddio yn eich tasg, a'r dulliau paratoi a choginio rydych chi wedi'u defnyddio.
- Bod gennych ddealltwriaeth ardderchog o'r dasg – rydych wedi cyfiawnhau'r hyn rydych wedi'i ganfod gyda rhesymau clir ar sail y dulliau yr ydych wedi'u defnyddio i gasglu canlyniadau eich profion.
- Eich bod wedi edrych ar eich rhagdybiaeth ar ddechrau'r dasg, a'ch bod wedi'i hadolygu, gan ddefnyddio'r data a'r wybodaeth o'ch ymchwiliad, gan ddangos eich bod yn deall y dasg.
- Bod eich llawysgrifen yn glir ac yn hawdd ei deall, a'ch bod wedi defnyddio geiriau gwyddonol a therminoleg yn eich gwaith.

Dyma enghraifft o sut byddech yn cyflwyno deilliannau a chanlyniadau o brawf hoff ddewis gwneud y cynnyrch bara:

> *Mae'r lluniau o fy nghynnyrch bara yn dangos mai'r blawd bara gwyn a roddodd y canlyniad gorau. Pan dorrwyd y bara roeddwn yn gallu gweld bod gweadedd y bara'n gyson a doedd dim tyllau mawr yn y toes.*
>
> *Yn fy rhagdybiaeth, dywedais mai'r blawd bara cryf sy'n cynnwys y swm mwyaf o glwten. Felly y cynnyrch terfynol sy'n defnyddio'r blawd hwn fyddai'n debygol o fod yn fwyaf llwyddiannus, gan y byddai'r glwten yn cael*

ei ymestyn yn ystod y broses o dylino wrth wneud y cynnyrch bara. Mae hyn yn golygu ei fod yn rhoi adeiledd i'r toes, a fydd yn caniatáu dal y swigod aer sy'n cael eu cynhyrchu wrth i'r burum dyfu, felly bydd y toes yn codi. Os yw'r bara wedi ei dylino ddigon, bydd y toes yn codi'n gyson ac unwaith mae'r bara wedi'i goginio, mae'r glwten yn dadnatureiddio ac yn caledu, gan ddal yr aer yn y cynnyrch bara wedi'i goginio. Bydd y bara terfynol yn ysgafn, wedi'i goginio drwyddo, a phan fydd yn cael ei dorri ni fydd unrhyw dyllau aer mawr yn y toes.

Nid yw'r cynnyrch bara sydd wedi'i wneud â'r blawd plaen wedi codi gystal â'r un sydd wedi'i wneud â blawd cryf. Hefyd mae'r cynnyrch hwn wedi codi'n anghyson, ac wrth ei dorri'n agored roedd y toes wedi'i gywasgu ac nid oedd yn ddeniadol. Mae hyn oherwydd does dim llawer o glwten yn y blawd, ac roedd yn methu ffurfio darnau hir i gynnal y toes yn ystod y cam codi wrth i'r burum dyfu a chynhyrchu carbon deuocsid. Mae hyn wedi gwneud i'r bara godi'n anghyson a chreu cynnyrch terfynol trwm.

Mae'r cynnyrch bara a wnaed â'r blawd codi hefyd wedi cynhyrchu canlyniad terfynol aflwyddiannus.

Dydy'r cynnyrch terfynol ddim wedi codi'n wastad, ac mae'n llai o lawer na'r un a wnaed â'r blawd bara cryf. Unwaith eto, mae hyn oherwydd dydy'r blawd ddim yn cynnwys llawer o glwten, a dydy'r toes ddim yn gallu cynnal y swigod o garbon deuocsid y mae'r burum yn eu cynhyrchu wrth i'r toes godi. Hefyd, mae'r blawd codi yn cynnwys ei godydd ei hun ar ffurf soda pobi a phowdr codi. Bydd y rhain yn gweithio yn erbyn y burum, gan y byddan nhw'n gweithio i wneud i'r cynnyrch godi. Mae hyn i'w weld yn y cynnyrch sydd wedi codi'n anghyson wrth ddefnyddio'r blawd hwn.

Yn ystod y prawf blasu cyflwynais y tri chynnyrch yn yr un modd, gan weini'r bara gyda menyn a jam. Roedd hyn i sicrhau bod pob un a oedd yn profi'r cynnyrch yn cael yr un profiad blasu yn union, gan sicrhau bod y prawf yn deg.

Mae canlyniadau fy mhrawf hoff ddewis yn dangos mai'r cynnyrch â'r blawd bara cryf oedd hoff gynnyrch y bobl a roddodd brawf blasu i'r tri chynnyrch.

Byddech yn parhau i drafod a dadansoddi'r holl gynhyrchion rydych chi wedi'u gwneud mewn ffordd debyg, gan fynd yn ôl at yr ymchwil a chyfeirio at y mathau o flawd, o beth maen nhw wedi'u gwneud, beth maen nhw'n ei gynnwys sy'n gwneud eich cynnyrch yn llwyddiannus neu'n aflwyddiannus.

Creu seigiau i ffurfio rhan o fwydlen

Asesiad paratoi bwyd fydd yr ail asesiad.

Bydd angen i chi gynnwys tystiolaeth sy'n dangos eich bod yn gallu:

- **ymchwilio ac archwilio** eich dewis
- **cynllunio** eich tasg a **chyfiawnhau** eich dewis o seigiau, gan gynnwys trefn weithio fanwl, wedi'i chydweddu
- **arddangos** eich sgiliau technegol drwy baratoi, coginio a chyflwyno eich seigiau mewn sesiwn 3 awr unigol
- **gwerthuso** eich asesiad ymarferol gorffenedig a chanlyniadau eich bwyd.

Dyma'r asesiad lle rydych chi'n arddangos eich sgiliau technegol.

- Bydd y gwaith hwn yn **30 ochr** o bapur **A4** ar y mwyaf (neu 15 tudalen neu gywerth ag A3), i gynnwys pob ffotograff, siart a graff gan ddefnyddio **ffont maint 11 neu 12**.
- Bydd gennych **15 awr** ar y mwyaf ar gyfer yr asesiad hwn: **12 awr** i ymchwilio, cynllunio, rhagbrofi a gwerthuso; a **3 awr** mewn sesiwn goginio unigol i gynhyrchu tair saig, o leiaf, gyda chyfwydydd addas i'r dasg a roddwyd.
- Bydd disgwyl i chi weithio'n hylan ac yn ddiogel yn ystod yr asesiad hwn.

Mae'r asesiad hwn yn 40% o gyfanswm eich marciau TGAU.

Byddwch yn cael dewis o **ddau** aseiniad gwahanol.

Yn yr asesiad hwn bydd rhaid i chi:

- Ymchwilio i'ch tasg o ddewis a rhagbrofi ryseitiau rydych wedi'u dewis a'u profi. Mae uchafswm o **10 marc** ar gyfer yr adran hon.
- Cynhyrchu bwydlen derfynol, cyfiawnhau dewis y seigiau hyn a chynhyrchu trefn weithio fanwl, wedi cydweddu. Mae uchafswm o **15 marc** ar gyfer yr adran hon.
- Paratoi, coginio a chyflwyno tair saig, o leiaf, gyda chyfwydydd priodol mewn un sesiwn goginio dair awr o hyd. Mae uchafswm o **45 marc** ar gyfer yr adran hon.
- Gwerthuso dewis, paratoi, coginio a chyflwyno eich seigiau. Mae uchafswm o **10 marc** ar gyfer yr adran hon.

Gallai enghraifft o asesiad fod fel a ganlyn:

> Rydych yn ceisio annog plant yn eu harddegau i fwyta mwy o ffrwythau a llysiau. Ewch ati i ymchwilio, paratoi a choginio amrywiaeth o seigiau sy'n dangos defnyddio ffrwythau a llysiau, a chynhyrchwch dair saig a fydd yn apelio at blant yn eu harddegau.

Adran A: Ymchwilio ac archwilio'r dasg (10 marc)

● Ar gyfer y dasg enghreifftiol, dechreuwch drwy ystyried pam mae angen annog plant yn eu harddegau i fwyta mwy o ffrwythau a llysiau. Esboniwch pa faetholion sydd mewn ffrwythau a llysiau a beth mae'r maetholion hyn yn ei wneud yn ein cyrff.

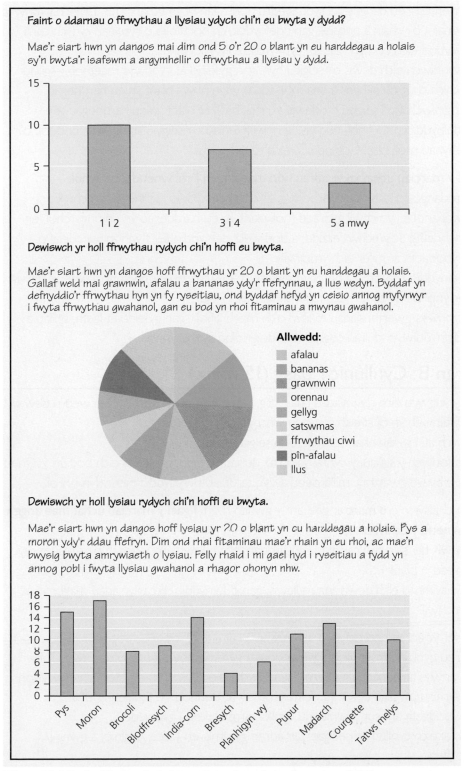

Faint o ddarnau o ffrwythau a llysiau ydych chi'n eu bwyta y dydd?

Mae'r siart hwn yn dangos mai dim ond 5 o'r 20 o blant yn eu harddegau a holais sy'n bwyta'r isafswm a argymhellir o ffrwythau a llysiau y dydd.

Dewiswch yr holl ffrwythau rydych chi'n hoffi eu bwyta.

Mae'r siart hwn yn dangos hoff ffrwythau yr 20 o blant yn eu harddegau a holais. Gallaf weld mai grawnwin, afalau a bananas ydy'r ffefrynnau, a llus wedyn. Byddaf yn defnyddio'r ffrwythau hyn yn fy ryseitiau, ond byddaf hefyd yn ceisio annog myfyrwyr i fwyta ffrwythau gwahanol, gan eu bod yn rhoi fitaminau a mwynau gwahanol.

Allwedd:
- afalau
- bananas
- grawnwin
- orennau
- gellyg
- satswmas
- ffrwythau ciwi
- pîn-afalau
- llus

Dewiswch yr holl lysiau rydych chi'n hoffi eu bwyta.

Mae'r siart hwn yn dangos hoff lysiau yr 20 o blant yn eu harddegau a holais. Pys a moron ydy'r ddau ffefryn. Dim ond rhai fitaminau mae'r rhain yn eu rhoi, ac mae'n bwysig bwyta amrywiaeth o lysiau. Felly rhaid i mi gael hyd i ryseitiau a fydd yn annog pobl i fwyta llysiau gwahanol a rhagor ohonyn nhw.

Ffigur 14.1 Enghraifft o ganlyniadau arolwg sy'n cael ei gyflwyno gan fyfyriwr

- Gwnewch arolwg o blant yn eu harddegau i weld faint o ffrwythau a llysiau maen nhw'n eu bwyta. Cyflwynwch eich canlyniadau mewn graffiau neu siartiau cylch. Anodwch ac esboniwch beth mae canlyniadau eich arolwg yn ei ddangos.
- Cynhyrchwch rai syniadau ar gyfer seigiau y gallech eu coginio. Cofiwch ddangos detholiad o sgiliau wrth ddewis eich ryseitiau. Cyfeiriwch at y rhestr o 20 sgìl mae angen i chi eu dangos, fel sydd wedi'u nodi'n fanwl yn Nhabl 11.3. Dylech gynnwys gymaint o'r rhain â phosibl, gan ddefnyddio'ch portffolio o ryseitiau rydych chi'n gwybod eich bod yn gallu eu cynhyrchu'n llwyddiannus.
- Esboniwch eich dewis o'r seigiau hyn, gan gyfeirio at gynnwys maethol, y sgiliau rydych chi'n eu dangos a pha mor addas ydyn nhw i blant yn eu harddegau.
- Coginiwch eich seigiau o ddewis a'u rhagbrofi ar blant yn eu harddegau gan ddefnyddio prawf hoff ddewis. Tynnwch luniau o'r seigiau ac os yw'n briodol, o'r sesiynau profi blas. Cofnodwch eich canlyniadau.

I gael y marciau uchaf yn yr adran hon mae angen i chi wneud y canlynol:
- Arddangos dealltwriaeth arbennig o'r dasg, defnyddio technegau ymchwilio gwahanol fel ymchwil gynradd (holi plant yn eu harddegau yn uniongyrchol, er enghraifft), ac ymchwil eilaidd, a bod wedi defnyddio tair ffynhonnell o leiaf o wybodaeth ar gyfer eich ymchwil.
- Defnyddio rhagbrofi a phrofi ar gyfer eich dewisiadau cychwynnol i wneud dewis terfynol o seigiau. Dylech ragbrofi tair saig o leiaf.
- Cynnwys gwerthusiadau manwl o'ch rhagbrofion, gan gyfeirio at faeth, sgiliau a ddefnyddiwyd, dulliau coginio a nodweddion synhwyraidd.

Adran B: Cynllunio'r dasg (15 marc)

- Cyfyngwch eich dewisiadau i dair saig, gan gyfiawnhau pam rydych wedi'u dewis. Cyfeiriwch yn ôl at eich sesiynau ymchwilio a rhagbrofi.
- Ewch ati i gyfiawnhau sut mae eich seigiau'n bodloni'r briff.
- Trafodwch y sgiliau, y cynhwysion a'r dulliau coginio, gan ofalu eich bod yn ystyried cost bwyd/gwastraff, milltiroedd awyr, tarddiad bwydydd a natur dymhorol.

Mae uchafswm o **6 marc** ar gael am y gwaith hwn. **I gael y marciau uchaf mae angen i chi wneud y canlynol:**
- Dewis tair saig sy'n caniatáu i chi arddangos yn llawn amrywiaeth o'r sgiliau mwy anodd o Dabl 11.3.
- Cyfiawnhau eich dewisiadau'n llawn, gan ddefnyddio'ch canlyniadau rhagbrofi ac ymchwil.

Ar gyfer yr adran hon hefyd, mae angen:
- Creu cynllun amser wedi'i gydweddu ar gyfer y sesiwn goginio dair awr. Cofiwch gynnwys amseriadau a phwyntiau iechyd a diogelwch, yn ogystal â chynhwysion a symiau/pwysau cywir. (Cyfeiriwch yn ôl at Bennod 11, tudalen 208, am wybodaeth am sut i ysgrifennu cynllun amser wedi'i gydweddu).
- Dylai eich cynllun amser gael tair adran glir: mis-en-place; coginio; a gweini/ gorffen.

Gan fod rhaid i'r seigiau fod yn rhan o fwydlen, gallech ddewis cwrs cyntaf, prif gwrs a phwdin.

Isod mae enghraifft o sut y gallech esbonio eich dewis o seigiau pwdin i'w rhagbrofi. Byddwch wedi ysgrifennu yn barod eich rheswm dros ddewis eich seigiau eraill i'w rhagbrofi.

Roedd yn rhaid i mi ddewis seigiau sy'n rhan o fwydlen, ond hefyd annog plant yn eu harddegau i fwyta mwy o ffrwythau a llysiau. Fy newisiadau terfynol ar gyfer eu rhagbrofi yw pryd tri chwrs.

Mae nifer o blant yn eu harddegau'n dueddol o fwyta bwyd afiach, ac fel y gallwch weld o ganlyniadau fy arolwg, dim ond 5 o'r rhai a holais oedd yn bwyta pum darn neu fwy o ffrwythau a llysiau y dydd.

Ar gyfer adran pwdin y fwydlen rwyf wedi dewis tri phwdin yn seiliedig ar ffrwythau.

Fy mhwdin cyntaf yw sbwng, wedi'i addurno â ffrwythau a hufen. Byddaf yn defnyddio grawnwin a bananas i lenwi ac i addurno'r sbwng, gan fod fy arolwg yn dangos mai dyma rai o'r ffrwythau mwyaf poblogaidd.

Mae plant yn eu harddegau yn hoffi teisennau yn fawr, ac rwy'n credu y byddan nhw'n mwynhau'r pwdin hwn gan fod melyster yn y deisen, a'r ffrwythau'n rhoi dau ddogn o'r pump y dydd y mae'r llywodraeth yn ei argymell. Tua 80g o ffrwythau yw un gyfran, felly byddaf yn ceisio defnyddio digon o ffrwythau yn y llenwad ac i addurno i ddarparu hyn. Bydd hyn yn rhoi fitaminau, potasiwm yn y bananas, a ffibr yn y grawnwin a'r bananas.

Byddaf hefyd yn defnyddio hufen fel llenwad gyda'r ffrwythau. Bydd hyn yn rhoi llenwad meddal i'r sbwng, a gan ei fod yn cynnwys braster bydd yn rhoi teimlad hufennog yn y geg i'r cynnyrch. Byddaf yn defnyddio hufen hanner braster, gan fod y deisen sbwng yn cynnwys braster a siwgr sy'n rhoi gwerth caloriffig uchel iddi.

Mille-feuille wedi'i lenwi gyda llus ac iogwrt yw fy ail bwdin. Mae hwn yn cael ei wneud o hacnau crwst pwff, sy'n cael eu gosod fel brechdan gyda'i gilydd gyda'r ffrwythau a'r iogwrt. Roedd llus yn un o'r ffrwythau mwyaf poblogaidd yn fy arolwg. Maen nhw'n rhoi llawer o fitamin C i ni, sy'n bwysig i gael croen a deintgig iach. Mae hefyd yn helpu i gymryd haearn o'r bwydydd rydym ni'n eu bwyta. Mae plant yn eu harddegau, yn enwedig merched, yn gallu bod â diffyg haearn. Mae iogwrt yn rhoi rhywfaint o galsiwm, sy'n bwysig ar gyfer dannedd ac esgyrn iach. Mae plant yn eu harddegau yn dal i dyfu felly mae angen calsiwm arnyn nhw.

Rwy'n credu y bydd hwn yn bwdin poblogaidd, a byddaf yn gwneud y crwst pwff sy'n dangos sgìl lefel uchel.

Fy nhrydedd dewis ar gyfer pwdin i'w ragbrofi yw basged crwst ffilo wedi'i llenwi â chymysgedd o ffrwythau, a siocled wedi'i ddiferu drostyn nhw. Byddaf yn llenwi'r fasged ag afalau wedi'u sleisio a grawnwin, gan fod y rhain yn ffrwythau poblogaidd yn fy arolwg.

Byddaf yn gwneud y crwst ffilo. Mae'r pwdin hwn yn cynnwys llai o galorïau na'r sbwng a'r mille-feuille gan fod y crwst yn cael ei rolio'n denau iawn. Efallai bydd yn ddewis gwell i fynd gyda fy nghwrs cyntaf a fy mhrif gwrs, gan ei fod yn bwdin sydd ddim yn llenwi rhywun gymaint.

Drwy ddiferu haen denau o siocled drosto, rwy'n gobeithio y bydd yn apelio at blant yn eu harddegau, sydd fel arfer yn hoff iawn o siocled.

Fy mhwdin cyntaf yw teisen sbwng hufennog gyda hufen wedi'i chwipio, grawnwin a bananas.

Nid wyf yn hapus iawn gyda gweadedd nac ymddangosiad y deisen, ond dywedodd y bobl a flasodd y deisen fod blas hyfryd arni.

Mae canlyniadau'r profion blasu wedi'u nodi mewn graff isod.

Gofynnais i'r bobl a oedd yn blasu'r deisen roi marciau allan o ddeg am ymddangosiad, blas a gweadedd.

Ymddangosiad	Blas	Gweadedd
6	8	7
5	8	8
6	9	8
6	7	7
5	8	7
6	8	8
6	9	9
5	7	8
6	8	8

Fel y gwelwch, chefais i ddim marciau uchel iawn am ymddangosiad y deisen. Rwy'n credu y gallwn fod wedi bod yn fwy gofalus wrth dorri ac addurno'r deisen. Pan fyddaf yn gwneud fy nheisen derfynol, byddaf yn newid ychydig o bethau.

Byddaf yn newid y deisen i deisen sbwng wedi'i chwisgio, gan fy mod yn credu bod hyn yn rhoi gweadedd sy'n haws ei dorri a bydd y deisen yn edrych yn well ar ôl ei thorri.

Hefyd byddaf yn defnyddio llus i roi mwy o liw.

Mille-feuille yw fy ail bwdin, gyda chrwst pwff cartref, ac wedi'i lenwi ag iogwrt Groegaidd trwchus a llus.

Mae sut mae'r crwst wedi codi a'r haenau a gefais i ynddo yn fy mhlesio'n fawr.

Rwy'n credu bod hwn yn edrych yn ddeniadol iawn.

Mae canlyniadau'r profion blasu isod.

Ymddangosiad	Blas	Gweadedd
8	8	8
9	8	9
9	7	9
9	9	9
8	8	8
8	9	8
9	8	9
10	9	10
9	9	9

Fel y gallwch weld, cafodd y pwdin hwn farciau uchel ym mhob categori. Rwy'n hapus iawn fod hwn mor llwyddiannus.

Fodd bynnag, fe gymerodd y crwst pwff amser hir i'w wneud, gan fod angen iddo orffwys rhwng y rholio a'r plygu.

Dydw i ddim am ddewis y pwdin hwn ar gyfer fy newis terfynol oherwydd y ffactor amser, gan mai dim ond tair awr sydd gen i i gwblhau a gweini fy holl seigiau.

Basged ffilo, wedi'i llenwi â grawnwin, bananas a llus, a siocled wedi'i ddiferu drosti yw fy nhrydydd pwdin.

Mae hwn yn edrych yn dda iawn, ac mae'r canlyniad terfynol yn fy mhlesio.

Mae marciau'r profion blasu ar y dudalen nesaf.

Ymddangosiad	Blas	Gweadedd
10	8	8
9	8	8
9	9	9
10	8	8
9	8	8
9	9	8
9	8	9
9	8	8
9	8	8

Fel y gallwch weld, roedd hwn hefyd yn llwyddiant gyda'r rhai a oedd yn blasu'r pwdin. Roedd y crwst yn greisionllyd iawn a'r siocled yn ychwanegu melyster at y saig.

Cymerodd y crwst ffilo amser hir i'w wneud, ac roedd ei rolio mor denau yn anodd.

Ni fyddaf yn dewis gwneud y pwdin hwn oherwydd yr anawsterau hyn.

Cyfyngu eich dewisiadau

Pan fyddwch yn dewis eich tair saig derfynol i'w coginio, gallai enghraifft o sut y byddech yn ysgrifennu eich **cyfiawnhad** dros eich dewis edrych yn debyg i'r un isod. Dyma gyfiawnhad dros ddewis y **pwdin** o'r tri dewis rydych chi wedi'u rhagbrofi. Byddwch wedi ysgrifennu eich cyfiawnhad yn barod dros ddewis eich **cyrsiau cyntaf** a'ch **prif gyrsiau** i'w rhagbrofi.

Rhoddais y sbwng ffrwythau, y mille-feuille a'r basgedi ffilo i'r bobl yr oeddwn i wedi'u dewis i flasu. Fel y gallwch weld o ganlyniadau fy mhrofion blasu, y sbwng ffrwythau oedd fwyaf poblogaidd.

Rwy'n credu bod hyn oherwydd bod plant yn eu harddegau wedi arfer â bwyta teisennau, yn hytrach na chynnyrch crwst. Roedd rhai o'r bobl a flasodd fy mhwdinau heb fwyta crwst ffilo o'r blaen, gan nad yw'n gyffredin iawn, a doedden nhw ddim yn siŵr a fydden nhw'n ei ddewis eto. Fe wnaethon nhw fwynhau'r llenwad.

Rwy'n mynd i newid rysáit y deisen sbwng o sbwng hufennog i sbwng wedi'i chwisgio. Bydd hyn yn lleihau amser coginio ac oeri'r sbwng, yn ogystal â lleihau cynnwys braster y sbwng, gan ei wneud yn opsiwn mwy iach.

Cymerodd y crwst ffilo a'r crwst pwff amser hir i'w gwneud. Pan edrychais ar y seigiau eraill mae'n rhaid i mi eu coginio, penderfynais y byddwn i'n dewis y sbwng ffrwythau gan mai dim ond tair awr sydd gen i i goginio a gweini'r tri chwrs. Nid yw'n cymryd gymaint o amser i'w goginio a'i addurno. Gallaf wneud y deisen mewn dim ond deng munud, a thra mae yn y ffwrn gallaf wneud y ddwy saig arall.

Byddaf yn ychwanegu llus at y ffrwythau yn fy nheisen sbwng erbyn y saig derfynol, gan fod yr holl blant yn eu harddegau a flasodd fy mhwdinau wedi dweud bod llenwad y basgedi ffilo'n flasus iawn. Byddaf yn diferu ychydig o siocled ar ben y sbwng, gan fod y sylwadau ar y basgedi ffilo yn cynnwys cyfeiriadau at y cyfuniad hyfryd o siocled a llus.

Mae hyn yn golygu mai fy newis terfynol o bwdin yw teisen sbwng, wedi'i llenwi â grawnwin, bananas a llus mewn hufen hanner braster wedi'i chwipio. Byddaf yn addurno'r deisen gyda hufen, grawnwin wedi'u sleisio a llus, ac yna'n diferu siocled wedi toddi drosti.

Er bod cryn dipyn o fraster a siwgr yn y sbwng, wrth ychwanegu'r ffrwythau, gallwch leihau maint y darn o deisen oherwydd fy mod yn ychwanegu tri ffrwyth gwahanol. Mae hyn yn golygu does dim rhaid i'r darn o deisen fod mor fawr, gan y bydd y ffrwyth yn rhan fawr o'r pwdin.

Dyma luniau o fy mhwdin terfynol.

Mae **9 marc** ar gael am y gwaith hwn. **I gael y marciau uchaf yn yr adran hon mae angen i chi wneud y canlynol:**

- Cynhyrchu dilyniant neu gynllun gwaith clir, wedi'i gydweddu, gydag amseriadau manwl gywir sy'n cynnwys cyfeirio at bwyntiau diogelwch a rheoli ansawdd a rhestr gynhwysion fanwl gywir gyda symiau cywir.
- Dylai tair adran glir fod yn eich cynllun gwaith. Dylai rhywun arall allu ei ddilyn heb i chi fod yn bresennol i gynhyrchu canlyniadau ardderchog.

Adran C: Paratoi, coginio a chyflwyno bwydlen yn cynnwys tair saig a chyfwydydd (45 marc)

Dyma lle mae angen i chi ddangos i'r arholwr eich bod yn gallu gwneud eich ryseitiau o ddewis yn llwyddiannus ac yn gymwys, gan orffen gyda sgiliau cyflwyno arbennig a seigiau wedi'u coginio'n dda. Mae'n rhaid i chi baratoi, coginio a chyflwyno eich bwydlen mewn un sesiwn 3 awr.

I gael y marciau uchaf yn yr adran hon mae angen i chi:

- Ddilyn eich cynllun amser yn fanwl a gweithio'n annibynnol ac yn fedrus yn ystod y broses o baratoi, coginio a chyflwyno eich seigiau.
- Defnyddio'r tair awr sydd gennych chi'n llawn, gan ddefnyddio'r holl offer cywir ar gyfer pob saig, a pharatoi pob saig yn hyderus.
- Dangos amrywiaeth eang o sgiliau ar gyfer pob saig (gan gynnwys pedwar neu fwy o'r rhestr o 20 yn Nhabl 11.3), gan gynnwys sgiliau cymhleth ac amrywiaeth o dechnegau cyllell fel ffiledu pysgodyn neu dorri llysiau'n fanwl, i safon ardderchog.
- Pwyso a mesur yr holl gynhwysion yn fanwl gywir.
- Rheoli'r amser yn dda a chynhyrchu'r tair saig yn llwyddiannus yn y tair awr.
- Defnyddio o leiaf dau ddull coginio, gan gynnwys ar yr hob ac yn y ffwrn.
- Dangos eich bod yn gwirio priodweddau synhwyraidd, fel sesnin, drwy flasu ac addasu drwy gydol y broses goginio.
- Dangos eich bod yn addasu tymereddau yn ystod y broses storio/coginio/profi fel eich bod yn gallu gweini'r saig ar y tymheredd cywir.
- Cyflwyno eich seigiau terfynol i safon uchel iawn, gan rannu'ch saig yn gyfrannau manwl gywir, a dangos sut y byddai'n rhan o'r pryd.
- Addurno neu roi garnais ar eich saig i ddangos eich bod yn gallu rhoi sylw i fanylder i wneud i'r saig edrych yn well. Cynnwys amrywiaeth o liwiau i wella ymddangosiad y saig.

Rhaid i chi dynnu lluniau o'ch seigiau terfynol i'w rhoi yn eich asesiad.

Dylai'r lluniau gymryd dwy neu dair tudalen o bapur A4 (neu gywerth ag A3), a chael eu hanodi'n llawn.

Adran Ch: Gwerthuso'r asesiad (10 marc)

Yn yr adran hon bydd angen i chi ddangos eich bod yn gallu gwerthuso'r sgiliau rheoli amser a'r sgiliau technegol rydych wedi'u dewis a'u dangos wrth goginio, a'ch bod yn gallu defnyddio disgrifyddion synhwyraidd i ystyried blas, gweadedd, aroma ac ymddangosiad eich seigiau. Hefyd, mae angen i chi werthuso cyflwyniad a steil y bwyd yn y seigiau terfynol, a gallu awgrymu addasiadau neu welliannau i'ch seigiau terfynol.

I gael y marciau uchaf yn yr adran hon mae angen i chi:

- Roi sylwadau manwl am reoli eich amser yn ystod y sesiwn ymarferol, gan gynnwys y mis-en-place, y coginio a'r gweini.
- Gwerthuso'n llawn y sgiliau technegol rydych wedi'u defnyddio, gan esbonio pam eich bod wedi defnyddio'r rhain ar gyfer y saig benodol honno. Dyma enghraifft bosibl:

Ffigur 14.2 Myfyriwr yn paratoi cynhwysion mewn cegin

> *Es i ati i ffiledu'r pysgodyn cyn ei goginio gan fod angen rhannu'r saig a ddewisais yn bedair cyfran gyfartal. Roeddwn am rolio'r ffiledau o gwmpas y stwffin madarch gan fy mod wedi gweld wrth ragbrofi'r saig mai drwy baratoi'r pysgodyn fel hyn roeddwn i'n cael y cyflwyniad gorau.*

- Gwerthuso eich seigiau i safon uchel, gan ddefnyddio disgrifyddion synhwyraidd manwl gywir ar gyfer blas, gweadedd, aroma ac ymddangosiad.
- Rhoi manylion unrhyw newidiadau neu addasiadau i'r rysáit wreiddiol ac esbonio sut mae hyn wedi gwneud eich saig yn fwy llwyddiannus.
- Defnyddio'r derminoleg dechnegol gywir yn hawdd, edrych ar waith myfyrwyr eraill a nodi sut mae eich seigiau terfynol yn cymharu â gwaith myfyrwyr eraill.
- Awgrymu'n fanwl welliannau realistig i'ch gwaith eich hun, ar ôl i chi ei gymharu â gwaith myfyrwyr eraill.

Gwerthuso'r sgiliau technegol.

Mae'r enghraifft hon yn dangos sut y gallech werthuso'r sgiliau rydych chi wedi'u defnyddio wrth wneud y sbwng ffrwythau ar gyfer eich dewis o bwdin. Byddwch wedi ysgrifennu gwerthusiad o'r sgiliau ar gyfer eich **cwrs cyntaf** a'ch **prif gwrs** yn barod.

> *Wrth wneud fy sbwng, dangosais sgiliau pwyso a mesur yn gywir. Mae hyn yn bwysig, oherwydd os dydw i ddim yn defnyddio symiau cywir o gynhwysion, fydd y canlyniad ddim mor llwyddiannus.*
>
> *Hefyd, dangosais y sgìl o ymgorffori aer wrth chwisgio cymysgedd y deisen sbwng. Pan es i ati i chwisgio'r wyau a'r siwgr gyda'i gilydd, mae hyn yn achosi i'r aer gael ei ddal yn y cymysgedd. Mae'r protein yn yr wyau hefyd yn dadnatureiddio wrth eu chwisgio, ac yn ymestyn. Mae hyn yn golygu y bydd yn setio o amgylch y swigod aer wrth i'r sbwng goginio, gan helpu i greu adeiledd y sbwng. Fe fues i'n gogru'r blawd cyn ei ychwanegu, i gael gwared ar unrhyw lympiau, ac i helpu i ychwanegu aer at y blawd.*
>
> *Wrth ychwanegu'r blawd, fe wnes i'n siŵr fy mod yn ei blygu i mewn yn ofalus, gan ddefnyddio symudiad ffigur wyth gyda llwy fetel, i beidio â tharo unrhyw aer allan o'r cymysgedd.*
>
> *Fe wnes i iro fy nhuniau teisen, a'u leinio â phapur gwrthsaim fel nad oedd y cymysgedd yn glynu wrth y tuniau teisen. Roedd y sbwng terfynol wedi'i goginio'n berffaith ac yn edrych yn broffesiynol.*
>
> *Gwnes i'n siŵr fy mod yn taenu'r cymysgedd yn gyfartal rhwng y ddau dun teisen, gan ofalu bod y cymysgedd yn wastad. Felly bydd y ddwy deisen yr un maint ac yn coginio yn yr un amser. Roedd hyn hefyd yn golygu bod y ddwy deisen yn codi'n gyfartal.*

Cynhesais y ffwrn fel ei fod ar y tymheredd cywir cyn rhoi'r teisennau i mewn iddo.

Gadewais y deisen i goginio am bymtheng munud cyn i mi wirio ac agor drws y ffwrn i weld a oedd wedi coginio. Roedd hyn yn bwysig, oherwydd petawn i wedi agor drws y ffwrn cyn i'r deisen goginio, gallai achosi i'r deisen suddo.

Pan es i ati i addurno fy nheisen, torrais fanana yn denau a'i rhoi mewn sudd lemon cyn ei defnyddio i lenwi'r deisen, gan y bydd hyn yn atal y fanana rhag newid ei lliw oherwydd brownio ensymaidd.

Fe wnes i chwisgio'r hufen ac yna defnyddio rhywfaint ohono i lenwi'r deisen a'r gweddill ar ei phen. Torrais y grawnwin yn eu hanner, a golchais y llus, cyn eu sychu a'u defnyddio i addurno'r deisen.

Toddais y siocled mewn powlen dros ddŵr poeth, i'w atal rhag llosgi, ac yna'i ddiferu dros ben y deisen.

Gwerthuso eich seigiau i safon uchel gan ddefnyddio disgrifyddion synhwyraidd.

Wrth werthuso eich saig, cofiwch y bydd rhaid i'r arholwr sy'n marcio'ch gwaith ddibynnu ar eich lluniau a'ch disgrifyddion synhwyraidd i benderfynu a yw eich saig o safon uchel ac yn haeddu marciau uchel.

Byddwch wedi ysgrifennu gwerthusiad o'ch **cwrs cyntaf** a'ch **prif gwrs** yn barod.

Dyma enghraifft o werthusiad o'r sbwng ffrwythau. Defnyddiwch dabl 11.4 gyda'r rhestrau o eiriau synhwyraidd ym Mhennod 11. Hefyd gallwch ddefnyddio tablau, siartiau a diagramau seren i ddangos y marciau a roddodd eich blaswyr i chi. Yna gallwch anodi'r rhain i esbonio beth maen nhw'n ei ddangos, i roi gwybod i'r un sy'n darllen eich gwaith am y dadansoddiad synhwyraidd o'ch saig. Mae mwy o wybodaeth am broffiliau seren a sut i gyflwyno canlyniadau profion blasu ar dudalennau 188 a 189.

Mae fy sbwng ffrwythau'n edrych yn flasus, yn ddeniadol ac yn lliwgar. Mae'r sbwng wedi codi'n dda, ac mae'r ddau liw ar ei ben yn ychwanegu lliw – gwyrdd o'r grawnwin a'r porffor/glas tywydd o'r llus. Mae'r siocled wedi'i ddiferu yn cyferbynnu'n dda â'r hufen golau.

Wrth dorri fy sbwng, mae gweadedd ystwyth ganddo pan mae'r gyllell yn mynd i mewn iddo. Mae hyn oherwydd y sbwng ysgafn sydd wedi codi'n dda, sy'n gwthio ychydig yn erbyn y gyllell wrth iddi dorri drwy'r deisen. Mae gweadedd sbwngaidd dwys ganddi, heb unrhyw dyllau amlwg. Felly cafodd ei chymysgu'n dda, gyda'r wyau a'r siwgr wedi'u curo nes eu bod o liw golau ac yn ddigon trwchus i adael ôl yn y cymysgedd, a'r blawd i gyd wedi'i gyfuno'n dda.

Mae'n lliw melyn euraidd hyfryd, ac mae'r top yn frown euraidd oherwydd y siwgr yn decstrineiddio wrth goginio, a'r wy yn cyfrannu at y lliw brown euraidd.

Wrth flasu'r sbwng, rydych chi'n cael cyferbyniad rhwng y sbwng meddal, blas ysgafn y fanana a'r llenwad hufennog, sy'n toddi yn eich ceg. Mae'r llus a'r grawnwin ar ben y sbwng yn rhoi blas cadarn i gyferbynnu â'r sbwng meddal a'r llenwad hufennog.

Mae fy sbwng yn blasu'n felys, gyda theimlad hufennog hyfryd yn y geg o'r hufen wedi'i chwisgio. Cafodd y bananas eu caenu mewn sudd lemon i atal brownio ensymaidd, ac mae'r sudd lemon yn rhoi blas siarp i'r ffrwyth, sy'n eithaf braf. Mae'r llus a'r grawnwin yn rhyddhau blas ffrwythau hyfryd sy'n tasgu i'ch ceg wrth i chi flasu topin y sbwng. Mae hyn yn cyferbynnu â'r blas hufennog a'r teimlad yn y geg gan yr hufen wedi'i chwisgio sydd o dan y ffrwythau. Mae'r siocled yn rhoi melyster a rhywfaint o flas brasterog, sy'n gorchuddio y tu mewn i'r geg.

Dangos dealltwriaeth o gynnwys maethol eich saig:

Bydd angen i chi esbonio sut mae eich dewis o gynhwysion yn berthnasol i'ch tasg, a nodi pa faetholion sydd yn eich saig, a beth maen nhw'n ei wneud yn y corff.

Mae'r enghraifft isod yn dangos sut y gallech ysgrifennu am y cwrs **pwdin**. Byddwch wedi ysgrifennu am eich **cwrs cyntaf** a'ch **prif gwrs** yn barod.

Yn yr achos hwn rydych yn sôn am y ffrwythau rydych chi'n eu defnyddio, ond gallwch wneud sylwadau ar gynnwys maethol cynhwysion eraill yn y sbwng ffrwythau hefyd.

Dyma enghraifft o ran o'r adran hon:

Fy nhasg oedd ceisio annog plant yn eu harddegau i fwyta mwy o ffrwythau a llysiau drwy ddylunio a gwneud bwydlen sy'n addas iddyn nhw.

Bydd fy sbwng ffrwythau'n cyfrannu at anghenion maeth dyddiol plentyn yn ei arddegau, ac yn ddigon blasus a deniadol i'w annog i'w fwyta.

Mae'r sbwng yn cynnwys siwgr, wyau a blawd. Newidiais y sbwng o sbwng hufennog i sbwng wedi'i chwisgio i leihau'r braster ynddo. Mae braster yn bwysig fel ffynhonnell egni, i roi haen sy'n ynysu ein cyrff ac i warchod organau ein corff. Gall hefyd gynnwys fitamin A a D, sy'n fitaminau hydawdd mewn braster, os ydyn nhw wedi'u hychwanegu ato, er enghraifft mewn margarîn. Ond, gall gormod o fraster achosi problemau yn y corff. Gallai achosi i rywun fod dros ei bwysau os ydy'n bwyta gormod ohono, ac yna'r corff yn storio'r braster. Gall braster dirlawn hefyd achosi problemau drwy godi lefelau colesterol yn y gwaed, a chyfrannu at glefyd y galon. 95 g y dydd yw'r swm o fraster sy'n cael ei argymell i ddyn cyffredin, ac ni ddylai mwy na 30 g ohono fod yn fraster dirlawn.

Mae'n debyg ei bod yn well gan nifer o blant yn eu harddegau fwydydd llawn braster a siwgr, felly rwy'n lleihau faint o fraster sydd yn y rysáit i geisio'u helpu i gadw o fewn y cyfyngiadau sy'n cael eu hargymell.

Mae'r wyau yn y sbwng yn ffynhonnell o brotein, ac mae angen hwn i dyfu, atgyweirio ac i wneud hormonau ac ensymau yn y corff.

Carbohydrad yw'r blawd a fydd yn rhoi ychydig o egni i ni.

Carbohydrad yw'r siwgr hefyd. Mae gormod o siwgr yn ddrwg i'r corff gan y gallai achosi gordewdra a phydredd dannedd.

Y ffrwythau rwy'n eu defnyddio yw banana, grawnwin a llus.

Mae'r bananas yn ffynhonnell o botasiwm sydd ei angen i helpu i adeiladu proteinau, i ymddatod carbohydradau wrth eu treulio, i adeiladu cyhyrau ac i reoli gweithgarwch trydanol y galon.

Mae'r llus yn ffynhonnell wych o wrthocsidyddion, sy'n helpu i lyncu radicalau rhydd yn y gwaed a allai achosi rhai mathau o ganser. Mae Fitamin C ynddyn nhw hefyd sy'n angenrheidiol ar gyfer croen a deintgig iach ac i helpu gydag amsugno haearn o fwydydd eraill.

Mae'r grawnwin yn cynnwys ychydig bach o Fitamin B1 (Thiamin), sy'n angenrheidiol i ryddhau egni o garbohydradau wrth eu treulio, helpu'r nerfau yn y corff i weithio'n iawn a helpu gyda thyfiant yn y corff. Hefyd, mae'r grawnwin yn cynnwys Fitamin B2 (Ribofflafin) sy'n angenrheidiol i helpu gyda rhyddhau egni o garbohydradau wrth eu treulio a chadw eich croen yn iach.

Mae grawnwin yn cynnwys Fitamin B6, sy'n ymddatod carbohydradau wrth eu treulio, ac mae Fitamin K ynddyn nhw hefyd, sy'n helpu'r gwaed i geulo.

Mae'r holl ffrwythau sydd wedi'u cynnwys yma yn cynnwys ffibr sy'n angenrheidiol i gyflymu'r broses dreulio ac i atal rhwymedd drwy ychwanegu swmp i'r bwyd, a'i wneud yn haws i basio drwy'r system dreulio.

Esbonio sut mae cynaliadwyedd eich saig o ddewis, gan gynnwys cyfeiriad at filltiroedd awyr, wedi dylanwadu ar eich dewis.

Bydd angen i chi feddwl pa mor bell mae'r saig rydych wedi'i dewis wedi teithio. Os oes gennych chi gynhwysion o ffynonellau lleol, nodwch hyn. Os ydych chi wedi canolbwyntio ar ddefnyddio cynnyrch Prydeinig, dylech gynnwys y wybodaeth hon.

Mae enghraifft o'r esboniad ar gyfer y sbwng ffrwythau i'w gweld isod. Byddwch wedi ysgrifennu am eich **seigiau eraill** yn barod.

> Rwy'n ymwybodol iawn o effaith milltiroedd bwyd ar yr amgylchedd, ac yn ceisio defnyddio bwydydd lleol pan mae'n bosibl, i leihau ôl troed carbon y cynnyrch rwy'n ei brynu.
>
> Mae marchnad ffermwyr lleol yn fy nhref, felly cefais yr wyau yno, ac roedden nhw'n dod o fferm leol. Mae hyn yn golygu na fyddan nhw wedi teithio'n bell. Mae hyn yn rhoi incwm i'r ffermwr lleol. Mae hyn yn golygu y bydd yn gallu gwario arian yn lleol, a gobeithio, yn gallu cyflogi pobl leol i weithio ar y fferm gan y bydd yr arian sydd wedi'i wario ar yr wyau yn aros yn yr ardal leol.
>
> Mae'r siwgr yn gynnyrch Prydeinig, ac mae'n nodi'n glir ar y cefn ei fod wedi'i dyfu a'i gynhyrchu ym Mhrydain. Mae hyn yn rhoi gwaith i bobl o Brydain, ac yn cynhyrchu arian i'r economi drwy drethi.
>
> Mae'r blawd hefyd yn gynnyrch Prydeinig, wedi'i dyfu a'i falu ym Mhrydain, felly mae'r un rhesymau'n berthnasol.
>
> Prynais y llus mewn archfarchnad leol. Roedd dewis o lus o Periw, a llus o Sbaen. Dewisais y llus o Sbaen gan nad oedden nhw wedi teithio mor bell.
>
> Roedd y bananas hefyd o archfarchnad leol. Maen nhw'n dod o Ecuador, ond yn gynnyrch Masnach Deg. Mae hyn yn golygu bod y ffermwr wedi cael pris teg am ei gnwd, er eu bod wedi teithio'n bell. Maen nhw ychydig yn ddrutach na bananas sydd ddim yn gynnyrch Masnach Deg.
>
> Mae'r grawnwin yn dod o Sbaen, sydd eto yn creu llygredd wrth gludo bwyd, ond dydy hi ddim yn bosibl cael grawnwin sydd wedi'u tyfu yn y DU.

Defnyddio'r derminoleg dechnegol gywir yn hawdd, edrych ar waith myfyrwyr eraill a nodi sut mae eich seigiau gorffenedig yn cymharu â gwaith myfyrwyr eraill.

Wrth weithio gyda myfyrwyr eraill yn eich asesiad di-arholiad, byddai'n syniad da edrych ar waith myfyrwyr eraill ar ôl i chi orffen eich gwaith. Gallwch weld sut mae eu canlyniadau'n cymharu â'ch canlyniadau chi.

Gofalwch eich bod yn defnyddio'r holl eiriau cywir ar gyfer eich sylwadau ar y cynnwys maethol a swyddogaethau cynhwysion yn eich ryseitiau a'ch bod yn defnyddio disgrifiddion synhwyraidd wrth werthuso eich gwaith ymarferol.

Mae'r enghraifft isod yn dangos sut y gallech gymharu eich **pwdin** chi â phwdin myfyriwr arall. Byddech wedi cymharu eich **seigiau eraill** â chwrs cyntaf a phrif gwrs myfyriwr arall yn barod.

Rwy'n hapus iawn gyda chanlyniad fy mhwdin. Rwyf wedi edrych ar y pwdinau gan fyfyrwyr eraill ac wedi nodi bod rhai ohonyn nhw heb ddefnyddio cymaint o sgiliau yn y cynnyrch maen nhw wedi'i wneud.

Er enghraifft, mae un myfyriwr wedi gwneud mousse mefus, a'r cyfan yr oedd yn rhaid iddo'i wneud oedd rhoi'r cynhwysion mewn blendiwr, ac yna'i addurno â mefus ffres.

Meddyliwch am gymariaethau eraill y gallech eu gwneud, er enghraifft ymddangosiad y canlyniadau, neu'r cynnwys maethol.

Gwnewch awgrymiadau manwl ar gyfer gwelliannau realistig i'ch gwaith eich hun, ar ôl i chi ei gymharu â gwaith myfyrwyr eraill.

Mae angen i chi awgrymu nifer o welliannau realistig i wella naill ai ymddangosiad, blas, gweadedd neu gynnwys maethol eich saig orffenedig.

Mae enghraifft o'r awgrymiadau ar gyfer eich **pwdin** i'w gweld isod. Byddwch wedi awgrymu gwelliannau ar gyfer eich **cwrs cyntaf** a'ch **prif gwrs** yn barod.

Mae fy mhwdin yn edrych yn ddeniadol iawn. Gallwn wella'i ymddangosiad drwy beipio rhosedau hufen ar ei ben o amgylch yr ymylon, a gwneud iddo edrych yn fwy proffesiynol fel hyn.

Yn hytrach na diferu'r siocled dros y sbwng, gallwn wneud cyrls siocled bach, neu siapiau i'w rhoi ar ben y deisen.

Gallwn newid y ffrwythau rwy'n eu defnyddio neu ychwanegu ffrwythau fel orennau, i roi mwy o liw a fitamin C.

Gallwn ddefnyddio crème fraiche yn lle'r hufen, a fyddai'n golygu llai fyth o fraster yn y saig.

Rwyf wedi gweld bod un o'r myfyrwyr eraill wedi gwneud sbwng wedi'i chwisgio, ond yn hytrach na sbwng crwn mae wedi gwneud Swis-rôl, a oedd yn llawn ffrwythau. Roedd hon yn edrych yn ddeniadol iawn, a gallai fod yn ddewis arall i mi.

Dylai'r adran hon fod rhwng wyth a deg ochr o bapur A4.

TGAU Bwyd a Maeth CBAC

ADRAN 8

Yr arholiad ysgrifenedig:
Egwyddorion Bwyd a Maeth

Mae'r adran hon yn cynnwys y bennod ganlynol:

Pennod 15 Yr arholiad ysgrifenedig: Egwyddorion Bwyd a Maeth

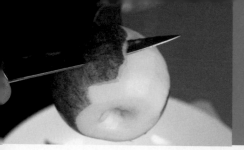

Mae'r arholiad ysgrifenedig yn **40%** o'ch cymhwyster TGAU terfynol.

Bydd **80 marc** ar gael.

Byddwch yn cael prawf ar yr holl destunau rydych chi wedi'u trafod yn ystod y cwrs, sef:

1 **Nwyddau bwyd**
2 **Egwyddorion maeth**
3 **Deiet ac iechyd da**
4 **Gwyddor bwyd**
5 **O ble daw bwyd**
6 **Coginio a pharatoi bwyd**

Mae'r testunau hyn i gyd yn cael sylw'n llawn yn Adrannau 1–6 y llyfr hwn.

Bydd y papur arholiad wedi'i rannu'n ddwy adran:

- Bydd **Adran A** yn werth **15 marc**, a bydd yn gofyn i chi ateb cwestiynau sy'n ymwneud â symbyliad gweledol a fydd ar y papur arholiad.
- Bydd **Adran B** yn werth **85 marc** ac yn cynnwys mathau gwahanol o gwestiynau.

Amcanion Asesu

Bydd eich ymateb yn yr arholiad yn cael ei asesu yn erbyn yr amcanion asesu (AA) sydd i'w gweld yn y tabl hwn.

	Amcan Asesu (AA)	Pwysoli ar gyfer yr arholiad ysgrifenedig
AA1	Dangos gwybodaeth a dealltwriaeth o faeth, coginio a pharatoi bwyd.	20%
AA2	Cymhwyso gwybodaeth a dealltwriaeth o faeth, coginio a pharatoi bwyd.	20%
AA3*	Cynllunio, paratoi, coginio a chyflwyno seigiau, gan gyfuno technegau priodol.	0%
AA4	Dadansoddi a gwerthuso gwahanol agweddau ar faeth, coginio a pharatoi bwyd, yn cynnwys bwyd maen nhw eu hunain ac eraill wedi'i wneud.	10%
*Ni fyddwch yn cael eich asesu yn erbyn AA3 yn yr arholiad ysgrifenedig, dim ond AA1, 2 a 4.		

Gallai rhai cwestiynau tuag at ddiwedd y papur gael eu hasesu yn erbyn mwy nag un o'r amcanion asesu hyn, a'u marcio mewn 'bandiau'. Ar gyfer y cwestiynau hyn, efallai bydd angen i chi roi mwy o atebion na'r nifer o farciau sy'n cael ei ddangos i gael y marciau uchaf. Er enghraifft, efallai bydd angen i chi roi chwech neu wyth pwynt i gael pedwar marc. Mae rhyfaint o gyngor ar ateb y mathau hyn o gwestiynau ar y tudalennau canlynol.

Cyngor ar ateb cwestiynau arholiad

- **Darllenwch** yr holl gyfarwyddiadau ar flaen y papur. Gofalwch eich bod yn deall faint o amser sydd gennych chi i ateb y cwestiynau. Bydd angen i chi ateb yr **holl** gwestiynau.
- **Gwiriwch** eich bod yn defnyddio pen ysgrifennu o'r lliw iawn. Mae angen i chi ddefnyddio pen **glas** neu **ddu**. Peidiwch â defnyddio pensil na phen gel.
- **Darllenwch** drwy'r cwestiwn **ddwywaith** cyn dechrau ateb. Gwnewch yn siŵr eich bod yn deall beth mae gofyn i chi ei wneud.
- **Tanlinellwch neu amlygwch** eiriau allweddol i'ch helpu i ganolbwyntio.
- **Gwiriwch faint o farciau** sy'n cael eu rhoi ar gyfer y cwestiwn. Dylai hynny ddweud wrthych chi faint o bwyntiau neu ddarnau o wybodaeth mae angen i chi eu cynnwys yn eich ateb (er y dylech gofio bod rhai cwestiynau'n cael eu marcio mewn bandiau a gallech fod angen rhoi mwy o bwyntiau na'r nifer o farciau sydd wedi'u nodi).
- **Dylech ddeall** ystyr y **geiriau allweddol** mewn cwestiwn. Mae geiriau gwahanol yn gofyn am fath gwahanol o ateb.

Mae'r tabl hwn yn dangos ystyr geiriau gwahanol mewn cwestiwn.

Gair allweddol	Sut i ateb y cwestiwn
Nodwch/ awgrymwch/ rhowch reswm dros	Gwneud rhestr, ysgrifennu ateb byr, dewis geiriau o ddiagram neu dabl i lenwi bylchau mewn brawddeg.
Disgrifiwch	Esbonio'n fanwl sut a pham mae rhywbeth yn digwydd.
Esboniwch	Gwneud pwnc neu bwynt yn glir drwy ysgrifennu ei ystyr ac yna dangos eich bod yn ei ddeall drwy roi rhesymau.
Dadansoddwch	Rhannu mater yn rhannau unigol ac edrych ar bob rhan yn fanwl, gan ddefnyddio tystiolaeth ac esboniadau i ddangos eich dealltwriaeth.
Gwerthuswch	Penderfynu pa mor llwyddiannus neu aflwyddiannus yw rhywbeth a dweud pam ei fod yn bwysig. Cynnwys tystiolaeth ar gyfer eich ateb, a dod i gasgliad terfynol.
Trafodwch	Ysgrifennu am yr holl dystiolaeth o blaid ac yn erbyn testun, neu nodi manteision ac anfanteision testun. Defnyddio tystiolaeth i ddod i gasgliad.

Tabl 15.1 Geiriau allweddol mewn cwestiynau arholiad

Mathau o gwestiynau

Bydd cymysgedd o gwestiynau yn y papur arholiad, yn defnyddio'r geiriau o'r tabl uchod. Mae hyn yn golygu bydd angen ateb pob cwestiwn mewn ffordd wahanol.

Cwestiynau ymateb i ddata

- Bydd y cwestiynau hyn yn rhoi tabl o ddata neu siart, siart cylch neu graff.
- Bydd gofyn i chi echdynnu gwybodaeth o'r data ac ateb cwestiynau am y data. Hefyd efallai byddwch yn cael rhagor o gwestiynau sy'n dangos eich dealltwriaeth o'r testun. Bydd gan bob rhan o'r cwestiwn nifer gwahanol o farciau.

1 Cafwyd arolwg o dri grŵp oedran gwahanol i ganfod faint o ddarnau o ffrwythau a llysiau mae'r myfyrwyr yn eu bwyta y dydd.

Cafodd 30 o fyfyrwyr ym mhob grŵp oedran ddyddiadur bwyd i'w lenwi mewn wythnos. Cyfrwyd y canlyniadau a chyfrifwyd cyfartaledd y nifer o ffrwythau a llysiau y dydd.

Mae'r tabl yn dangos faint mae pob grŵp oedran yn ei fwyta ar gyfartaledd.

Edrychwch ar y tabl ac yna atebwch y cwestiynau.

Darnau o ffrwythau a llysiau	5–7 mlwydd oed	8–10 mlwydd oed	11–15 mlwydd oed
1 darn	4	9	10
2 ddarn	6	5	6
3 darn	10	6	4
4 darn	6	8	5
5 darn	3	2	1
mwy na 5 darn	1	0	0

Tabl 15.2 Faint o ddarnau o ffrwythau a llysiau ar gyfartaledd mae myfyrwyr o oedrannau gwahanol yn eu bwyta y dydd

(a) Faint o blant 5–7 mlwydd oed oedd ar gyfartaledd yn bwyta llai na phum darn o ffrwythau a llysiau y dydd? [1 marc]

(b) Faint o blant 11–15 mlwydd oed oedd yn bwyta ar gyfartaledd mwy na thri darn o ffrwythau a llysiau y dydd? [1 marc]

(c) Rhowch **ddau** reswm pam doedd neb dros 8 oed yn bwyta mwy na phum darn o ffrwythau a llysiau y dydd, yn eich barn chi. [2 farc]

(ch) Awgrymwch **dair** ffordd o annog plant 8 i 10 oed i fwyta mwy o ffrwythau a llysiau. [3 marc]

(d) Esboniwch pam mae'n bwysig bwyta o leiaf pum dogn o ffrwythau a llysiau bob dydd fel mae'r llywodraeth yn ei argymell. [6 marc]

I ateb y cwestiwn hwn:

● **Cyfeiriwch** yn ôl at y data, gan esbonio sut rydych chi wedi cael eich ateb, er mwyn i'r arholwr weld eich bod yn deall.

● **Defnyddiwch y data**, yn ogystal â'ch gwybodaeth eich hun, i ateb y cwestiynau sy'n gofyn am ymateb mwy llawn.

Dyma enghraifft o gynllun marcio'r cwestiwn hwn, gan ddangos beth ddylai gael ei gynnwys yn eich atebion, a sut y gallech gael marciau:

Mae rhai atebion enghreifftiol i'r cwestiwn hwn i'w gweld isod, ynghyd â rhywfaint o sylwadau ar sut y gallech gael marciau.

(a) **Ateb:** *26*

Sylwadau: Dim ond un marc sydd ar gael ar gyfer y cwestiwn hwn felly dim ond ateb sengl sydd angen ei roi drwy gyfrif y plant rhwng 5 a 7 oed wnaeth fwyta 1, 2, 3 a 4 darn o ffrwythau a llysiau (h.y. llai na 5).

(b) **Ateb:** *6*

Sylwadau: Unwaith eto, dim ond un marc sydd ar gael ar gyfer y cwestiwn hwn felly dim ond ateb sengl sydd angen ei roi drwy gyfrifo'r plant rhwng 11 a 15 mlwydd oed wnaeth fwyta 4, 5 neu fwy na 5 darn o ffrwythau a llysiau (h.y. mwy na 5).

(c) Ateb: *Efallai fod eu rhieni ddim yn prynu llawer o ffrwythau felly dydyn nhw ddim yn y tŷ i'w bwyta. Efallai fod eu rhieni ar incwm isel ac yn methu fforddio llawer o ffrwythau.*

Rhoddir 1 marc am y frawddeg hon.

Rhoddir 1 marc am y frawddeg hon.

Sylwadau: Yn y cwestiwn hwn mae gofyn i chi ddefnyddio'ch gwybodaeth a'ch dealltwriaeth o'r ffactorau sy'n effeithio ar ddewis bwyd. Mae dau farc ar gael ar gyfer y cwestiwn hwn ac mae gofyn i chi roi dau reswm, felly mae disgwyl i chi roi dau bwynt neu ddwy ffaith. Mae'r myfyriwr hwn yn cael un marc am bob pwynt mae'n ei roi. Mae atebion eraill posibl yn cynnwys:

- Dydyn nhw ddim yn hoff iawn o ffrwythau felly does dim yn y cartref iddyn nhw eu bwyta.
- Dydy eu ffrindiau nhw ddim yn bwyta ffrwythau felly dydyn nhw ddim yn eu bwyta.

Mae un marc yn cael ei roi am bob ateb addas (hyd at yr uchafswm o ddau farc sydd ar gael). Bydd marc yn cael ei roi am bob ateb addas, hyd yn oed os nad yw'n un o'r atebion a nodwyd uchod.

(ch) Ateb: *Gallech ychwanegu ffrwythau at bwdinau maen nhw'n eu hoffi (e.e. mefus ffres i addurno mousse siocled). Gallech ychwanegu ffrwythau sych at deisennau a bisgedi. Gallech hefyd guddio llysiau mewn cinio (er enghraifft, gwneud saws pasta cartref gyda llysiau wedi'u blendio ynddo).*

Rhoddir 1 marc am y frawddeg hon.

Rhoddir 1 marc am y frawddeg hon.

Rhoddir 1 marc am y frawddeg hon.

Sylwadau: Yn y cwestiwn hwn mae gofyn i chi ddefnyddio eich gwybodaeth a'ch dealltwriaeth o ffrwythau a llysiau a sut i ystyried anghenion maeth a dewisiadau bwyd wrth ddatblygu ryseitiau a phrydau. Mae tri marc ar gael ar gyfer y cwestiwn hwn ac mae gofyn i chi **awgrymu tair ffordd**; felly mae disgwyl i chi wneud tri phwynt. Mae'r myfyriwr yn cael un marc am bob ateb mae'n ei roi. Mae ffyrdd eraill y gallai fod wedi'u hawgrymu yn cynnwys:

- Gwneud smwddi ffrwythau ffres
- Ychwanegu llysiau at pizzas neu eu blendio gyda byrgers
- Dipio ffrwythau mewn siocled neu iogwrt i'w gwneud yn felysach ac yn fwy deniadol
- Cadw llysiau wedi'u torri yn yr oergell i'w cael fel byrbryd gyda dip

Bydd marc yn cael ei roi am bob ateb addas, hyd yn oed os nad yw'n un o'r atebion a nodwyd uchod.

(d) Ateb: *Mae ffrwythau a llysiau'n rhoi fitaminau a mwynau i ni, fel Fitamin C sy'n gyfrifol am ddannedd a deintgig iach, ac yn helpu i amsugno haearn di-hema o ffynonellau planhigion o haearn. Mae ffrwythau a llysiau yn ffynhonnell dda o ffibr sy'n helpu'r system dreulio i weithio ac yn atal rhwymedd. Mae llysiau gwyrdd deiliog yn ffynhonnell dda o haearn, sy'n angenrheidiol i wneud celloedd coch y gwaed sy'n cario'r ocsigen o amgylch y corff.*

Rhoddir 1 marc am y pwynt hwn.

Rhoddir 1 marc am esbonio swyddogaeth fitamin C.

Rhoddir 1 marc am nodi bod ffrwythau a llysiau yn ffynhonnell dda o ffibr; rhoddir marc arall am esbonio swyddogaeth ffibr.

Rhoddir 1 marc am nodi bod llysiau deiliog, gwyrdd yn ffynhonnell dda o haearn; rhoddir marc arall am esbonio swyddogaeth haearn.

Sylwadau: Yn y cwestiwn hwn mae gofyn i chi ddefnyddio eich gwybodaeth a'ch dealltwriaeth o ganllawiau maeth sy'n cael eu hargymell am ddeiet iach wrth gynllunio prydau cytbwys, a'ch gwybodaeth am werth maethol ffrwythau a llysiau yn y deiet. Mae'r cwestiwn yn gofyn i chi **esbonio** – felly mae angen i chi roi rhesymau dros bob pwynt rydych chi'n ei wneud ynglŷn â pham mae hi'n bwysig bwyta o leiaf pum dogn o ffrwythau a llysiau y dydd. Mae chwe marc ar gael ar gyfer y cwestiwn hwn – byddwch yn cael un marc am bob pwynt cywir, a marc ychwanegol am roi rheswm dros bob pwynt. Felly dylech roi tri phwynt gyda rheswm dros bob un i gael yr uchafswm o chwe marc. Byddai'r ateb ar y dudalen flaenorol yn cael marciau llawn. Gallai atebion eraill fod wedi cynnwys:

- Mae calsiwm mewn llysiau deiliog gwyrdd tywyll. Mae angen calsiwm ar gyfer dannedd ac esgyrn iach.
- Mae magnesiwm mewn llysiau deiliog gwyrdd tywyll. Mae magnesiwm yn helpu i gefnogi'r system imiwnedd.
- Mae gwrthocsidyddion mewn ffrwythau a llysiau sy'n brwydro yn erbyn clefydau ac sy'n gallu helpu i atal rhai mathau o ganser drwy lyncu radicalau rhydd.

Byddech yn cael marciau am unrhyw fitaminau eraill sy'n cael eu nodi gyda'u swyddogaeth.

Nawr, rhowch gynnig ar ateb yr ail gwestiwn isod.

2 Edrychwch ar y label bwyd isod ar becyn o **ddau** myffin.

Ffeithiau maeth
Maint y gyfran 1 mwffin
Cyfrannau yn y cynhwysydd 2

Maint ym mhob cyfran	
Calorïau 250	Calorïau o fraster 110
	% Gwerth Dyddiol*
Cyfanswm braster 12 g	18%
Braster dirlawn 3 g	15%
Colesterol 30 mg	10%
Sodiwm 470 mg	20%
Cyfanswm carbohydradau 31 g	10%
Ffibr deietegol 3 g	12%
Siwgrau 5 g	
Protein 5 g	

15.1 Label bwyd ar becyn o ddau myffin

(a) Pa ganran o'r myffin sy'n garbohydrad llwyr?
[1 marc]

(b) Sawl gram o fraster sydd yn y cynnyrch? [1 marc]

(c) Faint yw cyfanswm y calorïau petai rhywun yn bwyta **dau** o'r myffins hyn? [1 marc]

(ch) Awgrymwch topin i'r myffin hwn a fyddai'n cynyddu'r protein ynddo, ac esboniwch sut byddai hyn yn helpu i roi mwy o brotein. [4 marc]

TGAU Bwyd a Maeth CBAC

Cwestiynau strwythuredig

Fel arfer mae'r cwestiynau hyn yn rhoi darn o wybodaeth, ac yn gofyn cwestiynau i chi amdano.

Gallai enghraifft fod fel a ganlyn:

2 Edrychwch ar y rysáit isod ac atebwch y cwestiynau.

Pizza Margherita

Gwaelod

300 g o flawd bara cryf

1 paced o furum cyflym

1 llwy de o olew olewydd

Pinsiad o halen

200 ml o ddŵr cynnes

Saws tomato

100 ml o passata tomato

1 clof o arlleg

Llond llaw o ddail basil

Topin

Pelen 125 g o gaws mozzarella, wedi'i sleisio

25 g o gaws parmesan, wedi'i gratio

Llond llaw o ddail basil

20 tomato ceirios wedi'u torri yn eu hanner

Dull

1 Cymysgwch gynhwysion y gwaelod gyda'i gilydd i greu toes meddal.
2 Tylinwch y toes am 10 munud a'i adael mewn man cynnes i godi am 20 munud.
3 Gwnewch y saws drwy falu'r garlleg a'i roi yn y passata, yna torrwch y dail basil yn fân a chymysgu'r tri hyn gyda'i gilydd. Gadewch y saws yn y bowlen nes byddwch yn barod i'w ddefnyddio.
4 Cynheswch y ffwrn i 220°C.
5 Rholiwch y toes allan yn ddau gylch tenau bach, neu un cylch tenau mawr, a'i roi ar hambwrdd pizza neu silff bobi sydd wedi'i hiro ychydig.
6 Taenwch y saws dros y toes.
7 Gwasgarwch y tomatos wedi'u haneru, y caws mozzarella a'r caws parmesan dros y saws.
8 Pobwch y pizza yn y ffwrn am ddeng munud.
9 Rhwygwch y dail basil a'u gwasgaru ar ben y pizza.
10 Gweinwch y pizza gyda salad.

   (a) Nodwch y cynhwysion sydd **ddim** yn addas i rywun ag anoddefedd lactos, ac esboniwch pam dydyn nhw ddim yn addas.   [3 marc]

   (b) Awgrymwch **un** ffordd o roi mwy o ffibr (*NSP*) yn y rysáit hon.   [1 marc]

   (c) Esboniwch pam mae'n bwysig defnyddio blawd bara cryf ar gyfer y toes.   [2 farc]

  (ch) Esboniwch pam rydych yn gadael y toes i godi am 20 munud.   [3 marc]

   (d) Awgrymwch **ddau** lysieuyn y gallech eu hychwanegu i roi mwy o fitaminau yn y pizza hwn. Esboniwch pa fitaminau sydd yn eich dewis o lysiau, a pham mae'r fitaminau hyn yn bwysig.   [4 marc]

I ateb y cwestiwn hwn:

- **Dylech sicrhau** bod eich atebion yn glir ac yn ffeithiol. Byddech yn ateb rhan (a) gyda rheswm ffeithiol yn dweud pam dydy'r cynhyrchion hyn ddim yn addas, ac nid ateb fel 'oherwydd dydyn nhw ddim yn dda iddyn nhw'.
- **Cyfeiriwch** yn ôl at y rysáit neu'r wybodaeth wrth ateb y cwestiynau.
- Rhowch gynnig ar y cwestiynau **bob amser**, hyd yn oed os nad ydych chi'n siŵr.

Mae rhai atebion enghreifftiol i'r cwestiwn hwn i'w gweld ar y dudalen nesaf, ynghyd â sylwadau ar sut y gallech gael marciau.

(a) Ateb: *Dydy'r caws mozzarella ddim yn addas i rywun ag anoddefedd lactos, gan ei fod yn cynnwys lactos siwgr llaeth, a fydd yn achosi poenau yn y stumog, ymchwyddo a gwynt, gan ei wneud yn anghyfforddus iawn. Dydy'r caws parmesan ddim yn addas am yr un rhesymau.*

Sylwadau: Yn y cwestiwn hwn mae gofyn i chi ddefnyddio eich gwybodaeth a'ch dealltwriaeth o sut mae anghenion deietegol penodol (anoddefedd lactos yn yr achos hwn) yn dylanwadu ar ddewis bwyd. Mae'r cwestiwn yn gofyn i chi **nodi** cynhwysion sydd ddim yn addas i rywun ag anoddefedd lactos, yn ogystal ag **esbonio** pam dydyn nhw ddim yn addas. Mae tri marc ar gael ar gyfer y cwestiwn hwn – byddwch yn cael un marc am nodi pob cynhwysyn anaddas (caws mozzarella a chaws parmesan), a marc arall am esbonio pam dydy'r cynhwysion hyn ddim yn addas. Mae angen i chi roi rheswm **ffeithiol** – fyddai ateb fel 'oherwydd dydyn nhw ddim yn dda iddyn nhw' ddim yn cael unrhyw farciau.

(b) Ateb: *Dylid defnyddio blawd cyflawn cryf yn lle'r blawd bara cryf i roi mwy o ffibr.*

Sylwadau: Yn y cwestiwn hwn mae gofyn i chi arddangos eich gwybodaeth a'ch dealltwriaeth o sut i addasu ryseitiau i fodloni angen maeth penodol (cynnydd mewn cynnwys ffibr yn yr achos hwn). Dim ond un marc sydd ar gael ar gyfer y cwestiwn hwn ac felly dim ond un pwynt sydd angen i chi ei wneud.

(c) Ateb: *Mae glwten mewn blawd bara cryf. Glwten yw'r protein sy'n cael ei ymestyn yn ystod y broses o dylino wrth wneud bara, gan ffurfio darnau hir o brotein. Wrth i'r bara godi, mae'r glwten yn ymestyn, gan ddal yr aer yn y bara. Ar ôl i'r bara oeri, mae'r glwten yn caledu wrth iddo ddadnatureiddio yn y gwres, ac mae'n ffurfio adeiledd y bara.*

Sylwadau: Mae'r cwestiwn hwn yn gofyn i chi ddefnyddio eich gwybodaeth a'ch dealltwriaeth o'r nodweddion gweithredol a'r priodweddau swyddogaethol a chemegol mewn bwyd (blawd yn yr achos hwn). Mae'r cwestiwn yn gofyn i chi **esbonio** pam y dylech ddefnyddio blawd bara cryf. Mae dau farc ar gael ar gyfer y cwestiwn hwn; byddwch yn cael marciau llawn am esboniad llawn o'r rheswm pam y dylai'r blawd fod yn gryf.

(ch) Ateb: *Wrth adael y toes mewn man cynnes i godi, mae'r burum yn dechrau tyfu a lluosogi, gan gynhyrchu nwy carbon deuocsid. Mae'r glwten sydd wedi ymestyn yn dal y nwy yn y toes, gan ffurfio pocedi o aer sy'n gwneud i'r toes godi. Mae hyn yn cynhyrchu toes meddalach, mwy ystwyth a fydd yn gwneud gwaelod gwell i'r pizza.*

Rhoddir 2 farc am esbonio'r broses o eplesu (beth sy'n digwydd i'r burum pan mae'r toes yn cael ei adael i godi).

Rhoddir marc ychwanegol am esbonio pam mae'r toes yn cael ei adael i godi.

Sylwadau: Mae'r cwestiwn hwn yn gofyn i chi ddangos a defnyddio'ch gwybodaeth a'ch dealltwriaeth o'r nodweddion gweithredol a'r priodweddau swyddogaethol a chemegol mewn bwyd (toes sy'n cael ei ddefnyddio i wneud bara yn yr achos hwn). Mae'r cwestiwn yn gofyn i chi **esbonio** pam mae angen gadael i'r toes godi. Mae tri marc ar gael ar gyfer y cwestiwn hwn, ac i gael marciau llawn bydd angen i chi roi esboniad llawn o'r broses. Byddai ateb y myfyriwr uchod yn cael marciau llawn.

Rhoddir 1 marc am enwi moron fel ffynhonnell o fitaminau.

(d) Ateb: *Gallech ychwanegu moron, sy'n cynnwys fitamin A. Mae fitamin A yn bwysig i gadw eich llygaid yn iach. Gallech ychwanegu tomatos ceirios i gael fitamin C. Mae fitamin C yn bwysig ar gyfer croen a deintgig iach, ac i helpu gydag amsugno ffynonellau di-hema.*

Rhoddir marc arall am ddweud bod fitamin A mewn moron ac am esbonio ei swyddogaeth.

Rhoddir 1 marc am enwi tomatos ceirios fel ffynhonnell o fitaminau.

Rhoddir marc arall am ddweud bod fitamin C mewn tomatos ceirios ac am esbonio ei swyddogaeth.

Sylwadau: Mae'r cwestiwn hwn yn gofyn i chi ddangos a defnyddio'ch gwybodaeth a'ch dealltwriaeth o ffynonellau a swyddogaethau fitaminau yn y deiet. Mae'n gofyn i chi **awgrymu** dau lysieuyn a fyddai'n cynyddu cynnwys fitamin y pizza, i **esbonio** pa fitaminau sydd yn y llysiau a pham eu bod yn bwysig. Rydych chi'n cael dau farc am enwi dau lysieuyn ychwanegol a dau farc arall am roi esboniad llawn o'r fitaminau sydd ynddyn nhw. Byddai'r ateb uchod yn cael marciau llawn. Llysiau eraill y gallech fod wedi'u henwi yw pupur (fitaminau A a C), pys (fitamin C), a sbigoglys (fitamin C neu fitamin B2), ond byddech yn cael marciau am enwi dau lysieuyn addas a dau farc arall am esboniadau llawn o'r fitaminau sydd ynddyn nhw a'u swyddogaethau.

Cwestiynau ymateb rhydd

Mae'r cwestiynau hyn yn gofyn i chi ysgrifennu'n fanylach am destun penodol, ond yn gadael i chi ddefnyddio'ch gwybodaeth eich hun i roi ffeithiau, enghreifftiau a barn, ac i'w hysgrifennu mewn ffordd o'ch dewis chi.

Bydd y cwestiynau hyn yn dechrau gydag un o'r geiriau canlynol o Dabl 15.1:

- **Disgrifiwch**
- **Esboniwch**
- **Dadansoddwch**
- **Gwerthuswch**
- **Trafodwch.**

Bydd angen i chi gyflwyno'r ffeithiau, eich barn a'r enghreifftiau mewn ffordd drefnus.

Gwnewch gynllun bob amser ar y papur fel eich bod yn gallu nodi'r holl ffeithiau rydych am eu cynnwys. Fel hyn, fyddwch chi ddim yn anghofio dim byd.

Dyma enghraifft o'r math hwn o gwestiwn:

3 Mae **protein** yn facrofaetholyn.

(a) Trafodwch pam mae protein yn bwysig yn y deiet, gan roi manylion am swyddogaethau protein [6 marc]

(b) Esboniwch pam mae'n bwysig i **fegan** fwyta cyfuniad o brotein i gynnal corff iach. [4 marc]

I ateb y cwestiwn hwn:

- **Gwnewch gynllun** i gynnwys popeth rydych am ei roi yn eich ateb. Gallai hwn fod yn rhestr neu'n ddiagram corryn.
- **Dylech barhau i gyfeirio** yn ôl at y cwestiwn i ofalu eich bod yn canolbwyntio arno.
- **Gwiriwch** eich bod yn defnyddio termau gwyddonol neu dermau perthnasol i gynyddu'r marciau rydych chi'n gallu eu cael.
- Dylech roi cynnig ar y cwestiynau hyn **bob amser**, hyd yn oed os nad ydych chi'n siŵr.

Dyma enghraifft o gynllun marcio y cwestiwn hwn, gan ddangos beth allai gael ei gynnwys yn eich atebion, a sut y gallech gael marciau:

Mae rhai atebion enghreifftiol i'r cwestiwn hwn i'w gweld isod, ynghyd â rhywfaint o sylwadau ar sut y gallech gael marciau.

> **(a) Ateb:** *Mae protein yn rhoi'r holl gemegion i wneud i'r corff dyfu, yn enwedig mewn plant a merched beichiog. Mae'n rhoi'r holl gemegion i helpu'r corff atgyweirio unrhyw niwed ar ôl salwch, damweiniau a llawdriniaeth. Mae'n cynnal y corff i'w gadw i weithio'n dda, gan gynhyrchu ensymau ar gyfer treulio, a gweithgarwch cyhyrau a nerfau. Mae'n rhoi cemegion i gynhyrchu hormonau, sy'n rheoleiddio rhai o swyddogaethau'r corff. Mae'n ffynhonnell eilaidd o egni i'r corff.*

Sylwadau: Mae'r cwestiwn hwn yn gofyn i chi ddangos a defnyddio eich gwybodaeth a'ch dealltwriaeth o brotein. Mae'n gofyn i chi **drafod** pam mae'n bwysig yn y deiet ac i roi **manylion** am swyddogaethau protein. Mae'r tabl yn dangos enghraifft o sut y gallwch gael marciau am y cwestiwn hwn.

Band	AA2 Uchafswm o 6 marc
3	**Rhowch 5–6 marc** Ymateb gwych yn dangos dealltwriaeth glir o swyddogaethau protein, gyda chyfeiriad at pam mae angen protein yn y deiet. Mae'n defnyddio'r geiriau technegol cywir yn hyderus.
2	**Rhowch 3–4 marc** Ymateb da sy'n cynnwys cyfeiriad at rai o swyddogaethau proteinau. Mae cyfeiriad at pam mae angen protein yn y deiet. Mae'n defnyddio peth terminoleg yn gywir.
1	**Rhowch 1–2 farc** Ymateb cyfyngedig gyda llai na thri awgrym o swyddogaethau protein. Ychydig iawn o gyfeiriad at pam mae angen protein yn y deiet. Mae'n defnyddio ychydig iawn o derminoleg gywir.
0	**Rhowch 0 marc** Nid yw'r ymateb yn cynnwys gwybodaeth sy'n haeddu marc.

(b) **Ateb:** *Mae'r naw asid amino hanfodol y mae eu hangen ar y corff ym mhob math o fwydydd anifeiliaid a ffa soia. Yr enw ar y rhain yw proteinau Gwerth Biolegol Uchel (HBV). Nid yw bwydydd sydd â phrotein Gwerth Biolegol Isel (LBV) yn cynnwys yr holl asidau amino hanfodol y mae eu hangen ar y corff. Felly mae'n rhaid bwyta cyfuniad o'r bwydydd hyn os yw'r corff am gael yr holl asidau amino hanfodol o fwydydd LBV (does dim ffynonellau HBV o brotein mewn deiet fegan heb fwydydd anifeiliaid). Mae grawnfwydydd (reis, ceirch, cwinoa, gwenith, miled), pys, ffa (heblaw ffa soia), ffacbys, cnau a hadau yn fwydydd â phroteinau Gwerth Biolegol Isel (LBV). Pan mae'r bwydydd LBV hyn wedi'u cyfuno mewn prydau, proteinau cyflenwol yw eu henw nhw. Enghreifftiau o brydau y gallwch eu gwneud o fwydydd LBV I ategu ei gilydd yw ffa pob ar dost, hwmws a bara pita, a reis a dahl ffacbys.*

> Rhoddir 2 farc am yr esboniad hwn o broteinau *LBV* a'r deiet fegan.

> Rhoddir 2 farc ychwanegol am esbonio proteinau cyflenwol ac enghreifftiau o brydau a allai fod yn y deiet fegan.

Sylwadau: Mae'r cwestiwn hwn yn gofyn i chi ddangos a defnyddio eich dealltwriaeth a'ch gwybodaeth o broteinau a sut i gynllunio deiet cytbwys ar gyfer anghenion ffordd benodol o fyw (llysieuwr yn yr achos hwn). Mae'r cwestiwn yn gofyn i chi **esbonio** pam mae angen i fegan fwyta cyfuniad o broteinau i gael corff iach. Mae pedwar marc ar gael ar gyfer y cwestiwn hwn a byddwch yn cael marciau uchaf am esbonio proteinau *LBV* yn llawn, gan gynnwys awgrymiadau am brydau sy'n cynnwys proteinau cyflenwol. Dim ond dau farc byddech chi'n eu cael am roi esboniad syml o broteinau cyflenwol.

Mae'r tabl yn dangos enghraifft o sut y gallech gael marciau am y cwestiwn hwn.

Band	AA2 Uchafswm o 4 marc
2	**Rhowch 3–4 marc** Ymateb da sy'n dangos gwybodaeth a dealltwriaeth glir o bwysigrwydd cyfuno proteinau mewn deiet fegan. Mae'n awgrymu nifer o gyfuniadau bwyd. Mae'r ymgeisydd wedi defnyddio geirfa dechnegol yn dda.
1	**Rhowch 1–2 farc** Ymateb cyfyngedig sy'n dangos rhywfaint o wybodaeth a dealltwriaeth am broteinau cyflenwol, ond ychydig iawn o esboniad pam ei bod yn bwysig cynnal corff iach mewn deiet fegan. Mae'r ymgeisydd wedi ceisio defnyddio terminoleg dechnegol.
0	**Rhowch 0 marc** Nid yw'r ateb yn haeddu unrhyw farciau neu nid oedd ymgais i ateb.

Bydd y cwestiynau â'r nifer uchaf o farciau yn gofyn i chi ddadansoddi a gwerthuso agweddau gwahanol ar faeth, bwyd, coginio a pharatoi.

Dyma enghraifft o'r math hwn o gwestiwn:

4　Mae llywodraeth y DU wedi bod yn ceisio gwella iechyd trigolion y DU drwy argymell ffyrdd o wella arferion bwyta pobl. Dewiswch un fenter mae'r llywodraeth wedi'i chyflwyno. Esboniwch beth yw'r fenter a sut byddai'n helpu i wella deiet. Aseswch effaith awgrymiadau'r llywodraeth.　[8 marc]

Mae ateb enghreifftiol i'r cwestiwn hwn i'w weld isod, ynghyd â sylwadau ar sut y gallech gael marciau.

> Mae'r myfyriwr wedi nodi menter llywodraeth i wella arferion bwyta iach. Rhoddir 1 marc am hyn.

(a) *Un o ffyrdd y llywodraeth o geisio dangos i bobl sut i fwyta'n iach yw cael diagram o blât bwyd yn dangos faint o fathau o fwyd o grwpiau bwyd y dylai pobl eu bwyta. Yr enw ar hwn yw'r Canllaw Bwyta'n Dda. Mae'r Canllaw Bwyta'n Dda yn dangos sut mae bwydydd gwahanol yn cyfrannu tuag at ddeiet cytbwys iach ac mae'n cymryd lle'r Plât Bwyta'n Dda.*

Mae'r bwydydd yn cael eu rhoi mewn segmentau ar y plât, ac mae pob segment yn cynnwys grwpiau bwyd sy'n gyson ag argymhellion y llywodraeth am ddeiet a fyddai'n rhoi'r holl faetholion angenrheidiol ar gyfer oedolyn neu blentyn iach dros 5 mlwydd oed.

Mae'r Canllaw Bwyta'n Dda, sy'n seiliedig ar ddangos grwpiau bwyd, yn gwneud bwyta'n iach yn haws ei ddeall drwy ddangos faint o bob grŵp bwyd ddylai fod ar blât cinio.

Mae'n dangos i bobl y dylen nhw ddewis o amrywiaeth o fwydydd o grwpiau bwyd.

Ffrwythau a llysiau: Mae'r rhain yn rhoi nifer o'r fitaminau a'r mwynau angenrheidiol, a hefyd ffibr sy'n angenrheidiol i gadw'r system dreulio i weithio'n iawn ac i atal rhwymedd. O amgylch ymyl yr adran hon mae gwybodaeth am fwyta o leiaf pum dogn o amrywiaeth o ffrwythau a llysiau bob dydd.

Bara, pasta a reis, a charbohydradau startsh eraill: Mae'r rhain yn rhoi egni i ni. Maen nhw'n ffynhonnell sy'n rhyddhau egni'n araf, felly maen nhw'n eich llenwi chi ac yn cymryd amser hir i'w treulio. Gallan nhw hefyd roi ffibr i ni. Mae gwybodaeth am ddewis fersiynau grawn cyflawn neu â mwy o ffibr gyda llai o fraster, halen a siwgr o amgylch ymyl yr adran hon.

Cynnyrch llaeth ac opsiynau amgen: Mae'r rhain yn ffynhonnell dda o brotein a chalsiwm. Mae angen protein i dyfu ac atgyweirio, ac mae angen calsiwm ar gyfer esgyrn a dannedd cryf. Mae'r wybodaeth am ddewis opsiynau â llai o fraster a siwgr o amgylch ymyl yr adran hon.

Mae ffa, ffacbys, pysgod, wyau, cig a phroteinau eraill yn adran binc lai yn y Canllaw Bwyta'n Dda: Mae protein yn hanfodol ar gyfer tyfu, atgyweirio ac ensymau a hormonau. Mae bwydydd anifeiliaid a soia yn cynnwys yr holl asidau amino hanfodol ac maen nhw'n broteinau HBV. O amgylch ymyl yr adran hon mae gwybodaeth am fwyta mwy o ffa a ffacbys, dau ddogn yr wythnos o bysgod â tharddiad cynaliadwy – un ohonyn nhw'n bysgodyn olewog, a bwyta llai o gig coch a chig wedi'i brosesu.

Mae adran fechan iawn i olew a thaeniadau, sy'n argymell ein bod yn defnyddio ychydig bach o olewau annirlawn. Mae hyn oherwydd bod rhywfaint o fraster yn bwysig mewn deiet iach, ond mae llawer o fraster a chalorïau mewn olew a thaeniadau. Felly dim ond ychydig bach ohonyn nhw y dylem ni ei fwyta.

Mae gwybodaeth am labelu goleuadau traffig ar gynnyrch, a'r angen i gael digon o hylif a pheidio ag yfed gormod o sudd ffrwythau oherwydd mae llawer o siwgr ynddo.

Hefyd mae set o luniau'n dangos bwydydd i fwyta ychydig ohonyn nhw ac yn llai aml, sy'n cynnwys teisennau, siocled, creision, hufen iâ, bisgedi a sawsiau wedi'u melysu.

Yna mae'r ymgeisydd wedi esbonio beth yw'r fenter a sut y byddai'n gwella deiet. Rhoddir 5 marc am hyn.

> *Mae'r Canllaw Bwyta'n Dda hwn yn disodli'r Plât Bwyta'n Dda. Rwyf yn credu ei fod yn dangos yn well o lawer yr hyn y dylem fod yn ei fwyta nawr. Rwy'n credu bod y Plât Bwyta'n Dda wedi dyddio, gan ei fod yn cynnwys llun o dun o Coca Cola a bwydydd eraill oedd ddim yn iach iawn. Dydw i ddim yn credu bod y Plât Bwyta'n Dda wedi cael yr effaith y dylai, gan fod pobl dros eu pwysau o hyd ac yn ordew, ac mae'r niferoedd yn cynyddu. Mae gordewdra hefyd yn cynyddu'r risg o ddiabetes, felly mae hyn hefyd yn cynyddu yn y DU.*
>
> *Mae'n ymddangos bod cymaint o deuluoedd sy'n anwybyddu'r argymhellion hyn. Mae wedi bod o gwmpas ers nifer o flynyddoedd, felly roedd hi'n bryd i'r llywodraeth feddwl am rywbeth newydd i annog pobl i feddwl am eu pwysau, ac awgrymu newidiadau i'r pethau mae pobl yn eu bwyta. Ond, dydy pobl ddim yn mynd i newid eu harferion bwyta yn hawdd. Mae argaeledd bwyd cyflym, prydau parod sy'n cynnwys siwgr a braster, pobl heb amynedd i goginio bwydydd â chynhwysion ffres i gyd yn cyfrannu at y broblem.*

Yna mae'r myfyriwr wedi asesu effaith yr awgrymiadau a wnaed gan y llywodraeth, gan fynegi barn. Rhoddir 2 farc am hyn.

Sylwadau:

Yn y cwestiwn hwn mae gofyn i chi **ddadansoddi** a **gwerthuso** effaith mentrau'r llywodraeth ar iechyd pobl. Mae gofyn i chi **nodi** un o'r mentrau, **esbonio** beth yw'r fenter a sut y byddai'n gwella deiet, a rhoi eich barn ar effaith y fenter ar iechyd pobl, gan ddefnyddio'ch gwybodaeth.

Mae **8** marc ar gyfer y rhan hon o'r cwestiwn. Byddai disgwyl i chi esbonio'r fenter, fel uchod, gan gynnwys **pedwar pwynt** o leiaf, gydag esboniad llawn. Yna gallwch nodi beth mae'r fenter yn ceisio mynd i'r afael ag ef a sut byddai'r syniadau sydd wedi'u hawgrymu yn gwella deiet.

Gall eich barn gynnwys unrhyw wybodaeth berthnasol sy'n ategu eich syniadau. Mae'r ateb uchod yn cynnwys gwybodaeth am ordewdra yn parhau i gynyddu, a bod cyfraddau diabetes yn codi.

Gallai atebion eraill gynnwys:

1 Wyth cam y llywodraeth fel y rhestr isod, gydag esboniadau o bob un.
   1 Seilio eich prydau o fwyd ar fwydydd startsh.
   2 Bwyta o leiaf pum dogn o ffrwythau a llysiau bob dydd.
   3 Bwyta o leiaf dau ddogn o bysgod yr wythnos, a dylai un o'r rhain fod yn bysgod olewog.
   4 Bwyta llai o fraster dirlawn a siwgr.
   5 Bwyta llai o halen, dim mwy na 6 gram y dydd i oedolion.
   6 Yfed digon o ddŵr.

7   Peidio â mynd heb frecwast.

8   Gwneud ymarfer corff a cheisio bod â phwysau iach.

Yna byddech yn ehangu'r pwyntiau hyn ac yn eu hesbonio, ac wedyn yn mynegi'ch barn am a yw'r fenter wedi bod yn llwyddiannus, gyda gwybodaeth berthnasol gennych chi am iechyd trigolion y DU yn ategu'ch barn.

2   Gallech hefyd drafod yr ymgyrch **Pump y dydd** i annog pobl i fwyta o leiaf pum darn o ffrwythau a llysiau y dydd. Bydd angen i chi esbonio pam mae ffrwythau a llysiau mor bwysig, gan restru fitaminau a mwynau sydd i'w cael mewn ffrwythau a llysiau, beth yw eu swyddogaethau a beth sy'n digwydd os dydyn ni ddim yn bwyta digon o'r rhain. Byddai'n rhaid i chi roi cyngor ar faint pob dogn, esbonio pam mai dim ond unwaith rydych chi'n cyfrif pob llysieuyn, e.e. pam dydych chi ddim yn cael yfed pum gwydraid o sudd oren er bod hynny'n un o'r dognau pump y dydd sy'n cael eu hargymell.

Mae'r tabl yn dangos enghraifft o sut y gallwch gael marciau am y cwestiwn hwn.

Band	AA4 Uchafswm o 8 marc
3	**Rhowch 6–8 marc** Dadansoddiad a gwerthusiad gwych o effaith y dewis o fenter y llywodraeth ar iechyd. Mae'r wybodaeth am faeth yn wych ac yn yr ateb mae 3–4 o bwyntiau wedi'u hystyried yn fanwl ac wedi'u dehongli'n gywir er mwyn dod i gasgliad. Mae enghreifftiau wedi'u cynnwys. Mae'n defnyddio terminoleg gywir yn ardderchog.
2	**Rhowch 3–5 marc** Ymgais dda i ddadansoddi a gwerthuso effaith y dewis o fenter y llywodraeth ar iechyd. Mae'r wybodaeth am faeth yn dda ac mae 2–3 o resymau wedi cael sylw yn yr ateb. Mae'r ffeithiau dewisol wedi'u dadansoddi a'u dehongli'n dda i ffurfio barn. Mae'r ymgeisydd wedi defnyddio enghreifftiau yn yr ateb. Mae'n defnyddio terminoleg gywir yn dda.
1	**Rhowch 1–2 farc** Ymateb cyfyngedig sy'n trafod rhai o fanteision y dewis o fenter y llywodraeth. Mae'r ateb wedi cyfeirio'n sylfaenol at 1–2 reswm. Mae rhywfaint o ymgais i ddadansoddi a dehongli rhesymau ac mae wedi ffurfio ychydig o farn elfennol. Mae'n wedi defnyddio ychydig iawn o eirfa dechnegol.
0	**Rhowch 0 marc** Nid yw'r ateb yn haeddu unrhyw farciau neu nid oedd ymgais i ateb.

GEIRFA

Adwaith Maillard: adwaith cemegol rhwng proteinau a charbohydradau, sy'n newid blas y bwyd.

Alergedd: pan mae rhywun yn dioddef adwaith annifyr, sydd weithiau'n bygwth ei fywyd, i fwyd neu grŵp o fwydydd penodol.

Allwthio: gwasgu cymysgedd meddal dan bwysau drwy agoriad mewn plât â siâp, i ffurfio stribedi a'u torri'n ddarnau cyfartal.

Amaethyddol: wedi'i fagu neu ei dyfu ar fferm neu wedi'i dyfu mewn amodau o dan reolaeth.

Anaemia: y cyflwr sy'n digwydd pan dydych chi ddim yn gwneud digon o gelloedd coch y gwaed i gludo ocsigen o amgylch eich corff, felly byddwch yn blino.

Anaemia aflesol: cynhyrchu niferoedd isel o gelloedd coch y gwaed sy'n achosi hwn. Mae'n digwydd pan mae'r corff yn methu amsugno fitamin B12. Mae angen fitamin B12, ynghyd â haearn, i gynhyrchu celloedd coch y gwaed.

Anaerobig: heb angen ocsigen.

Angina: cyflwr pan mae'r dioddefwr yn cael poen yn y frest ac yn brin o anadl oherwydd bod y rhydwelïau i'r galon wedi'u rhwystro'n rhannol.

Anoddefedd lactos: pan mae rhywun yn methu treulio'r siwgr sydd mewn llaeth, sef lactos. Mae'n methu bwyta unrhyw gynnyrch llaeth sy'n cynnwys lactos.

Asidau amino: unedau bach sy'n ymuno â'i gilydd i wneud moleciwlau mawr o broteinau.

Asidau amino hanfodol: y naw asid amino y mae'r corff yn methu eu gwneud, felly mae'n rhaid bwyta'r bwydydd protein sy'n eu cynnwys.

Asidau brasterog hanfodol: unedau bach o fraster y mae'n rhaid eu cael i gadw'n cyrff i weithio'n iawn.

Asidau traws-frasterog: moleciwlau gwneud sy'n cael eu creu pan mae gwneuthurwyr yn ychwanegu hydrogen at olew llysiau (hydrogeniad).

Awyriad: ychwanegu aer wrth gyfuno cynhwysion gwahanol.

Bacteria: organebau un gell mân iawn sydd dim ond i'w gweld o dan ficrosgop. Mae bacteria yn yr aer, mewn bwyd a dŵr ac ar anifeiliaid a phobl. Mae'n halogi bwyd ac yn ei wneud yn anaddas i'w fwyta. Mae bacteria'n gallu atgenhedlu'n gyflym iawn drwy ymrannu'n ddwy bob rhyw 20 munud os yw'r amodau'n gywir.

Bara croyw: bara fflat, heb godi.

Bara lefain: bara wedi codi. Burum yw'r codydd fel arfer.

Betysen siwgr: cnwd gwraidd tebyg i banasen sy'n tyfu mewn cae mewn gwledydd â thymhorau cynnes ac oer.

Bioddiraddadwy: cynnyrch neu ddefnydd sy'n gallu hydoddi'n hawdd yn yr amgylchedd heb ddinistrio natur.

Blansio: rhoi llysiau neu ffrwythau mewn dŵr berw am ddau funud ac yna'u rhoi mewn dŵr rhew. Mae hyn yn atal brownio ensymaidd ac yn coginio'r llysiau neu'r ffrwythau'n rhannol.

Blasusrwydd: blas bwyd a'i apêl.

Braster amlannirlawn: mae gan hwn ddau bâr neu fwy o atomau carbon, sy'n gallu cymryd mwy o atomau hydrogen. Mae'n feddal ac yn olewog ar dymheredd ystafell, ac nid yw'n caledu yn yr oergell.

Braster annirlawn: braster sydd fel arfer yn hylif neu'n feddal ar dymheredd ystafell.

Braster anweladwy: braster anodd ei weld ac mae'n amhosibl ei wahanu oddi wrth fwyd. Mae mewn cynnyrch rydym yn ei fwyta, fel bisgedi, hufen iâ a phrydau parod.

Braster dirlawn: braster â dau atom hydrogen am bob un atom carbon sydd yn bennaf yn solet ar dymheredd ystafell ac yn fraster anifeiliaid.

Braster gweladwy: braster y gallwn ei weld, fel y braster ar gig, neu'r menyn neu'r olew i ffrio neu ar gyfer dresin salad.

Braster monoannirlawn: braster sy'n cynnwys pâr o atomau carbon gyda dim ond un atom hydrogen. Mae'n feddal ar dymheredd ystafell, ond yn caledu yn yr oergell. Rydym yn ystyried bod y rhain yn fwy iach na mathau eraill o fraster.

Breuo: gallu braster i gynhyrchu gweadedd briwsionllyd nodweddiadol mewn cynnyrch wedi'i bobi (pan mae caen o fraster o gwmpas blawd i atal glwten rhag ffurfio).

Brig màs esgyrn: faint o feinwe esgyrn sy'n bresennol pan fydd eich ysgerbwd wedi stopio tyfu a phan fydd eich esgyrn ar eu cryfaf a mwyaf dwys.

Brownio ensymaidd: rhyddhau ensymau o gelloedd wedi'u torri mewn ffrwythau neu lysiau, sy'n adweithio gydag ocsigen ac yn gwneud i'r cynnyrch droi'n frown.

Burum: organeb un gell sy'n dod o'r grŵp o organebau o'r enw ffyngau. Mae burum yn atgenhedlu drwy flaguro; hynny yw, mae'r un gell yn ymrannu'n ddwy.

Bwyd cynradd: bwyd rydych yn methu ei fwyta yn ei gyflwr gwreiddiol; mae'n rhaid ei newid neu ei baratoi mewn rhyw ffordd cyn y gallwn ei fwyta. Mae enghreifftiau'n cynnwys tatws amrwd, gwenith ac india-corn.

Bwyd risg uchel: bwydydd â'r amodau delfrydol i facteria dyfu. Yn aml maen nhw'n fwydydd â llawer o brotein a lleithder.

Bywyn: y craidd dyfrllyd.

Cadw gwerth maethol: atal colli maetholion o fwydydd wrth eu coginio.

Canfyddiad synhwyraidd: adnabod blas mewn bwyd, cyfuno blas, arogl, teimlad a golwg.

Cansen siwgr: gwair tal sy'n cael ei dyfu mewn gwledydd poeth.

Carameleiddio: pan mae siwgr yn toddi ar wres uchel i newid y lliw i liw brown, ac yn rhyddhau melyster.

Caws aeddfed: caws â llwydni neu groen meddal ar y tu allan.

Caws anaeddfed: caws â gweadedd llyfn a meddal, heb groen.

Cellwlos: sylwedd anhydawdd sy'n ffurfio'r rhan fwyaf o blanhigion, fel cellfuriau llysiau.

Ceulo: protein yn dadnatureiddio ac yn ffurfio adeiledd solet.

Clefyd cardiofasgwlar: unrhyw glefyd ar y galon neu'r pibellau gwaed.

Clefyd coeliag: anoddefedd protein o'r enw glwten, sy'n achosi llid yn waliau'r coluddyn ac sy'n eu niweidio, gan ei gwneud hi'n anoddach i'r corff amsugno maeth.

Clefyd coronaidd y galon: gweddillion brasterog o golesterol yn blocio'n rhannol y rhydweliau sy'n cyflenwi gwaed wedi'i ocsigeneiddio i'r galon, felly dydy'r gwaed ddim yn gallu llifo'n rhydd.

Cloronen: rhan danddaearol wedi'i thewychu o goes neu wreiddyn, y mae planhigion newydd yn gallu tyfu ohoni.

Cnawd: y rhan o dan groen y daten.

Colesterol: y sylwedd brasterog sy'n cael ei wneud yn yr afu/iau ac sy'n cael ei gludo yn y gwaed. Mae ffurfiau drwg (*LDL*) a ffurfiau da (*HDL*) ohono.

Cortecs arogleuol: y rhan o'r ymennydd sy'n delio ag arogleuon ac aroma.

Cortecs corfforol-synhwyraidd: y rhan o'r ymennydd sy'n delio â chyffwrdd.

Croen: yr haen neu'r gorchudd allanol.

Cydbwysedd egni: cymryd yr un faint o egni i mewn ag yr ydym ni'n ei ddefnyddio yn ein gweithgareddau dyddiol.

Cydweddu: lle mae eich cynllun yn dangos eich bod yn rheoli mwy nag un peth ar y tro, a'ch bod yn ymwybodol bod un peth yn coginio wrth i chi wneud rhywbeth arall. Mae hyn yn enghraifft o amldasgio.

Cyfradd echdynnu: faint o'r gronyn cyflawn sydd wedi'i ddefnyddio mewn cynnyrch.

Cyfradd Metabolaeth Waelodol (*BMR*): faint o egni sydd ei angen i sicrhau cynnal swyddogaethau'r corff cyn i chi wneud unrhyw weithgaredd corfforol.

Cymeriant Dyddiol Argymelledig (*RDI*): faint o bob maetholyn sydd wedi'i gyfrifo i fod yn ddigon i fodloni gofynion y rhan fwyaf o boblogaeth y DU.

Cynaeafu: casglu neu godi cnydau.

Cynhesu byd-eang: arwyneb, moroedd ac atmosffer y Ddaear yn cynhesu'n raddol.

Cynnyrch helaeth (*high yield*): tyfu digonedd; yn cael eu tyfu i gynhyrchu nifer mawr iawn.

Cyntaf i Mewn, Cyntaf Allan: rheol wrth storio bwyd, i ddefnyddio eitemau hŷn yn gyntaf.

Cyweirio: trin cig â chemegion fel sodiwm nitrid i'w gadw am gyfnod hirach.

Dadnatureiddiad protein: darnau protein yn dechrau datod a newid adeiledd i ffurfio siâp neu liw gwahanol.

Dadnatureiddio: bondiau sy'n dal asidau amino gyda'i gilydd mewn proteinau yn datod ac yn creu adeiledd gwahanol o asidau amino.

Daliad crafanc: y ffordd ddiogel o ddal llysiau a ffrwythau wrth eu sleisio yn ddarnau bach, drwy wneud crafanc â'ch bysedd i arwain y gyllell.

Daliad pont: y ffordd ddiogel o afael mewn ffrwythau a llysiau bach wrth eu torri'n ddarnau, drwy wneud eich llaw yn bont dros y llysieuyn neu'r ffrwyth a thorri rhwng eich bys a'ch bawd.

Darfod: difetha neu fynd yn ddrwg.

Darfudiad: mae hyn yn digwydd mewn hylifau a nwyon. Mae'r gwres yn rhoi egni i'r moleciwlau yn yr hylif neu'r nwy, maen nhw'n codi ac mae moleciwlau oerach yn cymryd eu lle. Mae hyn yn creu ceryntau darfudiad.

Dargludiad: y gwres yn cyffwrdd â bwyd yn uniongyrchol, ac yn rhoi egni i'r moleciwlau yn y bwyd. Mae'r rhain yn dechrau dirgrynu a throsglwyddo egni a gwres drwy'r bwyd i'w goginio.

Decstrineiddio: y moleciwlau ar arwyneb cynnyrch startsh yn ymddatod ac yn troi'n lliw brown, wrth roi gwres sych arno.

Defnyddio rhwydi llusg: tynnu rhwyd enfawr o amgylch haig o bysgod (er enghraifft tiwna, pennog, macrell) i'w dal.

Derbynyddion blas: mae'r rhain ar ben ein blasbwyntiau ac yn anfon gwybodaeth drwy'r system nerfol i'r ymennydd i adnabod blasau.

Deusacaridau: moleciwlau dwbl o glwcos wedi'u cysylltu â'i gilydd. Maen nhw'n cymryd mwy o amser i'w treulio. Maen nhw'n cynnwys swcros, lactos a maltos.

Diabetes Math 2: y cyflwr sy'n datblygu pan mae eich corff yn peidio â chynhyrchu digon o inswlin i ddelio â'r lefelau glwcos yn y gwaed.

Diogeledd bwyd: pan mae pawb yn gallu cael digon o fwyd iach a maethlon bob amser, i gael bywyd iach a gweithgar.

Diraddiad startsh: moleciwlau startsh yn torri wrth eu coginio, sy'n rhyddhau siwgr a melyster, ac yn ymddatod bondiau i wneud y bwyd startsh yn feddalach.

Dirywiad bwyd: bwyd yn dirywio nes bod ei ansawdd yn gwaethygu a/neu ei fod yn anfwytadwy.

Dull coginio: arddull sy'n nodweddiadol o wlad neu ranbarth penodol sy'n gysylltiedig â chynhwysion, dulliau coginio, offer ac arddulliau cyflwyno a gweini penodol.

Dyddiad 'ar ei orau cyn': yr argymhelliad yw i chi fwyta cynnyrch erbyn y dyddiad hwn, pan mae ar ei orau.

Dyddiad 'defnyddio erbyn': mae'r cynnyrch yn ddiogel i'w fwyta hyd at y dyddiad hwn.

Elfennau hybrin: yn gyfrifol am atgyfnerthu enamel dannedd, gwneud hormonau a rheoli swyddogaethau'r corff, a bod yn rhan o swyddogaethau eraill y cyhyrau a'r nerfau. Maen nhw'n cynnwys fflworid ac ïodin.

Emwlseiddio: priodwedd braster sy'n ei alluogi i gymysgu â hylif ar ôl ychwanegu emwlsydd, fel melynwy.

Endosberm: meinwe sy'n cael ei gynhyrchu y tu mewn i hadau planhigion blodeuol, pan maen nhw'n ffrwythloni. Mae'n amgylchynu'r embryo ac yn rhoi maeth ar ffurf startsh, er y gallai hefyd gynnwys olewau a phrotein.

Ensymau: moleciwlau protein sy'n rheoli adweithiau cemegol mewn bwyd.

Ewyn coloid: cymysgu dau gynhwysyn gyda'i gilydd i wneud ewyn, e.e. wyau a siwgr.

Fegan: rhywun sydd ddim yn bwyta unrhyw gynnyrch anifeiliaid, na bwydydd sy'n cynnwys unrhyw gynnyrch anifeiliaid.

Fitaminau braster-hydawdd: fitaminau sy'n hydoddi mewn braster. Mae'r rhain yn cynnwys fitaminau A, D, E a K.

Fitaminau dŵr-hydawdd: fitaminau sy'n hydoddi mewn dŵr. Mae'r rhain yn cynnwys fitaminau grŵp B a fitamin C.

Ffermydd ffatri: mae'r ffermydd hyn yn magu'r nifer mwyaf posibl o anifeiliaid. Mae ffermydd ffatri yn canolbwyntio ar elw ac effeithlonrwydd yn hytrach na lles yr anifeiliaid.

Ffermydd organig: mae'r ffermydd hyn yn rhoi blaenoriaeth bob amser i les yr anifail ac mae safonau penodol mae'n rhaid eu bodloni.

Ffibr anhydawdd: yn amsugno dŵr ac yn helpu i atal rhwymedd.

Ffibr hydawdd: yn arafu'r broses dreulio ac yn gallu helpu i leihau lefelau colesterol yn y gwaed.

Ffurfio ewyn neu awyriad: chwisgio neu guro wy yn gwneud i'r adeiledd protein newid i ddal swigod bach o aer.

Gelatineiddio startsh: moleciwlau startsh yn chwyddo wrth eu berwi ac yn amsugno dŵr i dewychu saws. Yn y diwedd maen nhw'n torri, gan greu gel yn y saws.

Geliad: caledu cymysgedd drwy oeri neu rewi.

Glwten: y protein sydd mewn cynnyrch gwenith, barlys, ceirch a rhyg.

Gofyniad Cyfartalog a Amcangyfrifir (EAR): faint o galorïau sydd eu hangen y dydd i'ch corff weithio'n iawn ac i gynnal pwysau eich corff. Mae'n cael ei gyfrifo drwy BMR × PAL.

Grawn cyflawn: yr had cyfan yn ei gyflwr naturiol, heb dynnu unrhyw un o'r haenau.

Gweithredoedd cyflenwol: sut mae maetholion gwahanol yn gweithio gyda'i gilydd yn y deiet.

Gwenith caled: gwenith sy'n cynnwys lefel uchel o brotein.

Gwenwyn bwyd: salwch y mae bwyta bwyd neu ddŵr wedi'u halogi gan docsinau neu facteria pathogenig penodol neu gan ficro-organebau niweidiol eraill yn ei achosi.

Gwenwynig: yn cynnwys sylwedd niweidiol.

Gwerth Cyfeirio Deietegol (DRV): faint o faetholyn mae ei angen ar unigolyn.

Gwyfyn yr ŷd: chwilen fach ddu sy'n gallu byw a bridio mewn blawd.

Haearn di-hema sy'n dod o blanhigion: mewn bwydydd anifeiliaid, mae haearn yn cydio mewn proteinau o'r enw proteinau hema, ac mae'n haws ei amsugno. Mewn bwydydd planhigion, dydy'r haearn ddim yn cydio mewn proteinau hema, ac mae'n anoddach i'r corff amsugno'r haearn.

Halal: bwydydd mae Mwslimiaid yn cael eu bwyta.

Halogiad: presenoldeb micro-organebau neu gemegion niweidiol mewn bwyd.

Haram: bwydydd dydy Mwslimiaid ddim yn cael eu bwyta.

Hydroffobig: cynnyrch, fel braster, sy'n methu cymysgu â dŵr.

Hydrogeniad: y broses o droi olew yn fraster solet.

Indecs Màs y Corff (BMI): y cyfrifiad sy'n canfod a yw eich pwysau'n iach. Mae BMI iach rhwng 18.5 a 24.9.

Jus: y sudd rydych chi'n ei gael wrth goginio cynhwysyn; cig yw hwn yn aml.

Kosher: bwydydd mae Iddewon yn cael eu bwyta.

Lactos: siwgr o garbohydradau sydd mewn llaeth.

Laminedig: nifer o haenau gwahanol o ddefnyddiau wedi'u rhwymo â'i gilydd.

Lefel Gweithgaredd Corfforol (PAL): faint o weithgareddau ychwanegol rydych chi'n eu gwneud bob dydd, gan gynnwys eistedd, sefyll, rhedeg ac unrhyw ymarfer ychwanegol yn ystod y dydd.

Lipidau: term cyffredinol sy'n cael ei roi i frasterau.

Llawnder: teimlo'n llawn ar ôl bwyta.

Lleihad: anweddu dŵr o saws neu hylif, gan ddwysáu'r blasau.

Llwydni: math o ffwng. Mae llwydni'n atgenhedlu drwy gynhyrchu sborau, a fydd yn teithio yn yr awyr ac yn glanio ar fwyd.

Llysieuwr lacto: person sydd ddim yn bwyta cig, pysgod nac wyau, na chynnyrch sy'n cynnwys y rhain, ond sydd yn bwyta caws a chynnyrch llaeth.

Llysieuwr lacto-ofo: person sydd wedi dewis peidio â bwyta unrhyw gig na physgod, na chynnyrch sy'n cynnwys y rhain, ond sydd yn bwyta wyau, caws a chynnyrch llaeth.

Macrofaetholion: maetholion mae angen llawer iawn ohonyn nhw ar y corff. Maen nhw'n cynnwys proteinau, braster a charbohydradau.

Magu: amgylchiadau magu'r anifail pan mae'n ifanc.

Mandyllog: â thyllau bach iawn y gall lleithder a nwyon fynd drwyddyn nhw.

Marinadu: socian cig, pysgod neu broteinau amgen mewn hydoddiant asid gwan, fel sudd lemon neu finegr, i ddadnatureiddio'r protein a'i wneud yn fwy tyner.

Meinwe gyswllt: protein o'r enw colagen sydd mewn cig.

Meithriniad cychwyn: sawl hil sengl o facteria wedi'u cyfuno.

Mewnforio: dod â bwyd i'w werthu i mewn i wlad o wlad dramor.

Microfaetholion: maetholion mae angen ychydig bach o'r rhain ar y corff. Maen nhw'n cynnwys fitaminau, mwynau ac elfennau hybrin.

Milltiroedd bwyd: y pellter mae'r bwyd wedi'i deithio o'r cae neu o'i fan cynhyrchu i blât y defnyddiwr.

Monosacaridau: siwgrau syml wedi'u gwneud o foleciwlau bach sy'n hawdd eu treulio. Maen nhw'n cynnwys glwcos, ffrwctos a galactos.

Mwynau: maen nhw'n helpu i wneud dannedd ac esgyrn cryf, gwneud yn siŵr bod gennym ddigon o gelloedd coch y gwaed i drosglwyddo ocsigen o amgylch y corff, rheoli faint o ddŵr sydd yn ein corff a gwneud i'r nerfau a'r cyhyrau weithio'n iawn. Maen nhw'n cynnwys calsiwm, haearn, magnesiwm, ffosfforws, potasiwm a sodiwm.

Nod dyddiad: label dyddiad ar gynnyrch. Mae dyddiad 'ar ei orau cyn' a dyddiad 'defnyddio erbyn' yn fathau o nodau dyddiad.

Ocsidiad: adwaith ocsigen gydag arwyneb ffrwyth neu lysieuyn sydd wedi'i dorri.

Oes silff: hyd yr amser yr ydych yn gallu storio cynnyrch heb iddo fod yn anaddas i'w fwyta neu ei ddefnyddio.

Ôl troed carbon: faint o allyriadau carbon sydd wedi'u cynhyrchu wrth dyfu, prosesu a dosbarthu (cludo) cynnyrch bwyd.

Osteoporosis: cyflwr sy'n datblygu pan mae'r broses o greu esgyrn newydd yn arafach na'r broses o gael gwared ar hen esgyrn, ac mae'r esgyrn yn mynd yn wan ac mewn perygl o dorri'n hawdd.

Papila tafodol: y ffurfiadau tebyg i wallt sydd ar eich tafod sy'n cynnwys y blasbwyntiau.

Pasteureiddiad: dull o drin llaeth â gwres gan ddefnyddio gwres uchel am eiliadau yn unig.

Pelydriad: mae hyn yn digwydd wrth grilio ac wrth goginio mewn ffwrn ficrodonnau, pan mae tonnau isgoch neu ficrodonnau yn mynd drwy'r aer ac yn cynhesu arwyneb y bwyd, gan roi egni i'r moleciwlau.

Plastigrwydd: priodwedd braster sy'n gadael i fathau gwahanol o fraster doddi ar dymereddau gwahanol.

Polydwnnel: ffrâm/twnnel plastig mawr i orchuddio bwydydd wrth iddyn nhw dyfu.

Polysacaridau: carbohydradau cymhleth wedi'u gwneud o gadwyni hir o foleciwlau siwgr sy'n cymryd amser hir i'w treulio. Maen nhw'n cynnwys startsh, ffibr (NSP), pectin, decstros a glycogen.

Polysacaridau heb fod yn startsh (NSP): sy'n cael ei alw'n ffibr hefyd. Y rhan o gellfuriau planhigion rydym yn methu ei threulio. Mae'n rhoi swmp i'r deiet ac yn helpu i symud y gwastraff bwyd drwy'r system.

Priodweddau synhwyraidd: nodweddion bwyd sy'n ymwneud ag arogl, golwg, blas a theimlad.

Prosesu cynradd: newid neu drawsffurfio bwydydd cynradd yn gyflwr addas i'w bwyta neu eu defnyddio wrth gynhyrchu cynhyrchion eraill.

Prosesu eilaidd: newid bwyd cynradd neu ei drosi'n gynhwysyn sydd yna'n gallu cael ei ddefnyddio i wneud cynnyrch bwyd.

Proteinau cyflenwol: Proteinau *LBV* (*Low Biological Value*) sy'n cael eu bwyta gyda'i gilydd mewn un pryd i roi'r asidau amino hanfodol i ni.

Proteinau Gwerth Biolegol Isel (*LBV*): bwydydd sy'n cynnwys rhai o'r asidau amino hanfodol.

Proteinau Gwerth Biolegol Uchel (*HBV*): bwydydd sy'n cynnwys yr holl asidau amino hanfodol.

Pydredd dannedd: dannedd yn pydru oherwydd deiet â gormod o siwgr ynddo a pheidio â glanhau'r dannedd ddigon.

Pysgod wedi'u ffermio: pysgod wedi'u magu mewn tanciau, mannau caeedig yn y môr neu gewyll.

Siwgrau anghynhenid: siwgrau rydym yn eu hychwanegu at ryseitiau, seigiau a diodydd.

Siwgrau cynhenid: siwgrau sydd mewn celloedd planhigion.

Sous vide: dull coginio lle mae'r bwyd yn cael ei goginio'n araf ar dymheredd isel mewn pecyn wedi'u selio dan wactod.

Suro: bod â blas neu arogl annymunol.

System arogleuol: y rhan o'r trwyn sy'n canfod arogl ac aroma.

Tocsinau: gwenwyn sy'n gallu achosi salwch.

Traws-halogi: trosglwyddo bacteria o'r naill ffynhonnell i'r llall.

Treillio: defnyddio rhwyd neu rwydi i ddal pysgod.

Treuliadwy: mae'r system dreulio'n torri rhai bwydydd i lawr yn gyflymach nag eraill. Mae'r bwydydd hyn yn cael eu galw yn fwydydd mwy treuliadwy: bwyd sy'n gallu cael ei ymddatod (ei dorri i lawr) yn ystod y broses dreulio (drwy weithredoedd ensymau) yn facrofaetholion neu'n ficrofaetholion y mae'r corff yn gallu eu defnyddio. Mae'r corff yn amsugno'r rhain drwy wal y coluddyn.

Trwyth: echdynnu blasau o unrhyw gynhwysyn drwy ei socian neu ei fwydo mewn dŵr neu olew.

Tymhorol neu natur dymhorol: adegau'r flwyddyn pan mae cynnyrch penodol ar gael oherwydd yr adeg mae'n aeddfedu. Fel arfer, mae'r bwyd ar ei rataf yn ystod yr adeg hon hefyd. Enghraifft o hyn yw asbaragws o Brydain, sydd ond ar gael ym misoedd Mai a Mehefin, oherwydd dyma pryd mae'n barod i'w gynaeafu.

Tyneru: taro'r cig â gordd cig i dorri'r bondiau rhwng yr asidau amino i helpu i wneud y cig yn fwy tyner.

Tynnu rhwydi (*dredging*): llusgo cewyll metel ar draws gwelyau pysgod cregyn i ddal pysgod cregyn.

UHT: trin â gwres eithafol – dull o drin llaeth â gwres i ladd bacteria a gwneud yr oes silff yn hirach.

Umami: un o'r pum elfen o flas sydd â blas sawrus neu gigog.

Wedi'i atgyfnerthu: rhoi maetholion ychwanegol mewn bwydydd, naill ai yn lle'r rhai sydd wedi'u colli wrth gynhyrchu/brosesu bwyd, neu i wneud iawn am faetholyn ar goll sydd ar gael mewn opsiwn traddodiadol.

Wedi'i brosesu: gwneud newidiadau i ddefnydd crai i'w wneud yn fwy bwytadwy.

Wedi'i dewychu: gwneud bwyd yn fwy trwchus a dwys oherwydd bod dŵr wedi'i dynnu allan ohono.

Wedi'i eplesu: llaeth wedi'i droi yn fwyd gwahanol fel caws neu iogwrt gan ddefnyddio bacteria diberygl sy'n galluogi'r siwgr i drawsnewid yn asid lactig.

Ychwanegion: sylweddau sy'n cael eu hychwanegu at fwyd i gadw blas, gwella blas ac ymddangosiad, neu ymestyn oes silff.

Ynghwsg: ddim yn actif, yn cysgu ond heb eu lladd.

Ymyrraeth: ymyrryd â bwyd i achosi niwed.

MYNEGAI

NODIADAU: mae rhifau tudalennau mewn **print trwm** yn nodi Geiriau allweddol.

TGAU Bwyd a Maeth CBAC

TGAU Bwyd a Maeth CBAC